„Von ganz, ganz unten“
von Dagmar & Ivar Buterfas-Frankenthal

Besuchen Sie uns im Internet:
www.mediahouse.pro oder www.von-ganz-ganz-unten.de

Aus Verantwortung für die Umwelt haben sich die Autoren und das Mediahouse zu einer nachhaltigen Buchproduktion verpflichtet. Der bewusste Umgang mit unseren Ressourcen, der Schutz unseres Klimas und der Natur gehören zu unseren obersten Unternehmenszielen. Gemeinsam mit unseren Partnern und Lieferanten setzen wir uns für eine klimaneutrale Buchproduktion ein, die den Erwerb von Klimazertifikaten zur Kompensation des CO_2-Ausstoßes einschließt.

Weitere Informationen finden Sie unter:
www.climatepartner.com

Klimaneutral
Druckprodukt
ClimatePartner.com/14602-2209-1003

Erstauflage • Oktober 2022
Mediahouse • Inh. Carina Rasmussen eK • Maurerstraße 36 • 21244 Buchholz

1. Lektorat: Jörn Rauser
Korrektur und 2. Lektorat: Bastian Ackermann
Covergestaltung: Mediahouse Buchholz, Benjamin Fastert
Satz: Adobe InDesign im Verlag, Insa Seese
Druck und Bindung: Beisner Druck, Buchholz

Titelfoto "Leiter": © VladimirV / Shutterstock
Foto St. Nikolai (Seite 491): © tomtsya / Shutterstock
Foto Umschlag Dagmar Buterfas-Frankenthal: © Miguel Ferraz / TAZ.de
Foto Umschlag Ivar Buterfas-Frankenthal: © unserekirche.de

ISBN 978-3-00-072774-0

Mindestens 2 € je verkauftem Buch kommen als Spende dem Wiederaufbau der Ukraine zugute.

Dagmar &
Ivar Buterfas-Frankenthal

VON GANZ, GANZ UNTEN

MEDIAHOUSE Verlag

Dagmar Buterfas-Frankenthal

Geboren am 25. Juli 1934 in Dresden. Die Mutter ist Christin und der Vater Jude – auch ihr brachte diese elterliche Konstellation die unsägliche „Bezeichnung" Halbjüdin ein. Als „Daggi" 4 Jahre alt war, ließ sich die Mutter auf Druck der Nationalsozialisten von ihrem Vater, der als Arzt gerade in USA zu einem Kongress unterwegs war, scheiden. Dadurch wurde ihr Vater nach seiner Rückkehr sofort verhaftet und im Konzentrationslager Buchenwald ermordet. Dagmar überstand mit ihrer Mutter in Dresden die furchtbaren Bombennächte. Nach dem Krieg kam sie nach Hamburg und lernte Ivar Buterfas kennen.

Ivar Buterfas-Frankenthal

1933 in Hamburg als Sohn einer christlichen Mutter und eines jüdischen Vaters geboren. Unter unglaublichen Belastungen nur knapp dem Naziterror bis 1945 entkommen und den Holocaust überlebt. In Hamburg aufgewachsen und der Stadt, sowie Deutschland bis heute treu geblieben.

Bisherige Autobiografien:

1. Buch „Sunny Goj"
2. Buch „Mut ist nicht Leichtsinn –
   Ich musste eine Lücke schließen"
3. Buch „Ich lass' mich nicht zum Schweigen zwingen"
   (Der Bankenkrach 2008)

Über das Buch:

Nach langem und teils abenteuerlichem Lebensweg von Dagmar & Ivar Buterfas-Frankenthal hat das Ehepaar sein Leben für die Nachwelt zu Papier gebracht.

Die besondere Charakteristik dieses Buches besteht darin, dass Ivar Buterfas-Frankenthal alle Texte, von der ersten bis zur letzten Zeile, diktiert hat. Jede Besonderheit und jede Begebenheit, alle Erlebnisse und teils unglaubliche Erfahrungen sind aus seinem persönlichen Wortlaut und mit seiner Wortwahl entstanden. Das macht dieses Werk über ihr Leben so authentisch.

Diese Tatsache lässt die Leserinnen und Leser tief eintauchen in das bewegte Leben der Familie Buterfas-Frankenthal.

Inhalt

Freie und Hansestadt Hamburg

Erster Bürgermeister

Vorwort

Ivar Buterfas-Frankenthal wurde 1933 in Hamburg geboren. Er hat die Verfolgung durch die Nationalsozialisten und den Holocaust überlebt. Als Staatenloser war er auch nach dem Krieg vielen Diskriminierungen ausgesetzt. Trotzdem ist Ivar Buterfas-Frankenthal seiner deutschen Heimat treu geblieben. Zusammen mit seiner Frau Dagmar hat er sich in Hamburg eine Existenz als Unternehmer aufgebaut. „Von ganz, ganz unten" erzählt seine Geschichte von der Kindheit bis heute.

Unsere Stadt hat Ivar Buterfas-Frankenthal viel zu verdanken. Als Zeitzeuge und Mahner hat er sich auf vielfältige Weise für die Erinnerungskultur und unser Gemeinwesen eingesetzt. Als erster Vorsitzender des Förderkreises „Rettet St. Nikolai" hat er maßgeblich zum Erhalt der Turmruine beigetragen. Heute ist St. Nikolai ein Mahnmal gegen Krieg und Gewaltherrschaft und ein Ort des Gedenkens an die Opfer des Nationalsozialismus.

Auch die Einrichtung einer Gedenk- und Begegnungsstätte im ehemaligen Lager Sandbostel bei Bremervörde geht auf seinen Einsatz zurück.

Ivar und Dagmar Buterfas-Frankenthal besuchen seit fast 30 Jahren Schulen und Universitäten und sprechen über ihre Erlebnisse während des NS-Regimes. Sie gehören heute zu den letzten Zeitzeugen, die aus erster Hand aus dieser Zeit berichten können.

„Von ganz, ganz unten" ist ein bewegender Einblick in das Schicksal jüdischer Bürgerinnen und Bürger in Deutschland. Das Buch ist zugleich eine Mahnung an uns alle, konsequent gegen Populismus, Fremdenfeindlichkeit und Antisemitismus vorzugehen und für Frieden, Demokratie und Toleranz einzutreten.

Ich danke Ivar und Dagmar Buterfas-Frankenthal sehr herzlich für ihr Engagement.

Dr. Peter Tschentscher
Erster Bürgermeister der Freien und Hansestadt Hamburg

***Ivar Buterfas-Frankenthal** berichtet Herrn Dr. Tschentscher in der Senatskanzlei von seinem Lebenswerk*

***Überreichung dieses Buches** an Herrn Dr. Tschentscher*

Kapitel 1: Wir sind angekommen

Wenn meine Frau Dagmar und ich noch einmal die Wahl hätten – was in unserem Alter wohl kaum noch in Frage kommen wird – nach einem anderen Wohnort Ausschau zu halten, dann fiele unsere Wahl nur auf einen Ort, und das ist Bendestorf.

Seit mehr als vierzig Jahren haben sich in dem Gebiet, wo wir damals unser Haus gebaut haben und es nur drei Nachbarn gab, eine Menge Menschen angesiedelt. Trotzdem hat dieser Ort seinen Reiz und seinen Charme bis heute nicht verloren. Jahrelang habe ich morgens meinen Weg über die Autobahn in das dreißig Kilometer entfernte Hamburg genommen. Wenn ich abends heimkam und kurz vor dem Schierenberg war, musste ich immer zuerst einen Blick auf das historische Gebäude der Thiemann-Scheune werfen. Auf der gegenüberliegenden Seite der Thiemann-Scheune, in der oft Versammlungen und Besprechungen abgehalten wurden, war der bekannte „Schlangenbaum" - Hotel und Gaststätte - und diente vor allem als Hotel für die vielen Filmschaffenden, die in den Filmhallen von Bendestorf dem Nachkriegsdeutschland die ersten schönen Spielfilme ermöglichten. Hier gaben sich alle Spitzen der UFA die Klinke in die Hand und drehten die ersten spannenden Filme, unter anderem mit der Sünderin Hildegard Knef, die den älteren Deutschen noch ein Begriff sein wird. Rolf Meyer, der erste Deutsche, der von der britischen Militärregierung eine Lizenz bekam Filme zu drehen, übernahm auch noch das ehrenvolle Amt des Bürgermeisters.
Aber auch das ist deutsche Geschichte: Das deutsche Fernsehen, das auch eine Zeit lang in den Hallen von Bendestorf zuhause war, hatte bald seine eigenen Studios in Hamburg-Rahl-

stedt. Wie oft die Hallen auch von Filmleuten genutzt wurden oder von Musikstudios, später hat es dazu geführt, dass der gesamte Betrieb eingestellt wurde. Für eine bedeutende Filmgeschichte, die wir Rolf Meyer verdanken, gibt es heute zur Erinnerung eine Halle, in der alle Schätze aus dieser ruhmreichen Zeit aufbewahrt werden. Man kann in diesem Zusammenhang, um die Bedeutung dieser Einrichtung deutlich zu machen, nur sagen: Helden gehen und Legenden bleiben.

Wenn ich den Schierenberg entlangfahre – es geht bergauf – säumen bis zum Rolf-Meyer-Weg mehrere Einfamilienhäuser beide Straßenseiten. Dann bin ich angekommen an der Spitze meines Berges und fahre nun wieder ins Tal und zu meinem Haus. Das bezeichne ich als ganz besonderen Charme.
Ich glaube, der liebe Gott muss eine recht schwache Stunde gehabt haben, als er diesen Ort schuf. In den Nachbargemeinden gibt es auch ein paar spitze Zungen, die vielleicht etwas neidvoll auf das wunderschöne Bendestorf schauen und schnippisch meinen, die die dort leben bildeten sich ein, es sei das Blankenese von Niedersachsen.
Aber was soll ich Ihnen noch alles über diesen Ort sagen?
Da gibt es Bendestorfs höchsten Punkt, das ist der Sonnenberg. Schon bei der Nennung dieses Namens wird einem warm ums Herz. Steht man da oben auf dem Sonnenberg, hat man einen wunderschönen Blick auf das Tal, das in unmittelbarer Nähe auch noch eines der schönsten Waldgebiete Niedersachsens bereithält. Es wird nicht nur von den Bendestorfern als besonders schön empfunden. Spaziergänge beginnen in Bendestorf, führen durch einen märchenhaften Wald und enden schließlich an der Waldklinik Jesteburg. Lassen Sie mich bitte noch etwas weiter schwärmen, denn das, was ich

Ihnen jetzt sagen möchte, ist auf keinen Fall zu unterschlagen: Dort haben meine Frau und ich, nachdem wir uns etwas eingelebt hatten, die schönsten Stunden verlebt, die man sich denken kann, im Kreise vieler Freunde.
Während wir unser Haus bauten, nahmen wir einen ganz deutlichen Brandgeruch wahr – das traditionsreiche Haus Meinsbur – ein ganz besonderes Haus – stand in hellen Flammen. Heute strahlt es wieder in altem Glanze. Besitzer haben zwischenzeitlich gewechselt, aber von seinen Wohlfühl-Elementen hat es nichts eingebüßt. Dort haben wir uns oft getroffen, dort entstanden herzliche Freundschaften.
Da war Bruno, er hatte einen Fahrdienst: Taxi und Bus, erst fuhr er in der Hochzeit die Stars, brachte sie nach Bendestorf, später erweiterte er seinen Fahrdienst und fuhr Kinder zu Schule und noch anderswohin. Wir trafen uns immer, und er brachte seine Lebensgefährtin Uschi mit. Da war Günther, der einen Autohandel hatte an der Hauptstraße von Bendestorf. Noch viele andere Bendestorfer nahmen an diesen Treffen teil. Ich werde nicht vergessen, dass ich einen Anruf bekam von einem Chefredakteur der Hamburger Bild-Zeitung, der hier in Bendestorf lebte und mich bat, mit ihm gemeinsam im historischen Haus Meinsbur das Ottilie-Springer-Zimmer einzuweihen. Ob es heute noch vorhanden ist, wäre zu überprüfen, wenn endlich die schreckliche Seuche, die allen Menschen furchtbar zu schaffen macht, einen Besuch wieder möglich werden lässt.

Einige Jahre später gründete ich mit viel Prominenz aus Hamburg und ganz Deutschland im Hotel Meinsbur die Internationale Felix-Mendelssohn-Bartholdy-Gesellschaft. Um nur einige wenige Persönlichkeiten zu nennen: Es waren

Loki Schmidt, Professor Hermann Rauhe, Leiter der Hamburger Theater- und Musikschule sowie unser Freund Max Schmeling und vor allem Justus Frantz. Er verspätete sich zu unserer Gründungsversammlung und schwebte dann sanft mit einem Hubschrauber auf dem Grundstück des Hotel Meinsbur ein.

Erwähnen möchte ich – so wurde mir von Leuten, die es wissen müssen, erzählt –, dass auch der Verleger Axel Springer zeitweise bei seiner Mutter in Bendestorf gelebt hat. Später, als ich mich in Hamburg mit der letzten Kriegsruine, die wir in der schönsten Stadt der Welt, wie behauptet wird, noch haben, befasste, lernte ich auch Henri kennen, der damals der Bürgermeister in Bendestorf war. Erst später, gemütlich bei einem heißen Rum, erzählte er mir, dass er nun die Gelegenheit wahrnehmen wolle, mir zu sagen, er sei ein echter Fan von mir, denn das, was ich in Hamburg mit St. Nikolai mache, sei eine bedeutende Sache. Die letzte Kriegsruine, ein Mahnmal, das wir heute unbedingt brauchen, denkt man nur daran, was in Rostock, was in Mölln, was in Hoyerswerda gleich nach der Wiedervereinigung in Deutschland passierte.

Später lernte ich Peter kennen, er war der nächste Bendestorfer Bürgermeister und erzählte mir ganz beiläufig, ich wäre ihm ja längst bekannt, denn ich hätte einmal eines seiner Gebäude in Hamburg sanieren dürfen. Auch Peter zog sich nach langer ehrenamtlicher Tätigkeit aus diesem Amt, auf das man sehr sehr stolz sein konnte, zurück.

Wie doch die Zeit vergeht, nun kenne ich schon den dritten Bürgermeister dieser so reizvollen Gemeinde, und das ist Bernd. Zu ihm habe ich eine ganz besondere Beziehung. Mit ihm habe ich schon viele Gespräche geführt und bin sehr glücklich darüber, dass er meiner Frau und mir die Ehre er-

wies, uns am 22. September 2021 ins Hamburger Rathaus zu begleiten. Dort erhielt ich von Bundespräsident Steinmeier das Bundesverdienstkreuz 1.Klasse. Schon im Jahr 1991 verlieh mir Bundespräsident Richard von Weizsäcker das Bundesverdienstkreuz am Bande.
Unerwähnt möchte ich auf keinen Fall unser zwar kleines, aber wirklich bedeutungsvolles Rathaus lassen, und so erwähne ich es einfach, weil dort in der Vergangenheit – und ich hoffe auch in der Zukunft – all die ehrenamtliche Vereinsarbeit stattfinden kann sowie zahlreiche wichtige Veranstaltungen.
In diesem Zusammenhang erinnere ich vor allem an die bekannten Bendestorfer Klaviertage. Und auch viele Ehrungen wurden in diesem Haus vorgenommen. Außerdem kann man dort auch wählen, wenn es wieder an der Zeit ist. Und natürlich – das kann ich mit reinem Gewissen sagen – machen alle Bendestorfer ihr Kreuz an der richtigen Stelle. Rechte und rechtes Gedankengut haben in diesem fantastischen Ort keinen Platz.

Natürlich gibt es auch ein paar Kritikpunkte.
Wie in jedem anderen Ort in Deutschland gab es auch hier in den früheren Zeiten des tausendjährigen Reiches ein paar Wirrköpfe, ein paar willige Helfer in der Hitler-Koalition, aber an Verbrechen und Gräueltaten haben sie sich nicht beteiligt. Sie leben auch nicht mehr, niemand soll in Sippenhaft genommen werden – das haben wir längst hinter uns und es soll sich nie wiederholen.

Freuen würde ich mich – das ist ein ganz persönlicher Wunsch von mir, und ich sage dies auch für alle, die es nicht mehr können:

Gebt einer Straße hier – in einem schönen Teil der Wohngegend – den Namen „Götz George".

Vor noch gar nicht langer Zeit, im Oktober 2021, bat mich die Gedenkstätte Yad Vashem in Israel, ob ich mich zur Verfügung stellen würde für einen Zeitzeugenfilm, den man gern mit mir drehen wolle. Spontan machte ich die Zusage, und ein größeres Filmteam war für mehrere Tage Gast in meinem Haus.

Um nach den Dreharbeiten wieder auf die Autobahn in Richtung Hittfeld fahren zu können, fuhren sie, weil es eine Umleitung gab, durch den Heinrich-George-Weg. Und fragten mich anschließend, ob das üblich ist, jemandem zu Ehren eine Straße zu benennen, der 1940 als Hauptdarsteller einen der schrecklichsten Hetzfilme gegen das jüdische Volk gedreht habe. Diese Form von Filmen hätte in der deutschen Bevölkerung für noch mehr willige Vollstrecker gesorgt. Niemand von der hiesigen Bevölkerung war dafür verantwortlich. Diese Filme mögen den Holocaust beschleunigt haben.

Man hat diese Namensgebung vielleicht – ohne nachzudenken und allein wegen der Bendestorfer Filmlandschaft – eher aus Versehen vorgenommen.

Götz George ist mein persönlicher Lieblingsschauspieler, niemand hätte den Schimanski besser darstellen können als er.

Und deshalb, im Namen der Menschlichkeit und im Gedenken an sechs Millionen ermordete Menschen: Ehrt einen bedeutenden Schauspieler, der viel zu früh gestorben ist und macht aus dem „Heinrich" einen „Götz"! Das ist leicht getan und verursacht keine Kosten, ist aber eine Geste der Menschlichkeit.

Meine Schwärmerei für Bendestorf kommt von Herzen, und wenn meine Frau sich wünscht, mal vierzehn Tage zu verrei-

sen, Urlaub zu machen und uns zu erholen, dann bleibe ich einige Momente ruhig, öffne meine Terrassentür, gehe ans Gitter meiner Terrasse und schaue in den Klecker Wald, wo sich unmittelbar an meinem Zaun das Reh mit seinem Nachwuchs tummelt. Wo wird mir einschließlich dieser unglaublichen Vogelwelt, die sich in meinen Vogelhäusern versammelt, derartiges geboten?
Selbst der Eichelhäher, der als ganz besonders scheu gilt und mit seinem spitzen Schrei alle Vögel vor Gefahr warnt, setzt sich ganz gelassen, ohne Angst und genießt das Vogelfutter, das ich allen Vögeln gern spendiere.
Ich weiß, dass ich viele Menschen enttäuschen werde, weil sie dem guten Beispiel meiner Frau und mir gern folgen würden und ein geeignetes Grundstück in Bendestorf suchen. Ich glaube aber, das wird schwer sein. Doch seien Sie versichert: Es gibt noch viele andere Orte, in denen sich Ihre Sehnsüchte erfüllen können.

Noch einmal zu dem historischen Hotel Meinsbur.
Beim ersten Besuch mit meiner Frau, als wir mit Bruno dort saßen, war es für mich selbstverständlich, dass ich die sogenannte Einstandsrunde übernehme und anschließend auch bezahlen wollte. Der Wirt, ein fast zwei Meter großer, kräftig gebauter Mann, der besonders humorvoll war, stand plötzlich neben mir und fragte: Haben sie noch einen Wunsch? Dann hob er die rechte Hand, in der sich ein blutiges Beil befand und hatte ein breites Grinsen im Gesicht. Zuerst fuhr meiner Frau und mir ein Schreck bis in die Fußspitzen, dann lachte der Wirt schallend, und Bruno erklärte: Das muss jeder Gast überstehen, wenn er sich das erste Mal im Haus Meinsbur niederlässt.

Ich werde später noch einmal auf das Haus Meinsbur zurückkommen, denn einige Jahre später hatte ich dort mit meiner Frau die große Ehre, mit einem ganz besonderen Gast zu speisen, dem Deutschland im Jahr 1989 besonders viel zu verdanken hatte.

Es gibt noch so viel über Bendestorf zu sagen. Und ich würde mir große Vorwürfe machen, wenn ich das, was jetzt zum Schluss folgt, nicht erwähnt hätte.

Was viele wahrscheinlich noch gar nicht wissen: Bendestorf war schon vor über 40 Jahren weit über die Grenzen Niedersachsens hinaus bekannt. Es gab hier ein ganz besonderes Refugium, das von Damen der feinsten Gesellschaft aus allen Teilen Deutschlands aufgesucht wurde. Ob es wahr ist oder nur Legende, weiß ich nicht. Es sollen sogar mehrere Damen, die tief verschleiert waren, in dem feinen Ort Bendestorf gesichtet worden sein. Alle nahmen sehr sehr gerne die Dienste von der Schönheitsfarm „Cornelia“ in Anspruch. Selbst meine Frau hatte mir schon früher darüber erzählt und eine ihrer besten Freundinnen hatte dort einen erfolgreichen Aufenthalt hinnehmen können. „Cornelia“ genoss einen ganz hervorragenden Ruf.

Es gab noch eine weitere Einrichtung in Bendestorf, die bei den Herren deutschlandweit beliebt war: sie kamen aus München und aus Flensburg. Kein Weg war ihnen zu weit, dieses Etablissement aufzusuchen. Der Begrüßungsspruch war auch sehr treffend gewählt: „Sie kamen als Fremder und gingen als Freund“. Auch ein Skandal und Drama spielte sich dort ab. War es Unfall oder Mord. Ich glaube, so richtig aufgeklärt wurde dieser Fall nie. Das ist mein Kenntnisstand. Später wurde das Haus von einem jungen Arzt aus Bremen bezogen. Ich habe seine ärztliche Kunst sehr geschätzt. Leider ist er viel zu jung verstorben, was wir alle, die wir ihn kannten, sehr bedauerten.

Ich hatte an St. Nikolai einen ganz hohen Besuch. Es war der ungarische Staatspräsident Dr. Gyula Horn, der mit dem ehemaligen Bundeskanzler Helmut Schmidt und seiner Frau das Mahnmal besuchte. Vier Monate vorher war ich auf Einladung von Dr. Gyula Horn in Ungarn und durfte ihn im dortigen Parlament treffen. Ein Chefredakteur vom Hamburger Abendblatt, der von meinen Besuch in Ungarn erfuhr, bat mich darum, ihm einen Interviewtermin mit Dr. Horn zu beschaffen. Es war mir eine große Ehre, ihm dabei behilflich zu sein. Denn ohne das Hamburger Abendblatt, die mich bei meiner Arbeit von der ersten Minute an unterstützten, wäre vieles, was wir dort an St. Nikolai erreicht haben, nicht möglich gewesen. Es gab kaum eine Arbeit, die nicht positiv vom Hamburger Abendblatt begleitet wurde. Das hat uns sehr geholfen.

Beiläufig fragte ich Dr. Horn, ob ich ihn nicht in einem ganz besonderen Lokal zum Essen einladen dürfte. Ich habe natürlich nicht erwartet, dass ich Zustimmung für diesen Vorschlag erhalten würde. Aber zu meinem Erstaunen sagte er für den selben Abend zu und ich bestellte einen Tisch und das war natürlich im Hotel Meinsbur in Bendestorf. An diesem Abend gehörte zu meinen Gästen auch der Schauspieler Will Quadflieg und einer unserer besten Freunde, der Journalist und Schriftsteller Ralph Giordano, dessen bedeutendster Roman die Familiensaga „Die Bertinis“ war. Nie werde ich das überraschte Gesicht von unserem Meinsbur-Wirt Herrn Maisch vergessen, der auch zur Erinnerung sofort ein Foto machte, das stolz in seinem Restaurant einen besonderen Platz erhielt bis zu dem Tag, als er sich nach vielen vielen Jahren durch Verkauf von seinem Hotel Meinsbur getrennt hatte. Ein solcher Besuch, der Weltgeschichte geschrieben hatte, ist schon mehr als sensationell zu beschreiben.

Nun haben auch zwei der historischen Filmhallen das Schicksal des Abrisses hinnehmen müssen. Lange hat es gedauert, bis endlich die Pläne verwirklicht werden konnten - wenn ich richtig verstanden habe - auf diesem frei gewordenen Gelände 60 Wohnungen zu bauen. Ein riesiger Komplex. Meine Überlegung: Sollten das mal Eigentumswohnungen werden, sind die sicherlich nicht für kleine Einkommen gedacht. Man kann also davon ausgehen, dass dann die meisten Wohnungsbesitzer Doppelverdiener sind. Da ich vor langer Zeit - und das war für meine Frau und mich eine große Ehre - in diesem schönen Ort Ehrenbürger wurde, hätte ich nur einen kleinen bescheidenen Wunsch: Damit ich ungehindert den Schierenberg herunterfahren kann, um die Hauptstraße erreichen zu können, dass ich eine Ampel bekomme. Denn sollten 50 Eigentümer Doppelverdiener sein, könnte man vielleicht mit 2 Autos pro Familie rechnen. Das wären 100 zusätzliche Kraftfahrzeuge. Über Parkplatznöte möchte ich in diesem Zusammenhang gar nicht sprechen. Was sich da entwickelt, sollte man ruhig und gefasst abwarten.

Ob ich jetzt von Jesteburg aus nach Bendestorf komme oder aus der Richtung Buchholz: bevor ich in den Ort hineinfahre, werde ich durch ein Schild darauf hingewiesen: „Bendestorf". Aber unter dem Ortsschild gab es ein zweites: „Luftkurort". Und nun stelle ich einfach die Frage: zu Recht oder nicht zu Recht. Ich habe Dutzende von Dörfern in der wunderschönen Lüneburger Heide durchfahren, nirgends ein Schild Luftkurort. Und dann erfuhr ich irgendwann einmal, diesen Zusatz könnte man sich finanziell nicht mehr leisten. Sicherlich hätte es sofort einige Bürger – und ich zähle mich dazu – gegeben, die auf diesen einmaligen Ritterschlag „Luftkurort" nicht verzichtet hätten. Denn Bendestorf trägt diesen Namen wirklich zu Recht. Bitte gestatten Sie mir, ich bin heute noch berufstätig. Das gleiche gilt für meine Frau und wenn der liebe Gott will, werde ich in 6 Monaten, wo ich in diesem Moment gerade dieses Buch vollende, 90 Jahre alt. Das ist schon ein Garant dafür, dass die Luft wirklich gesund ist und der Ort mit Recht diese Ehrung erhielt. Und ich glaube, er wirkt sich auch positiv auf eine Ehe aus. Gestatten Sie mir, ich glaube, auch dafür bin ich mit meiner Frau ein gutes Beispiel, denn nach der Eisernen Hochzeit - 65 Ehejahre - glaube ich, werden wir beiden uns noch glücklich in die Augen sehen zu unserer Gnadenhochzeit.

Kapitel 2: Meine Familie

Geboren wurde ich am 16.1.1933 in der Güntherstraße in Hamburg-Borgesch. Alles, was Sie jetzt von mir erfahren, weiß ich aus Erzählungen meiner Mutter, die sie mir erzählte, als wir auf der Flucht vor der Gestapo nach Polen waren.
1933, als Adolf Hitler nach einer dramatischen Wahl Reichskanzler des großdeutschen Volkes wurde, wurde mein Vater schon einige Wochen später von der Polizei abgeholt und kam ins Emsland nach Esterwegen ins Börgermoor. Er wurde also zu einem der bekannten Moorsoldaten. Auf einem riesigen Gelände, über das man von Esterwegen bis nach Papenburg oder Meppen fuhr und das mehrere 100.000 Quadratmeter aufwies. 1923 hatte Adolf Hitler nach seinem misslungenen Putsch in München, als er die dortige Regierung mit einigen Gleichgesinnten hatte stürzen wollen, in der späteren Haft in Landsberg sein Buch geschrieben: Mein Kampf. Geholfen hat ihm dabei sein späterer Stellvertreter Rudolf Heß. In diesem Buch beschrieb er, wenn die Vorsehung es einmal gut meinte mit dem deutschen Volk und er Reichskanzler würde, dann würde es sein Ziel sein, Lebensraum im Osten zu schaffen. Sein Ziel war es natürlich, alle Slawen, alle Russen und alle Juden zu eliminieren. Diese Untermenschen, wie sie von den Ariern bezeichnet wurden, hätten keine Berechtigung, im Tausendjährigen Reich weiterzuleben. Das war der Grund dafür, dass mein Vater nach Börgermoor kam. Gleichzeitig nahmen die Nationalsozialisten all jene, die als Regimegegner galten und Hitler vor der Wahl große Schwierigkeiten bereitet hatten, fest. Darunter fielen Sozialdemokraten und Sozialisten, aber auch Geistliche, die vor Hitler und seinen Helfershelfern gewarnt hatten. Darunter waren Bibelforscher, katholische und

evangelische Geistliche, Homosexuelle und natürlich auch Asoziale und Verbrecher. Alle wurden dazu eingesetzt, das Moor trockenzulegen, um später Baracken zu erbauen, denn Hitler hatte feste Pläne, Deutschland groß zu machen; und dazu gehörte auch am 1. September 1939 der Überfall auf Polen. Das zu errichtende Lager war zuerst ein sogenanntes Umerziehungslager, später wurde dann ein Konzentrationslager daraus.

Mein Vater war der jüdische Teil in der Familie. Er stammte aus einer vermögenden Familie, die in Dresden lebte. Sie besaßen eine bekannte und große Zigarettenfabrik. Er war das sogenannte schwarze Schaf der Familie, der kein Interesse hatte, im elterlichen Unternehmen zu arbeiten. Meine Mutter stammte aus einer Hamburger Beamtenfamilie. Ihr Vater, also mein Großvater mütterlicherseits, arbeitete in einer gehobenen Stelle der Hamburger Handelskammer. Die Begeisterung meiner Großeltern mütterlicherseits hielt sich in Grenzen, als sich meine Mutter mit einem Juden verheiraten wollte. Meine Mutter hatte eine Ausbildung als Tänzerin, und mein Vater war ebenfalls ein begeisterter Tänzer, und zwar Steppakrobat. Dieses Hobby machten sie zum Beruf, und mit einem weiteren Partner bildeten sie das Steppakrobatentrio „Die 3 Paddys". Sie waren in ganz Europa engagiert, und so auch in Hamburg. Meine ältesten Geschwister wurden alle jeweils in einem anderen Land und in einer anderen Stadt geboren. Meine Mutter trat bis zum siebten Monat immer noch als werdende Mutter mit einem Kind im Leib in irgendeiner Stadt auf. Das ging so bis zum Jahr 1932. Danach gab es für meine Eltern kein Engagement mehr. Insgesamt gingen aus dieser sogenannten Mischehe, wie die Nationalsozialisten sie bezeichneten – der Heirat eines Juden mit einer Christin –

inklusive mir insgesamt acht Kinder hervor. Wir waren vier Jungs und vier Mädchen. Der Reihe nach möchte ich meine Geschwister jetzt aufzählen.
Meine älteste Schwester Ursel, die im Alter von sechs Jahren schon bei unserer Großmutter mütterlicherseits lebte, weil sie der erklärte Liebling unserer Großeltern war, fühlte sich dort wie zuhause und kam nur noch ab und zu besuchsweise in die Großfamilie. Ihr Sohn hat sich später ebenfalls in Bendestorf angesiedelt. Er ist ein bekannter Unternehmer, mit einer erfolgreichen Firma in Hamburg.
Das zweite Kind war mein Bruder Kurt, der Älteste von den Jungs. Kurt war besonders gut aussehend und wurde von den jungen Damen ganz schön belagert. Er war auch auffallend intelligent und besuchte nach kurzem Aufenthalt in der Grundschule – zu meiner Zeit wurde sie Volksschule genannt – das Gymnasium. Vor meinem großen Bruder Kurt habe ich später viel Respekt und Achtung gehabt und hing bei allem, was er erzählte, an seinen Lippen. Er war mein großes Vorbild. Später war er auch für kurze Zeit verantwortlich für die Familie.
Als Nächstes kam dann ordnungsgemäß wieder ein Mädchen auf die Welt, alles geschah nämlich ordnungsgemäß in diesem wechselnden Rhythmus: meine Schwester Alice. Dass sie einmal nach Amerika gehen würde, stand fest, denn es gab in späteren Jahren ein Ereignis, das ich nie vergessen werde. Natürlich, bei so viel Gören, gibt es auch mal Rabatz. Ich hatte meine Schwester Alice geärgert, und sie war bekannt dafür - das hätte mir eigentlich Warnung sein müssen -, dass sie jähzornig werden konnte. Das sollte ich spüren, denn plötzlich hatte sie eine Gabel in der Hand und nahm aus einer Entfernung von mindestens zehn Metern Maß und schmiss diese Gabel in Richtung meines Kopfes. Tatsächlich durchlöcherte

die Gabel mein rechtes Ohrläppchen und hing da als Souvenir. Ich zog sie auch nicht raus, denn ich wollte sie unbedingt meiner Mutter zeigen. Aber statt einer Strafpredigt oder etwas hinter die Löffel zu bekommen, stand die ganze Mischpoke um mich herum, und es gab nicht ein einziges Geschwisterkind, das aufgrund dieses Bildes nicht vor Lachen zusammengebrochen wäre. Als Entschädigung legten meine Geschwister zusammen – außer Alice – und gaben mir fünfzig Pfennige.
Nun kam wieder ein Junge an die Reihe, mein Bruder Ronald. Über den ist eigentlich nicht viel zu erzählen, er war still und in sich gekehrt und brachte immer irgendwelche Kunststücke mit, die er irgendwo aufgeschnappt hatte.
Wie die Wohnverhältnisse bei uns waren, darauf komme ich noch gesondert zu sprechen. Wir schliefen zu viert in zwei Doppelbetten. Die Betten waren aneinandergerückt, das Zweite endete am Fenster, und er wollte uns sein neuestes Kunststück vortragen. Er hatte vor, auf den beiden nebeneinanderstehenden Betten eine Rolle zu machen. Meine Geschwister und ich wollten das bewundern. Er nahm Maß, rollte sich ab und landete mit dem linken Fuß im Fenster. Damit schnitt er sich ihn auf und blutete heftig. Wir nahmen sofort ein altes Hemd, wickelten es um seinen Fuß, verfrachteten ihn auf einen Blockwagen und fuhren damit zum nächsten Arzt am Horner Weg in Hamburg-Horn - darauf komme ich später noch zurück.
Diesmal wurde die Serie unterbrochen, denn das nächste Kind der Familie Buterfas war wieder ein Junge, mein Bruder Rolf. Er spielte in meinem späteren Leben eine besondere Rolle. Er war ein Organisator und wünschte sich irgendwann zu seinem Geburtstag einen Speicher, der kam auf den Dachboden, und darin verwahrte er Süßigkeiten, Blumenzwiebeln und alle

möglichen Gegenstände. Diese Angewohnheit und dieses Verhalten sollten später im Untergrund, in den wir uns flüchten mussten, eine große Rolle spielen.
Das nächste Kind war meine Schwester Felicitas. Egal, was eines meiner Geschwister ausgefressen hatte, sie wusste schon vorher, was passieren würde und war nur am Petzen. Dass sie dafür unbemerkt oft einen Flicken von uns bekam, war die gerechte Honorierung ihres Verhaltens.
Als Letzter in der langen Kette kam ich und wurde auch prompt mit einem Kosenamen versehen, und damit war es meiner Mutter sehr ernst: Ich hieß Schlussi. Mit mir sollte nämlich endgültig Schluss sein. Was ich nur im Unterbewusstsein wahrnehmen konnte, war das, was sich 1935 abspielte: Mein Vater hatte immer noch den Aufenthalt in Esterwegen. Meine Mutter war Dauergast bei der Gestapo, ihr wurde immer wieder nahegelegt: „Lassen sie sich endlich von diesem Juden scheiden, Sie sind Arierin! Ihr Vater ist Beamter in Hamburg. Es ist unverantwortlich, dass Sie weiter diese Ehe aufrechterhalten. Wenn Sie sich scheiden lassen, passiert weder Ihnen noch Ihren Kindern irgendetwas.“ Zu dieser Zeit im Jahr 1935 gab es schon die sogenannten Nürnberger Rassegesetze. Der Nürnberger Gauleiter Julius Streicher gab eine Zeitung heraus, die genauso schrecklich war wie die Hetzfilme, die von den Volksgenossen mit Begeisterung in den Lichtspielhäusern angesehen wurden. Die Zeitung, die Julius Streicher herausgab, war eine der widerlichsten Hetzschriften, die in schrecklichen Bildern die jüdische Bevölkerung darstellte und in einer Art und Weise beschimpfte und verleugnete, dass es jeder Beschreibung spottete. Julius Streicher wurde in Nürnberg nach der Befreiung 1947 im Rahmen des ersten Kriegsverbrecherprozesses, der in der Welt stattfand, zum Tode durch

den Strang verurteilt – wie viele andere. Noch unterm Galgen schrie er: „Heil Hitler!“ Die jüdischen Geschäfte wurden mit Hakenkreuzen bemalt. Hitlerjungen fuhren auf Lastwagen, die mit Hakenkreuzfahnen beflaggt waren, und riefen lauthals: „Kauft nicht bei Juden, Juden raus!“ Und längst waren seit 1933 alle jüdischen Staatsbeamten, alle Ärzte, alle Polizisten, alle Studienräte aus dem öffentlichen Dienst sowie massenhaft Richter und Staatsanwälte, entlassen worden. Wovon diese Menschen im Nachhinein leben sollten, war den Nazis vollkommen egal.

Erneut musste meine Mutter zur Gestapo, und diesmal wurde es sehr ernst. Wieder bekam sie energisch die Aufforderung, sich von ihrem Juden zu trennen, die Scheidung sei in wenigen Minuten vollziehbar. Sie bekam vierundzwanzig Stunden Bedenkzeit, und dann würde man ihr mitteilen, was die Konsequenz sei, wenn sie der höflichen Aufforderung zur Trennung nicht nachkäme. Drei Tage später tauchten bei uns in Hamburg-Horn im Snitgerstieg an unserer Wohnungstür zwei Männer im Ledermantel auf. Als Legitimation hatten sie hinter ihrem Revers das Zeichen der Gestapo. Wer dieses Zeichen später auf der Straße sah, war so gut wie tot. Die Männer gingen ohne zu fragen in unsere Wohnung, herrschten meine Mutter an, sich hinzusetzen und übergaben ihr ein Schreiben. „Sie haben unserer höflichen Aufforderung nicht entsprochen, Sie weigern sich, sich von einem Judenschwein zu trennen. Wenn Sie sich nicht scheiden lassen - wir können Ihnen versichern, dass er sowieso nicht überleben wird – haben Sie sich die Konsequenzen selbst zuzuschreiben. Hier am Horner Weg, wo Sie wohnen, ist etwa hundert Meter weiter ein Haus freigeworden, in dem bis vor kurzem noch Asoziale gewohnt

haben. Innerhalb von vierundzwanzig Stunden haben Sie Ihre Wohnung mit den Kindern zu verlassen und sich mit Ihrem gesamten Ramsch in dieses Haus zu begeben! Den Umzug müssen Sie allein bewältigen, Hilfe bekommen Sie keine." Die Wohnungen damals am Snitgerstieg waren extra für kinderreiche Familien gebaut worden. Dazu zählten wir, mit unserer Mutter waren wir neun. Es waren ausreichend Zimmer. Zu unseren Nachbarn gehörte auch die Familie Glaser. Sie bewohnten allerdings eine kleinere Wohnung. In dieser Familie gab es eine Tochter, die Loki genannt wurde (die Frau des späteren Bundeskanzlers Helmut Schmidt). Meine Geschwister beschafften sich zwei Schottsche Karren, das waren Karren auf zwei großen Rädern mit zwei Griffen vorne; auf diese wurde unser gesamtes Hab und Gut verladen. Wir verließen unsere schöne Wohnung und zogen in eine fast baufällige Hütte. Wir Kinder waren nach der Arithmetik der Nazis aus einer Mischehe zwischen einem Juden und einer Christin entstanden, also waren wir sogenannte Halbjuden. Wir haben das Leben in unserer damaligen Wohnung am Snitgerstieg, wo es so viele Kinder in unseren Altersgruppen gab, geliebt. Die Häuser im Horner Stieg und Snitgerstieg standen gegenüber vom Hamburger Rauhen Haus und der Wichernschule.
Nach über siebzig Jahren führte mich im Jahr 2011 zum ersten Mal wieder mein Weg in den Snitgerstieg und in die Nähe des Rauhen Hauses. An meiner Schulzeit, die im 6. Lebensjahr begann, wäre manch ein Schüler zerbrochen. Ein Erlebnis, das mir Menschen bereiteten, hatte schon damals dazu geführt, dass ich mir das Leben nehmen wollte.

Kapitel 3: Als ich sechs Jahre alt war

Die ständigen Besuche der Gestapo, die zuerst in unserer Wohnung am Snitgerstieg und später dann in dem schrecklichen Haus, in das wir zwangsweise einquartiert wurden, stattfanden, hinterließen bei meiner Mutter schreckliche Spuren. Alle spürten den enormen Druck, dem sie ausgesetzt war.
Niemals hätte sie sich von ihrem Mann getrennt und auf Druck der Gestapo die Scheidung durchgeführt. Diese Trennung hätte unweigerlich den Tod unseres Vaters zur Folge gehabt. Lebenszeichen von unserem Vater aus dem Lager Esterwegen erhielten wir nicht. Nun ergriff meine Mutter die Initiative und besuchte die Gestapo, die an der Ecke des Neuen Walls in Hamburg mehrere Etagen und vor allem einen grauenvollen Keller besaß, und versuchte in Gesprächen zu erreichen, dass unser Vater aus der Haft entlassen wurde, da unsere Familie auf einen Ernährer angewiesen war. Die Herren machten ihr klar, dass sie alle Ansprüche auf Unterstützung hätte, sodass sie mit ihrer Familie keinerlei Not leiden würde. Sie brauche sich nur durch Scheidung von ihrem Mann zu trennen. Auch den Kindern, die ja als Halbjuden galten, würde nichts geschehen. Sie würden vielleicht in ein spezielles Heim kommen, aber nach dem Endsieg würden sie unbeschadet zu ihr zurückgebracht werden. Doch dies war ein völlig unsinniges Ansinnen, für meine Mutter überhaupt nicht akzeptabel.
Schweren Herzens setzte sie sich mit ihren Schwiegereltern in Dresden in Verbindung, die ihr Unternehmen bisher noch unangetastet von den Nationalsozialisten weiter betreiben konnten und bat um Unterstützung. Von da an erhielten wir monatlich durch einen Boten Geldzuwendungen. Ein Konto hatte meine Mutter ja nicht, und auch keines der Kinder be-

saß eins. So bestand nur die Möglichkeit, das Geld in bar in Empfang zu nehmen.

Der Älteste von den Jungs, mein Bruder Kurt, bekam eine Einladung von unseren Großeltern in Dresden, sie zu besuchen. Er lernte einen streng organisierten jüdischen Haushalt kennen, wie er uns später berichtete. Die Großeltern waren freundlich, fuhren mit ihm in die Sächsische Schweiz, und er lernte alle Sehenswürdigkeiten kennen, die das wunderschöne Dresden besaß. Das Elbflorenz hatte diesbezüglich eine ganze Menge zu bieten, von der Frauenkirche über den Zwinger, die Elbterrassen oder die Semperoper, um nur einiges aufzuzählen. Mit viel Spannung erwarteten wir seine Rückkehr, und er brachte für alle reichlich Geschenke mit, die ihm die Großeltern mit auf den Weg gegeben hatten.
Meine Mutter hatte eine gute Verbindung zu einem Pastor in Hamburg-Horn. Trotz der Gefahren, denen sich der Geistliche aussetzte, taufte er meine Geschwister und mich. In weiser Voraussicht, dass die schrecklichen Dinge, die sich auf Deutschlands Straßen taten – und dass dies sicherlich erst der Anfang wäre – hoffte sie, mit dieser Taufe ihrer Kinder etwas mehr Sicherheit in der Zukunft vor eventuellen Repressalien zu haben.
Mittlerweile war ich sechs Jahre alt, meine Mutter bereitete mich auf meinen ersten Schultag vor. Den erwartete ich voller Freude und Spannung, denn in die Schule zu gehen hieß, mit vielen Kindern in Kontakt zu kommen – und nichts schien mir reizvoller. Mit Kalle Vermehren, der in unmittelbarer Nähe unserer Bruchbude wohnte, hatte ich mich seit Langem angefreundet. Wir waren wirklich gute Freunde. Ich war ungefähr acht Tage in der Schule. Das Zusammen-

sein mit gleichaltrigen Jungen und Mädchen war für mich ein besonderes Erlebnis. Es war an einem Freitag im November, alle Klassen von der Ersten aufwärts bis zur Endklasse mussten draußen auf dem Schulhof in der Nähe eines großen Fahnenmastes antreten, die Mädchen auf einer Seite, die Jungen auf der anderen, in ganz korrekten Formationen; die Jungs von der ersten bis zur neunten Klasse nebeneinander, und auf der anderen Seite die Mädchen ebenfalls von der ersten bis zur neunten Klasse. Die Jungen im Alter von zehn Jahren waren schon in der Hitlerjugend und auch dementsprechend mit ihrer HJ-Uniform angetreten. Die Mädels im Alter ab vierzehn Jahren waren im Bund deutscher Mädel, hatten schwarze Faltenröcke, weiße Blusen und ein Halstuch, das mit einem braunen Knoten an der Vorderseite zusammengehalten wurde. Es ging um einen Gedenktag für einen ermordeten Naziführer, der angeblich von den Kommunisten getötet worden sein sollte. Die Hitlerfahne wurde von einem HJ-Führer, der an seinen Schultern eine grüne Kordel hatte, hochgezogen – und bevor wir alle das Horst-Wessel-Lied singen mussten, wurde von allen der rechte Arm zum Hitlergruß erhoben. Wir sangen gemeinsam die Strophe:

SA marschiert,
die Reihen dicht geschlossen,
Führer, wir folgen dir.

Auf der Freitreppe unserer Schule, die im Jahre 2022 abgerissen werden soll, stand unser Goldfasan, der Schulleiter, mit allen Abzeichen in einer braunen widerwärtigen Uniform mit Schaftstiefel und einer widerlichen Mütze auf dem

Kopf. Nachdem das Lied verklungen war und unsere Arme wieder in die Normalität zurückgefunden hatten, erhob der Schulleiter seine krächzende Stimme, die einem bis in Mark und Bein ging, und sagte unüberhörbar: „Buterfas – tritt mal einen Schritt hervor!“ Alle Schülerinnen und Schüler schauten erstaunt auf den Knirps, der gehorsam einen Schritt aus der Reihe hervortrat. „Hör zu, Du kleiner Judenbengel, Du nimmst sofort Deine Sachen aus der Klasse und machst Dich auf dem schnellsten Wege nach Hause! Du brauchst morgen auch nicht wiederzukommen, Du lässt Dich überhaupt hier nicht mehr blicken, und jetzt verschwinde!“ Für wenige Augenblicke waren alle Jungs und Mädchen von dem, was sie gehört hatten, überrascht und erstaunt. Aber dann lösten sie sich aus ihrer Starre, und ehe ich mich versah, ging eine Flut von Schimpfworten auf mich nieder, von Judensau bis Dreckschwein. Einer von ihnen trat mich ins Gesäß. Ich war zu erstarrt, um zu weinen. Ich konnte auch nicht darüber nachdenken, was das Wort Jude bedeutete. Ich wusste überhaupt nichts damit anzufangen – war es eine Krankheit, sah ich besonders scheußlich aus? Ich hatte keine Ahnung, was mir Scheußliches geschehen sein sollte. Als ich einigermaßen zur Besinnung kam, lief ich vom Schulhof. Wüstes Gebrüll verfolgte mich, und dann war es mit mir aus, ich fing hemmungslos zu weinen an. So kam ich in unserer Unterkunft an, dem sogenannten Judenhaus. Meine Mutter nahm mich sofort in die Arme, meine Geschwister standen alle fassungslos um mich herum. Für mich war eine Welt zusammengebrochen, am liebsten wäre ich tot gewesen. Dieses Erlebnis ist der Grund für schlaflose Nächte und Albträume, die ich noch bis in mein heutiges Alter von neunundachtzig Jahren regelmäßig habe.

Jahr für Jahr, Monat für Monat, Tag für Tag, stelle ich mir immer wieder die Frage: Wie konnten Kinder von ihren Eltern so instrumentalisiert werden, um sich gemeinsam an anderen Kindern – Schwächeren – derart menschenverachtend zu vergreifen? Bis heute suche ich nach einer Antwort, schäme mich nicht, meinen Gefühlen Ausdruck zu verleihen, mit dem tiefen Wunsch, dass so etwas nicht wieder in unserem Lande geschehen kann.

Im Jahr 2010 bekam ich einen merkwürdigen Anruf. Ein Lehrer meldete sich bei mir, stellte sich als Mitarbeiter der Schule Am Riemsweg vor. Das war meine ehemalige Schule, an der ich das schrecklichste Erlebnis meiner jungen Jahre gehabt hatte. Er erklärte mir, er habe erfahren, was mir 1938 kurz nach meiner Einschulung in seiner Schule passiert war. Ehemalige Schüler, die heute im gleichen Alter waren wie ich – und noch älter – hatten ihm von den Erlebnissen jüdischer Schüler an ihrer Schule in der Nazizeit berichtet. Er sei beauftragt worden, eine Chronik über diese Schule, die im Jahre 2011 hundertjähriges Bestehen hatte, zu schreiben. Schonungslos sollte auch über Schülerinnen und Schüler jüdischer Abstammung geschrieben werden. Man wollte ehrlich und korrekt die Vergangenheit aufarbeiten. Daher habe er sich ein Herz gefasst und mich um ein Gespräch gebeten. Zuerst verschlug mir sein Anliegen sprichwörtlich den Atem, dann aber überlegte ich mir, dass der Mut, den dieser Lehrer besaß, mich nach einem solchen Erlebnis noch zu kontaktieren, belohnt werden müsse. Es machte mich natürlich auch neugierig, den jungen Menschen kennenzulernen. Wir verabredeten ein Gespräch. Als es in meinem Hause in Bendestorf zustande kam, dauerte es natürlich nur fast eine halbe Stunde, dass nicht er mir,

sondern ich ihm die Fragen stellte. Mir war es wichtig, zu erfahren, wie lange die jetzige Schulleitung gebraucht hatte, ihn zu überreden, Kontakt zu mir aufzunehmen, nachdem er meine Geschichte aus den Erzählungen anderer Schüler gehört hatte. Schließlich hätte ihm ja schon am Telefon alles Mögliche vorwerfen können. Was er nicht wusste: Ich sprach schon seit 1994 an Schulen vor jungen Menschen, doch nicht um Mitleid von den Zuhörerinnen und Zuhörern zu bekommen, vielmehr holte ich das nach, was die Urgroßeltern versäumt hatten: ihren Kindern zu erzählen, um das Wissen weiterzutragen. Damit sich derartig schändliche Verbrechen, egal wo, nicht wiederholen.
Nach kurzer Zeit führten wir ein interessantes und jetzt auch wechselreiches Gespräch. Ich musste feststellen, dass das Wissen um die vergangenen tausend Jahre, wie sich das Dritte Reich genannt hatte, auch bei dem jungen Lehrer große Lücken aufwies. Das habe ich später an Gymnasien und an Universitäten immer wieder festgestellt: Die deutsche Geschichte ist, was das Dritte Reich betraf, was Aufklärung betraf, in der Vergangenheit und in der Gegenwart viel zu kurz gekommen. Darum konnten sich Neonazis so verbreiten.

Ein besonderes Erlebnis, das zu meinen Albträumen gehört und auch dazu geführt hat, dass ich diese Schule nie wieder betreten habe, gehört zu dem Grausamsten, das man einem Kind antun kann. Ich wurde von meiner Mutter einmal zu einem kleinen Einkauf in der Produktion beauftragt, einer Bäckerei, in der man für wenige Groschen Kuchenrinde kaufen konnte. Von einem Kuchenblech mit Butter- oder Streuselkuchen wurde die Kante entfernt, und eine große Tüte damit kostete damals fünfzig Pfennige. Das war für uns immer ein ganz besonderer Tag, wenn eines meiner Geschwister oder ich zu diesem Einkauf abkommandiert wurden. Als ich die Bäckerei wieder verließ, warteten eine Menge HJ-Jungen und BDM-Mädels auf mich. Sie ergriffen mich, meine Tüte mit den Kuchenabschnitten flog in hohem Bogen auf die Erde, sie nahmen Gitterroste aus einer Einfassung einer Kasematte, füllten den Inhalt der Kasematte mit Holz und Papier, setzten die Gitterroste wieder auf die Kasematte und stellten mich auf die Roste. Vorher riss mir ein Hitlerjunge die Hose herunter und brannte mir mit der Zigarette in den Oberschenkel ein Loch. Dann zündeten sie Papier und Pappe an und machten mir lauthals klar: „Jetzt werden wir den Judenjungen ein bisschen rösten." Voller Verzweiflung schrie ich wie am Spieß, einige Passanten wurden auf den Tumult aufmerksam und rissen mich von der Roste, die schon ziemlich in Flammen stand. Von da an traute ich mich monatelang nicht mehr auf die Straße. Wenn meine Mutter zum Einkaufen ging und Jungs waren in der Nähe, riefen sie: „Da geht das Judenweib." Und beschimpften meine Mutter aufs Erbärmlichste. Es war das Jahr 1938. Am 9. November brannten alle jüdischen Gotteshäuser, von Hamburg bis Freiburg, von München bis Dresden. Überall standen die Synagogen in Flammen. Hitlers willige Helfer plünderten die Synagogen, erschlugen deutschlandweit über dreitausend Juden, und dreißigtausend von ihnen kamen in die Konzentrationslager. Das Ganze nannten sie Reichskristallnacht, für uns waren es die schrecklichsten Pogrome. Pogrome, wie sie sich die ganze Welt in ihren schlimmsten Träumen nicht hätte vorstellen können. Auslöser für dieses schreckliche Ereignis war das angebliche Attentat auf das Mitglied der deutschen Botschaft Ernst Eduard vom Rath in Paris. Der Hamburger Jude Herschel Grünspan war für diesen

Auslöser, dieses schreckliche Szenario verantwortlich. Grünspan wollte auf die entsetzlichen, nicht darstellbaren Maßnahmen gegen die Juden und vor allem gegen seine jüdischen Eltern, die zwischenzeitlich in irgendeinem Konzentrationslager vegetieren mussten – und er wusste noch nicht einmal wo –, aufmerksam machen. 1933 und Anfang '34 fing es in Deutschland mit Berufsverboten für alle jüdischen Menschen an. Im Staatsdienst wurden die Richter und die Staatsanwälte entlassen, an Schulen alle Lehrer und Lehrerinnen. Studienrätinnen und Studienräte, in Krankenhäusern entfernte man Chefärzte, Ärzte und Krankenschwestern. An jüdische Geschäfte schmierte man Hakenkreuze, darunter schrieb man: „Kauft nicht bei Juden! Die Juden sind euer Untergang." Die Juden waren grundsätzlich an allem schuld; gab es Krankheiten oder Seuchen: Sie kamen von den Juden. Die Juden waren für das Ausbreiten von Ungeziefer verantwortlich, vor allem von Ratten.
Der erste israelische Botschafter in Deutschland war einmal sehr intensiv in einem Gespräch, das die Zeit der Juden in Nazideutschland beschrieb. Zum Schluss sagte er zu seinem Gegenüber, die Juden und ein Fahrrad seien an allem Schrecklichen, was in der Welt passiert, schuld. Darauf fragte sein Gesprächspartner: „Wieso ein Fahrrad?" Worauf der Botschafter antwortete: „Wieso die Juden?"Nach diesen ersten Exzessen waren die in Deutschland verbliebenen Juden immer noch so blauäugig, zu glauben, der Spuk sei schnell vorbei. Doch das sollte ein Trugschluss sein, der am Schluss zur Ermordung von sechs Millionen Frauen, Männern und Kindern führte. Viele waren der Meinung: „Ich habe Deutschland im Ersten Weltkrieg gedient, das wird der Führer, der selbst im Ersten Weltkrieg war, doch sicher berücksichtigen". Jeden Monat

gab es in den darauffolgenden Jahren immer mehr Gesetze, die die jüdische Bevölkerung fast völlig entrechteten. Zuerst nahm man ihnen die Existenzgrundlage, jede Möglichkeit, weiter beruflich tätig zu sein. Dann durften sie keine Straßenbahn, kein Freibad und kein Theater besuchen, selbst im Park gab es an Bänken Schilder: „Für Juden nicht erlaubt." Etwas später, um 1939/40 wurde den Juden untersagt, jede Art von Haustieren zu halten. Auch Radios waren strengstens verboten. Spätestens jetzt waren einige Juden wach geworden und ahnten, was noch alles passieren könnte, und sie flohen nach Dänemark, Belgien, Frankreich oder Holland. Vermögende jüdische Deutsche gingen nach Südamerika oder in die Vereinigten Staaten. 1938 passierte etwas noch Einschneidenderes für die vermögenden Juden: Sie wurden arisiert. Ein Begriff, der darüber hinwegtäuschen sollte, dass sich die Nationalsozialisten das gesamte jüdische Vermögen aneigneten. Das lief ab wie folgt: Meine Großeltern väterlicherseits wurden in Dresden von der Gestapo vorgeladen. Dort saß ein hoher SS-Offizier, der gehörte früher zum Vorstand der Dresdner Bank. Die Dresdner Bank hatte folgende Aufgabe im deutschen Reich übernommen: die Unternehmen und den Grundbesitz von vermögenden Juden zu schätzen. Dies passierte auch unseren Großeltern väterlicherseits.

Der Obersturmbannführer eröffnete das Gespräch wie folgt: „Wir haben Ihr Unternehmen und Ihr Immobilienvermögen geschätzt. Wir kommen insgesamt auf einen Wert von 100.000 Reichsmark." Beider Wert, Immobilien und Firma, war jedoch um ein Vielfaches höher. Er eröffnete meiner Großmutter und meinem Großvater, dass der Führer sehr großzügig verfahre, wenn man ihnen 60.000 Reichsmark überlasse. Davon sind noch einmal pro Person jeweils 10.000 Reichsmark an Juden-

Fluchtsteuer abzuziehen. Sie haben Deutschland innerhalb einer Woche zu verlassen, danach könne man für Ihre Sicherheit nicht mehr garantieren. Unsere Großeltern gingen nach Argentinien, setzten sich mit ihrer Schwiegertochter noch einmal in Verbindung und teilten ihr mit, dass eine Passage für sie und ihre acht Kinder – ebenfalls nach Argentinien – gebucht sei, in Kürze würden wir von der Hapag Lloyd eine Information darüber erhalten. Für meine Mutter kam das überhaupt nicht infrage. Solange ihr Mann noch in Haft war, käme ein Auswandern für sie nicht in Betracht. Nun war nicht nur ihr Mann in Gefahr, sondern auch die Kinder.

Das Enteignen oder Arisieren war der gesamten deutschen Bevölkerung bekannt, denn die Enteignung von großen Unternehmen wie dem Hotel Kempinski in Berlin oder den Warenhäusern Hermann Tietz hat jeder Bürger zu dieser Zeit wahrgenommen.

Der 1. September 1939 war ein besonderer Tag für Adolf Hitler. Endlich war sein größter Wunsch in Erfüllung gegangen: Er konnte das Nachbarland Polen überfallen. Damit war er auf dem besten Weg, den Zweiten Weltkrieg auszulösen.

Ein sonderbarer Grund und Vorwand, wie man einen Überfall wie auf Polen durchführen konnte, war ein Ereignis, das die Nazis lieferten. Es gab den bekannten Reichssender Gleiwitz, der von deutschem Personal geführt wurde. Kein Pole war bei diesem Sender beschäftigt. Heinrich Himmler, Reichsführer der SS und später der Polizei, hatte eine Idee, wie man einen Vorwand schaffen könnte, um sich für den Überfall auf Polen am 1. September 1939 zu rechtfertigen. Eine Gruppe von SS-Leuten zog sich polnische Uniformen an, überfiel den Sender. Kaltblütig, ohne mit der Wimper zu zucken, erschossen sie das gesamte deutsche Radio-Personal. Für dieses Massaker wurden nun Polen verantwortlich gemacht, und Hitler sagte: „Seit 05:45 Uhr wird jetzt zurückgeschossen und von jetzt ab wird Bombe mit Bombe vergolten.“ Was er nicht vermeiden konnte: Die Bündnispartner Polens – Frankreich und England – haben nicht zugesehen. Sie erklärten dem Deutschen Reich aufgrund dieses Überfalles auf Polen den Krieg.

Kapitel 4: Mein Vater und das Börgermoor

Wir alle, vor allem meine Mutter, waren sehr glücklich, dass Mitte Juni 1945 plötzlich mein Vater in Billstedt in unserem Haus auftauchte. Er war abgemagert und sein Anzug hing an seinem Körper herunter. Man konnte ihm die Leiden ansehen, alles, was er in dem Lager in Sachsenhausen in den letzten Jahren durchgemacht haben musste. Für uns, meine Geschwister und mich, war es eine Selbstverständlichkeit, dass wir uns alle sehr intensiv um unseren Vater kümmerten. Niemand stellte ihm eine Frage über seinen Aufenthalt im Konzentrationslager. Die ersten Nächte, als er wieder bei uns war, hörten wir manches Mal Geschrei aus dem gemeinsamen Schlafzimmer, in dem unser Vater mit unserer Mutter übernachtete. Es quälten ihn die schlimmen Dinge, die sie während seines Lageraufenthaltes an ihm vorgenommen hatten. Als kleinster von meinen Geschwistern erfuhr ich, dass sie meinem Vater die Hände mit Ketten an den Rücken gefesselt hatten und ihn dann daran aufhingen. Kaum vorstellbar, was er während seines langen Aufenthaltes alles erlebt haben musste. Was es überhaupt an verfügbaren Lebensmitteln gab, wurde darauf verwandt, unseren Vater aufzupäppeln und wieder zu Kräften kommen zu lassen. Nun war in unserer Familie plötzlich ein weiteres Kind aufgetaucht, das einer besonderen Pflege bedurfte.
Nachdem er etwa vier Wochen bei uns gewesen war, hatte er fast überhaupt keine Gespräche mit uns Kindern geführt und hatten auch wir keinerlei Fragen an ihn gestellt, weil wir alle nur den einen Wunsch hatten, dass er von dem Erlebten so schnell als möglich Abstand gewinnen konnte. Ein Freund, den er im Lager Sachsenhausen gefunden hatte, hieß Peter und war aus dem Lager zur gleichen Zeit entlassen worden

wie mein Vater. Und nun war er nach der Befreiung zu seiner Familie nach Köln zurückgekehrt. Dort erfuhr er, dass seine Frau und die beiden Töchter während eines schweren Bombenangriffs auf Köln ums Leben gekommen waren. Peter hatte eine Überraschung für meine Geschwister und für mich. Er wusste ja aus den Erzählungen von Felix, meinem Vater, dass er eine ganze Schar von Kindern besaß. Peter brachte uns aus Köln einen ganzen Koffer Obst mit, das zwar noch unreif war, aber auch kaum Zeit hatte, bei einer so einer ausgehungerten Kinderschar, wie wir es waren, richtig reif zu werden. Peter Urmes war als Mitglied der kommunistischen Partei sehr früh verhaftet worden. Er war ebenfalls in das Umerziehungslager Börgermoor bei Papenburg gekommen und wurde dann später gemeinsam mit meinem Vater in das Stammlager nach Sachsenhausen verlegt. Er verabschiedete sich von uns und wollte unbedingt in das später gegründete „bessere Deutschland“, in die Nähe seiner kommunistischen Freunde nach Ostberlin gehen. Zwischenzeitlich hatten die Alliierten Deutschland ja schon in vier Sektoren aufgeteilt. Wir in Hamburg waren unter britischer Kommandantur, in Bremen waren die Amerikaner, im Saarland waren die Franzosen und auch Bayern fiel den Amerikanern zu. Außerdem gab es die sogenannte russische Besatzungszone, und die sollte ja einmal das „bessere Deutschland“ werden. Nachdem mein Vater einigermaßen zu Kräften gekommen war, nahm er sofort zur jüdischen Gemeinde an der Rothenbaumchaussee Kontakt auf. Jetzt wollte er eine Starthilfe in Form von Wiedergutmachung für all das bekommen, was ihm in zwölf Jahren Nazi-Herrschaft angetan worden war. Unglaublich, aber erfreulich war, wie sich unser Vater von diesem Aufenthalt in dem schrecklichen Lager Sachsenhausen erholt hatte. Wie es in ihm aussah, war für uns unmöglich zu erkennen. Zu viel war auch das gewesen, was wir als Kinder in dieser schrecklichen Zeit hatten ertragen müssen. Meinen Geschwistern und mir war aber völlig klar: Am meisten von allen, wegen der Sorge und Angst um ihre Kinder und ihren Mann, hatte unsere Mutter gelitten. Was diese Frau in all den Jahren mit acht Kindern und einem Mann, der sich während der gesamten Nazizeit in zwei verschiedenen Lagern aufgehalten hatte, durchgemacht haben muss, bedarf hier keiner Schilderung.

Erfreulicherweise erhielt unser Vater verschiedene Vorschläge von Seiten der Militärregierung und Unterstützung der jüdischen Gemeinde für eine entsprechende Existenzgründung. Dies sollte eine Entschädigung für die Verbrechen sein, die man an ihm verübt hatte und gleichzeitig auch eine Entschädigung für das, was seinen Eltern in Dresden durch die Arisierung der Nazis gestohlen worden war. Zu dieser Zeit gab es überhaupt keine Aussicht, wieder an das elterliche Vermögen, die Grundstücke, Unternehmen und sonstige Werte zu kommen. Allerdings – und auch darüber verlor meine Mutter kein Wort uns gegenüber, nur mein ältester Bruder Kurt hatte sich mit diesem Problem befasst - Wiedergutmachungsansprüche für meine Mutter oder für die Kinder hatte unser Vater nicht gestellt, denn eigentlich hatten wir doch für etwas gelitten, wofür wir als Kinder nun wirklich nichts konnten. Wir hatten keine Kindheit gehabt, wir hatten keine Schule, wir hatten keine Jugend gehabt, gleichzeitig waren wir unglaublichen Repressalien ausgesetzt gewesen – und was sich nach 1945 alles noch ereignen sollte in dem sich langsam wieder erholenden Deutschland, spottete jeder Beschreibung.

Eines Nachts im Juli 1945 hörten wir einen furchtbaren Schrei aus dem gemeinsamen Schlafzimmer unserer Eltern. Alle schreckten hoch, wir trafen uns im Zimmer unseres Bruders Kurt und stellten uns die Frage, was das zu bedeuten hätte. Plötzlich hörten wir mit einem lauten Knall die Haustür ins Schloss fallen und konnten nur erahnen, dass das wohl unser Vater gewesen war, der eiligst das Haus verließ. Nun gingen wir rasch ins Schlafzimmer und wollten sehen: Was war der Grund für diesen Schrei und für den Weggang unseres Vaters aus unserem Haus gewesen? Was wir jetzt sahen, verschlug uns allen den Atem. Unsere Mutter lag neben den beiden Ehebetten, zuckte am ganzen Körper und hatte einen Lachanfall nach dem anderen. Wir versuchten, sie zu beruhigen, hoben sie aufs Bett, und langsam erholte sie sich. Was sie uns dann eröffnete, war kaum zu glauben. Es dauerte lange, bis wir uns aus unserer Erstarrung befreien konnten. Sie erklärte uns, unser Vater habe ihr gerade eröffnet, dass er sie mit sofortiger Wirkung verlasse, zu viel Schreckliches habe er in den letzten zwölf Jahren erleben müssen. Den Rest des Lebens, der ihm verbleibe, wolle er genießen, aber nicht mit ihr. Er habe bereits jemand anderes. Ich weiß nicht, in welcher Gefühlslage sich jeder Einzelne meiner Geschwister befand. Trotz all der grausamen und schrecklichen Behandlung im Lager, die mein Vater hatte hinnehmen müssen, darf man nie vergessen, dass diese Frau Unglaubliches auf ihre Schultern geladen hatte, um ihren Mann und den Kindern das Leben zu retten. Man stellt sich die Frage, ob ein einzelner Mensch überhaupt in der Lage wäre, zu bewältigen, was diese Frau klaglos auf sich genommen hatte. Wie eine Wand standen wir hinter unserer Mutter und schworen uns, dass jeder Einzelne alles tun werde, um ihr das Leben so schön wie möglich zu machen. Das Denkmal in unserem Herzen, das jeder Einzelne unserer Mutter gesetzt hat, hat bis zu ihrem fünfundsiebzigsten Lebensjahr und noch darüber hinaus zwischen meinen Geschwistern und mir Bestand gehabt.

Trotz all der Leiden und Schmerzen, die man unserem Vater zugefügt hatte: Rechtfertigt dies eine solche Handlungsweise? Wir brachen den Kontakt ab. Wir hatten in den schlechten Zeiten von 1933 bis 1945 keine Unterstützung und Hilfe väterlicherseits bekommen – und nun nach der Befreiung am 4. Mai 1945, nachdem unser Vater wieder aus dem Lager zurückgekommen war und für uns alle die Verantwortung hatte übernehmen sollen, hatten wir wieder keinen Vater.
Eine einzigartige Episode, die auch den Charakter unserer Mutter darstellt, muss ich an dieser Stelle einblenden:
Fünfzehn Jahre später, 1960, traf sich meine Mutter mit ihrer Nachfolgerin, denn Nebenbuhlerin kann man ja wohl kaum sagen. Meine Mutter war überhaupt nicht nachtragend und erfuhr nun von Pappis zweiter Ehefrau, dass sie überhaupt nicht glücklich sei und er so manche Eskapade nebenbei hatte. Sie sagte scherzhaft zu meiner Mutter: „Orla, willst du ihn nicht wiederhaben?“ Worauf meine Mutter antwortete: „Nicht für Geld und gute Worte.“
Es ist nicht leicht, eine so starke Frau zu beschreiben. Meine Geschwister und ich, jeder Einzelne von uns, wir haben unsere Mutter abgöttisch geliebt. Es dauerte lange, bis wir uns von diesem Schock erholt hatten. Niemand hatte damit gerechnet, dass sich unser Vater einmal so gegenüber seiner Frau und uns benehmen würde. Im Lauf der Jahre haben wir ihm natürlich verziehen, aber vergessen haben wir seine Handlungsweise nie. Ich kann mich auch nicht mehr erinnern, dass einer von uns zu seiner Beerdigung gegangen ist. Ich gestehe: Ich weiß noch nicht einmal, wo sein Grab ist. Zu tief waren die Verletzungen,

die er uns nach dem Krieg zugefügt hat: nicht für seine Frau und seine Kinder zu sorgen, obwohl er alle Möglichkeiten hatte. Man bot ihm in Nordrhein-Westfalen eine Teilhaberschaft in einer Seidentrikotagenfabrik oder in Hamburg in der Nähe von Glinde ein großes Gut an. Er entschied sich für die Seidentrikotagen, da man in der kommenden Schwarzmarktzeit damit hervorragende Tauschobjekte hatte - gegen alles Mögliche. Und von den schwarzen Märkten, auf denen man so ziemlich alles bekommen konnte, gab es vor allem zwei: einen in St. Georg in der Langen Reihe und einen auf der Talstraße in St. Pauli. Ein Pfund Butter kostete dort sechshundert Reichsmark, ein Brot dreihundert. Eine Zigarette fünf, Radioröhren, die sehr begehrt waren, kosteten fünfzig Reichsmark. Der Schwarzhandel blühte. Um nicht zu verhungern, fuhren die Menschen mit ihren letzten Habseligkeiten aufs Land nach Niedersachsen oder Schleswig-Holstein, um bei den Bauern irgendeinen Gebrauchsgegenstand gegen Lebensmittel einzutauschen. Bald gab es lästerliche Stimmen: „Nach Schleswig-Holstein oder Niedersachsen brauchst Du zu den Bauern mit Teppichen gar nicht mehr zu fahren.“ Sie hätten schon so viele davon, dass sie einige Teppiche im Kuhstall verlegen müssten. Das deutsche Volk, der Rest der Überlebenden, der in Trümmern hauste, da man nicht erfrieren oder verhungern wollte, musste sich den Gangs anschließen, die von langsam fahrenden Zügen die Bunkerkohle oder Briketts schmissen. Andere hockten zwischen den Gleisen und Schwellen, um zwischen den Steinschottern die Reste von Koks zu filtern. Die Versorgung der Bevölkerung war in den Jahren 1946/47 äußerst notdürftig. Zum Leben zu wenig, zum Sterben zu viel.
Die Siegermächte wollten dem Rest von Adolf Hitlers willigen Helfern eine berechtigte Zeit zum Nachdenken geben. Was

dem meisten Teil der Überlebenden der Bevölkerung die Zornesröte ins Gesicht trieb, war, dass die Schweinehunde, denen sie dieses Unglück zu verdanken hatten, die überzeugten Nazis, schon wieder ein ganz normales Leben führten, ohne auf irgendetwas verzichten zu müssen.
Unsere Mutter war jetzt, nachdem sie zur Ruhe gekommen war, ein gebrochener Mensch. Es hatten sie schon viele schreckliche Dinge erwartet, die bewältigt werden mussten. Aber dass sich unser Vater so entwickelt hatte, hat uns alle für eine lange Zeit beschäftigt. Das war eine Situation, mit der wir erst einmal fertig werden mussten. Wir hatten geglaubt, jetzt übernehme der Ernährer der Familie wieder das Kommando. Doch wir standen allein da, vor einer völlig unübersichtlichen Zukunft. Aber irgendwie ging das Durchschlängeln weiter. Wir hatten überlebt und wollten weiter überleben. Irgendwie hatten wir ein Recht darauf – vielleicht ein größeres als alle anderen Deutschen – auf eine lebenswerte Zukunft. Doch die Aussichten dafür waren noch nie so schlecht gewesen. Wir wussten, es war völlig ausgeschlossen, dass unsere Mutter sich noch einmal bei den Behörden für unsere Rechte einsetzen konnte. Woher sollte die Kraft kommen? Und wir Kinder konnten unsere Interessen nicht wahrnehmen. Nach der Kapitulation funktionierten die Behörden noch nicht so richtig. Alles kam erst ganz langsam in Schwung. Lebensmittelkarten wurden ausgegeben, die wir nach der Befreiung wie alle anderen Deutschen auch bekamen. Während des Krieges hatten wir keine Lebensmittelkarten gehabt, wir hatten ja im Untergrund gelebt. Ich machte da weiter, wo ich mit meinem Bruder Rolf während des Krieges in zerstörten Villen und anderswo nach Kriegsende aufgehört hatte. Diesmal schlich ich mich nachts auf das Gelände der sogenannten Baggerkuhle in Öjendorf,

einem Stadtteil in der Nähe von Hamburg-Billstedt. Dort hatten die britischen Besatzer auf einem riesigen Gelände ihre angeschlagenen Panzer abgestellt. Heimlich und unbemerkt öffnete ich die Panzerklappe und begab mich ins Innere. Dort entfernte ich Röhren und Litze. Beides war beim Verkauf auf einem der Hamburger Schwarzmärkte von unschätzbarem Wert. Ein gefährliches Unternehmen, denn bewacht wurden die angeschlagenen Panzer von polnischer Miliz, mit scharfen Hunden. Hätte mich einer dieser blutrünstigen Hunde bei meinen Diebstählen erwischt und mir vielleicht das Bein zerfleischt, hätte es mir nichts genützt, dass ich ein Verfolgter und Überlebender des Naziregimes war. Der Lohn der Angst waren sehr hohe sechsstellige Geldbeträge für meine gestohlenen Utensilien. Für einen Meter Litze – mit diesen Kostbarkeiten konnte man elektrisch Licht und auch andere Gegenstände in Betrieb nehmen - bekam man fünfzig Reichsmark. Zwischen vier- und fünfhundert Meter Litze konnte ich bei meinen Exkursionen zusammenbringen. Ich setzte das Geld sofort in alle möglichen Lebensmittel um und machte mich als Ernährer der Familie sehr nützlich. Meine Mutter hatte jedes Mal schreckliche Angst, wenn der Kleine wieder unterwegs war. Aber ich war auf dem schwarzen Markt mittlerweile schon ein bekanntes Gesicht. In einigen Geschäften, die den Feuersturm überlebt hatten, gab es hinter den Schaufenstern nichts zu sehen, gähnende Leere. Und dann kam der 15. Mai 1948. Jeder bekam vierzig DM pro Kopf. Die Reichsmark war tot, es lebe die DM. Und wie von Zauberhand waren plötzlich in den Schaufenstern Dinge zu sehen, die sich kein Mensch vorstellen konnte. Eine Auslage in einer Bäckerei mit den herrlichsten Backwaren. Beim Schlachter hingen die Würste und Schinken, was immer man sich so vorstellen konnte. Es gab Butter und Milch, alles war vorhanden. Wie war das möglich? Das Ganze wurde Währungsreform genannt. Im Elektrogeschäft standen die Radios in Hülle und Fülle, im Möbelgeschäft waren schon wieder Couch und Stühle zu kaufen, Tisch und Bett. Textilien waren in reichlichem Maße vorhanden. In einzelnen Geschäften waren bekleidete Schaufensterpuppen zu sehen. Ich weiß noch, dass ich vor einem Schuhgeschäft stand, auf meine alten Latschen starrte und in der Auslage die modernsten und schönsten Halbschuhe sah. Die Talstraße und die Lange Reihe, in der sich die Menschen Tage vorher noch gedrängelt hatten, um irgendetwas anzubieten, zu verkaufen oder zu tauschen, waren plötzlich menschenleer. Langsam gab es für die Überlebenden wieder Hoffnung. Jetzt hieß es aufbauen, Trümmer beseitigen, Krankenhäuser, Schulen, Kindergärten und vor allen Dingen Wohnraum zu schaffen. Die Menschen brauchten eine vernünftige Bleibe.

Wir bekamen von der jüdischen Gemeinde ein umfangreiches Schreiben mit folgendem Inhalt: Für meine Geschwister und auch für mich liege in den Vereinigen Staaten eine Patenschaft vor. Für jeden von uns in einem anderen Staat. Wir haben gar nicht lange beraten und dieses freundliche Ansinnen selbstverständlich abgelehnt, denn niemand kam auf den Gedanken, unsere Mutter zu verlassen. Meine Mutter stellte mir die Frage: „Du bist jetzt fünfzehn, Schule hast Du nur ganz kurz gemacht nach '45, im Jahr 1947 hast Du sie abgebrochen.“ Natürlich hatte sie für meinen Abbruch auch das entsprechende Verständnis, denn die Diskriminierung hatte mit der Kapitulation 1945 für mich in keinster Weise abgenommen. Als ich wieder eingeschult wurde Anfang 1946 und der Lehrer den Schülerinnen und Schülern - wir waren sechzig an der Zahl in der Klasse - eröffnete, welch eine schreckliche Zeit unsere Familie hatte erleiden müssen im Nationalsozialismus, weil wir Halbjuden waren, hörte ich förmlich die Ablehnung, die mir von den meisten entgegengebracht wurde. Schon in der ersten Pause bildeten sich auf dem Schulhof Gruppen, und ich wusste, dass meine Schwester und ich den Gesprächsstoff lieferten. Sie ließen uns deutlich spüren, dass nach wie vor in vielen Familien der Nationalsozialismus weitergelebt wurde. Viele brachten das auch deutlich zum Ausdruck, indem sie erklärten, das mit den Juden sei alles nur Propaganda gewesen. Der Druck wurde immer größer, meine Lust, mich dem weiter auszusetzen, immer geringer. So war für mich völlig klar, dass ich die Schule verlassen und zusehen müsste, dass ich unsere Mutter, da der Ernährer ja fehlte, weiterhin unterstützte, soweit mir das möglich war. Bei diesem Entschluss kam mir zugute, dass meine ältesten Geschwister nach 1938, als ich aus der Schule gewaltsam entfernt wurde, sofort mit meinem Unterricht begannen. Ich lernte das ABC, ich lernte Lesen und Schreiben, das Rechnen lag mir sowieso, und so war ich mit dem Nötigsten, was man brauchte, durch die Hilfe meiner älteren Geschwister, die sich mit dem Unterricht regelmäßig abwechselten, ausgestattet. Mein Wunsch war, unbedingt einen Handwerksberuf zu erlernen. Und da so viel Wohnraum, so viele Häuser und alles andere gebraucht wurde, wollte ich Fliesenleger werden. Ich bewarb mich bei verschiedenen Firmen, die schon wieder aktiv waren, und es kam zu ausführlichen Gesprächen zwischen den verantwortlichen Inhabern oder Meistern. Man fragte mich auch, ob ich über entsprechende Papiere verfügte, Geburtsurkunde oder Ausweis. Und dann legte ich ihnen meinen Fremdenpass vor, denn 1947 mussten wir uns ja ordnungsgemäß bei der Behörde melden, da 1942 bei der Wannseekonferenz, bei der die Endlösung der Judenfrage geklärt worden war und auch die Halb- und Vierteljuden ausgerottet werden sollten, Reinhard Heydrich, Stellvertretender Reichsführer der SS und der Polizei, beschlossen hatte, alle deutschen Halbjuden zu Staatenlosen zu machen. Der Beamte in der Hamburger Ausländerabteilung, der damals den Akt der Staatenlosigkeit für meine Geschwister und mich bearbeitet hatte – meine Mutter als der sogenannte arische Teil war ausgenommen –, gab uns 1946 anstatt mit der Einbürgerung deutsche Papiere erneut den Status eines Staatenlosen. Wäre zu der Zeit noch unser Vater an unserer Seite gewesen, wäre dies wahrscheinlich nicht passiert. Der Status eines Staatenlosen ist das Schlimmste, was einem Menschen passieren kann. Sie sind in keinem Land der Erde willkommen. Wenn Sie Deutschland als Staatenloser in Flensburg verlassen wollen, um nach Dänemark zu kommen, und zeigen dem dänischen Zöllner an der Grenze den Fremdenpass, schickt der Sie sofort zurück, mit dem Vermerk: „Gehen sie bitte wieder dahin, wo Sie herkommen, bei uns sind Sie unerwünscht.“ In Deutschland an der Grenze wieder angekommen, müssen Sie nun aber einen grundguten Deutschen antreffen, der Sie vielleicht wieder reinlässt, denn die Bezeichnung „staatenlos“ spricht für sich. Sie genießen keinerlei Rechte, Sie bekommen keinerlei Papiere, um einen Handel zu betreiben, Sie bekommen keine Wohnung, keine Sozialleistungen, denn Sie gehören ja nirgendwo hin. Aufgrund meines Fremdenpasses und dem damit verbundenen Umstand, mich jedes Vierteljahr bei der Polizei melden zu müssen, um eine weitere Aufenthaltsgenehmigung in meinen Pass stempeln zu lassen, wurde mir bei Vorstellungsgesprächen in verschiedenen Firmen immer wieder deutlich gemacht, dass man doch lieber deutsche Staatsbürger einstellen möchte. Ich bin gebürtiger Hamburger, ich bin Deutscher, ich liebe dieses Land, das ich trotz allem nicht verlassen habe und kann meine Trauer gar nicht beschreiben über das, was also nach 1945, wo es uns doch besser gehen sollte, noch alles auf mich zukam.

Ich kann es mir nicht verkneifen, hier eine schier unglaubliche Geschichte einzublenden. Auf meinem Fremdenpass von 1946 steht der Name des vollziehenden Beamten, der ihn unterschrieben hat: de Rode. 2002 klingelte in Bendestorf das Telefon, es meldete sich eine Frau de Rode und sagte, dass ihr Mann um ein Gespräch mit mir bitte. Der gleiche Mann, der mich damals fast in die Verzweiflung getrieben hat, der es bei Nachfragen, wo denn meine Einbürgerung bliebe, mir immer wieder erklärt hatte: „Seien Sie doch nicht so ungeduldig, andere haben den gleichen Wunsch. Ihre Akte ist im Umlauf." Damals konnte ich mich nicht wehren, dieser schreckliche Mann hat sechzehn Jahre lang gebraucht, bis ich endlich meine Staatsbürgerschaft wiederbekommen hatte. Unsere beiden Kinder sind noch als Staatenlose in diesem Land geboren. 1955, als ich mit meiner Frau in Eimsbüttel das Aufgebot bestellt hatte, brachte ein verkappter Nazi, anders kann ich es mir nicht erklären, den Mut auf, als er den Namen meiner Frau – Frankenthal – hörte, sofort den Einwand zu machen: „Das klingt aber nicht arisch, hierfür müssen Sie erst noch den Nachweis erbringen." Meine Frau beschaffte für zehn DM eine Urkunde, auf der ihr die deutsche Staatsbürgerschaft bestätigt wurde. Und dieser Schweinehund hat dafür gesorgt, dass wir die geplante Hochzeit verschieben mussten. Unsere beiden Kinder Andreas und Jasmin bekamen dann mit mir zusammen die deutsche Staatsbürgerschaft zurück.

Es gab keinerlei Unterstützung für uns von irgendeiner Einrichtung. Mit Sicherheit hätten wir Anspruch auf entsprechende Entschädigungen gehabt. Aber hierfür wäre unser Vater verantwortlich gewesen, er hätte mit den dafür entsprechenden Behörden oder auch mit der seinerzeit noch vorhandenen Militärregierung oder der jüdischen Gemeinde Gespräche führen müssen. Unsere Mutter war viel zu stolz, zu irgendeiner Behörde zu gehen, um irgendwelche Zuwendungen für uns zu erbitten. Da es für mich nun feststand - egal, als was ich mich bewarb -, eine Lehrstelle zu bekommen, musste ich versuchen, irgendetwas zum Lebensunterhalt beizusteuern. Und so fuhr ich an die Landungsbrücken und sah die Barkassen, die nach Finkenwerder übersetzten, um da Hafenarbeiter abzusetzen. Ich sprach einen dieser Hafenarbeiter an und fragte ihn, wo man möglicherweise ein bisschen Geld verdienen könne. Er sah mich an und sagte: „Wenn Du Mut hast, kannst Du mit der nächsten Barkasse mitfahren. Ich gehöre zur sogenannten Schietgang, und die reinigen in Frachtern die Süßwassertanks. Aber ich sag Dir gleich, das ist keine angenehme Arbeit, in so einem Tank herumzukrabbeln und die Wände zu schrubben, da kannst Du leicht Platzangst kriegen. Viele haben das ein - oder zweimal gemacht und sind dann auch nicht wiedergekommen. Du kannst hier aber ganz gut verdienen. Für eine Schicht kriegst Du sechzig DM." Das hörte sich verflucht gut an, und so stellte er mich als seinen Cousin seinem Vorarbeiter mit entsprechend guten Empfehlungen vor. Es war wirklich ein ungutes Gefühl, in so einem Tank herumzuklettern, aber ich dachte an das viele Geld, das wir so unglaublich nötig brauchten. Meinem Bruder Kurt war es tatsächlich gelungen, eine Lehrstelle im Hamburger Reiswunderwerk zu bekommen. Mein Bruder Ronald hatte es geschafft, beim Haupt-

quartier der Briten im Hotel Atlantik eine Stelle als Kellner und Koch zu bekommen. Mein Bruder Rolf war überall und nirgends zuhause. Was er eigentlich machte, das hat nie eines von uns Geschwistern erfahren. Meine Schwester Alice wollte unbedingt raus aus Deutschland. Mit dieser Not, in der wir uns befanden, konnte sie nicht umgehen. Sie machte an der Rothenbaumchaussee in der ROT, einer Organisation für jüdische Auswanderer, einen Schnellkurs als Schneiderin. Was sie bis dato vor den Familienmitgliedern geheimgehalten hatte: Sie hatte dort schon vor sechs Monaten einen GI kennengelernt. Er hieß Hermann Hauptmann und war das einzige Kind, das den Holocaust in Auschwitz überlebt hatte. Zwei Schwestern, die Eltern, die Großeltern, Onkel und Tante und deren Kinder, insgesamt zehn Personen, waren in Litzmannstadt, in Theresienstadt und in Auschwitz ums Leben gekommen. Für Hermann hatten sie alles an Geld zusammengekratzt und ihn mit einem der letzten Kindertransporte nach England geschickt. Von dort aus ging es dann nach Amerika und sofort zur amerikanischen Armee. Er kam mit den Alliierten nach Deutschland zurück, und da er über gute Deutschkenntnisse verfügte, ging er nach Hamburg, um dort im Curiohaus, in dem Schnellgerichte der Alliierten stattfanden und wo es hauptsächlich um SS-Verbrecher und Aufseher von Neuengamme ging, die dort vor Gericht standen, als Dolmetscher zu arbeiten.
Nachdem ich im Hamburger Hafen an fünf Schichten teilgenommen hatte und meiner Mutter einiges zum Haushalt beisteuern konnte, war es mir nicht mehr möglich, noch weitere Schichten wahrzunehmen. Mir war auch klar, dass ich aus Hamburg raus musste. Zu schlimm waren die Erinnerungen und die nach 1945 nicht enden wollenden Diskriminierungen,

die mich unglaublich belasteten. Ich erklärte meiner Mutter, dass ich gerne dahin gehen möchte, wo mich keiner kennt. „Ich versuche, mich dort vernünftig durchzuschlagen, und ich weiß auch, dass ich das schaffe, ich halte Dich ständig auf dem Laufenden, wie es mir geht, und schicke Dir, wenn ich Arbeit gefunden habe, so viel Geld, wie ich über habe". Meine Mutter konnte nicht glauben, was ich ihr da vorschlug. „Wie kannst Du Dich aus der Familie lösen und völlig auf Dich allein gestellt ins Ungewisse fahren, und wo willst Du überhaupt hin?" Darauf erklärte ich ihr: ins Ruhrgebiet. Vielleicht kann ich da als Bergmann anheuern, stark genug bin ich. Aber am liebsten würde ich auf einem Wochenmarkt arbeiten. „Und was willst Du da?" Das Verkaufen liegt mir, antwortete ich, das habe ich damals auf dem Schwarzen Markt gemerkt. Mit all dem, was ich angeboten hatte, kam ich gut zurecht. Und ich bin überzeugt, wenn ich mich frei entfalten kann, könnte ich mir daraus eine Zukunft machen. Denn etwas anderes bleibt mir ja gar nicht übrig. Man gibt mir keine Chance für eine Lehrstelle. Ich habe keine Chance, ein Berufsbild zu entwickeln, also gehe ich einen anderen Weg. Aber ich brauche Luft zum Atmen, ich möchte nicht mehr diskriminiert oder beleidigt werden, ich möchte mich einfach frei entfalten.

Meine Mutter ahnte, dass sie mich von diesem Vorhaben nicht abbringen konnte. Eine letzte Frage aber hatte sie noch: „Wieso ausgerechnet das Ruhrgebiet?" Das erläuterte ich ihr: Ich habe die Hafenarbeiter erzählen hören, dass die Einzigen, die große Unterstützung erhalten von der jeweiligen Regierung, die sogenannten Püttmänner sind. Die verdienen viel Geld, die bekommen viele Zulagen, und ich gehe davon aus, dass – wenn ich mich dort vorstelle – nicht viel gefragt wird. Und so landete ich auf meiner Reise ins Ruhrgebiet in Dortmund. Wenig Geld in der Tasche, keine genaue Vorstellung, wo ich schlafen könnte. Viel Gepäck hatte ich nicht, weil ich ja auch nicht viel besaß, und dann lauerte ich in einer Zeche in Dortmund einem Kumpel auf und fragte ihn nach den Möglichkeiten, ob man Arbeit bekäme, auch wenn man ungeübt sei. Und ob das Schwierigkeiten mache. Wieder einmal hatte ich das große Glück, dass der Kumpel mich fragte: „Du bist doch gar nicht von hier, wo kommst Du her? Du stolperst ja so´n bisschen beim Sprechen über´n spitzen Stein." Ich erklärte ihm, dass meine Geburtsstadt Hamburg sei, aber die nicht viel für mich übrig hätte, und deswegen sei ich jetzt in Dortmund. „Du", sagt er darauf, „wenn Du keine Bleibe hast, dann kannst Du bei mir pennen heute Nacht. Morgen hab' ich frei, dann zeig' ich Dir ein bisschen Dortmund und am darauffolgenden Tag nehm' ich Dich mit, und vielleicht kann ich Dich bei uns unterbringen. Warum sollte ich Dich nicht anlernen?" Ich musste ihm aber die Wahrheit sagen, dass ich über keine ordnungsgemäßen Papiere verfügte. Zwar hatte ich einen Pass, mit dem ich mich ausweisen konnte, aber ich wusste ja, dass das keine beliebte Legitimation war. Am darauffolgenden Tag nahm er mich trotzdem mit und sprach mit seinem Hauer, dem Vorarbeiter. Und der fragte mich gleich nach den Papieren. Ich konnte ihm glaubhaft versichern, dass mir die von Hamburg nach Dortmund nachgesandt würden. Es war mir also gelungen, einen Job zu bekommen und mit der nächsten Schicht unter Tage zu fahren. Vorher gab man mir auch noch entsprechende Bekleidung. Stolz trug ich einen Helm mit einer Lampe darauf. Meine Arbeit bestand darin, dass ich erst mal zusah, wie die Kohle unter Tage abgebaut wurde. Ich bekam die Zuteilung, mit einer Lore die gehauene Kohle abzufahren. Nach drei Tagen fragte mich der Vorarbeiter, wo meine Papiere blieben. Noch einmal konnte ich ihn für eine Woche hinhalten, dann aber erklärte er mir, dass ein Weiterarbeiten ohne Papiere absolut nicht infrage käme. Jetzt war ich wieder ohne Job, aber immerhin mit fast fünfhundert DM in der Tasche, das war ein richtiges kleines Vermögen. Ich mietete mich in einem billigen Zimmer ein, im Hotel Bender am Dortmunder Hauptbahnhof. Meiner Mutter schickte ich per Post dreihundert DM, was sehr gefährlich war. Ein Konto wäre besser gewesen. Aber das hatten wir nicht. Und Geld gab es früher auch nicht per Konto, sondern per Lohntüte. Da war dann alles drin, der Lohn und die Abrechnung. Telefon hatten wir auch nicht. Ich schrieb meiner Mutter, ich würde im Ruhrgebiet bleiben. Nachdem ich im Hotel Bender gut geschlafen hatte, gab es am nächsten Morgen ein ausgezeichnetes Frühstück, und ich erkundigte mich bei dem Kellner, wo denn in Dortmund ein Wochenmarkt sei. Er gab mir einen Tipp: Heute - am Mittwoch - gäbe es hier einen großen Markt in der Innenstadt.

Kapitel 5: Tante Lina und Onkel Hans

Bis heute bleibt es mir unerklärlich, warum ich bei meiner Reise und beim Verlassen meiner Geburtsstadt Hamburg als Anlaufpunkt für meine Flucht aus Hamburg ausgerechnet die Stadt Dortmund ausgewählt habe. Dass sich hier mein weiteres Leben entscheiden sollte, dass hier mein Leben eine ungewöhnliche Wendung nehmen würde, hätte ich mir in meinen kühnsten Träumen nicht vorstellen können. Ich fragte einen Passanten, ob er mir sagen könne, wie ich hier zu dem Wochenmarkt käme, der jeden Mittwoch stattfände. Der Herr war sehr freundlich und sagte: Sie brauchen nur dem Strom der Menschen zu folgen, die haben alle das gleiche Ziel: einzukaufen.

Mir war längst klar: Dortmund lag genauso in Trümmern wie Hamburg, es gab ja nicht viele Geschäfte, die die Versorgung der Menschen übernehmen konnten. Sie lagen in Trümmern und waren nicht nutzbar. Also: Nur die Marktbeschicker waren überhaupt in der Lage, die Versorgung für die Menschen zu übernehmen. Endlich hatte ich mein Ziel erreicht. Was ich sah, überwältigte mich. Es war überhaupt nicht zu erkennen, wo der Markt endete. Überall waren Stände aufgebaut. Nach wenigen Marktständen gab es wieder einen freien Weg, auf dem man nach rechts oder nach links gehen konnte. Auch hier überall das gleiche Bild: Obst- und Gemüsestände, die Bananen, Apfelsinen, Äpfel, Birnen, die alles an Obst aufboten, was die Region hergab und was das Ausland schon wieder anlieferte.

Etwas, was man in den Kriegsjahren nie gesehen hatte, war Spargel – den sich damals die wenigsten Leute leisten konnten. Aber in Braunschweig und in anderen großen Städten wurde im ländlichen Bereich der Spargel schon wieder angebaut. Man sah deutlich, dass sich Deutschland nach den Kriegsjahren erholte. Schlachter boten alle Wurstarten an, Backwaren waren auf einer Vielzahl von bunten Ständen vertreten. Es war ein buntes Treiben zwischen diesen Buden und Ständen. Man merkte, wie gelassen und fröhlich die Menschen agierten. Diese Märkte, die im ganzen Ruhrgebiet regelmäßig durchgeführt wurden, waren gleichzeitig auch Treffpunkte für viele Menschen. Ich ging weiter durch die Stände und wollte das Ende des Marktes erreichen. Ziemlich am Ende angekommen befand sich beim Ausgang eine große Menschenmenge, wobei ich noch nicht erkennen konnte, was der Grund für diese Ansammlung war. Erst als ich näher herankam und eine Lücke zwischen den Menschen bemerkte, durch die ich sehen konnte, befand sich dort ein Stand, hinter dem eine Dame einen beachtlichen Eindruck auf alle versammelten Menschen machte, die sich vor ihm aufhielten. Eine stattliche Erscheinung. Sie mag vielleicht einen Meter achtzig groß gewesen sein, war elegant gekleidet in ein sehr schönes Kostüm mit einer weißen Bluse. Sie hatte weiche Gesichtszuge und eine klare Aussprache. Was mich besonders beeindruckte: An der vorderen Seite ihres Körpers hatte sie einen beeindruckenden Vorbau. Was passierte da eigentlich an diesem Stand, warum waren die Menschen so still und hörten ihr gespannt zu? Ich konnte bei der dicht gedrängten Menschenmenge von ganz hinten kommend einen Platz in die Nähe des Standes ergattern. Und nun konnte ich auch auf den Tisch blicken. Mit dem, was ich da sah, konnte ich eigentlich nichts anfangen. Das waren tatsächlich runde Konservendosen, auch ein paar flache Dosen waren dabei. Und daneben lagen verschiedene Werkzeuge: Hammer, Meißel, große Scheren und

Schraubenzieher. Und dann hörte ich die ersten Sätze von dieser eleganten Dame. Sie musste wohl gerade mit einem neuen Vortrag angefangen haben. „Alles, was Sie hier vor sich auf dem Tisch liegen sehen, sind Küchengeräte, Hilfsmittel, mit denen meistens die Hausfrau - weil der Mann Angst vor Verletzungen hat - diese Dosen öffnen muss. Mit diesen Werkzeugen, die Sie hier sehen, ist schon der Alte Fritz in seinem Gepäck über die Alpen geritten." Die Menge lachte, und ich fühlte mich eigentlich auch angeregt und musste ihr auch insgeheim zustimmen, denn Dosen zu öffnen war wirklich eine Kunst. Man musste sehr vorsichtig ein, um sich beim Öffnen nicht zu verstümmeln. Sie sagte, es sei ein neues Zeitalter angebrochen. „Ich als Werbeverkäuferin bin beauftragt, Ihnen im Namen meiner Firma ein Gerät vorzuführen, das die Küchenwelt revolutionieren wird. Der neue Credo - Dosenöffner ist in der Küche genau das Gleiche wie das Überschallflugzeug von morgen." Ich war stumm, perplex. Was ich da hörte, war für mich vielleicht schicksalsweisend, denn genau das, was die korpulente Dame dort vortrug, war mein Job von morgen. Ich bin zwar erst sechzehn, aber wenn ich das machte - und ich hatte keine Hemmungen - so konnte ich mir vorstellen, dass die Polizei den Markt sperren musste, weil den Leuten so etwas wie ich noch nicht untergekommen war. Und ich war erprobt, denn man kannte mich von der Langen Reihe Anfang bis zur Langen Reihe Ende als absoluten Profi und überzeugenden Verkäufer auf dem Schwarzmarkt. Vor allen Dingen aber könnte ich vielleicht mit jemand anderem zusammenarbeiten, und ich könnte seine Papiere nutzen - endlich auch wegkommen von lästigen Anfeindungen und Diskriminierungen, denen ich erschreckenderweise immer noch ausgesetzt war. Meine Gedanken hatten sich so weit abgewandt von dem Geschehen vor mir, dass ich den wichtigsten Teil dieses Vortrages fast versäumt hätte. Nämlich den noch fehlenden Portemonnaie-Walzer. Sie nannte den Preis, der normalerweise für einen normalen Sterblichen gar nicht zu stemmen wäre, aber aus Werbezwecken gäbe es jetzt einen Einführungspreis, der nur die Kosten decke. Der Gewinn für unser Unternehmen werde kommen, wenn die Geräte deutschlandweit ihren Einzug in alle Küchen fänden. Was dann folgte und sich vor meinen Augen abspielte: Die Leute griffen mit Freude nach ihren Portemonnaies, und jeder verlangte nach dem problemlösenden Gegenstand der Zukunft, um keinen körperlichen Schaden mehr beim Öffnen von Dosen zu erleiden. Die Dame verfügte über eine so unglaubliche Kraft, ich ließ sie und ihren Stand nicht mehr aus den Augen und hatte mittlerweile schon den vierten Vortrag gehört, denn als sich der erste Trubel gelöst hatte, der Verkauf abgeschlossen war, hatte sich der Stand schon wieder mit neuen, neugierig gewordenen Interessenten gefüllt. Mittlerweile war auch ich der Dame aufgefallen, die hinter ihrem Stand wie eine Königin residierte. Zwischen uns gab es Blickkontakte, und ich hoffte, dass sie mich jetzt nicht persönlich anspräche, weil ich doch schon so lange als Zuhörer an ihrem Stand verweilte. Nun erschien seitlich hinter ihrem Stand ein elegant gekleideter Herr, der der Dame leise etwas zuflüsterte und sich dann wieder entfernte. Mittlerweile war es zwölf Uhr, und wie ich sehen konnte, gab es nur noch wenige Dosenöffner, die keine neuen Besitzer gefunden hatten. Der Herr, der sich so kurz mit der Verkäuferin unterhalten hatte, brachte auf einem Tablett ein Kännchen, wahrscheinlich Kaffee oder Tee. Die Verkaufsschau war zu Ende, und ich blieb immer noch wie gefesselt und im Bann dessen, was ich gehört hatte, am Stand stehen. Nun wurde auch die

Dame neugierig, warum ich mich so lange an ihrem Stand aufgehalten hatte, und sie meinte scherzend: „So oft, wie Sie mir zugehört haben, müssten Sie das jetzt doch schon auswendig können.“ Ich sah sie an und sagte ganz freundlich in leisem Ton: „Ich glaube, Ihren Vortrag beherrsche ich tatsächlich.“ Jetzt war das Staunen auf Seiten der Dame, und ohne Umschweife fragte sie mich: „Wo bist Du denn ausgekniffen und was hast Du da in Deinem Koffer?“ Ich erklärte ihr, das sei mein persönlicher Besitz, den ich immer bei mir trüge. Dann überlegte sie einen Moment: „Wir müssen jetzt einpacken, wenn Du Lust hast und Dir ein paar Groschen verdienen willst, dann kannst Du mir und meinem Mann dabei helfen.“ Damit war für mich klar, dass der Herr, der ihr den Kaffee serviert hatte, zu ihr gehören musste. Ich entfernte von der sich als Tapeziertisch herausstellenden Unterlage die Dekoration aus Stoff, legte sie in einen dafür vorgesehenen Karton und half, den Stand mit abzubauen. Ihr Ehemann sagte: “Du kannst den Tisch und die Kartons alle dorthin tragen, wohin ich jetzt mit Dir gehe.“ Ich wunderte mich, dass er keines von den Gepäckstücken anfasste. Den Grund dafür würde ich noch erfahren. Am Ende des Marktes parkte das Auto, in dem alles verstaut wurde. Auch ein größerer Zweimastschirm wurde mit in das Fahrzeug verladen. Der Abbau und das Verstauen der Gegenstände war in einer guten halben Stunde erledigt, und dann gab es zwischen der Dame, dem Herrn und mir ein kurzes Gespräch, wobei mich beide einluden, mit ihnen in dem nahegelegenen Marktcafé eine Kleinigkeit zu essen. Ich hatte das Ehepaar auf meine Person neugierig gemacht, sie wollten etwas mehr über mich und meine Gründe für den Aufenthalt auf dem Wochenmarkt wissen. Ich stellte mich bei den beiden namentlich vor, erzählte, woher ich kam, und das Ehepaar nannte mir ihre Namen: Es waren Hans und Lina Karp aus Duisburg. Dass ich bei beiden später für einen langen Aufenthalt ein zweites Zuhause finden sollte, hätte ich zu diesem Zeitpunkt nicht ahnen können. Nachdem ich ihnen vieles erzählt hatte, wobei ich bei manchen Dingen aber äußerst zurückhaltend war, wurde mir ein unglaublicher Vorschlag unterbreitet. Ich erfuhr erst einmal, dass Onkel Hans, wie ich ihn später nennen durfte, früher einmal im Bergbau tätig gewesen war. Er war jedoch erkrankt und hatte eine schwere Steinstaublunge. Das war die Krankheit, die die meisten Bergleute im Laufe der Jahre bekamen. Daher war es ihm auch nicht möglich, schwere Gegenstände zu tragen. Es läge also meistens nach den vielen Stunden der Vorträge auch bei Tante Lina, den Stand auf- und abzubauen und das Gepäck zu verstauen. Eine enorme Last für eine Frau, die einen so schweren Beruf ausübte. Ich bekam die Einladung, ob ich Lust hätte, mit nach Duisburg zu fahren. Sie würden mir behilflich sein, mir ein kleines Zimmer zu beschaffen, was in Duisburg genauso schwer gewesen wäre wie in Dortmund, denn überall gab es das gleiche Bild der Verwüstung: die Trümmerwüste der zerstörten Städte.

„Die ersten paar Nächte kannst Du in einem kleinen Zimmer bei uns verbringen, bis wir was Passendes für Dich gefunden haben." Als ich die Wohnung im sogenannten Duisburger Wasserviertel betrat – die Wohnung von Hans und Lina Karp befand sich in der Nähe der Königsstraße und des Duisburger Stadttheaters, das keine Bombenschäden erhalten hatte –, erwartete mich ihre neunzehnjährige Tochter Liane. Genauso groß gewachsen wie ihre Frau Mama, nur erheblich schmaler, aber sie war ja auch noch in der Entwicklung. „Ach", meinte

Liane, als ich die Wohnung betrat, „hab ich jetzt ‘nen kleinen Bruder?“ Höflich stellte ich mich vor und ließ alles, was ab jetzt kam, auf mich einwirken. Liane wurde gebeten, sich ein wenig um mich zu kümmern, denn Onkel Hans und Tante Lina müssten dringend noch mal weg. Nachdem wir ein bisschen Konversation gemacht hatten, bot mir Liane eine Tasse Schokolade und ein Teilchen an. Im Rheinland bezeichnet man ein Stückchen Kuchen, Törtchen und dergleichen als Teilchen,: „Ja, heute, am Mittwoch haben meine Eltern immer einen Tag, den sie in Bad Neuenahr verbringen. Da gehen sie nicht spazieren, sondern zocken die ganze Nacht im Kasino.“ Irgendwie konnte ich mir vorstellen, dass das relativ leicht verdiente Geld sehr schnell seinen Besitzer wechseln konnte. Bald sollte ich noch tiefere Einblicke in das lustige Leben der Spezialisten – so wurden sie hauptsächlich genannt – bekommen. Der Donnerstag war frei, am anderen Morgen gab es ein gemeinsames Kaffeetrinken und weitere Gespräche darüber, was man mit mir wohl anfangen könnte. Tante Lina frage mich: „Was möchtest Du in der Zukunft machen, was hast Du für Pläne?“ Worauf ich ganz ungeniert antwortete: „Morgen ist Freitag, und ich würde am liebsten wieder mit Euch auf einen Markt fahren.“ Onkel Hans und Tante Lina tauschten nur einen kurzen Blick und sagten: “Einverstanden, danach müssen wir aber etwas weiter und intensiver über Deine Zukunft nachdenken.“

Mir war klar, ich wollte auf jeden Fall in diesem Hause bleiben. Von hier aus könnte ich für die Zukunft die Weichen stellen, und vor allem müsste ich mir kurzfristig etwas einfallen lassen, um mich bei Tante Lina und Onkel Hans unentbehrlich zu machen. Am nächsten Morgen mussten wir um fünf

Uhr dreißig aufstehen, es wurde gefrühstückt, im Lager wurde die Ware geladen, und dann fuhren wir nach Gelsenkirchen-Buhr. Ich saß auf dem Rücksitz auf der Fahrt von Dortmund nach Duisburg. Es war ein Ungetüm von Auto, das Onkel Hans und Tante Lina besaßen: ein großer Horch, den Onkel Hans, wie er mir später erzählte, von einem Kollegen aus dem Saarland gekauft hatte. In Gelsenkirchen-Buhr angekommen, wies der Marktmeister, der für diese Dinge zuständig war, Onkel Hans einen Platz zu. Schnell wurde der Stand aufgebaut, die Schirme wurden gespannt. Die Dekoration verschönerte wieder den Tapeziertisch, und die Ware und die wichtigen Utensilien für den Vortrag landeten auf dem Tisch. Um neun Uhr durfte der Verkauf dann starten. Vorher gingen wir drei noch in das Marktcafé, in dem auch Kollegen aus Frankfurt und dem nahegelegenen Düsseldorf waren, und sie begannen sofort ein interessantes Gespräch über die verschiedensten Märkte, die sie gehalten hatten. Pünktlich um neun Uhr begann Tante Lina wieder mit ihrem einstudierten Vortrag, und auch dieses Mal verließ ich meinen Stammplatz, den ich in unmittelbarer Nähe des Tisches eingenommen hatte, nicht eine einzige Minute. Das Geschäft auf diesem Freitagsmarkt war genauso erfolgreich wie am Mittwoch in Dortmund. Pünktlich nach Marktschluss erfolgte dieselbe Prozedur: Stand abbauen, einpacken und nach Hause fahren. Da ich mich bei alledem, was es an Arbeit zu bewältigen galt, nicht ungeschickt anstellte, erwarb ich mir bei Tante Lina und Onkel Hans eine Menge Sympathien. Offensichtlich gefiel ihnen, dass sie plötzlich einen Jungen im Alter von sechzehn, siebzehn Jahren an ihrer Seite hatten; und auch mit der Tochter Liane gab es nicht die geringsten Probleme. Schon deswegen nicht, weil ich die meisten ihr zugedachten Hausarbeiten ohne Kommentar übernahm. „Morgen, am Sonnabend“, sagte Tante Lina, „sind wir auf einem ganz besonderen Wochenmarkt. Wir fahren nach Bottrop, und zwar in den Stadtteil Bottrop-Boy.“ Sie erklärte mir, dass es ein sehr vornehmes Publikum sei, anders als in Dortmund oder Gelsenkirchen. Sehr schnell war der Stand aufgebaut und alles andere Erforderliche getan. Es gab wieder das morgendliche Ritual, eine Tasse Kaffee und ein halbes belegtes Brötchen, und dann ging Tante Lina und eröffnete mit ihrem Vortrag den Verkauf. Nach dem zweiten Vortrag, bei dem auch die Abzüge stimmten - so nannte man den Verkauf, die Stückzahlen nach einem abgeschlossenem Vortrag – sagte Tante Lina, sie sei unpässlich. „Bitte sei so nett, und achte auf den Stand, ich komme mit Onkel Hans in zwanzig Minuten wieder.“ Das war meine große Chance, auf die ich gewartet hatte. Jetzt sollten die Nordrhein-Westfalen einen Hamburger Jung mal richtig kennenlernen. Nach wenigen Sätzen füllte sich der Stand, und es wurden immer und immer mehr, und das alles nahm Dimensionen an, geschätzt vielleicht an die zweihundert Menschen, die sich das, was der siebzehnjährige Schnösel ihnen zu bieten hatte, nicht entgehen lassen wollten. Alles das, was ich mir in wenigen Stunden durch geistigen Diebstahl bei Tante Lina angehört und abgeguckt hatte, setzte ich in einen raketenhaften Vortrag um. An dem Hauptmarktweg, wo sich unser Stand befand, war kein Durchkommen mehr, so groß war inzwischen die Menschenansammlung. Denn was den Bottropern völlig neu war, war, dass ich auch manchmal zwischendurch Hamburger Platt durchblicken ließ, und da standen sie wie der Ochs vorm Berg. Zum ersten Mal genoss ich etwas in meinem Leben, was mir vorher völlig fremd gewesen war: Ich war in der Lage, die vor mir stehenden Menschen zu interessieren, zu faszinieren

– und was sich dann am Ende meines Vortrages abgespielt hat, lässt sich nicht beschreiben. Mein Vortrag hatte vielleicht fünfunddreißig Minuten gedauert, zwischenzeitlich war Tante Lina wieder an den Stand zurückgekehrt und bewältigte mit mir den Ansturm der Kunden, um sie alle mit diesem einmaligen Wunderwerk der Technik zu beglücken. Zwischenzeitlich waren auch zwei Kollegen, einer aus Köln und einer aus Bielefeld, auf dieses Riesenspektakel aufmerksam geworden und hielten nicht für möglich, dass es einem jungen Bengel gelungen war, einen solchen Menschenauflauf zu produzieren.

Ohne es zu wollen, ohne dass ich es vorher geahnt hätte, war für mich klar, dass dies mein Beruf, meine Zukunft war. Nach einem weiteren Vortrag, es war gerade mal zehn Uhr dreißig, und das Marktleben begann jetzt eigentlich erst, mussten wir einpacken, weil wir einige hundert Dosenöffner zu wenig aus Duisburg mitgebracht hatten. Wer hätte das auch ahnen können! Am wenigsten Tante Lina und Onkel Hans, die für einen längeren Zeitraum sprachlos waren und keine Erklärung für das hatten, was sie gerade miterlebt hatten. Tante Lina sagte: „Du bist unglaublich talentiert, woher hast Du in Deinem Alter diesen unverschämten und frechen Nerv, vor so vielen Menschen ungehemmt sprechen zu können? Ohne das geringste Gefühl von Lampenfieber, das ist schon erstaunlich. Jetzt wissen wir wirklich nicht, was wir mit Dir anfangen sollen. Wir müssen uns, glaube ich, mal intensiv unterhalten. Du weißt, selbstständig machen kannst Du Dich noch nicht, erst mit einundzwanzig. Dann bekämest Du erst ein ordnungsgemäßes Gewerbe, das sind aber noch fast vier Jahre. Ob Du überhaupt Lust hättest, so lange bei uns zu bleiben, ist auch noch eine offene Frage. Natürlich bedeutest Du für uns eine

Riesenentlastung, wenn Du das, was Du heute gebracht hast, morgen und in den nächsten Monaten noch genauso vollbringst und man sich die Arbeit teilen könnte. Was hältst Du davon, wenn wir uns einen Vorschlag überlegen, den wir in den nächsten Tagen besprechen?“ Ich war überglücklich. Ich hatte die Chance, auf ordnungsgemäßen Papieren eingetragen zu werden, wegzukommen von dem schrecklichen Stigma des Staatenlosen. Ich war bei einer deutschen Familie in einem sicheren Hafen, geschützt und unantastbar. Ich musste mir auch eingestehen: Woher nahm ich überhaupt die Kraft nach all dem, was hinter mir lag – der schrecklichen Nazizeit, dem Unglück mit meinem Vater, der verlorenen Kindheit, Schulzeit und Jugend, der verlorenen Zeit mit meiner Mutter? Und dann stelle ich mich hin und spreche auf der Straße zu hunderten von Menschen. Es war der Wendepunkt in meinem Leben. Von nun an konnte auf der unendlich langen Leiter, vor der ich stand, Stufe für Stufe in Richtung einer besseren Zukunft erklommen werden. Ich hatte keine Zukunftsängste mehr, weil ich die Möglichkeit gefunden hatte, für die Zukunft ungehindert Geld zu verdienen, um meine Mutter in Hamburg zu unterstützen. Ich legte Tante Lina meinen Pass auf den Tisch, ich musste der Familie Karp jetzt reinen Wein einschenken. Hatten sie noch eine nationalsozialistische Gesinnung oder konnten sie erahnen, welches Schicksal hinter diesem Stück Papier stand, das mir jede Form eines normalen Weiterlebens unmöglich machte? Sie sahen sich meinen Fremdenpass an, sahen die Stempel der Polizei aus Hamburg, bei der ich mich regelmäßig zu melden hatte, und ich sagte ihnen: „Bitte dringt nicht tiefer in mich ein, vielleicht kommt irgendwann der Zeitpunkt, wo ich Euch über alle Hintergründe informiere, die zu diesem Ausweispapier geführt haben. Aber seid dessen versichert, ich habe nie in meinem Leben etwas Unrechtes getan, der Selbsterhaltungstrieb in der Nazizeit war in meinen Augen kein strafbares Delikt, ich bin in Hamburg geboren und war bis 1942 deutscher Staatsbürger. Und mehr möchte ich darüber nicht erzählen. Wenn Ihr aber wollt, dass ich jetzt gehen soll, dann kann ich Euch das nicht verübeln." Beide tauschten Blicke aus und waren sich spontan einig: „Du kannst bei uns bleiben und mit uns arbeiten, wir sorgen für ordnungsgemäße Papiere, wir tragen Dich auf unseren Umsatzsteuerheften ein, und Du wirst am Gewinn prozentual beteiligt und kannst bei uns wohnen, so lange Du möchtest." So lernte ich in den nächsten Monaten das Ruhrgebiet kennen wie meine Westentasche. Ich lernte auch das Land Hessen kennen, Baden-Württemberg und Bayern. Überall die gleiche Mentalität: Wenn ich meinen Vortrag eröffnete, war der Stand in wenigen Minuten von Menschen umstellt, die mir zuhören wollten.

Ich war nun schon seit 2 Jahren in Duisburg, mitten im Herzen des Kohlenpotts. Ich hatte wirklich das große Glück bei Onkel Hans und Tante Lina gefunden. Ich war hier zur Ruhe gekommen und musste nicht täglich an die schreckliche Zeit denken, die hinter mir lag. Ich konnte frei atmen, hier kannte mich niemand, hier wurde ich nicht gedemütigt oder diskriminiert. Endlich konnte ich auf den Wochenmärkten arbeiten und somit meine Mutter in Hamburg finanziell unterstützen. Als wir damals vom Wochenmarkt in Gelsenkirchen zurückkamen, empfing mich Liane mit den Worten, dass meine Schwester Felicitas hier angerufen hätte, um mich zu sprechen. Ich war sehr gespannt, was Felicitas mir so Dringendes zu berichten hatte. Ich hatte wenig Kontakt nach

Hamburg zu meiner Mutter, ich schickte ihr aber regelmäßig Geld und packte sehr häufig Pakete. Fee erzählte mir dann am Telefon, dass unsere Mutter mit dem Geld, das ich ihr schickte, nicht ganz klarkam. Aus dem Grunde hatte sie sich eine Arbeit besorgt, in einer Konservenfabrik in Billstedt. Das erschütterte mich zutiefst und ich schäme mich nicht meiner Tränen die ich aufgrund dieser Nachricht vergossen habe. Lange Zeit hatte ich verdrängt, dass unser Vater, für den meine Mutter alles geopfert hatte, sodass er letzten Endes unbeschadet aus dem KZ Sachsenhausen zu uns zurückkam, uns so schmählich verlassen hatte. Es wäre seine Pflicht gewesen, für seine Frau und alle seine Kinder, die sich für ihn aufgeopfert hatten in diesen schweren Zeiten der Verfolgung und Demütigung und Flucht nach Polen in den verschiedensten Verstecken in ausgebombten Häusern und Kellerlöchern, die Wiedergutmachungsansprüche einzureichen. Dass er mit meiner Mutter nicht mehr zusammenleben konnte, habe ich mir nie erklären können. Wenn ich jetzt über das schreckliche Verhalten meines Vaters nachdenke, dann kann ich all das, was er uns angetan hat, im Nachhinein nicht verzeihen. Ich brauchte viele Tage, um über das von Fee Mitgeteilte hinwegzukommen. Ich musste nun noch mehr verdienen, um meiner Mutter zumindest die finanziellen Sorgen abzunehmen. Die Trennung von unserem Vater hat sie damals sehr rasch überwunden. Sie hat allen Geschwistern und auch mir gegenüber nicht anmerken lassen, wie sehr ihre Gefühle durch das Verhalten unseres Vaters verletzt worden waren. Lange habe ich überlegt, aufgrund dieser Nachricht sofort nach Hamburg zurückzukehren. Aber dann hat die Vernunft gesiegt. Vor allen Dingen unternahm ich alles, um mein Wissen in jeder Hinsicht zu erweitern. Zu groß waren die Rückstände durch den fehlenden Schulunterricht. Wenn ich mit Hans und Lina von den Wochenmärkten zurückkam, gab es für mich keine Freizeit. Ich befasste mich mit Büchern, aus denen ich lernen konnte. Im Laufe der Jahre konnte ich ein beachtliches Defizit dadurch abbauen. Dass ich mich so streng an meine eigenen Lehrpläne hielt, sollte mir dann später auch sehr nützlich werden. Das Verhalten meines Vaters uns gegenüber - keinem seiner Kinder schenkte er die geringste Beachtung - hat ganz besonders meinen Bruder Rolf verletzt. Um ihn von unüberlegten Handlungen abzuhalten, haben mein Bruder Ronald und mein Bruder Kurt alles unternommen und auf ihn eingewirkt. Rolf verdiente mit seiner Partnerin durch seinen Blumenhandel zu diesem Zeitpunkt von allen Geschwistern das meiste Geld. Auf dem Hamburger Fischmarkt vor dem Lokal Eier-Cohrs – den Hamburgern sollte es ein Begriff sein - hatte er einen 15 Meter langen Stand, dort bedienten alleine 5 Verkäuferinnen. Sehr bald konnte er sich mit seiner Partnerin in Eidelstedt einen wunderschönen Bungalow bauen. Er war der Stolz der ganzen Familie. Leider bekam er zwischendurch immer wieder schreckliche Anfälle, ausgelöst durch den Splitter, den er während des Krieges in den Kopf bekam und der damals nicht entfernt werden konnte - weil Behandlung von Juden ja untersagt war. Eines nachts lag er tot neben seiner Partnerin. Was mein Bruder Rolf, zu Lebzeiten wenn er es gewusst hätte, sicherlich geändert hätte, wäre sein Testament gewesen. Unser Vater erbte durch seinen Tod ein kleines Vermögen. Zu diesem Zeitpunkt gab es keinerlei Kontakt mehr zwischen unserem Vater, meinen Geschwistern und mir. Was der Krieg über eine Familie alles an schrecklichen Dingen bringen kann - da braucht es schon Nerven wie Drahtseile, um nicht am Leben zu scheitern.

Nachdem wir von einem Wochenmarkt zurück nach Duisburg kamen, fragte mich Onkel Hans: „Du kommst doch aus Hamburg, kennst Du da nicht einen Fred Illert?“ Was ich verneinen musste. „Ja, er ist aber in ganz Deutschland unter dem Namen Flitzer bekannt.“ Auch den kannte ich nicht. Er erklärte mir, dass dieser Mann einer der besten Propagandisten Deutschlands sei. Die Artikel, die er verkaufte, da traute sich kein anderer dran. Aber er schien ein eigenartiger Typ zu sein, schwer verdaulich. Wenn er mit Kollegen zusammenkam, die sich irgendwo trafen, aus ganz Deutschland zusammenkamen, auf irgendeinem Markt oder in einer Ausstellung, dann konnte es schon passieren, dass sie zwei Tage lang nur tranken. Und er hatte eine sehr hübsche Tochter, die sollte ungefähr in meinem Alter sein. Die werde behütet und beschützt wie die Kronjuwelen ihrer Majestät von England. Dieser Mann sollte, wenn man ihn einen Vortrag halten hörte, faszinierend sein. Er erlaubte sich auch Dinge in seinem Vortrag, die bei jedem anderen, der sie bringen würde, verletzend wirken würden. „Außerdem ist er eine sehr elegante Erscheinung. „Du weißt, es gibt in Oberhausen einen Platz, der nachmittags in der Zeit von vierzehn bis achtzehn Uhr für Propagandisten zur Verfügung steht. Da solltest Du ihn mal hören, wenn Du ihn nicht kennst.“ Ich sagte zu Onkel Hans, dass ich mir das nicht entgehen lassen möchte. Von Duisburg nach Oberhausen ist es ja nur ein kurzes Stück mit der Straßenbahn, in wenigen Minuten erreichbar. Einen Führerschein hätte ich längst machen können, das Geld hatte ich auch, nur den falschen Ausweis. Gegen halb drei am selben Tag war ich dann in Oberhausen. Auf dem großen Gelände vor dem Kaufhaus Helmut Horten gab es nur diesen einen Platz, der den Neuheitenverkäufern zur Verfügung gestellt wurde. Von Weitem sah ich schon eine riesige

Menschenansammlung, und dann hörte ich ihn und sah ihn und war von seiner Vortragstechnik angetan. Man hätte eine Stecknadel fallen hören können, so gebannt lauschten ihm die Anwesenden. Niemand brach aus der menschlichen Wand aus und verließ den Stand. Käufer hatten Angst, etwas Einmaliges verpassen zu können, das hatte ich noch nie erlebt. Und dann zeigte er das Objekt, das er den Menschen verkaufen wollte. Es handelte sich um ein Haarwasser, das ich in dieser Form noch nie gesehen hatte. Die Flasche war mit zweihundertfünfzig Milliliter gefüllt und genau in der Mitte getrennt, in der oberen Hälfte war der Teil grün, in der unteren Hälfte gelb. Bevor dieses Mittel auf die Kopfhaut kam, genau beschrieben in allen Einzelheiten, musste die Flasche geschüttelt werden, sodass sich die grüne mit der gelben Flüssigkeit zu einer Einheit vermischte. Dann wurde die Flasche an der Stirn angesetzt und viermal aufgeteilt - durch die Kopfhaut bis zum Nacken heruntergezogen. Der Erfolg zur Beseitigung von Schinnen und Schuppen sollte innerhalb von vier bis fünf Tagen zu sehen sein. Das Haar wurde genährt, entwickelte sich kräftig, und so wuchs auch Haarsplint und Haarbruch in kürzester Zeit durch das sich länger entwickelnde Haar heraus. Für die Bergleute, die nach jeder Schicht rabenschwarz am Tageslicht wieder auftauchten, sich aber vorher unter der Dusche gründlich den Kohlenstaub von Kopf und Körper waschen mussten, war dieses Haarwasser ein Geschenk des Himmels. Er machte insgesamt nur zwei Vorträge, beide hörte ich mir möglichst gründlich an. Ich wusste, das war genau das Element, in dem sich ein erstklassiger Propagandist wiederfinden müsste. Mit diesem Mann, egal welche negativen Eigenschaften er haben mochte, musste ich arbeiten, um seine Kunst im Umgang mit der Sprache richtig zu erlernen. In keinem anderen Beruf konnte ich mich so entfalten wie hier. Keine Diskriminierung, kein Rassenhass, keine widerlichen Papiere würden mir hier die Möglichkeit nehmen, um etwas zu erlernen, das mir später behilflich sein würde. Nachdem sich die Menschenmengen aufgelöst hatten, sah ich, wie er sich aus der Seiteninnentasche seiner Jacke ein silbernes Zigarettenetui herausnahm und sich eine Zigarette ansteckte. Plötzlich waren da zwei Leute, zwei Männer, die alles abbauten, alle wichtigen Dinge, die zu seinem Vortrag gehörten, zusammenpackten, zu einem Auto in der Nähe brachten und dort verstauten. Zuerst hatte ich einfach nicht den Mut, den Mann anzusprechen. Nun fasste ich mir aber doch ein Herz und sagte höflich: „Entschuldigen Sie, Herr Illert, ich hätte Sie so gern mal gesprochen." „Ja, und wer bist Du denn?" „Ich komme aus Hamburg, mein Name ist Ivar Buterfas." „Ah, bist Du der Sohn von Paddy Buterfas? Wie viele kleine Judenlümmel hat er denn noch?" Ich war erschrocken und geschockt. Ich wollte eigentlich schon auf dem Absatz kehrt machen, was er wohl auch bemerkt hatte, und so reagierte er, indem er sagte: „Das war nicht so gemeint, sei mal bitte nicht so empfindlich, was kann ich denn für Dich tun?" „Ich habe mir Ihre Vorträge angehört und bin mehr als begeistert. Ich würde sehr gern, wenn ich das dürfte, mit Ihnen zusammenarbeiten." Er erklärte mir unmissverständlich: „Woher nimmst Du eigentlich den frechen Nerv, mir einen solchen Vorschlag zu unterbreiten?" Ich sagte ihm: „Geben Sie mir die Chance, probieren Sie es mit mir eine Woche lang. Ich verlange keine Vergütung. Danach können Sie sich ja entscheiden." Er musterte mich von oben bis unten und sagte mir: „Wenn Du wieder in Hamburg bist, melde Dich bei mir, vielleicht können wir was verabreden." Obwohl ich seit langer Zeit zum ersten Mal wieder das Schimpfwort Jude ge-

hört hatte, hatte ich mich trotzdem entschlossen, bei meinem nächsten Aufenthalt in Hamburg zu versuchen, mit ihm ins Gespräch zu kommen. Auf was ich mich da einließ, war mehr als ein Abenteuer und ein weiteres Kapitel besonderer Art auf meinem Lebensweg.
Der Tag, an dem ich mich dann bei Herrn Illert melden sollte, hat meinem Leben eine ganz besondere Wende gegeben. Er wohnte in Hamburg in der Raboisen, einer Parallelstraße zur Mönckebergstraße. Rundherum gab es nur Trümmergrundstücke, und auf einem freien Platz stand ein riesiger Wohnwagen, den eigentlich nur Schausteller besitzen. Ich wusste ja noch viel zu wenig von der Familie Illert. Gegenüber der Behausung von Herrn Illert war die Gaststätte Hedi Mewes. Das war die Stammkneipe aller Hamburger Propagandisten oder Spezialisten, die es gab, also auch die von Herrn Illert. Hier traf man sich, und hier wurden die Plätze für die Hamburger Mönckebergstraße und den Hachmannplatz vergeben. Diese Turnusplätze standen allen Kollegen im Wechsel zur Verfügung. Die Mönckebergstraße zählte in den Jahren ab 1949 zu den belebtesten Einkaufstraßen in Hamburg. Ich klopfte zaghaft an die Wohnwagentür. Nach mehrfachem Klopfen öffnete sich die Tür, und was ich da sah, verschlug mir im ersten Moment die Sprache: ein bildhübsches junges Mädchen mit braunen Locken, die bis auf die Schulter hingen, mit einem entzückenden Gesicht und blitzenden braunen Augen. Sie fragte mich, wer ich sei und was ich wolle, und ich erklärte ihr, ich sei mit ihrem Vater verabredet. Und dann sagte ich ihr etwas, was sie fassungslos machte und auch ein kleines bisschen wütend: „Na, kleines Fräulein, wir beiden gehen bestimmt auch noch mal ins Kino.“ Sie hatte eigentlich vor, die Tür zuzuschlagen, aber da hörte ich aus dem Inneren des Wohnwa-

gens die Stimme von Herrn Illert, der sagte: „Ist das der Buterfas? Dann lass ihn rein.“ Ich schlich mich an dem Mädchen vorbei, er bot mir Platz an und erklärte mir kurz und bündig die Spielregeln: „Ich habe in Kürze einen sehr guten Platz. Ich versuchs mit Dir acht Tage. Klappt es nicht, fährst Du dahin zurück, wo Du herkommst. In wechselndem Rhythmus mache ich die erste und Du die zweite Probe (Man nannte einen Vortrag in Kreisen der Spezialisten Probe). Steuern und alles was erforderlich ist, bezahle ich. Du bekommst ein Drittel Beteiligung. Sprit und Platzkosten gehen 50:50.“ Ich erklärte ihm, dass er mich auch eintragen müsste auf seinen Papieren, im Gewerbeschein und in das Steuernebenheft. Auch darüber wurden wir uns einig. „In vierzehn Tagen, morgens um sieben Uhr, findest Du Dich hier ein, und dann unternehmen wir einen gemeinsamen Versuch. Noch Fragen? Okay, dann sehen wir uns.“
Onkel Hans und Tante Lina in Duisburg schrieb ich einen Brief. Ich bedankte mich bei ihnen für ihre unglaubliche Fürsorge und erklärte ihnen, dass ausschließlich sie dafür verantwortlich seien, dass mein Leben bis hierher wieder einen so positiven Verlauf hatte nehmen können. Aber ich bat sie, um alles in der Welt zu verstehen, dass ich mich, was meinen Wortschatz und vieles andere anging, noch verbessern wollte. Ich erklärte ihnen, mich als Propagandist vor allem mit dem Verkauf von Artikeln beschäftigen zu wollen, die man erst noch bekanntmachen müsse. Artikel, an die sich sonst kaum jemand herantraute. „Noch einmal tausend Dank für alles, was Ihr für mich getan habt.“ Die Freundschaft zu Tante Lina und Onkel Hans und ihrer Tochter Liane und zu Lianes Tochter Ellen hielt bis zu ihrem Tode. Von der Familie Karp lebt heute niemand mehr.

Kapitel 6: Illert

Nach fast drei Jahren ununterbrochenem Aufenthalt in Nordrhein-Westfalen und mittlerweile auch in fast allen Teilen der Bundesrepublik Deutschland war ich überglücklich, einen längeren Aufenthalt im Hause meiner Mutter in Billstedt machen zu können. Der hat mir unendlich gut getan. Und ich konnte meiner Mutter deutlich anmerken, dass sie sehr glücklich darüber war, ihren Jüngsten, von dem sie annahm, dass sie ihn nach so langer Zeit kaum wiedererkennen würde, endlich in die Arme schließen zu können. Von unserem Vater hatte sie nur gehört, dass er sich zwischenzeitlich wieder verheiratet hatte. Ansonsten gab es keinerlei Kontakte zu ihm. Was für mich bis zum heutigen Tag unverständlich ist, dass er für seine Frau, die so unendlich viel für ihn getan hatte, die allem Widerstand gegen die Gestapo standgehalten hatte, die eine Scheidung von ihm jedes Mal strikt abgelehnt hatte, dass er für unsere Mutter keine Schritte unternommen hatte, sodass sie für ihren unendlichen Leidensweg einen entsprechenden Wiedergutmachungsanspruch hätte geltend machen können. Doch an diesem Thema haben sich meine Mutter und ich nicht lange aufgehalten, denn für meine Geschwister und mich stand nach wie vor fest, dass wir ihr den Himmel auf Erden bereiten würden.

Ich erzählte ihr auch, dass ich jetzt mit einem Mann zusammenarbeiten könnte, der zwar im Umgang außerordentlich kompliziert und schwierig sei, aber für mich eine einzigartige Chance darstellte, von ihm so viel lernen zu können, was mir auf meinem weiteren Lebensweg behilflich werden könnte. Ich befand mich aber gefühlsmäßig zwischen Baum und Borke. Ich wusste nicht, ob ich stark genug war, auch von seiner Seite irgendwelche Diskriminierungen und Beleidigungen ertragen zu können. Auf der anderen Seite gab es ein Argument, das jede meiner Überlegungen in diese Richtung außer Kraft setzte: Ich musste nur an das entzückende Mädchen in Hamburg denken, und der Weg zu ihr würde sicher über ihren Vater führen. Deshalb nahm ich mir selber ein Versprechen ab, einiges zu erdulden bis zu dem Tag, an dem ich mit dieser reizenden jungen Dame vielleicht eine feste Beziehung eingehen könnte.

Pünktlich zum verabredeten Zeitpunkt fand ich mich bei Herrn Illert ein. Es waren noch einige Kartons zu laden, und dann hörte ich zum ersten Mal die Stimme der Frau, die mit Sicherheit die Mutter des reizenden Geschöpfs war, das mir bei meinem ersten Besuch die Tür geöffnet hatte. Ich muss zu meiner Schande gestehen, dass die Stimme – in einem urtypischen, breiten Sächsisch – ihre Wirkung in meinen Gehörgängen nicht verfehlte. Mir war bei der ersten Begegnung mit meiner zukünftigen Frau überhaupt nicht aufgefallen, dass sie einen anderen Dialekt sprach als ich. Ihre Mutter bellte ihren Mann an: „Nun trink wenigstens noch Deinen Kaffee zu Ende aus, damit Du ganz klar bist, wenn ihr jetzt losfahrt! Das war wirklich nicht gut, dass Du die halbe Nacht vorher mit Deinen Kollegen bei Tante Hedi geschickert hast." Schickern ist eine Bezeichnung für Trinken. Jetzt gab es kein Zurück mehr, das Auto setzte sich mit mir in eine unbekannte Zukunft in Bewegung. Was würde ich mit diesem Mann alles erleben?

Nach einigen Stunden stellte sich ein Ereignis ein, dass bis heute in meinem Gedächtnis verankert ist und auch unauslöschlich bleibt. Nach einer Fahrt mit einem kleinen Zwischenstopp erreichten wir nach etwa sechs Stunden die Stadt Hamm in Nordrhein-Westfalen. Bis zu diesem Zeitpunkt wusste ich überhaupt noch nicht, wohin die Reise ging. Davon hatte er vorher kein Wort verloren. Überhaupt wurde, außer dass er sich eine Zigarette an der anderen ansteckte, fast kein Wort gesprochen. Plötzlich wurde durch ein Warnschild vor uns eine Kurve angezeigt. Es war gegen Abend, stockdunkel, die Scheinwerfer erfassten am Straßenrand in entsprechenden Abständen eine Straßenmarkierung, die aus einem Quader bestand, der vierzig Zentimeter breit und ungefähr einen Meter fünfzig hoch war und als Straßenbegrenzung auf die Kurve hinwies. Aus irgendeinem Grund bekam Herr Illert das Auto nicht mehr unter Kontrolle und schlug mittig in dem Quader ein. Es gab einen lauten Knall, und ich hatte das Gefühl, das Auto sei in der Mitte auseinandergebrochen. In diese Geräusche mischte sich auch das Klirren von zerborstenen Haarwasserflaschen, die auf der Straßendecke in alle Richtungen purzelten und zerbarsten. Da die Geschwindigkeit nicht hoch gewesen war, konnte das Fahrzeug fast sofort nach dem Aufprall zum Stehen kommen. Nachdem wir uns beide etwas von dem Schreck erholt hatten, forderte er mich mit den Worten auf: „Nun sehen Sie mal zu, Herr Kogge, dass Sie aus dem Auto kommen!“ Er bekam plötzlich einen Wutanfall und beschimpfte mich mit den Worten: „Ich hab´s mir doch gleich gedacht, dass Du ein Seuchenfreier bist.“

Das klang, als wenn ich für diesen Unfall, den ohne Zweifel er verschuldet hatte, verantwortlich gewesen wäre. Er ging um das Auto herum und stellte fest. „Der Karren ist nicht mehr zu gebrauchen. Damit kommen wir keinen Schritt weiter. Jetzt hör´ mal genau zu“, fauchte er mich an, „Du machst das Auto leer, stellst alles, was auf der Ladefläche ist, sicher an den Straßenrand und reinigst die Straße, und lass´ da nichts liegen. Alles auf einen Haufen, mit Pappe abdecken. Ich gehe in den Ort, um zu telefonieren und bin bald zurück.“ Mit diesen Worten verabschiedete er sich und tauchte erst nach etwa vier Stunden wieder auf. Er kam mit einem etwas größeren Planwagen, den ein ihm bekannter Kollege fuhr. Dieser Kollege stammte aus Bochum. Er hatte ihn telefonisch über sein Missgeschick informiert, und er war der Mann gewesen, der uns den Platz für den kommenden Markttag in Bochum verschafft hatte. Er war der zuständige Vorsitzende des dortigen Verbandes und berechtigt, die entsprechenden Plätze auf dem Markt zu vergeben. Außerdem kannten Herr Illert und der Kollege Mertens sich schon seit vielen Jahren. Wir luden alle Gegenstände auf. In eine leere Kiste wurden die zerschlagenen Flaschen und alles andere, was noch an Müll mit dem Unfall in Verbindung stand, geladen. Dann fuhren wir in Richtung Bochum, wo wir in einer Pension zwei Einzelzimmer gebucht hatten. Ich stand noch unter Schock und hatte mir im Stillen gedacht: „Das ist ja ein schöner Einstand! Wo das wohl noch hinführen wird…“

Am anderen Morgen besichtigten wir den uns zugewiesenen Platz, und ich stand zum ersten Mal auf einem großen Wochenmarkt in Bochum-Werne im Revier. Herr Illert eröffnete den Vormittag, und genau so, wie ich ihn in Oberhausen kennengelernt hatte, als ich ihm das erste Mal begegnet war, spulte er sein Repertoire herunter. Als er am Ende seines Vortrags war, zog er sich seinen Mantel an – ich war zwischenzeitlich an seine Seite getreten – und zum Publikum gewandt sagte er: „Herr Kogge hat jetzt die Freundlichkeit, Ihre Wünsche zu erfüllen und wird Sie bedienen." Ich kam mir vor, als wenn ich hinter irgendeinem Obststand stünde und Zwiebeln oder ein anderes Gemüse verkaufte. Es war ein Moment der Demütigung, den ich hinnahm. Und im Anschluss, nachdem der letzte Interessent bedient war, begann ich mit meinem Vortrag.

Es gab keine Schwierigkeiten im Ablauf, fast vollkommen gleich gestaltete ich meinen Vortrag, wie er den seinen gehalten hatte. Nur, dass diesmal noch einige zusätzliche Passagen hinzukamen, die ich mir ausgedacht hatte. Ich zeigte der staunenden Menge ein Haar, das ich mir herausriss, verband es mit dem Reagenzglas und bewies damit die Stärke und Gesundheit meines Haares. Ich hatte auch zu der damaligen Zeit einen unverschämt kräftigen Haarwuchs. Und die staunende Menge nahm mir meine kleine Demonstration ab. Der anschließende Verkauf, der sich nach dem Vortrag entwickelte, war ausgesprochen gut. Die einen gingen, die anderen kamen. Ich wartete einige Momente und merkte, dass Herr Illert nicht wieder auftauchte. Aus diesem Grund hielt ich nach dem ersten gleich den zweiten Vortrag. Immer zwischen fünfundzwanzig bis fünfunddreißig Minuten lang, mit anschließendem Verkauf. Nach dem zweiten kam der dritte Vortrag, danach der vierte und der fünfte, dann war meine Kraft am Ende, und auch an meiner Stimme merkte man, dass ich wohl zu einem sechsten Vortrag nicht mehr in der Lage gewesen wäre.

Es war mittlerweile halb eins. Etwa gegen ein Uhr kam Herr Illert an den Stand und fragte mich, ob ich ohne ihn klargekommen wäre, denn er musste sich ja um einen neuen fahrbaren Untersatz kümmern, denn bis jetzt seien wir auf die Hilfe seines Kollegen angewiesen gewesen. Dann überflog er den Tisch und meinte: „Da ist ja doch einiges gelaufen“. Dass die Kasse, die ich in diesen knapp drei Stunden gemacht hatte, sich auf fast dreitausend DM belief, registrierte er nur mit dem Nicken seines Kopfes. Aus dieser Haltung sollte ich wohl entnehmen, dass er mit mir zufrieden war. In aller Seelenruhe durfte ich jetzt auch noch einpacken und alles, was zu unserem Geschäft gehörte, konnte ich anschließend auf das gleiche Fahrzeug verladen, das uns in der Nacht nach dem Unfall abgeholt hatte. Wir mussten noch einen Tag in Bochum bleiben, weil das Fahrzeug – ein VW-Bus – erst angemeldet werden musste. Nach einer weiteren Nacht in Bochum fuhren wir dann nach Wuppertal-Barmen.

Was ich bis dato vorher noch in keiner anderen Stadt gesehen hatte: In Wuppertal-Barmen fuhr die Straßenbahn nicht auf der Erde, sondern in der Luft. Es war die Schwebebahn, die – glaube ich – einzigartig in Deutschland ist. In Wuppertal-Barmen war ein sehr schöner, großer Wochenmarkt. Wir bekamen von den Kollegen dort – was Herr Illert vorher aus Hamburg organisiert hatte – einen sehr attraktiven Platz. Diesmal übernahm Herr Illert den Anfang mit den zu haltenden Vorträgen. Derselbe Ablauf wie in Bochum-Werne wiederholte sich. Ich durfte die Wünsche der Kunden erfüllen und übernahm den Verkauf. Nachdem ich meinen Vortrag eröffnet hatte und nach etwa dreißig Minuten damit durch war, wartete ich erneut auf meinen Kollegen. So durfte ich ihn ja nun getrost nennen. Aber mein Warten war nicht von Erfolg gekrönt. Er tauchte nicht auf. Erst nach dem Ende meines zweiten Vortrages war er wieder dran, und das Spiel wiederholte sich bis zum Ende des Marktes. Es war also eine gewisse Strategie, die er verfolgte und die er mir auch beim gemeinsamen Mittagessen noch einmal erklärte. „Du machst es sehr ordentlich. Du hast aber noch ´ne ganze Menge zu lernen. Aus dem Grunde wird unsere Zusammenarbeit wie folgt stattfinden: Du hältst zwei Vorträge nacheinander, dann löse ich Dich ab.“ Dass ich mit einer derartigen Regelung auf die Dauer auf gar keinen Fall einverstanden war, ließ ich mir nach seinem Vorschlag zwar nicht anmerken, aber ich wusste, dass das eine völlig unzumutbare Variante der Zusammenarbeit war, denn es gab ja nicht nur Wochenmärkte, die von neun bis dreizehn Uhr stattfanden, sondern auch Messen, die um neun Uhr öffneten und um achtzehn Uhr schlossen. Bei dieser Art der Zusammenarbeit hätte ich nach relativ kurzer Zeit meine Gesundheit eingebüßt.

Ich hatte in den letzten Tagen noch versucht, mich telefonisch mit Fräulein Illert in Verbindung zu setzen. Die ersten zwei bis drei Male war sie sehr zurückhaltend und außer ein paar dahingesagten Sätzen und einem Hallo ergaben unsere Telefonate keinen besonderen Inhalt und hinterließen auch keine Substanz. Aber ich hatte das Gefühl, dass sie auch nicht abgeneigt war, mich vielleicht etwas näher kennenzulernen, wenn ich von der ersten Reise mit ihrem Vater wieder zurück in Hamburg sei. Außerdem eröffnete sie mir bei einem der nächsten Telefonate, dass Herr Illert nicht ihr Vater sei. Sie hieße eigentlich mit Mädchennamen Frankenthal. Er sei der zweite Mann ihrer Mutter. Ich muss offen gestehen, dass ich diese reizende junge Dame gerne wiedergesehen hätte und war hocherfreut, dass wir uns bei einem der nächsten Telefonate fest zum Kaffeetrinken verabreden konnten - und das im Haus meiner Mutter in Billstedt. Wie das zustande kam, werde ich später berichten.

Nachdem wir in Wuppertal-Barmen und am darauffolgenden Tag in Wuppertal-Elberfeld blendende Geschäfte gemacht hatten – vor allem in Elberfeld – hatte sich noch folgender äußerst unangenehmer Vorfall auf dem Wochenmarkt ergeben: Ich war schon kurz vor meinem Ende de Vortrages, da hörte ich ein lautes Geschrei, das von Herrn Illert kam. Er führte ein schrecklich lautes Streitgespräch mit einem anwesenden Herrn, der sich an unserem Stand schon zum zweiten Mal den Vortrag angehört hatte. Er fragte höflich Herrn Illert, ob die Möglichkeit bestünde, dass er dieses Haarwasser in mehreren seiner Filialen in Nordrhein-Westfalen verkaufen könnte. Er könne sich auf Dauer, weil der Bedarf dafür vorhanden sei – vor allem bei den Bergleuten – einen sehr guten Umsatz vorstellen. Das hatte Herrn Illert dazu veranlasst, ihm Folgendes unmissverständlich zu sagen: „Bevor Sie von mir für Ihre Läden auch nur eine einzige Buddel kriegen, kippe ich das Zeugs lieber in die Elbe!“ Ich konnte mir das Ganze nur so erklären, dass er schon im Laufe des Vormittags stark angeschickert war. Das stellte sich auch hinterher so heraus. Ich habe mich zu Tode geschämt. Die Leute haben unseren Stand dann entsetzt verlassen, und ich war nicht mehr in der Lage, auch nur noch ein einziges Wort hervorzubringen. So etwas hatte ich in den ganzen Jahren zuvor nicht erlebt. Alle Tüchtigkeit in Ehren, aber ein solcher Auftritt ist unverzeihlich. Vor allem, dass er ein sich anbahnendes gutes Geschäft so im Keim erstickte – man kann es nur als gehirnlos bezeichnen. Vor allem gab es bei jedem Verkauf einer Flasche dieses Doppelschicht-Haarbalsams eine Nachbestellkarte. Allein von den Rückläufen der Karten, deren Versand Frau Illert in Hamburg übernommen hatte und versorgte, entstand eine Einnahmequelle, von der man bequem leben konnte. Für mich ein völlig unverständliches Verhalten, und nie war mir etwas in meinem Leben so klar gewesen: dass meine Zusammenarbeit mit ihm sich mit Sicherheit in kürzester Zeit erledigen werde. Dass diese Überlegung viel schneller Realität werden könnte, als ich dachte, sollte sich schon in den nächsten drei Wochen herausstellen.

Wir verließen Wuppertal und fuhren zu unserem nächsten Standort, bei dem ich im Fahrzeug neben ihm sitzen musste. Zwischen uns wurde kein Wort gewechselt. Der Standort, der jetzt angefahren wurde, war Dortmund. Im Hotel Bender am Hauptbahnhof, wo ich das erste Mal vor drei Jahren, als ich nach Nordrhein-Westfalen gefahren war, ein Zimmer gehabt hatte, standen uns zwei Einzelzimmer zur Verfügung. Der Platz aber, den Herr Illert von einem Fachkollegen für einen Zeitraum von drei Wochen täglich von neun bis achtzehn Uhr zugewiesen bekam, war einer der prominentesten im ganzen Ruhrgebiet. Er befand sich an der Reinoldikirche, die in den Bombenhageln auf deutsche Städte leider zerstört wurde. Man hatte aber schon 1949 mit dem Wiederaufbau dieser Volkskirche begonnen. Und dort gab es auch eine Tombola zugunsten des Wiederaufbaus, deren Hauptgewinn ein kleiner Opel Rekord war. Wir eröffneten unseren Stand, und der Zulauf war nicht zu beschreiben. Die Verkäufe waren respektabel. Viele Kollegen aus dem Revier kamen vorbei, weil der Hamburger Kollege Fred Illert in Deutschland als Spezialist einen wirklich hervorragenden Namen hatte. Und das, was wir als Werbeverkäufer dem Publikum anzubieten hatten, erforderte einen fachlichen Hintergrund, den Herr Illert sich angeeignet hatte und den ich übernahm. Eine Konkurrenz war überhaupt nicht zu erwarten, weil man zwei Dinge benötigte, um dieses Produkt an den Mann zu bringen: erstens absolut gesundes und volles Haar, und zweitens den passenden sachlichen Vortrag zu diesem Artikel. Im Hotel Bender gab es für Herrn Illert und mich ein großes Problem. Das Hotel war ausgebucht und es gab nur noch ein Doppelzimmer. In der darauffolgenden Nacht würden wieder ausreichend Einzelzimmer zur Verfügung stehen. Was tun? So mussten wir notgedrungen in einem Zimmer im Doppelbett übernachten. Nach einem so anstrengenden Tag, der um neun Uhr begann und gegen neunzehn Uhr zu Ende war, zog ich mich schon sehr früh in das gemeinsame Zimmer zurück. Mein Kollege traf sich noch mit Kollegen, und wie das dann Tradition war, wurde anschließend richtig einer zur Brust genommen. Es muss wohl ein oder zwei Uhr nachts gewesen sein, als ich plötzlich einen sehr starken Schmerz im Gesicht verspürte. Und es lag auch etwas auf meinem Gesicht, das ich dann, als ich wieder etwas Luft bekam, beiseiteschob und spürte: es war ein Bein, aber mit Nylonstrümpfen. Das heißt also, das Zimmer, das für zwei Personen vorgesehen war, hatte nun noch einen dritten Mitschläfer. Ich war entsetzt. Ich ließ mich seitlich aus dem Bett fallen, verschwand im Badezimmer, zog mich an und verließ das Hotel. Dank eines langen, ausgedehnten Spaziergangs durch Dortmund hatte ich noch nie zuvor so intensiv eine Stadt kennengelernt wie in dieser Nacht. Ich kam ins Hotel zurück und ließ mir ein kräftiges Frühstück servieren. Da ich im Laufe der Zeit schon viele vertrauensvolle Gespräche mit Fräulein Illert geführt hatte, musste ich ihr dieses Erlebnis unbedingt schreiben. Sie rief mich am darauffolgenden Tag an und bewunderte mich allein dafür, dass ich innerhalb kürzester Frist schon so viel ertragen hatte.

Was ich zu diesem Zeitpunkt nicht wusste, was sich aber im fernen Hamburg abspielte, das sollte dieser Eskapade erst noch die Krone aufsetzen. Sie ließ den Brief liegen, und wie das Schicksal es wollte, bekam ihre Mutter ihn zu fassen. Entsetzt über den Inhalt, dass ihr Mann – kaum vierzehn Tage von zu Hause weg – sich solche Dinge leistete, und noch dazu im Beisein eines Fremden, das ließ sie wutschnaubend nach Dortmund fahren, um ihren Mann zur Rede zu stellen.

Es war ein interessantes Lokal, in dem man sich traf, weil es ein ausgesprochener Spezialistentreff war. Viele Kollegen kamen aus Deutschland dorthin und tauschten Erfahrungen und gaben sich Tipps, wo interessante Plätze wären, die man halten könnte. Wütend traf Frau Illert auf ihren Mann und stellte ihn zur Rede. Und er hatte einen glorreichen Einfall! Er sagte zu seiner Frau: „Ich habe Dir doch gesagt, dass das ein Scheiß-Freier ist, und lass uns bloß auf unsere Tochter aufpassen. Du musst Dir vorstellen, Paula, das war nicht ich - der mit der Schickse, sondern er!" Darauf erwiderte Paula nur noch: „Er soll sich noch ein einziges Mal bei uns sehen lassen, und Gnade Gott, wenn der nicht seine Finger von meiner Dagmar lässt."

Ich kannte den Treff nicht, dieses Lokal, denn ich bin auf keinen Fall für irgendwelche Saufgelage zu haben. Ich fasste schon damals den festen Entschluss, die Finger vom Alkohol zu lassen. Es gibt schönere Dinge auf dieser Welt. Und an diesen Entschluss habe ich mich bis heute gehalten. Ich öffnete die Tür des Lokals und schaute ins Innere. Vor mir stand ein runder Tisch, vier Schritte von der Lokaltür entfernt, an dem vier Kollegen aus Hamburg saßen und ein Kollege aus Wuppertal und einer aus Frankfurt. Wie eine Furie schoss Paula auf mich zu und schmetterte mir ihre kleine Hand ins Gesicht. „Was Du meinem Mann da unterschieben willst, ist das Allerletzte! Fred, Du arbeitest mit diesem Rotzlöffel nicht mehr einen Tag zusammen!"

Meine Zusammenarbeit war gescheitert, Gott sei Dank hatte ich genug Geld in der Tasche. Ich machte eine Kehrtwende, und plötzlich klopfte mir jemand auf die Schulter: Es war der Kollege aus Wuppertal, der alles mitverfolgt hatte und sah, dass in diesem Moment eine Zusammenarbeit ihr Ende gefunden hatte. Er sagte zu mir, und zwar mit einem etwas polnischen Akzent, ein wenig radebrechend: „Lass uns eine Tür weitergehen und was besprechen." Ich hatte nichts zu verlieren, und ein Gesprächspartner würde mir wohl ganz gut tun, um über die ernsten Dinge, die sich da getan hatten, hinwegzukommen. Eine solche Frechheit musste man erst einmal wegstecken. Er sagte mir: „Du hast ja jetzt keine Kippe mehr (In der Sprache der Spezialisten heißt Kippe Kollege). Wenn Du willst, mach ich Dir einen Vorschlag. Du kannst mit mir schiniegeln (das heißt arbeiten)." Diese Sprache ist einmalig auf der Welt. Sie entstand aus vielen Ableitungen des Jiddischen, wobei vieles hineininterpretiert werden musste.

Einige Beispiele: Geld heißt Lobi; halbe Pachime heißt zehn Pfennig; Heitak sind fünfzig Pfennig; Schockstück ist eine Mark. Beischock sind zwei Mark, Kümmelschock sind drei Mark, Heiermann sind fünf Mark. Gutmann sind zehn Mark,

Pfundstück sind zwanzig Mark, und so weiter. Noch einige Einblicke möchte ich Ihnen nicht vorenthalten: Wenn Sie im Schwabenland sind, behaupten ja einige giftige Zungen – da die Schwaben als äußerst sparsam gelten – die Schwaben seien aufgrund von Geiz ausgewiesene Schotten. In diesem Gebiet hat man es mit Vorträgen und einem hinterher zu erwartenden Verkauf recht schwer. Dem kann man aber nachhelfen. So gibt es dafür Viginen, die stehen am Klett (Tisch) und warten auf folgendes Zeichen des Spezialisten: Wenn er merkt, dass die Leute Schwierigkeiten haben, an ihr Portemonnaie zu kommen, lässt er Folgendes in seinen Vortrag einfließen: „Die Viginen vorderkünftig am Klett bitte einschemmen", das heißt: Vorkäufer, mach Du den Anfang. Das Ganze ist dann ungefähr so wie im Paradies – da fing ja auch irgendeiner mit der Äppelfresserei an.

Um wieder auf den Kollegen aus Wuppertal zurückzukommen: Er hieß Martin Kappler. Nannte sich auch Spezialist oder Neuheitenverkäufer und führte manchmal aus der Metallwarenhochburg Solingen besondere Messer oder Rasierklingen vor. Manchmal verkaufte er auch den Schmierling, das war eine Art Seife, wobei er ein ganzes Tintenfass auf seinem Hemd ausleerte und anschließend mit einer Handvoll von diesem Schmierling übers Hemd glitt. Danach war es wieder so blütenweiß wie zuvor. Er sagte mir, mit großem Respekt habe er sich mehrfach meinen Vortrag angehört und meinte: „Du bist wirklich eine Koryphäe. Ich habe nächste Woche einen Platz auf der Münchner Theresienwiese zum Oktoberfest. Das sind zehn Tage, da können wir sehr viel Geld verdienen. Du hast gleich Anschluss, verlierst nichts, und ich habe einen Kippesmann, von dem ich lernen möchte, um dieses Produkt in Zukunft zu verkaufen.“ Nach Hause fahren oder weitermachen und Geld verdienen. Ich nahm sein Angebot an. Und nicht etwa Zweidrittel/Eindrittel, sondern fünfzig/fünfzig. Ich war vorher auch noch nie in München gewesen und wusste, dass das ein ganz besonderes Publikum sein musste, und dann erst für mich als Hamburger. Ich glaubte, die würden mir aus der Hand fressen.

Nachdem ich die Ware Phenosan bekommen hatte, konnten wir, nachdem alle erforderlichen Voraussetzungen für die Zusammenarbeit geklärt waren, sofort nach München fahren. Ich telefonierte mit Fräulein Illert, die mir glaubte, dass das damals - was sich in dieser Nacht im Hotel Bender abgespielt hatte - nicht mein Manöver gewesen war. Ich erklärte ihr, dass ich nach dem Münchner Oktoberfest erst einmal nach Hamburg zurückkommen werde. Sie sagte mir am Telefon, dass ihre Mutter ihr strengstens den Kontakt zu mir untersagt hätte. Ich konnte sie aber davon überzeugen, dass wir uns unbedingt, wenn auch heimlich, treffen mussten. Der Aufenthalt auf dem Oktoberfest war ein großer Erfolg. Die Zusammenarbeit mit meinem neuen Kollegen Martin erwies sich wie folgt: Ich hielt morgens sechs Vorträge und am Nachmittag noch einmal die gleiche Anzahl, denn es war mir von Anfang an klar, dass er wahrscheinlich für diesen Artikel nicht zu gebrauchen wäre. Aber er war ein sehr feiner, ehrlicher Kollege, und deshalb war mir das, was ich jetzt tat - unter diesen Voraussetzungen noch mehr zu verdienen - sehr angenehm. Er erledigte die gesamte Organisation, die Nachbestellung der Waren – alles klappte wie am Schnürchen. Das Ergebnis war nach zehn Tagen harter Arbeit ein hoher fünfstelliger Betrag, wobei er noch die auf mich anfallenden Steuern in Abzug gebracht hatte. So viel

Geld hatte ich vorher in meinem Leben noch nie verdient. Wir gingen auseinander, ich versprach Martin, dass wenn ich in Hamburg alles geregelt hätte, wir über eine weitere Zusammenarbeit nachdenken könnten.
Er kannte auch meine Probleme mit den Arbeitserlaubnissen, mit dem Fremdenpass und alle anderen Schwierigkeiten, die damit verbunden waren, und machte mir trotzdem den Vorschlag: „Ich beschaffe die Plätze, ich übernehme die gesamten Fahrten, wir teilen uns die Arbeiten, die Vorbereitungen, und da Du derjenige bist, der für die Vorträge zuständig ist, möchte ich nur dreißig Prozent und Du bekommst siebzig.“ Das habe ich abgelehnt, und es blieb wie bei der ersten Vereinbarung.

Ich konnte es kaum erwarten, wieder in Hamburg zu sein und rief Dagmar an, die sehr, sehr vorsichtig sein musste, damit ihre Mutter nichts mitbekam. Denn sie wusste, wenn sie sich nicht an das Verbot hielt, konnte es zu einer verbalen Auseinandersetzung kommen. Ihre Mutter war dem Flitzer ganz und gar hörig. Sie glaubte ihm jedes Wort. Dagmar und ich trafen uns in der Nähe des Hamburger Hauptbahnhofes, in der Bodega, einem Lokal, in dem die Spezialisten zu Gesprächen zusammenkamen.

Ich hatte meine Schwester - von der ich wusste, dass sie in anderen Umstanden war - gebeten, dass sie mich so schnell wie möglich verständigen möge, wenn ich Onkel geworden war. Ich hinterließ die Rufnummer des Lokals und erwartete stündlich den Anruf. Ich hatte kaum Platz genommen und Dagmar saß mir gegenüber, als die Kellnerin an unseren Tisch kam und sagte: „Ich soll Ihnen sagen, Sie sind gerade Onkel geworden. Ihre Schwester Fee hat ein kleines Mädchen be-

kommen." Ich strahlte, und das hat Dagmar derart berührt, dass sie mir sagte: „So viel Gefühl hab ich Dir überhaupt nicht zugetraut".
Wir trafen uns weiter heimlich. Und wir trafen uns inzwischen auch bei meiner Mutter in Billstedt. Ihre Mutter bezog von der Firma Burmester immer frische Wäsche, die sie für ihren Imbiss brauchte, den sie in der Hamburger Langen Reihe betrieb. Der Fahrer lieferte wieder frische Wäsche an und erzählte beiläufig: „Ich habe Ihre Tochter in Billstedt gesehen. Was hat sie denn da gemacht?" Paula wurde fuchsteufelswild, und als Dagmar nachmittags zu ihr in den Imbiss kam, gab es zur Begrüßung für das fast neunzehnjährige Mädchen eine schallende Ohrfeige. Sie machte ihrer Tochter unmissverständlich klar: „Wenn Du diesen Kerl noch einmal wiedersiehst, bekommst Du von mir so viel Hausarrest, dass Du nicht mehr aus den Augen gucken kannst." Aber Dagmar erfand immer wieder neue Ausreden und unser Verhältnis wurde enger. Dann machte ich einen Vorschlag, der sofort von ihr akzeptiert wurde. Ich sagte ihr, es gebe in Hausbruch bei Hamburg eine Sennenhütte, unglaublich romantisch gelegen, auf einem der hohen Harburger Berge mitten im Wald, und ich würde mich sehr freuen, wenn wir dort gemeinsam ein Wochenende verbringen könnten. Was sie ihrer Mutter damals gesagt hatte, um dieses freie Wochenende zu bekommen, weiß ich bis heute nicht. Es war ein sehr schönes, romantisches Wochenende, und dabei haben wir uns auch verlobt. Heimlich, nur meine Mutter hatte davon Kenntnis und hätte uns jederzeit, wenn meine kleine Dagmar zuhause rausgeflogen wäre, Asyl gewährt. Aber: Ich hätte auch mit ihr zu Tante Lina nach Duisburg kommen können. Die hätten sich darüber gefreut.

Ich nahm keinen Kontakt mehr zu Martin in Wuppertal auf, auch keinen zu irgendeinem der anderen Kollegen, die gern mit mir gearbeitet hätten. Weil – egal auf welchem Markt oder auf welcher Messe ich gearbeitet habe, es war immer ein Erfolg. Ich war jetzt in eine Phase meines Lebens getreten, da ich nicht mehr von einer Stadt in die andere reisen wollte. Ich wollte irgendetwas tun, bei dem ich in unmittelbarer Nähe meiner Mutter und auch, das stand für mich fest, meiner zukünftigen Frau sein wollte. Geldreserven hatte ich immer noch. Der Wohnungsmarkt war in den Jahren 1952, 1953 und 1954 in einem katastrophalen Zustand. Wohnungen standen nur für gewisse Personen und Familien zur Verfügung, die dafür einen besonderen Bezugsschein vom zuständigen Wohnungsamt bekamen. Mein ältester Bruder Kurt, der seine Lehre erfolgreich abgeschlossen hatte, inzwischen verheiratet war und zwei Kinder hatte, war einer der Glückspilze, der eine Vier-Zimmer-Wohnung in Hamburg-Horn am Horner Weg bekam. Ganz in der Nähe der Stelle, wo wir 1942 gewohnt hatten, bevor wir nach Polen geflüchtet waren. Dort gab er mir ein Zimmer ab.

Durch Zufall erzählte mir ein Spezialist aus Hamburg, der mit seiner Frau zwischenzeitlich am Grindel ein Lokal betrieb, dass bei ihm an jedem Freitag mehrere Vertreter einkehrten, die bei einer Firma arbeiteten, die ein ganz besonderes Gerät herausgebracht hätten, das in Deutschland den Haushalt revolutionierte. Er sagte: „Wenn Du nicht mehr reisen möchtest, solltest Du Dich mal am Freitag hierherbemühen, dann könntest Du mal mit diesem Kollegen ein Gespräch führen. Wenn das was für Dich ist, kannst Du es ja ausprobieren, vielleicht hast Du in diesem Unternehmen mit Deinem Talent sogar Aufstiegschancen. Denn bei dieser Arbeit wird etwas gebraucht, von dem Du reichlich zu bieten hast: ein überzeugendes Auftreten, ein gepflegtes Äußeres. All das, was einen Außendienstler ausmacht." Ich war schon gespannt, um was es sich handelte. Welche Möglichkeiten einem dort geboten wurden. Wie das Ganze ablief und womit man sich befassen müsste.

Am Freitagabend fand ich mich in Günthers Kneipe ein und er stellte mich dem sogenannten Gruppenführer vor, was mich gleich wieder an die nationalsozialistische Ära erinnerte. Er war ein sehr sympathischer Mann im Alter zwischen fünfundzwanzig und dreißig Jahren, sehr groß, blond, machte einen guten und seriösen Eindruck. Nachdem wir uns bekannt gemacht hatten, sagte er mir: „Unser Unternehmen sucht laufend verlässliche Mitarbeiter." Wir tauschten uns aus und er fragte mich, was ich bisher für eine Tätigkeit ausgeführt hatte. Ich stellte sie ihm in kurzen Zügen dar. Er meinte: „Ich könnte mir gut vorstellen, dass Sie sehr redegewandt sind und durchaus für uns in Frage kämen. Es kommt ja auf einen Versuch an, wenn Sie sich die ganze Sache einmal für acht Tage ansehen." Bevor ich überhaupt nach Verdienstmöglichkeiten fragte, wollte ich natürlich erst einmal wissen, worum es sich handelte. „Wir sind für eine süddeutsche Firma tätig, die in Hamburg ihren Sitz hat und ein vielseitiges Mehrzweckgerät für Küche und Heim herausgebracht hat. Stellen Sie sich ein Mixgerät vor, mit dem Sie in wenigen Augenblicken die beste Mayonnaise zaubern können oder ebenso schnell einen Eierlikör – nehmen Sie den Mixer von dem Elektromotor ab, und am unteren Teil des Elektromotors setzen Sie den Aufsatz eines anderen Gerätes auf und verwandeln den Mixer in Sekundenschnelle in einen Staubsauger. Dieser Staubsauger hat eine Saugkraft: Wenn Sie da ein Zwei-Mark-Stück auf die Erde werfen, wird es sekundenschnell aufgesaugt. Dazu gibt es natürlich die verschiedensten Bürsten und Düsen. Nehmen Sie den Staubsauger ab, bauen Sie ein neues Teil auf den Untersatz, und Sie sind in der Lage, einen Parkettfußboden zu schleifen. Mit einem anderen Aufsatz können Sie ein Auto polieren. Ein solches Mehrzweckgerät hat es noch nicht gegeben, und wir sind drei Mann, ein vierter würde noch fehlen, dann ist meine Kolonne ausgelastet, wir fahren montags los und kommen freitags wieder. Wir verteilen morgens Zettel, sprechen kurz mit der jeweiligen Hausfrau und machen uns für den Abend drei Termine. Wenn man alles vorführt und anschließend noch die vertraglichen Dinge beredet, dauert ein Termin ungefähr eine Stunde, und wenn Sie drei Termine durchgeführt haben, landen Sie etwa bei zwanzig Uhr. Sie bekommen für den Verkauf eines Gerätes zwischen hundert und hundertzwanzig Mark, und es gibt tüchtige Kollegen, die bringen in der Woche bis zu zehn Abschlüsse mit. Da können Sie im Monat leicht zwischen dreieinhalb- und viereinhalbtausend Mark verdienen." Ich schloss für einen kurzen Moment die Augen, sah wieder die Leiter und stellte mir vor: Wenn ich das beherrsche und möglicherweise eine entsprechende Form entwickele, gibt es dort sicher auch weitere Aufstiegsmöglichkeiten. Nach seinen Erzählungen sagte ich ihm, ich sei interessiert, und es käme auf einen unverbindlichen Versuch an, ob ich geeignet sei oder nicht.

Für den kommenden Montag verabredeten wir uns in der Nähe der Ferdinandstraße. Dort war das Büro, und von dort aus ging es auf die Insel Sylt. Die zwei Kollegen setzte er ab, den einen in List, den anderen in Wenningstedt. Er selber blieb mit mir in Westerland, und nun war ich fest an seiner Seite und lernte die Materie vor Ort in der Praxis kennen. Sehr schnell hatte er die ersten vier oder fünf Termine zusammen. Die angesprochenen Hausfrauen waren sehr interessiert, und so wurden wir denn zu den vereinbarten Zeiten erwartet und die Vorführung konnte beginnen. Am Schluss der Vorführung – nachdem Mayonnaise und Eierlikör gemacht wurden und die Saugkraft des Staubsaugers vorgeführt war – stellte sich natürlich sofort die Frage: Können wir uns ein solches Gerät überhaupt erlauben? Die Verhandlung dauerte ein paar Minuten, die Gewährung von Ratenzahlungen war gegeben, und schon war der Ehemann bereit, seiner Frau dieses Mehrzweckgerät zur Erleichterung ihrer Hausarbeiten zu schenken. Sein Erfolg an diesem ersten Abend: zwei verkaufte Geräte. Zwar waren das nicht die Verdienste, die ich an einem einzigen Vormittag gewohnt war, aber ich hatte mich jetzt für einen anderen Weg entschieden und wollte nicht lange nach neuen Verdienstmöglichkeiten suchen. Auch fragte mich hier kein Mensch nach gültigen Papieren, denn noch immer hatte ich den hässlichen Status eines Staatenlosen.

Nach drei Tagen Einarbeitungszeit erhielt ich eine komplette Ausstattung und machte meine ersten Gehversuche als Handelsvertreter. Und ehe ich mich versah, hatte ich bei der ersten Veranstaltung drei Geräte verkauft, in einem einzigen Haushalt. Ich hatte mir nämlich schon am zweiten Tag überlegt: Wenn Du einen Termin in einer Familie hast, gibt es vielleicht auch noch den Schwager, die Schwiegermutter und andere Familienmitglieder, die vielleicht ebenso gern an dieser Verkaufsschau teilnehmen möchten wie die Dame, bei der ich den Termin hatte. Und meine Rechnung ging auf. Ich war sehr naiv, denn was ich abends beim gemeinsamen Treffpunkt in einer Pension in Wenningstedt, wo wir einquartiert waren, hören musste, war etwas, womit ich gar nicht gerechnet hatte. Alle bekamen den Mund nicht wieder zu, als sie hörten, dass ich bei einem Vortrag drei Abschlüsse gemacht hatte. So etwas war mehr als ungewöhnlich. Was ich auch nicht wusste: Dass der Gruppenführer, der auch noch den Namen Adolf hatte, die sogenannten geschriebenen Aufträge auf Echtheit kontrollieren musste und so bei den Auftraggebern noch einen kurzen Besuch zur Bestätigung des getätigten Auftrages zu machen hatte. Darunter konnte ich mir gar nichts vorstellen, aber er klärte mich sehr schnell auf: Es gab Vertreter, die sich ihre Unterschriften auch auf dem Friedhof holten. Sie legten am Ende der Woche fünf bis sechs Aufträge vor, davon waren aber drei gefälscht. Die Auszahlung geschah am Wochenende, weil die meisten Handelsvertreter sehr klamm waren. Wenn das Gerät dann ausgeliefert wurde und der betreffende Kunde gar nichts von seinem Glück wusste, weil er ja nichts unterschrieben hatte, wurde die Annahme verweigert, das Gerät ging zurück und der Auftrag war geplatzt. Die Aufgabe des Gruppenführers bestand also darin, so viele Aufträge wie möglich auf Echtheit zu überprüfen, und zwar durch einen anschließenden Besuch bei dem Auftraggeber.

Ich ließ mich davon aber nicht beirren, ich glaubte, wieder eine Geldquelle entdeckt zu haben, die mir auf den Leib geschrieben war. Und genau so war es. Innerhalb kürzester Frist wurde ich der sogenannte Spitzenverkäufer, der dann auch gleich in der bundesweiten Hauszeitschrift für alle Mitarbeiter großartig vorgestellt wurde. Es gab auch ein System: Bei fünfhundert verkauften Geräten erhielt man die silberne Nadel, bei tausend gab es die goldene Brillantnadel. Sie ist bis heute in meinem Besitz, denn innerhalb eines Jahres hatte ich die Marke von tausend verkauften Geräten schon überschritten. Dass das der obersten Leitung auffiel, dauerte nur eine kurze Zeit. Man machte mir den Vorschlag, eine eigene Gruppe zu führen. Ich würde ein Gebiet zugewiesen bekommen, das die Städte Norden, Emden, Aurich, Leer und Wilhelmshaven beinhaltete. Was ich allerdings nicht ahnte, weil ich gewisse Dinge auch noch nicht überblicken und einordnen konnte, war: Dahinter steckte eine Strategie, denn man hatte etwas ganz Besonderes mit mir vor.

Ich übernahm die Gruppe und fuhr jede Woche nach Ostfriesland. Ich stieß auf manches Dorf, in dem die Vertreter meiner Firma - die ich jetzt repräsentierte - teilweise mit dem Knüppel vom Hof gejagt wurden. Wenn bei einer Vorführung am Ende der Interessent zu einer Unterschrift und zu einer Bestellung nicht bereit war, erklärte ihm der geschickte Vertreter: Bestätigen Sie mir aber zumindest mit Datum, dass ich heute bei Ihnen war. Das Ganze war eine erschlichene Unterschrift. Sehr häufig wurde der Kunde dann bei der Verweigerung der Annahme des Gerätes zur Zahlung aufgefordert. Wenn er die Zahlung verweigerte, wurden gerichtliche Maßnahmen eingeleitet. Dass das zu großer Verärgerung führte, muss nicht betont werden.

Ich übernahm eine Gruppe von drei Leuten, mit mir waren wir also insgesamt vier, und nun wurde ich natürlich auch noch an den Verträgen, die die Kollegen zustande brachten, mit zehn DM pro Stück beteiligt. Das war immerhin eine noch zu erwartende Zusatzeinnahme von rund tausend DM im Monat – was sehr zufriedenstellend für mich war. Ich hatte ein ausreichendes Einkommen und konnte jedes Wochenende wieder zu Hause sein. Über mir als Gruppenführer stand der sogenannte Bezirksleiter. Der hatte eigentlich die Pflicht, die Aufträge zu kontrollieren, ob sie echt oder gefälscht waren. Der Bezirksleiter ließ sich nur ganz selten sehen, meistens kam er am Donnerstag und Freitag in das Gebiet, um die Aufträge dann einzusammeln, allerdings ohne sie im Einzelnen zu kontrollieren. Das war der Geschäftsleitung ein Dorn im Auge. Jetzt sollte der Bezirksleiter abgelöst werden. Ich erhielt einen Anruf aus dem Büro in Hamburg, ich möchte bitte so freundlich sein, da der Bezirksleiter wegen Unfähigkeit seines Amtes enthoben worden sei, den Bezirk doch bitte kommissarisch mit sofortiger Wirkung zu übernehmen. Als zusätzliche Vergütung für meine Arbeit boten sie mir die Kostenübernahme für meine Wohnung in Emden an, die ich in der Zwischenzeit gemietet hatte, sowie die Übernahme meiner anfallenden Benzinkosten. Wieder sah ich die Leiter vor mir und konnte eine weitere Stufe höher klettern.

Innerhalb von eineinhalb Jahren vom Handelsvertreter zum Bezirksleiter aufzusteigen, das war schon ein beachtlicher weiterer Schub. Mein Kollege, der den Bezirk in Bremen hatte, beglückwünschte mich, ließ aber nebenbei durchblicken: „Anstatt dass Du Bezirksleiter wirst, wäre es viel schöner gewesen, wenn Du bei mir im Raum Bremen eine gute Gruppe übernommen hättest. Du hast mit Abstand den schlimmsten Bezirk erwischt, in dem bisher alle Bezirksleiter gescheitert sind. Es ist der Bezirk, der die meisten notleidenden Aufträge in Deutschland produziert hat. Es gibt für einen Auftrag, der zustande kommt, hundert DM. Aufgrund der vielen Fälschungen ist das Gebiet nicht nur versaut, sondern jeder Auftrag ist mit etwa vierhundert DM bevorschusst. Versaut haben es kriminelle Vertreter, die unbeaufsichtigt waren, teilweise nur Klapperjas oder Skat gespielt haben anstatt sich korrekterweise um vernünftige Vorführungen zu bemühen. Wenn Du in dem Bezirk etwas werden willst, dann musst Du nach meiner Schätzung mindestens tausend Aufträge, die storniert wurden, also notleidend sind, und wo Gerichtsprozesse anhängig sind, in mühseliger Arbeit geradebiegen. Ein unmögliches Unterfangen.“ Diese seine Warnung habe ich achtlos in den Wind geschlagen und ihm erklärt, dass ich das mit Sicherheit hinbekäme und gleichzeitig auch noch die eigenen Aufträge zustande brächte, die ja für mich erforderlich waren, um existieren zu können.

Was ich mir da vorgenommen hatte, spottete jeder Beschreibung. Ich nahm die ersten fünfzig stornierten Aufträge mit und fuhr jetzt die einzelnen Kunden an, mit denen die Firma im Streit lag. Ich glaube kaum, dass der Leser jemals einen Einblick bekommen konnte, wie solche Machenschaften vonstatten gehen. Als sich die Tür des ersten Kunden öffnete und ich mich vorstellte, verfärbten sich seine Gesichtszüge. Am liebsten hätte er mir gleich eine reingehauen. „Was wollen Sie denn nun noch von uns?“ Mir blieb nichts anderes übrig, als zu sagen: „Ich möchte Ihnen helfen. Sie sind einem bösartigen Menschen aufgesessen, das tut uns und der Geschäftsleitung wirklich leid. Aber wie Sie sehen, steht die Geschichte kurz vor der Verhandlung in Hamburg. Denn dort ist der Gerichtsstand. Wenn Sie nicht nach Hamburg fahren, bekommen Sie ein Säumnisurteil. Wenn Sie nach Hamburg fahren, kostet das Zeit und Geld. Der Richter fragt Sie – und wie Sie wissen, ist der Richter kurz angebunden – nach Ihrem Namen, er fragt Sie: ‚Ist das Ihre Unterschrift?' Sie müssen ja sagen und er sagt Ihnen: ‚Dann müssen Sie das Gekaufte auch nehmen!' Dann klopft er mit seinem Hammer auf den Tisch und die Sache ist erledigt. Sie hatten das Gerät doch damals gesehen, es hat Ihnen Freude gemacht. Ich kann Ihnen garantieren, dass alle entstandenen Kosten entfallen, wenn Sie das Gerät übernehmen. Sie können Ihre Raten begleichen, und die Angelegenheit ist erledigt."

Von fünf Besuchen gab es drei Zusagen zur Beendigung des Rechtsstreits und zur Lieferung des Gerätes. Ich wollte den Bezirk sauber haben und auch versuchen, die Leute zufriedenzustellen. An fünf Tagen in der Woche hatte ich etwa fünfundzwanzig Besuche. Meine eigene Arbeit, Aufträge zu akquirieren, habe ich dabei natürlich weitestgehend vernachlässigt. Innerhalb eines Jahres hatte ich selber einen Schuldenberg in Höhe einer fünfstelligen Summe aufgebaut. Ich einigte mich mit der Firma, glich einen Teil meiner Schulden aus und verließ das Unternehmen. Mein Kollege aus Bremen intervenierte bei der Geschäftsleitung in Hamburg und erklärte, dass es noch nie jemanden vor mir gegeben habe, der die Interessen des Unternehmens so geschützt hätte wie ich. Dass das aber finanziell nur auf meinen Schultern ausgetragen wurde, sei ein schreiendes Unrecht.

Ich verließ das Unternehmen und zog mich erst einmal völlig verstört und enttäuscht in mich zurück. Wenige Tage später erhielt ich einen Anruf von Fred. Er war früher, als wir zusammen nach Sylt gereist waren, ein Kollege von mir gewesen. Er hatte von der Unverschämtheit gehört, wie man bei der Firma mit mir umgegangen sei und wollte gern ein Gespräch mit mir führen. Vielleicht hätte er etwas für mich. Ich war eigentlich gar nicht interessiert, aber meine zukünftige Frau meinte: „Es wird Zeit, dass die Bude Dir nicht länger auf den Kopf fällt und Du mal etwas unternimmst.“ Ich ließ Fred kommen und er eröffnete mir, was ich sofort in das Land Utopia verschickte. Er sei bei einer Firma beschäftigt, die für ihn in einem Bezirk in Schleswig-Holstein in Restaurants den Saal mietete, Anzeigen aufgab. Dort würden dann an einem bestimmten Tag zu einer bestimmten Uhrzeit Waschmaschinen und Trockenschleudern mit kleinen Schönheitsfehlern zu äußerst günstigen Preisen per sofort zu erhalten sein, solange der Vorrat reiche. „WDR-Schleudern schon ab neunzig DM. In der Woche kannst Du zwischen sechstausend und zehntausend DM verdienen.“ Ich erklärte ihm, von Elektrogeräten hätte ich im Moment wirklich die Schnauze voll. Er sagte: „Du kannst Dich darauf verlassen, dass es genauso ist, wie ich es Dir sage. Du holst in Hamburg am Samstagmorgen einen ganzen LKW voll Waschmaschinen ab, normale Waschmaschinen, mit Düsenantrieb, Waschmaschinen und Schleudern als Kombination und einzelne Trockenschleudern. Dann fährst Du das vorher organisierte Restaurant an, da warten schon die Leute auf Dich. Alle Geräte werden in den Verkaufsraum gebracht, die Kunden schauen sich die Geräte an, sehen auch die kleinen Emaillefehler, die außen sind, und kaufen dann die Maschine bar oder auf Raten. Manch einer würde sich zu der Waschmaschine, wenn sie einzeln ist und nicht im Buffet, gern noch eine Schleuder kaufen. Erkundigt sich dann auch nach der WDR-Schleuder. Das ist eine, die noch nicht einmal Strom verbraucht. Die wird durch erhöhten Wasserdruck betrieben, der über die

Wasserleitung in die Schleuder geleitet wird. Manche Leute kaufen die, manchen ist es zu umständlich. Die entscheiden sich dann für eine andere Schleuder."

Zu dieser Zeit, als er mit dem Gerät unterwegs war, waren Waschmaschinen für manchen Haushalt noch unerschwinglich. Und Dagmar sagte: „Guck' es Dir doch wenigstens einmal eine Woche mit Fred zusammen an." Und das tat ich auch. Zwei Jahre vorher hatte man mir großzügigerweise gestattet, einen Führerschein zu machen. Eine Woche lang besuchte ich Fred an den verschiedensten Ausstellungsorten. Und konnte persönlich alles überprüfen, was er mir vorher erzählt hatte. Er sagte mir auch, dass er seinem Vorgesetzten von mir erzählt hätte und dass auch seine zukünftige Frau bereit wäre, mit ihm gemeinsam das Geschäft zu betreiben. Denn nur Ehepaare würden eingestellt werden. Denn während der Mann die verkauften Waschmaschinen auslieferte, müsste ja jemand im Verkaufsraum bleiben. Ich unterhielt mich mit dem verantwortlichen Organisator dieses Unternehmens, wurde schnell mit ihm einig, hatte eine Woche später einen nagelneuen Ford Transit, belud ihn an dem darauffolgenden Sonnabend, und an dem darauffolgenden Montag hatte ich meine erste Verkaufsschau in dem Saal eines großen Restaurants in Braunschweig. Am ersten Tag – nicht zu glauben – hatten wir sechs Maschinen verkauft. An diesem Tag verdienten wir neunhundert DM. Am Ende der Woche waren es fast siebentausend DM.

Das sollte das letzte Sprungbrett sein, um schließlich etwas Endgültiges zu realisieren. Um in einen Geschäftsbereich einzutreten, ein Unternehmen zu gründen, von dem meine zukünftige Frau und ich noch gar nicht ahnten, welche Dimension es einmal annehmen würde. Mit den Einnahmen aus den Waschmaschinenverkäufen waren dafür alle Voraussetzungen erfüllt. Mir fehlte nur noch die Idee für das, was kommen sollte.

Kapitel 7: Heirat und Kinder

Längst war ein Gespräch mit Dagmars Mutter mehr als überfällig. Die Art und Weise, wie sie meine zukünftige Frau zurechtwies, war nicht länger hinnehmbar. Ich wartete eine Gelegenheit ab, einen Zeitpunkt, als ihr Mann nicht anwesend war, um ihr in aller Ruhe darzulegen, dass mir die Beziehung zu ihrer Tochter äußerst ernst war. Und dass wir fest vorhätten, bei der nächsten Gelegenheit zu heiraten. Ich wusste, dass ihr Mann ihr ständig einflößte, sie müsse ihrer Tochter den Umgang mit mir unbedingt verbieten. Er stellte mich bei jeder sich bietenden Gelegenheit als schlecht hin und sagte zu ihr: „Nichts könnte schlimmer für Dich sein, als wenn Du einen solchen Schwiegersohn für Deine Tochter bekommst!“ Ich war auch nicht mehr bereit, schlechtes Gerede und Beleidigungen nur aus Rücksicht - weil es ihre Mutter und ihr Stiefvater waren - weiter hinzunehmen. Ich kam auf einen Vorfall zurück, der sich vor etwa sechs Monaten ereignet hatte: Schon seit mehr als einem Jahr hatte meine Frau eine Arbeit erhalten, in einer großen Bürogemeinschaft. Sie war dort zuerst als Telefonistin eingestellt. Nach ihrer Aussage fühlte sie sich ganz besonders wohl. Netter Umgang mit den Kollegen, sehr gutes Betriebsklima – fünfundvierzig Stunden in der Woche war sie in dieser Firma tätig. Was eine enorme Belastung war: Nach Feierabend fuhr sie immer noch in die Lange Reihe, um ihre Mutter in den Abendstunden im Imbiss abzulösen. Hier war sie meistens noch bis neun Uhr beschäftigt. Auch sonnabends, wenn sie eigentlich frei gehabt hätte, hat sie ihrer Mutter zur Verfügung gestanden und war ihr eine große Stütze – ohne sich zu beklagen. Ihr Stiefvater hätte seine Frau, wenn er gerade nicht irgendwo auf irgendeinem Markt tätig

war, ganz bequem unterstützen können. Dafür war sich der Herr aber viel zu fein. Ein Problem im Imbiss stellte sich als besonders gravierend heraus. In den frühen Fünfziger Jahren war nicht unbedingt in jedem Gebäude Wasser verfügbar. Das benutzte Geschirr musste aber ständig abgewaschen werden, dazu brauchte man natürlich frisches Wasser. Dies musste sich Dagmar mit zwei Eimern bewaffnet aus einem etwa dreißig Meter hinter dem Imbiss befindlichen Gebäude beschaffen und dann in den Imbiss tragen.
Es war an einem Sonnabend. Ihre Mutter und ihr Stiefvater waren wie so oft auf der Bahrenfelder Trabrennbahn, und Dagmar in ihrer Gutmütigkeit nutzte ihren freien Tag, indem sie sich den Sonnabend von morgens bis abends im Imbiss aufhielt, um die Menschen dort zu bedienen. Gegen Spätnachmittag spürte sie einen stechenden Schmerz im Unterleib, und bis zu ihren Schuhen ergoss sich eine Flüssigkeit. Es kündigte sich eine Fehlgeburt an. Allein in dem Imbiss und ohne Telefon legte sie schnell in ihrer Geistesgegenwart für ihre Mutter einen geschriebenen Zettel hin, nahm sich eine Taxe und fuhr auf dem schnellsten Weg ins Krankenhaus St. Georg. Wir hatten unser erstes Kind, auf das wir uns beide so sehr gefreut hatten, verloren. Es war fest eingeplant gewesen, und wir hätten vor der Geburt des Kindes auch noch heiraten wollen. Wenn wir gekonnt hätten, hätten wir schon viel früher geheiratet. Aber die Widerstände zu der Zeit waren einfach unüberwindbar. Der Respekt – oder war es mehr Angst – war viel zu groß, als dass meine spätere Frau Konsequenzen aus dem rücksichtslosen Verhalten ihrer Mutter gezogen hätte. Dies alles trug ich meiner späteren Schwiegermutter vor und machte ihr unmissverständlich klar, dass es für uns beide, für Daggi und mich, verschiedene Möglichkeiten gab, um ihr

deutlich zu machen, wie ernst es uns um eine gemeinsame und glückliche Zukunft war. „Entweder Sie geben Ihrer noch nicht mündigen Tochter, die bald zwanzig wird, die Erlaubnis zur Heirat, oder aber Daggi und ich unternehmen eine Reise nach Schottland. Dort gibt es einen in aller Welt bekannten Schmied, dessen Eheschließungen auch in Deutschland rechtliche Anerkennung finden. Dort kann man im Alter von achtzehn Jahren ohne Einwilligung der Eltern getraut werden. Natürlich fällt dann in der Familie die Hochzeitsfeier aus." Die hatten meine Frau und ich sowieso nie eingeplant, denn, so wie ich von ihrem Bekanntenkreis und vor allem von ihrem Mann in der Vergangenheit und auch noch in der Gegenwart behandelt worden war, hatten Daggi und ich überhaupt kein Interesse, mit diesen Leuten Hochzeit zu feiern. Das wäre eine Zumutung, und in diesem Punkt waren wir uns beide uneingeschränkt einig: Das kam für uns absolut nicht in Frage. Also habe ich gesagt: „Jetzt haben Sie die Wahl: Sie stellen sich dem Glück Ihrer Tochter nicht länger in den Weg, nie mehr wieder erheben Sie die Hand gegen meine zukünftige Frau, und Sie machen ihrem Ehemann klar: Ich habe ihm nie etwas getan. In der Zeit, in der wir zusammengearbeitet haben, habe ich seine Beschimpfungen und Beleidigungen geduldig ertragen. Ich habe mich auch nicht gewehrt, als ich nach kürzester Frist siebzig Prozent der Arbeit übernehmen musste, dafür aber nur dreißig Prozent des Gewinns erhielt. Aber ich bin trotz allem, was diesen Punkt anbelangt, sehr zufrieden, denn wie Sie wissen, gab es für mich im Gegensatz zu vielen anderen nach getaner Arbeit keine Kneipen, in denen bis Mitternacht gesoffen wurde. Sondern ich habe jeden Pfennig beiseite gelegt, und der war bei Daggi in guten Händen, für eine gemeinsame Zukunft. Sie können wählen und brauchen sich von Ihrem Mann dafür auch keine Genehmigung einzuholen: Entweder Sie stimmen einer sofortigen Mündigkeitserklärung zu, Sie geben Ihre Einwilligung für eine Hochzeit zwischen Daggi und mir, oder Sie werden, wenn Ihre Tochter mündig ist und Sie weiterhin diesen schrecklichen Zustand, in dem wir zurzeit leben, aufrechterhalten, Sie uns also schmoren lassen, mit Ihrer Zustimmung, die Sie uns verweigern, dann werden Sie uns nach unserer Eheschließung sicher nicht wiedersehen. Und Sie dürfen gewiss sein, dass Dagmar die gleiche Einstellung hat wie ich. Vielleicht legen Sie ja gar keinen Wert darauf, dass Sie als eventuelle Großmutter Ihre Enkelkinder zu sehen bekommen. Das mag zwar schmerzlich sein, aber mit Ihrem Verhalten Ihrer Tochter gegenüber - ganz zu schweigen von dem Verhalten mir gegenüber - steuern Sie durch Selbstverschulden und Ihr ungerechtfertigtes Verhalten uns gegenüber auf eine solche Situation zu.“ Das war das, was ich ihr zu sagen hatte. Es herrschte betretenes Schweigen, das von ihrer Seite ausging. Ich hatte ihr endlich das gesagt, was schon viele Monate vorher fällig gewesen wäre. Hätte ich einige Monate vorher den Mut gehabt, hätte ich Daggis so schmerzliche Fehlgeburt vielleicht verhindern können. Denn diese schwere Arbeit für eine so zarte Frau - das überhaupt zuzulassen -, spottet für meine Begriffe jeder Beschreibung. Ich hatte den Eindruck, dass meine Worte ihre Wirkung nicht verfehlt hatten. Sie musste langsam begreifen, dass ihre Tochter andere Pläne hätte und auch nicht länger Lust hatte, sich so missbrauchen zu lassen. Nun trat auch noch ein Mann in ihr Leben, der ein solch schreiendes Unrecht nicht länger dulden wollte. Das hat in der Familie Illert natürlich für Verwirrung gesorgt. Ich bekam folgende Antworten: „Wenn ich meiner Tochter die Genehmigung gebe, vor Erreichen des einundzwanzigsten Lebensjahres die Ehe mit Dir einzugehen, werde ich mit meinem Ehemann keine ruhige Minute mehr haben." Ich antwortete ihr: „Ich kann Ihnen keine guten Ratschläge geben, aber meine Mutter mit acht Kindern und einem jüdischen Ehemann, für den sie sich aufgeopfert hat und von dem sie schändlich im Stich gelassen wurde, hat sich nach ihrer Scheidung noch nie so wohlgefühlt wie heute." Ich werde den Blick, mit dem sie mich ansah, nachdem ich ihr dieses Beispiel gegeben hatte, in meinem Leben nie vergessen. Er sollte wohl ausdrücken: „Dann wird mein Mann aus Wut seine Konsequenzen ziehen und mich verlassen." Worauf ich erwiderte: „Das sind Konsequenzen, auf die Sie von mir keine weiteren Erläuterungen erhalten. Bitte überlegen Sie sich, was wir hier heute besprochen haben und stimmen Sie einer kurzfristigen Eheschließung zwischen Ihrer Tochter und mir zu." Eines hatte ich bei diesem Gespräch erreicht: Daggis Mutter war nachdenklich geworden.

Wir hatten beide sehr schwer daran zu tragen, dass Daggi ihr erstes Kind verloren hatte. Ich hatte nur die große Sorge, dass sie gesundheitlichen Schaden genommen haben könnte. Gott sei Dank stellte sich heraus, dass nach ständigen Untersuchungen, die turnusmäßig alle sechs Wochen wiederholt wurden, keine körperlichen Schädigungen vorhanden zu sein schienen und Gott sei Dank auch in Zukunft nicht zu erwarten wären. Etwa vier Wochen später hatte sie eine ganz interessante Nachricht für mich, wir mussten uns unbedingt treffen. Inzwischen hatte ihre Mutter wohl auch begriffen, weitere Sanktionen könnten sich so entwickeln, dass das, was ich ihr so ausführlich bei meinem Besuch dargelegt hatte, unangenehme Folgen für sie annehmen könnte. Um das zu vermeiden, hatte sie den

offiziellen Umgang mit mir nun gestattet. Es gab nichts mehr, das Daggi vor ihrer Mutter oder ihrem Stiefvater verbergen musste. Wir waren nun unserem Ziel, uns so bald wie möglich zu verheiraten, ein ordentliches Stück näher gekommen. Mein Bruder Kurt gab mir - wieversprochen - von seiner großen Wohnung in Hamburg-Horn mit knapp neunzig Quadratmetern zwei kleine Zimmer ab, die für uns vollkommen ausreichten. Küche und Bad konnten wir mitbenutzen. Sie brauchte ihrer Mutter auch gar nicht mehr zu erklären, warum sie plötzlich nicht mehr in der Raboisen schlief, in ihrem elterlichen Zuhause. Auch Flitzer hatte sich mit dem, was jetzt Ist-Zustand geworden war, abgefunden.
Wir verabredeten uns beide, fuhren nach Eimsbüttel zum Bezirksamt und wollten bei der zuständigen Stelle unser Aufgebot bestellen. Der Standesbeamte, der vor uns saß, betrachtete uns sehr kritisch. Irgendwie hatte ich den Eindruck, und das Gefühl konnte ich nicht loswerden, dass dieser Mann entweder heute einen ganz besonders schlechten Tag hatte oder generell so eine Art Miesepeter war. Er bat uns noch nicht einmal, Platz zu nehmen; das haben wir uns dann unaufgefordert selber gewährt. „Sie möchten heiraten?“ „Ja, deswegen sind wir hier, um das Aufgebot zu bestellen.“, antwortete ich ihm. „Eigentlich müssten ihre Eltern mit dabei sein, um dann in meiner Gegenwart für die kommende Eheschließung, für die wir ja hier auf dem Standesamt ein Aufgebot aufgeben, mit ihrem Einverständnis Ihren Wunsch zu bekräftigen.“ Dagmar antwortete: „Ich habe hier eine schriftliche Zustimmung meiner Mutter, von meinem Stiefvater brauche ich sie nicht. Mein Vater ist in Buchenwald im Konzentrationslager in der Nazizeit ermordet worden.“ Sofort richtete sich die Person hinter dem Schreibtisch zu ihrer vollen Größe auf, betrachtete meine

zukünftige Frau und dann mich sehr skeptisch und sagte nur noch in barschem Ton: „Geben Sie mir mal das Schriftstück rüber.“ Er las sich die von Dagmars Mutter unterschriebene Vollmacht durch, äußerste sich aber nicht über den Inhalt, sondern bemerkte: „Wir bekommen Schwierigkeiten, Ihr Name ist Frankenthal, der klingt nicht arisch, da müssen Sie nochmal zur zuständigen Ausländerbehörde und sich dort den Ariernachweis ausstellen lassen.“ Für diese Bemerkung hätten wir ihn normalerweise anzeigen müssen, denn eigentlich hätte er von der deutschen Staatsbürgerschaft sprechen müssen. Um den Mann nicht weiter herauszufordern und zu verärgern, sodass er uns gegenüber möglicherweise irgendwelche Spitzfindigkeiten offenbarte, die dann unsere geplante kurzfristig durchzuführende Hochzeit weiter blockieren könnten, erklärten wir, dass wir uns sofort um diese Unterlage kümmern würden. „Und nun zu Ihnen.“, meinte er und sprach mich an. „Darf ich mal um Ihren Ausweis bitten?“ Er las laut meinen Vor- und Nachnamen vor und sagte: „Sie sind ja staatenlos. Ich muss erst noch einmal bei meinem Vorgesetzten klären, ob gegen eine Eheschließung eines Staatenlosen mit einem deutschen Staatsbürger irgendwelche Dinge besonders zu berücksichtigen sind. Die habe ich nämlich nicht, diese Kenntnis. Das muss ich prüfen. Das Aufgebot kann ich unter diesen Umständen so nicht für Sie einleiten. Ich prüfe Ihre Angelegenheit hinsichtlich der Staatenlosigkeit, und Sie beschaffen mir bitte die Urkunde, und dann machen Sie einen neuen Termin, sobald Sie alles beschafft haben.“ Wir verabschiedeten uns und ließen uns Wut und Enttäuschung nicht anmerken. Dagmar erhielt tatsächlich eine Urkunde, die ihr bestätigte, dass sie in Dresden geboren wurde und deutsche Staatsbürgerin ist. Einwände gegen die Ehe eines deutschen Staatsbürgers

oder einer Staatsbürgerin gab es nicht. Trotz allem wurde mir wieder bewusst, was es für ein widerlicher Makel war, mit einem solchen Papier als Ausweis leben zu müssen. Es gab kaum eine Behörde ohne Widerstände. Man war ein Mensch zweiter Klasse. Aus dem Grunde bemühte ich mich einige Tage später, nachdem wir nun unser Aufgebot bestellt hatten, und machte wieder einen turnusmäßigen Besuch bei der Ausländerabteilung, Sektion Fremdenpass (Staatsangehörigkeiten). Auf meine Frage hin, wie weit denn nun meine Einbürgerung vorangekommen wäre, erklärte mir – wie schon gesagt – Herr de Rode, der zuständige Sachbearbeiter, der bei den Nationalsozialisten schon eifrig mit dem Hakenkreuz tätig gewesen war: Es gibt noch keine weitere Information. Die Akte wird immer noch geprüft, und vor Ihnen sind noch einige andere Staatenlose, die schon etwas länger warten als Sie. Sie müssen sich also gedulden. Es gab einen Hoffnungsschimmer – ich wusste ja nicht, was uns die Zukunft noch bringen würde: Wenn wir verheiratet wären, konnte ich auf sämtlichen Papieren, die meine Frau sich beschaffen würde, dann als Begleitperson eingetragen werden. Das heißt, die frühere Abhängigkeit, mich bei meinen Kollegen in die Steuerhefte und andere Dokumente eintragen zu lassen, war dann auf meine Ehefrau übertragbar. Das allein war schon ein riesiger Vorteil.
Wir bekamen dann die Bestätigung vom Standesamt, dass einer Eheschließung nichts im Wege stünde. Natürlich hatte meine zukünftige Ehefrau den Wunsch, auch kirchlich zu heiraten. Den Wunsch erfüllte ich ihr gern. Denn es gehört nun mal zum schönsten Tag im Leben einer Frau dazu, in Weiß zu heiraten. In der Hamburger St. Petri Kirche in der Mönckebergstraße wurden wir dann getraut. Anwesend: meine Mutter, mein Bruder Rolf, mein Bruder Kurt, meine Schwester

Felicitas, meine Schwester Ursel. Dagmars Mutter und Tante Püppe. Nach der kirchlichen Trauung gab es eine Hochzeitsfeier am Horner Weg 270 in der Wohnung meines Bruders. Da wurde es ein bisschen eng, obwohl es nur eine kleine Hochzeitsgesellschaft war. Aber meine Frau, und nun war sie es ja endlich, war ausgesprochen sparsam und meinte: „Statt einer großen Feier, zu der ich nicht in Stimmung bin, können wir unser Geld für wesentlich wichtigere Dinge sparen."
Wie erwähnt, hatte ich ja nun den Beruf gewechselt. Ich war bei der Firma Albert Stulz, verkaufte das Universalgerät Picolo und war zwischenzeitlich zum Bezirksleiter aufgestiegen.
Und dann eröffnete mir meine Frau freudestrahlend: Wir bekommen ein Baby. Damals gab es noch nicht die Möglichkeit, durch entsprechende Untersuchungen festzustellen, ob es ein Mädchen oder ein Junge wird. Also freuten wir uns sehr auf unseren Nachwuchs, egal ob Junge oder Mädchen. Unwahrscheinlich: Dieses Bild einer werdenden Mutter, die so klein und zierlich war. Auf keinen Fall wollte sie das Kind im Haus bekommen, obwohl wir in Emden eine sehr schöne und große Wohnung beziehen konnten, die immerhin 120 qm aufwies. Aber da meine Frau es wegen der damaligen Fehlgeburt sicherer fand, sich in eine Klinik zu begeben, fuhren wir, als es soweit war, nach Hamburg in das Marienkrankenhaus in der Alfredstraße. Sie hatte von vielen Freundinnen gehört, dass gerade die Babystation im Marienkrankenhaus, wo die Betreuung der Schwestern ausschließlich aus Nonnen bestand, am besten sei. Am Tag der Niederkunft bekam ich einen Anruf in der Wohnung meines Bruders, bei dem ich mich während der kommenden Geburt unseres ersten Kindes aufhielt. Am Telefon war die Stimme von Professor Dr. Koch. Er bat mich umgehend zu sich, um mit mir etwas außerordentlich

Wichtiges zu besprechen, was meine Frau betraf. Voller Sorge machte ich mich sofort auf den Weg und war kaum zwanzig Minuten später im Marienkrankenhaus und saß Professor Dr. Koch gegenüber. Er eröffnete mir: „Wir haben große Probleme mit der Geburt. Wir bemühen uns schon seit zwölf Stunden, das Kind Ihrer Frau gesund in den Arm zu legen. Aber auf normalem Wege werden wir das nicht schaffen. Wir brauchen von Ihnen die Einwilligung für einen Kaiserschnitt. Ich muss Ihnen aber sagen, und deswegen sind Sie hier, dass es auch ein erhebliches Risiko gibt. Ihre Frau ist sehr schmal und zierlich. Wir müssen Sie auf diese Umstände hinweisen. Wir befinden uns hier in einem katholischen Krankenhaus, und manches liegt nicht in meiner Hand, denn in der Religion des katholischen Glaubens kommt erst das Kind und dann die Mutter. Aber Sie dürfen versichert sein: Wir werden alles tun, damit Mutter und Kind keinen Schaden nehmen. Ich gab dann die Einwilligung für die Operation und hielt mich im Warteraum des Marienkrankenhauses auf, um nach Beendigung der Maßnahmen, die nun ihren Lauf nahmen, über das Ergebnis informiert zu werden. Ich war mittlerweile im Wartesaal eingeschlafen und wurde durch ein Klopfen auf meine Schultern geweckt. Vor mir stand in Weiß, mit schlohweißem Haar und einem freundlichen Gesicht, das ein leichtes Lächeln mit etwas leuchtenden Augen aufwies, ein Arzt und er sprach: „Herr Buterfas, ich gratuliere Ihnen zu einem kleinen Jungen, Ihre Frau schläft, sie hat viel durchgemacht. Dass Ihre Frau zurzeit und in der nahen Zukunft viel Ruhe braucht, kann ich Ihnen gar nicht deutlich genug machen. Sie muss aufgrund eventuell auftretender Komplikationen, was ich nicht hoffe, mindestens noch vierzehn Tage in der Klinik bleiben. Sie können auch in den ersten zwei Tagen nicht zu ihr.

Wir haben ja Ihre Adresse und werden Sie sofort verständigen, auch wenn Komplikationen auftreten sollten. Wir gehen aber davon aus, dass alles einen glücklichen Verlauf nimmt. Trotz allem: ein Kaiserschnitt ist keine einfache Maßnahme." Wir besprachen dann noch einige weitere Maßnahmen, die ich unbedingt zu beachten hätte, wenn meine Frau wieder zu Hause wäre. Ich empfand das Gespräch trotz der Situation als sehr warmherzig, die Ruhe, die dieser Mann ausstrahlte, gab mir das Gefühl, dass meine Frau in absolut sicheren Händen sei. Er fragte mich auch persönliche Dinge, z.B. über meine finanzielle Situation. Er gab mir den Rat, aufgrund der Verfassung meiner Frau, sofern ich die Möglichkeit hätte, ihr jemanden zur Unterstützung an die Hand zu geben. Das hieß, wenn möglich, eine Haushaltskraft. Darüber machte ich mir sofort Gedanken und gab eine Anzeige in den Emder Nachrichten auf: Suche für drei Personen Mithilfe im Haushalt. Da ich im Moment nichts für meine Frau tun konnte, aber dringend Ablenkung brauchte - ich hatte zu diesem Zeitpunkt unseren Sohn noch nicht gesehen - fuhr ich zurück nach Emden, um mich mit Arbeit zu betäuben. Mehrfach am Tage rief ich im Marienkrankenhaus die Säuglingsstation an und erkundigte mich vor allem nach dem Befinden meiner Frau. Die Schwester erklärte mir, es gehe ihr schon etwas besser, sie habe ihren kleinen Sohn schon im Arm, aber sie sei besorgniserregend geschwächt und bräuchte absolute Ruhe. „Rufen Sie gerne bei uns an, wenn Sie möchten, wir werden Sie über alles informieren. Ich hatte den Eindruck, dass sie nirgends besser aufgehoben war als dort im Marienkrankenhaus unter der Obhut der katholischen Schwestern, von denen man wusste, dass sie sich aufopferungsvoll um ihre Patienten kümmerten. Ich hatte die Anzeige in der Emder Zeitung unter Chiffre aufgegeben und hatte eine ganz entzückende Bewerbung bekommen. Eine junge Dame, sechsundzwanzig Jahre alt, hatte gerade ihre Prüfungen in einer Haushaltsschule abgelegt und bewarb sich um diese Stelle. Sie stamme aus Meppen im Emsland, habe keinen Freund, sei unabhängig und würde sich freuen, bei einer jungen Familie mit Säugling ihre erste Bewährungsprobe bestehen zu können. Überaus glücklich über so eine nette und informative Bewerbung, ein Bild lag der Bewerbung bei, animierte es mich, die junge Dame sofort anzurufen. Und wir verabredeten kurzfristig einen Termin, damit sie sich auch in unserem Hause umsehen konnte, um dort eventuell ihren ersten Dienst bei einem Ehepaar mit Kind anzutreten. Die junge Dame erschien pünktlich zum vereinbarten Termin und machte auf mich einen ungewöhnlich guten Eindruck. Ich erzählte ihr, in welcher Situation ich mich im Moment befände: die Ungewissheit mit meiner Frau im Hamburger Krankenhaus, und dass im Moment, vielleicht auch in den nächsten drei Wochen noch keine Möglichkeit bestünde, sie mit unserem Kind zu mir nach Hause nach Emden holen zu können. Ich hatte den Eindruck, dass man der jungen Dame in jeder Beziehung Vertrauen schenken sollte. Wir hatten uns ausgiebig unterhalten, sie kam aus einem soliden und einwandfreien Haushalt. Sie war jederzeit bereit, ihren Dienst anzutreten. Wir haben uns dann darauf verständigt: Wenn ich übersehen könnte, wann meine Frau käme, sei sie zwei Tage vorher in unserem Haus in Emden. Zumindest hatte ich alle Weichen gestellt, dass meine Frau von Anfang an jemanden im Hause hatte, der ihr alle hausfraulichen Pflichten abnehmen würde. Und meine Frau war auf dem Weg der Erholung. Langsam kam sie von achtundvierzig Kilo wieder zu einem Gewicht von fünfundfünfzig Kilo. Auch das war selbstverständlich noch keine dauerhafte Grundlage, denn die Stabilität musste auf jeden Fall wieder hergestellt werden. Dazu gehörte natürlich auch eine ausreichende Erholung nach den körperlichen Strapazen, die meine Frau im Zusammenhang mit der Geburt unseres ersten Kindes hatte hinnehmen müssen. Nach etwa drei Wochen war es soweit, dass ich sie aus dem Marienkrankenhaus abholen konnte. Bei den Schwestern war meine Frau außerordentlich beliebt. Trotz der Schmerzen hatte man kaum Klagen von ihr gehört. Schwester Roma Alda, sie war die Oberschwester, erzählte mir: „Sie können wirklich stolz auf Ihre kleine Frau sein. Was sie mit dieser Geburt durchgestanden hat, das haben wir hier schon ganz ganz anders erlebt. Sie ist eigentlich unsere Vorzeigepatientin." Zum ersten Mal sah ich jetzt auch unseren Sohn. Was mir gleich auffiel, war sein Lockenkopf. Meine Frau war stolz, die Augen leuchteten, sie war richtig glücklich. Alles, was sie durchlitten hatte, lag hinter ihr. Sie genoss ihr Mutterglück. Überschwänglich bedankte ich mich nochmal bei den Schwestern und vor allen Dingen bei Herrn Professor Dr. Koch, dass alles so glücklich verlaufen war. Gemütlich fuhren wir – mit einigen Pausen, die wir unterwegs einlegten –zurück nach Emden. Unsere Hausdame Inge hatte sich schon zwischenzeitlich mit allem im Hause vertraut gemacht, und es gab eine wirklich herzliche Begrüßung zwischen meiner Frau und ihr. Sie nahm unseren Sohn auf den Arm und trug ihn behutsam die Treppe hinauf; unsere Wohnung befand sich im ersten Stock. Meine Frau hatte damals schon, bevor wir nach Hamburg ins Marienkrankenhaus gefahren waren, das Kinderzimmer komplett eingerichtet, wobei die Babywäsche doppelt gekauft wurde, einmal in Rosa und einmal in Blau. Die rosa Babywäsche, ich erinnere mich noch, bekam meine Schwester Felicitas, denn da kündigte sich inzwischen schon das zweite Baby an. Ich nahm meine Arbeit wieder auf, wobei ich allerdings immer lustloser wurde. Ich machte mir schon seit längerer Zeit Gedanken, wollte mich sehr bald nach etwas anderem umsehen. Das kriminelle Verhalten einiger Vertreter, die Aufträge fälschten, Leute betrogen, machte mir doch sehr zu schaffen. Das unseriöse Verhalten von Mitarbeitern, die von der Firma akzeptiert wurden, denen man nicht nur eine zweite, sondern auch eine dritte Chance einräumte, nachdem sie irgendwelche illegalen Geschäfte gemacht hatten, war mir auf die Dauer zuwider. Auch die Art und Weise, wie ich viele Verträge bei den geschädigten Kunden wieder korrigieren konnte, sodass es doch noch zu einer nachträglichen Abnahme kam, machte mir auf Dauer große Schwierigkeiten. Bei meinem nächsten Besuch in Hamburg traf ich mich – wie schon früher geschildert – mit dem ehemaligen Kollegen, mit dem ich in der ersten Zeit von Hamburg nach Sylt zum Arbeiten gefahren war. Er hatte mir schon damals ausführlich über die sehr guten Verdienstmöglichkeiten beim Verkauf der mit leichten Schönheitsfehlern versehenen Geräte – Waschmaschinen und Schleudern – erzählt. Ich hatte vorab bereits erwähnt, dass ich mich dazu entschlossen hatte, dieses lukrative Geschäft mit meiner Frau gemeinsam zu betreiben. Aber auch diese Unternehmung war auf Dauer nicht das, was ich mir wünschte. Zwischenzeitlich habe ich gemerkt, dass die viele unterschiedliche Arbeit, zu der ich leider durch den Status „Staatenlosigkeit“ gezwungen gewesen war, mich überhaupt nicht zufrieden gemacht hatte. Ich hielt immer noch Kontakte zu meinen ehemaligen Kollegen, mit denen ich damals gemeinsam erste intensive Gehversuche mit dem Picolo-Universalgerät auf Sylt gemacht hatte. Zu dieser Kolonne, die aus vier

Leuten bestand, war ein weiterer Kollege hinzugekommen: Gerd. Im Laufe der Zeit erzählte er uns, dass er sich im Alter von sechzehn Jahren freiwillig zur Waffen-SS gemeldet hatte. Und dort habe er auch auf Befehl an schlimmen Gräueltaten an der Zivilbevölkerung teilnehmen müssen. Von da an ging ich ihm gegenüber auf Distanz. Er erkundigte sich über meinen Bruder Kurt nach meiner Adresse und wollte sich gern mit mir treffen, um zu hören, was mir geworden war. Und was für eine Tätigkeit ich ausübe, nachdem ich die Firma Albert Stulz verlassen hätte. Wir trafen uns, und ich erfuhr, dass er in Henstedt-Ulzburg wohnte und sich auch vor zwei Jahren selbstständig gemacht hatte. Er würde in Häusern eine Form von Schädlingsbekämpfung innerhalb der Dachstühle durchführen. Dabei verdiene er ausgezeichnet, entsprechende Aufträge zu akquirieren sei für ihn kein Problem. Das hörte ich mir natürlich an, aber etwas derartiges käme für mich überhaupt nicht in Frage. Dann zog er auf einmal einen Prospekt aus seiner Aktentasche. Dieser Prospekt kam von einer Firma in Österreich, einem seriösen österreichischen Unternehmen: einer österreichischen Glanzstofffabrik. Diese Firma suchte Lizenznehmer für Deutschland. Und zwar für ein Produkt, das Eigenschaften hatte, die die gesamte Anstrichtechnik in Deutschland revolutionieren würde. Diese Farbe, die mit einem Anstrich zwanzigmal so dick war wie ein herkömmlicher Farbanstrich, wurde in Amerika zur Konservierung für kriegswichtiges Material verwendet. Ebenso für die Außenhaut von Raketen, die ins Weltall geschickt wurden, was bedeutete, dass diese Farbe, die in allen Tönen geliefert werden könnte, auf jeder festen Unterlage haftete, wie zum Beispiel Ziegelmauerwerk, Verputz, Holz und Metall. An allem, was an einem Haus vorhanden war. Ein weiterer Vorzug dieser Farbe war, dass sie bei bis -10° unter Null zu verarbeiten war. Man konnte damit also auch in den Wintermonaten bei Minusgraden arbeiten. Oder den Auftrag dieser Farbe mit einer dafür geeigneten Maschine im Spritzverfahren vornehmen. Gleichzeitig überbrückte diese Beschichtung dank der besonderen Zusammensetzung des Materials die an Fassaden so gefährlichen Haarrissbildungen. Für diese Lizenz konnte man sich bewerben. Er wohnte in Henstedt -Ulzburg bei jemandem zur Miete, der an der Vertreibung dieses Produkts in Deutschland interessiert sei. Aber er habe von diesen Dingen absolut keine Ahnung, denn von Beruf her sei er Schlachtermeister, das hieß also: Wenn, dann war er genauso ein Quereinsteiger wie ich. Gerd erklärte mir, er würde das wahnsinnig gern machen, das sei die Zukunft. Aber um es richtig bekannt zu machen, bei Malermeistern oder Bauunternehmen, brauche er jemanden wie mich. Ich bat ihn um den Prospekt, damit ich mir das Ganze noch mal in Ruhe durchlesen und überdenken könne, und dann würde ich ein weiteres Gespräch mit ihm vereinbaren. Wenn ich mich für diese Sache interessierte, stünde eins für mich fest: dass ich das keinesfalls mit ihm machen würde, weil er absolut nicht seriös war. Er hatte, solange ich mit ihm nach Sylt gereist war, nur Schulden gemacht. Einmal hatte er es sogar fertig gebracht, einen Staatsanwalt in Kampen reinzulegen. Mit solchen vorbelasteten Menschen kann man natürlich nichts Seriöses aufbauen. Trotz allem hatte ich irgendwo das Gefühl, dies könnte etwas sein, das einen langen Weg des Aufbaus erforderte, von dem ich noch nicht wusste, wie man überhaupt damit in den Markt hineinkäme. Aber ich hatte das Gefühl, dies könnte das endgültige Sprungbrett sein.

Zwischenzeitlich hatte ich unsere Wohnung in Emden aufgegeben und war mit Frau und Kindern nach Hamburg ge-

zogen, denn zwei Jahre später kam unsere Tochter Jasmin auf dem gleichen Weg zur Welt wie unser Sohn Andreas. Viel zu spät hatte meine liebe Frau mir gesagt, dass sie erneut schwanger sei. Eine Abtreibung kam für sie überhaupt nicht in Frage, und als ich von der Schwangerschaft erfuhr, war es dafür auch zu spät. Unsere uns so ans Herz gewachsene, zu den Kindern so liebevolle Hausdame wollte nicht mit uns zurück nach Hamburg. Sie hatte Angst vor der Großstadt und ihren Gefahren. Denn wenn jemand von Hamburg spreche, dann meine er doch nicht Hagenbecks Tierpark oder die Binnen- oder Außenalster oder Planten und Blomen. Dann sehe man nur die rote Laterne und den daran hängenden Stadtteil St. Pauli, den jeder Seemann auf der ganzen Welt kenne.
Ich traf mich mit Gerds Vermieter in Henstedt-Ulzburg. Wir tauschten uns über dieses Projekt aus, überlegten, wenn man die Lizenz habe, wie man dann in den Markt gehe, und wen ich dafür interessieren könne. Die hauptsächlichen Interessenten, die hierfür in Frage kämen, waren ja Maler. Das sah auch Hans-Friedrich so. Wir kamen noch mehrere Male zusammen und jeder hatte inzwischen noch weitere Ideen; vor allem stellte das Ganze auch ein gewisses finanzielles Risiko dar. Wie viel Kapital brauchte man überhaupt, um so etwas zu realisieren? Und wie sollte dann das Ganze in der Praxis abgewickelt werden? Und was knüpfte der Lizenzgeber für Bedingungen an die Vergabe der Lizenz? Um das herauszufinden, gab es nur einen einzigen Weg: Man müsste sich nach Wien begeben, um dort mit den Verantwortlichen der Vereinigten Glanzstoff über die Modalitäten zu sprechen.
Der Termin in Wien stand fest. Winkelmann hatte einen Opel Kapitän, und so fuhren unsere beiden Frauen, Herr Winkelmann und ich in Richtung Österreich. Wir wurden von einem

Herrn Diplom-Kaufmann M. empfangen. Er erklärte uns alles das, was auch schon in dem Prospekt gestanden hatte. Es seien in Deutschland noch keine Lizenzen vergeben, zuständig für Deutschland sei aber ein gewisser Herr D. in Bruchsal bei Karlsruhe. Den suchten wir auf, und der schilderte uns natürlich in der Art eines typischen Vertreters, dass dafür jeder Maler zu begeistern sei. Auf meine Frage, wie lange er denn schon in Deutschland der Generalmanager sei, erklärte er, schon seit fast zwei Jahren. Auf meine weitere Frage, er möge uns doch mal zwei oder drei Referenzen geben, bei denen wir entsprechende Informationen aus der Praxis einholen könnten, musste er allerdings passen.

Das war nicht unbedingt die Erfolgsaussicht, die wir uns vorgestellt hatten, obwohl es eine Fülle von Argumenten gab, die dafür sprachen, sich unbedingt damit auseinanderzusetzen. Erstens: Ich erwartete ein außerordentlich schwer zu verkaufendes Produkt. Es hieß: Es bestand keine Gefahr, dass sich zu viel Konkurrenz damit befassen würde. Zweitens - und das war der entscheidende Faktor - die Malereibetriebe hatten bei dem Bauboom, der in Deutschland in jeder Stadt ausgebrochen war, so viel zu tun, dass sie überhaupt nicht daran interessiert waren, zusätzlich noch irgendetwas anderes, das sie überhaupt nicht kannten und das in keiner Malerfachzeitschrift auftauchte, zu übernehmen. Es gab aber einen Markt in Deutschland, das hatte ich sofort begriffen. Das war nicht der Neubau, die Kirche, das Krankenhaus oder die Schule. Alles wurde überall neu gebaut. Es fehlten Millionen von Wohnungen in den zerstörten Städten. Aber eines wurde übersehen: Die vom Krieg und von den Luftangriffen verschonte alte Bausubstanz aus den Gründerjahren, Häuser, die über hundert Jahre alt waren, die nur kleine Bombenschäden aufzuweisen hatten, um die sich aber fast kein Architekt, kein Bau-Ingenieur geschweige denn Bauunternehmen kümmerten. Alle kannten nur den Neubau. Das hieß für mich, wenn sich also kein Malermeister, kein Bauunternehmen für die Verarbeitung dieses Produktes, das mit Sicherheit die Zukunft bedeutete, im Bereich der Sanierung interessierte, dann müsste man es mit einem ganz neuen System, das man selbst einzuführen hätte, konkurrenzlos allein verarbeiten. Und das könnte wie folgt geschehen: Man startet mit einem Gerüst von ca. fünfhundert Quadratmetern, man stellt zwei oder drei Maler ein, zwei Maurer und drei Handlanger. Alle müssten gemeinsam dazu bereit sein, das erforderliche Gerüst an einem Haus aufzustellen. Dafür brauchte man als Gerüstbauer keine extra Ausbildung. Man müsste an einem Gebäude dann alle Arbeiten übernehmen, das Aufstellen des Gerüstes, die Durchführung der Maurerarbeiten und anschließend die Beschichtungsarbeiten mit diesem neuartigen Produkt. Man müsste dabei Folgendes überlegen: Entschließt sich ein Altbaubesitzer, sein Haus selber zu renovieren, dann nimmt er sich meistens einen Architekten. Der holt sich vom Maler, Maurer, Gerüstbauer, jeweils von jeder dieser Branchen zwei Angebote ein. Die vergleicht er miteinander und gibt in der Regel dem günstigst Anbietenden den Auftrag. Alle drei Firmen, die den Auftrag bekommen haben, lernen sich erst am Bau kennen: Erstes Problem! Zweites Problem: Verzögerung, weil die zugesagten Termine vom Handwerker nicht eingehalten werden. Drittes Problem: Der Maler ist mit den ausgeführten Maurerarbeiten der anderen Firma nicht zufrieden. Schon stehen Reklamationen an, und der Ärger ist da. Wer ist der Dumme? Der Auftraggeber.

Das würde aber entfallen, wenn alles wie geplant aus einer Hand käme. Ersparnis an Zeit für den Architekten. Bei einer

eventuellen Reklamation nur ein Ansprechpartner, und drittens, das Angenehmste: Da die Arbeiten in einer Hand wären, würde ich auch so schnell wie möglich mein Gerüst wieder frei bekommen sollen. Eine rasche, unkomplizierte und reklamationsfreie Arbeit ist somit gewährleistet.
Wenn ich das so durchführe, dann ist mein Erfolg mehr als garantiert. Ohne dass ich den Markt und die realen Probleme überhaupt kannte, hatte ich eine Idee, die in Deutschland später überall angewendet wurde.
Alles in einer Hand. Das war das Motto, mit dem ich später an den Markt herantrat. Ich war mit Herrn W. einig, wir schmissen unser Geld zusammen, machten mit Herrn Dickerts in Bruchsal einen Vertrag, der nicht länger als ein halbes Jahr lief, da wir nicht wussten, wie das, was wir vorhatten, vom Markt angenommen wurde. Wir stellten uns bei einigen Malereibetrieben vor, denen wir dieses Produkt anboten. Von dreißig Betrieben in Hamburg und auch außerhalb war nicht ein einziger bereit, das Produkt am Markt umzusetzen. Meine größten Befürchtungen, sich damit nicht durchsetzen zu können, hatten sich nun bewahrheitet.
Da ich aber vorher schon einen Plan B hatte, wollte ich diesen jetzt ausprobieren. Ich setzte mich hin und tüftelte eine Anzeige aus, die ich dann im Hamburger Abendblatt aufgab. Ich inserierte: Für Fassaden aller Art ein Produkt, das Risse überbrückte, eine Fassade wasserundurchlässig machte und aufgrund seiner Konsistenz nur einen einzigen Anstrich brauchte, der zwanzig Mal stärker war als jede herkömmliche Farbe. Außerdem übernähme das Unternehmen – das war uns zugesagt worden – eine zehnjährige Garantie.
Auf Anhieb bekamen wir nun eine Fülle von Anfragen, und ich musste feststellen, dass bei der Suche der Objekte mein

Partner, mit dem ich eine GmbH gegründet hatte, in der jeder als Gesellschafter fünfzig Prozent besaß, über umfangreiche Kenntnisse verfügte, was Reparaturen an Gebäuden erforderlich machte. Darin hatte er mir eine ganze Menge voraus. Wir erhielten die ersten Aufträge, wir hatten uns fünfhundert Quadratmeter Gerüst gekauft, konnten ein Zahlungsziel von sechs Monaten vereinbaren, weil unsere Mittel äußerst begrenzt waren, mit der Zusage, dass wir bei Erfolg weiteres Gerüst kaufen würden. Wir hatten einen Malermeister, zwei Malergesellen, zwei Maurer und zwei Helfer, damit starteten wir in das Unternehmen Fassadensanierung. An den ersten zehn Gebäuden nahm ich als absoluter Laie tatkräftig teil. Ich wollte unbedingt wissen, was ich da propagierte. Und erstaunlicherweise waren meine Ängste unbegründet. Ich begriff sehr schnell. Der Grund hierfür war: Ich hatte keinerlei Wissensgrundlagen und wollte mir unbedingt das entsprechende Wissen aneignen, um mir nicht von Gesellen oder anderen sagen lassen zu müssen: „Davon haben Sie doch als Bürohengst überhaupt keine Ahnung!“

Kapitel 8: Winkelmann

Herr Winkelmann besaß einige Grundstücke in Henstedt, darunter auch ein am Henstedter Bahnhof gelegenes größeres Lagergebäude aus früheren Zeiten, als die Bahn noch einen regeren Betrieb zwischen Hamburg und Neumünster gehabt hatte. Dorthin führten die Gleise durch Henstedt. Dieses Gebäude war von der Bahn als Lager genutzt worden. Nun wurde es für alles Anfallende an Werkzeugen und Materialien von uns benötigt. Dafür einigten wir uns auf einen vertretbaren Preis.

Zu diesem Zeitpunkt konnten wir noch gar nicht ahnen, wofür wir diese Räumlichkeit noch einmal brauchen würden. Und das kam schneller, als wir dachten. Wir unternahmen keinen weiteren Versuch, einen Malereibetrieb oder ein Bauunternehmen für die Verarbeitung des Fassadenbeschichtungsmaterials Kenitex - so war der Name des Produktes - anzuwerben. Also stand fest, dass wir die Eigenverarbeitung - wir wollten alle anfallenden Sanierungsarbeiten am Objekt mit eigenen Mitarbeitern durchführen - einschließlich des erforderlichen Gerüstbaus, in der Zukunft entsprechend ausbauen würden. Die entsprechende Zeitungswerbung wurde - auf die Bedürfnisse des Marktes bezogen - erfolgversprechend von mir eingerichtet.

Herr Winkelmann war weitestgehend mit der von mir übernommenen Außendienstorganisation einverstanden. Zu kleineren Aufträgen, die wir zu Beginn unserer Aktivitäten erhielten, kamen nun schon größere Objekte in Form von Wohnungsanlagen, die einzelnen Hausbesitzern gehörten oder Objekte, die von Architekten betreut wurden oder durch Makler und Grundstücksverwaltungen. All das habe ich mir an Fachwissen angeeignet, in einer relativ kurzen Zeit. Bei erforderlichen fachlichen Dingen war Herr Winkelmann eine große Hilfe: Auf Grund der eigenen Häuser, die er besaß, hatte er fast alle erforderlichen Arbeiten, die an einem Haus anfallen, selbst durchgeführt.

Ich hatte mir meine Aufgaben genau aufgeteilt. Zwei Tage in der Woche vereinbarte ich Termine mit Grundeigentümern. Die übrigen drei Tage war ich mit an der Baustelle und lernte automatisch fast alles, was zu einer kompletten Gesamtsanierung an einem Grundstück bzw. an einem Haus erforderlich war. Sehr rasch erkannte ich auch, dass eine genaue Aufsicht der Mitarbeiter, die mit den durchzuführenden Arbeiten beauftragt waren, dringend erforderlich war. Sehr schnell war bei der Durchführung der Arbeit festzustellen, dass auch ein gewisser Pfusch schon bei der Entstehung korrigiert werden musste, da sich sonst hinterher bei der Übergabe der fertigen Leistung an den Bauherren Schwierigkeiten mit dem Ausgleich der gestellten Rechnung, auf deren Bezahlung wir dringend angewiesen waren, ergeben könnten. Ich merkte sehr schnell, dass nur mit einem gut funktionierenden Kontrollsystem an den Baustellen während der Durchführung der Arbeiten eine hundertprozentige Aufsicht möglich war.

Von Beginn an machte ich unseren Mitarbeitern, ob Malern, Maurern, Gerüstbauern oder Handlangern, unmissverständlich klar, dass während der Arbeit das Einnehmen von alkoholischen Getränken nicht gestattet war. In diesem Punkt verstand ich keinen Spaß. Ich wusste aus Erzählungen, aus Zeitungsberichten, wie groß die Gefahr durch Alkohol am Bau war. Es war kein Geheimnis, und darum hatten die Auftraggeber die meiste Sorge: dass der viele Genuss von Alkohol am Bau hauptsächlich zu Mängeln führte.

Aus den fünfhundert Quadratmetern Gerüst wurden aufgrund der Tatsache, dass die von uns abzuwickelnden Bauten ein immer größeres Ausmaß annahmen, schnell zweieinhalbtausend Quadratmeter Gerüst. Nach einem weiteren halben Jahr hatten wir bereits eine Gerüstkapazität von ca. fünfzehntausend Quadratmetern. Es gelang mir, bei den Grundstücksgesellschaften und Architekten einen sehr guten Anschluss zu finden, und so hatten wir in kürzester Frist einen für unsere Begriffe beeindruckenden Auftragsbestand. Der resultierte hauptsächlich aus dem alten, vom Krieg verschonten Hausbesitz.

Neubauten hatten wir fast überhaupt nicht. Ich war auch besorgt, man könnte bei Neubauten das Problem haben, dass viele nicht sichtbare Baumängel vorhanden waren, für die wir vielleicht später in Haftung hätten genommen werden können. Wie recht ich mit dieser Überlegung hatte, zeigte sich sehr bald. Wohnhäuser, Kirchen und Brücken waren teilweise Neubauten - in den 50er und 60er Jahren errichtet - und wiesen so große Mängel auf, dass manches Bauwerk nach einer Frist von nur zwanzig Jahren schon wieder abbruchreif war. Natürlich hatten sich auch die Baumaterialien zur raschen Herstellung von Wohnraum und anderen Gebäuden in den letzten zwanzig Jahren erheblich verändert.

Besonders beeindruckend war für die Grundeigentümer, dass - wenn alle Handwerker im Hochbau ab 5 Grad minus außen keine Arbeiten mehr wegen der Witterungsverhältnisse durchführen konnten - wir dann immer noch in der Lage waren, zu Bedingungen, die für die Mitarbeiter durchaus zumutbar waren, Arbeiten an Fassaden durchzuführen. Das brachte mich auf eine weitere Idee:

Ich erinnerte mich an die Zeit mit meinen Kollegen, als ich noch bei der Firma Albert Stulz beschäftigt war, auf Sylt. Oft hörte ich von der Pensionsinhaberin in Wenningstedt, bei der wir uns immer einquartiert hatten, wenn wir eine Woche auf Sylt waren: „Mein Haus müsste dringend an allen Ecken und Kanten von außen instandgesetzt werden. Aber bis Oktober habe ich grundsätzlich meine Sommergäste, auf die ich ja als Vermieter angewiesen bin. Da kann ich es mir unmöglich leisten, von Mai bis Ende September ein Gerüst vor den Fenstern an meinem Haus zu haben, wodurch sich meine Sommergäste berechtigterweise belästigt fühlen würden."

Ich konnte mir lebhaft vorstellen, dass das allen Vermietern von List bis Hörnum genauso ging. Ich dachte immer intensiver über dieses Gespräch nach, das ich mit Frau Mannstedt, der Inhaberin der Pension in Wenningstedt, über ihre Situation geführt hatte. Kein Maler, kein Maurer, kein Tischler, kein Klempner konnte ihr den dringenden Wunsch nach Sanierung ihres Gebäudes zu einer Zeit von Oktober bis eine Woche vor Ostern, wo dann die Vermietung wieder einsetzte, erfüllen.

Ich besprach diesen Punkt mit Herrn Winkelmann, der sich - wie ich zu meinem großen Leidwesen feststellen musste - immer mehr auf seine noch existierende Schlachterei und die Büroarbeiten zurückzog. Den Schlachtereibetrieb hatte er einmal von seinem Vater übernommen, machte dann seinen Schlachtermeister und sollte eigentlich die Großschlachterei übernehmen, die sein Vater noch bis etwa 1955 betrieb. Das Gebäude, in dem sich die Schlachterei befand, bestand aus drei Stockwerken und war in Henstedt das größte Gebäude. Das sollte für unsere weitere Zusammenarbeit noch eine besondere Rolle spielen. Meine Überlegungen teilte ich dem Partner mit, und nun lernte ich eine Form von kurzsichtiger Einstellung kennen. Er lehnte meinen Vorschlag rundherum ab. Er hatte erkannt, dass, würde ich nach Westerland gehen, er sofort auf sich allein angewiesen wäre, er hätte dann die Geschicke unseres Unternehmens in Hamburg in Händen. War es Angst, er würde versagen, oder die Sorge, dass er nun plötzlich zu viel arbeiten müsste? Das Letztere schien eher der Fall zu sein.

Mittlerweile beschäftigten wir circa achtzig Leute, hatten einen Malermeister und einen Maurermeister im Betrieb. Dazu kam auch noch eine Koryphäe von Allround-Handwerker. Sowie ein Klempnermeister, der am Wochenende die Angewohnheit hatte, sich gemeinsam mit seiner Frau fast ins Delirium zu saufen. Aber am Montag war er wieder topfit, und niemand konnte ihm das Geringste anmerken. Ich überzeugte Herrn Winkelmann nun doch davon, dass es auf weite Sicht vielleicht nicht von der Hand zu weisen sei, auf Sylt dennoch einen Versuch zu machen. Ich hatte auch schon einen Plan, wie ich vorgehen würde.

Ich mietete mich mit meiner Frau an einem Wochenende in das größte Hotel in Westerland ein. Es war das Hotel Miramar, das am Eingang des Strandes gelegen war. Dort, wo auch die Westerländer Kurhalle stand und wo in der Saison das Kurkonzert innerhalb eines geöffneten muschelartigen Gebäudes stattfand. Es war ein Gebäude, das sich in riesigem Ausmaß über alles erhob. Ich hatte mir die Außenfassaden des Hotels genau angesehen. Inzwischen war ich in der Lage, Objekte zu beurteilen, als hätte ich nie in meinem Leben etwas anderes getan. Mir fiel vor allen Dingen die Fassadenfläche an dem zur Seeseite gelegenen Hinterhof auf: eine ehemalige Klinkerfassade, mit einem - zum Schutz vor eindringendem Wasser eingerichtetem - aber völlig zerstörten Fugennetz. Diese Wände hatten einen dicken Teeranstrich. Den verwendete man überall dort an Fassaden, wo es keine andere Möglichkeit gab, durch andere Anstrichtechniken ein Gebäude vor eindringendem Wasser zu schützen.

Ich muss wohl kaum betonen, dass es in Westerland die Frühjahrs- und Herbststürme gab, die dann bei so exponierter Lage einen erhöhten Wasserdruck auf der Wand verursachten, der zu den größten Schäden innerhalb der einzelnen Zimmer führen konnte. Ich führte mit der Inhaberin, Frau Busse, ein ausführliches Gespräch über die Möglichkeiten, die eine solche Schutzbeschichtung für ihr Gebäude haben könnte, wenn wir nach sorgfältiger Durchsicht der Fassadenflächen alle vorhandenen Mauerschäden und Risse nach neuestem Stand der Technik sanierten. Sie hörte mir aufmerksam zu und erklärte mir, dass sich das, was ich ihr da vorschlug, zwar alles schön anhöre und großartig wäre, wenn es das Problem lösen könnte, aber recht glauben konnte sie nicht daran. Da ich meinen

Aufenthalt auch meiner Frau zuliebe noch etwas verlängerte, machte ich ihr einen attraktiven Vorschlag: Wenn sie mir gestattete, die durchzuführenden Arbeiten an der Seeseite des Hotels Ende Oktober durchzuführen und ich in der Westerländer Zeitung entsprechend auf die Arbeiten hinweisen könnte - denn ihr Gebäude sei das erste in Westerland, das wir nach dieser Methode bearbeiten würden - dann würde ich ihr aus reinen Werbegründen einen Nachlass von zwanzig Prozent auf die kalkulierten Preise, die alle Maßnahmen beinhalteten, gewähren. Und zwar, damit viele Westerländer Hausbesitzer sich davon überzeugen könnten, wie wir die Gestaltung in der Zukunft an den Gebäuden durchführten, die einen dringenden Bedarf hatten, renoviert zu werden. Der Vorschlag war so interessant, dass sie das Schicksal ihres Gebäudes und die dringend erforderlichen Renovierungs- und Sanierungsarbeiten spontan in meine Hände legte.

Ich ging zu der Redaktion der Westerländer Zeitung, die kaum hundert Meter vom Hotel Miramar entfernt war. Schon lange vorher, bevor ich die Zusage von Frau Busse erhalten hatte, war mir klar, dass ich mit der richtigen Werbung und mit der Durchführung der Arbeiten an der Fassade des Hotels Miramar einen Auftragsboom zu erwarten hätte.

Bei meiner Verabschiedung von Frau Busse konnte ich ihr noch keinen genauen Terminplan zur Durchführung der Arbeiten geben, denn all dies musste ich erst organisieren und mit meinem Partner absprechen. Er hörte sich an, was ich ihm vortrug, äußerte natürlich - wie erwartet - seine Bedenken und meinte: „Diese zwanzig Prozent Nachlass hätten ja nun wirklich nicht nötig getan.“ Und er war wirklich nicht in der Lage zu erkennen: Wenn wir die Durchführung der Arbeiten erfolgreich abschließen konnten, würden wir einen Zulauf von Auftraggebern erleben, die die Probleme an ihren Gebäuden unbedingt mit uns lösen wollen würden. Vor allem ließ ich in der Anzeige in der Westerländer Zeitung deutlich herausstellen, dass wir dann an Frau Busses Gebäude die Arbeiten durchführen könnten, ohne dass wir auch nur einen Urlaubsgast belästigen würden, weil ihr Haus zu dieser Zeit ja nicht belegt war. Wir würden in den Wintermonaten bei bis zu minus fünf Grad die Arbeiten an ihrem Haus zur vollsten Zufriedenheit mit den entsprechenden Gewährleistungen durchführen. Mit sechs Leuten, einem Gerüst-LKW, einem Kleintransporter, fünfhundert Quadratmeter Gerüst, ausreichend für die Fassadenfläche an der Seeseite, und mit allen erforderlichen Werkzeugen und Geräten ging es nun nach Sylt.

Wir rüsteten das Gebäude ein und gaben in der Sonnabend-Ausgabe der Westerländer Zeitung noch einmal eine große Anzeige auf, in der der gesamte Ablauf der Arbeiten aufgeführt wurde. Nachdem alles Erforderliche an der Fassade durchführt war, begann die Vorbereitung für das Allerwichtigste: der Auftrag des Beschichtungsmaterials Kenitex. Mit einem Hochdruckgerät sollte die Farbe – ein Kilogramm pro Quadratmeter – in einem Arbeitsgang aufgespritzt werden. Ein Kompressor besorgte den Druck, der auf einen großen Kessel ging, in dem sich etwa hundert Kilogramm des Materials befanden. Ein Luftschlauch und ein Materialschlauch von etwa je hundert Meter Länge, an dem sich am Ende eine Pistole befand, aus der das Material auf die Wand gespritzt wurde. Es waren etwa – und das überstieg all meine Erwartungen – an die hundert Zuschauer anwesend. Ich war beeindruckt.

Ich hatte zwar einen gewissen Zulauf erwartet, aber nicht diese Menge. Gern hätte ich Herrn Winkelmann an meiner Seite gehabt, um die Flut von Anfragen der interessierten Haus- und Hotelbesitzer zu beantworten.

Erwartungsgemäß war auch ein Journalist der Westerländer Zeitung anwesend, der den gesamten Vorgang der Arbeiten am Hotel Miramar nicht nur beschrieb, sondern dazu auch noch eine Fülle von entsprechenden Fotos machte. Alle herumstehenden Besucherinnen und Besucher waren von dem, was sich da abspielte, begeistert und erstaunt. In Minutenschnelle wurden die Flächen, die eben noch grau gewesen waren und eine zusätzliche Fläche, die überall zum Teil schwarze Stellen aufwies, schneeweiß. Da es sich um glatte Flächen handelte, wurde die Wand innerhalb von sechs Stunden - ca. sechshundert Quadratmeter - beschichtet. Der Erfolg war überwältigend. Unsere Auftraggeberin war begeistert. Auch die Pensionsinhaberin aus Wenningstedt war anwesend und flüsterte mir ins Ohr: „Sie denken aber daran, dass ich die Erste bin." Innerhalb von kürzester Zeit hatte ich ein Auftragsvolumen von mehreren hunderttausend DM.

Äußerst schwierig und problematisch war die Gestaltung, wer nun als Nächster drankam. Ich konnte unsere Mitarbeiter überzeugen, dass wir nicht jede Woche hin und her fahren könnten, sondern die Zeit nutzen mussten. Und so waren sie einverstanden, dass wir nur alle vierzehn Tage für ein Wochenende nach Hause fuhren. Außerdem machten die Mitarbeiter den Vorschlag, sie wären auf jeden Fall bereit, in der Woche zwei Stunden pro Tag mehr zu arbeiten. Damit konnten wir viele Wünsche der Auftraggeber nach einer raschen und schnellen Ausführung der anstehenden Arbeiten erfüllen. Insgesamt hielten wir uns auf der Insel Sylt fast zwei Jahre auf. Man konnte davon ausgehen, dass jedes dritte Gebäude, das über eine Außenputzfläche als Fassade verfügte, von uns saniert wurde.

Der Umsatz in Hamburg hingegen wurde kaum erweitert. Trotz allem waren die Objekte hier natürlich inzwischen viel größer geworden als in den Anfängen, als es noch hauptsächlich um Ein- und Zweifamilienhäuser ging. Heute waren es hauptsächlich die großen Wohnhäuser aus der Gründerzeit, die in der Regel zwischen achthundert und tausendfünfhundert Quadratmeter Außenfläche hatten, die zur Renovierung und Sanierung anstanden. Nachdem unsere Zeit auf Sylt zu Ende ging und wir in Hamburg über eine auslastende durchzuführende Arbeit verfügten, machte ich Herrn Winkelmann einen weiteren Vorschlag.

Ich wusste aus meiner Zeit, als ich noch in München auf der Oktoberwiese mal ein zehntägiges Gastspiel gegeben hatte, dass ich dort viel seltener als im Norden eine Klinkerfassade sah. Fast alles waren Putzbauten. Dass das in Zukunft ein riesiger Markt sein könnte, war für mich vollständig klar, nachdem ich das Geschäft, das ich mittlerweile schon vier Jahre mitführte, kannte. Ich machte Herrn Winkelmann also folgenden Vorschlag: Ich gehe das nächste Jahr für zwölf Monate nach München, nehme mir nur einen Malermeister und drei Gesellen mit und eine von den Sekretärinnen aus unserem Büro. Ich versuche den Markt für uns zu gewinnen. Sollte es halbwegs so klappen wie auf Sylt, dann müsste er mich unbedingt ablösen, bis wir anschließend eingearbeitetes Personal hätten, das aus München stammte und dann die dortige Filiale selbstständig leiten könnte. Ich sagte ihm, dass ich mich darauf unbedingt verlassen müsste. Ein Wechsel von ihm nach München und von mir zurück nach Hamburg müsste verlässlich sein. Ich hatte jetzt zwei schulpflichtige Kinder, die eingeschult werden mussten. Auch das bedeutete eine große Umstellung. „Sie haben selber zwei Kinder und wissen also, wie das ist." Hinzu kam noch, dass meine Frau schon seit Jahren in unserer gemeinsamen Firma Buterfas und Winkelmann beschäftigt war. Ich würde also mit der ganzen Familie einen Umzug nach München vornehmen. Er stimmte dem zu, ohne dass wir lange darüber diskutieren mussten, weil die Aussichten für eine weitere Filiale immer noch sinnvoll schienen. Und weil wir mit unserem Produkt nach wie vor konkurrenzlos waren.

Ein Jahr zuvor tätigten wir eine besonders große Investition. Wir waren nicht mehr daran interessiert, das Material weiterhin aus Österreich zu beziehen. Wir wollten das Produkt nach Möglichkeit in Henstedt-Ulzburg selber produzieren. Der für uns zuständige Mitarbeiter der Vereinigten Glanzstoff, ein Diplomkaufmann Meyer, zu dem wir mittlerweile einen guten Kontakt aufgebaut hatten, hatte in Deutschland die Aufgabe, bei uns einen Besuch zu machen - um sein Unternehmen zu vertreten. Da wir uns inzwischen gut kannten, erklärte er uns, dass er wahrscheinlich bald die Firma wechseln würde. Er hatte in den Jahren, seit wir miteinander in Verbindung standen, feststellen können, was wir mit dem Produkt inzwischen erreicht hatten. Er sah die positive Entwicklung. Ich fragte ihn, ob er nicht Lust hätte zu einem Wechsel von Österreich nach Deutschland.

Wir würden ihm, wenn er gewisse Dinge regeln könnte, mit Gewinnbeteiligung in unsere Firma aufnehmen. Er müsste bereit sein, dass wir in die Rezeptur Einsicht bekämen, und er müsste eine komplette Produktionsstätte in Henstedt-Ulzburg einrichten, sodass wir unser eigenes Produkt unter einem anderen Namen herstellen könnten. Die Grundlage für eine solche Zusammenarbeit war sofort beschlossene Sache.

Er organisierte die entsprechenden großen Maschinen: Rührwerk für einen Inhalt von zwei Tonnen, große Tanks für Harz und Benzin mit einem Fassungsvermögen von fünfundzwanzigtausend Litern. Und ich erhielt über einen Patentanwalt in Hamburg ein Warenzeichen, das in zwei Dutzend Ländern und auch in Deutschland geschützt war. So produzierten wir nun unser eigenes Material, das für uns natürlich besonders günstig war, schon wenn man die Transportkosten von Österreich nach Deutschland berechnete. Das Produkt hieß nun nicht mehr Kenitex, sondern Wallcryl. Das war für uns ein enormer Schritt nach vorn, denn die Materialkosten einschließlich des Transports beliefen sich immerhin auf eine Ersparnis von ca. fünfunddreißig Prozent.

Ich unternahm nun meine ersten Gehversuche in München, nachdem wir eine schöne Wohnung gefunden hatten, im Vorort Solm. Nachdem meine Frau unsere beiden Kinder Andreas und Jasmin in der Schule in München angemeldet hatte, verschaffte ich mir als Erstausstattung in München die entsprechend passende Kleidung. Ich war nun auf das Wagnis in Bayern und Umgebung vorbereitet.

Alles, was ich jetzt an Werbung und an Kundenakquisition unternahm, erwies sich als nicht so ganz einfach. Ich konnte dann eine größere Halle anmieten, in der von Hamburg aus alles Erforderliche an Gerüst, Werkzeugen, Maschinen und Material untergebracht wurde. Zwischenzeitlich reiste ein weiterer Mitarbeiter mit einem Kleintransporter an, auf dem auch geringe Mengen Gerüst verladen werden konnten. Nach einer Anlaufzeit von etwa drei Monaten bekam ich nun die ersten Aufträge, die zur Durchführung anstanden. Da das Material und die Ausführungsmethode auch für München völlig neu war und das Interesse sehr groß schien, ging ich wie auf Sylt vor, mit der gleichen Methode zur Anwerbung von potenziellen Auftraggebern.

Erwartungsgemäß stellte sich der Erfolg ein. Zwar nicht wie auf Sylt, aber doch vielversprechend. Ich konnte schon im dritten Monat einen beachtlichen Überschuss erwirtschaften, und wir hatten auch einen sehr guten Zulauf. Sogar Architekten und Wohnungsbaugesellschaften wurden auf die Arbeiten der norddeutschen Firma aufmerksam. Ich gab laufend meine Umsätze und Ergebnisse nach Hamburg durch. Wir standen ständig in telefonischem Kontakt, und so langsam rückte der Zeitpunkt näher, dass ich wieder mit meiner Familie von München nach Hamburg zurückfahren konnte. In München verblieb nur unsere Sekretärin in dem inzwischen installierten Büro, sowie ihr Ehemann, der als Malermeister über alle Kenntnisse verfügte, die zur Führung einer Filiale notwendig waren. Sie sollten die Stellung halten, bis Herr Winkelmann, ob mit oder ohne Familie - seine Frau war im Gegensatz zu meiner Frau an reinweg nichts interessiert, was ihr Mann tat - in München eintraf. Nachdem alle Formalitäten in München erledigt waren - ordnungsgemäß war die Wohnung in Solm gekündigt, die Kinder in der Schule abgemeldet - fuhren wir nach Hamburg zurück. Endlich hatten wir statt der Isar wieder Elbgeruch in der Nase. Aber ich sollte noch mein blaues Wunder erleben.

Am darauffolgenden Wochenende war ein informatives ausführliches Gespräch mit meinem Partner in Henstedt-Ulzburg geplant, im Büro. Nach dem Aufbau in München und nach einem abgelaufenen Geschäftsjahr konnte ich Herrn Winkelmann ein Ergebnis mit einem guten erwirtschafteten Überschuss vorlegen. Anerkennend musste er mir zugestehen, für den Neuaufbau einer Firma in einem anderen Landesteil sei das schon sehr beeindruckend. Dann brachte er mir zögernd bei, dass es in Hamburg doch gar nicht so einfach gewesen wäre, es sei alles viel schwerer geworden, deshalb seien die Geschäftsergebnisse nicht so gut wie in den vergangenen Jahren, sondern erheblich schlechter. Das konnte ich überhaupt nicht nachvollziehen, denn ich wusste doch, in welchem Zustand ich ein Jahr zuvor Hamburg verlassen hatte. Es war das Jahr 1969, und bis dahin hatte es eine volle Auslastung des Betriebes gegeben.

Zu diesem Zeitpunkt hatte ich auch noch nicht mit unserem Prokuristen, Herrn Kornihls, gesprochen – und hatte nie eine Information von unserem zusätzlichen Partner, Herrn Diplomkaufmann Meyer, bekommen, der nun auch schon mittlerweile zwei Jahre in unserer Firma war. Es hatte sich also in diesem Jahr, da Herr Winkelmann allein gewirtschaftet hatte, ein etwas mehr als sechsstelliger Verlust ergeben. Und darauf energisch angesprochen kam er nun mit der Sprache heraus, dass es ihm sehr leid täte, nicht vorher mit mir darüber gesprochen zu haben. Er erklärte mir, dass er seinem Vater etwas schuldig gewesen sei. Die Großschlachterei in Henstedt-Ulzburg stand ja schon mehrere Jahre leer, und aus den großen Flächen im Gebäude hatte er nun mit unseren Mitarbeitern, ohne es mit mir abzustimmen, Ein- und Zwei-Zimmer-Appartements ausgebaut, die er dringend brauchte, um dort jugoslawische Gastarbeiter, die in einem nahegelegenen Betonwerk in Henstedt-Ulzburg Arbeit gefunden hatten, unterzubringen. Im gleichen Atemzug erklärte er mir, dass es ihm - da er mit dem Ausbau noch nicht fertig sei und er ziemlich unter Druck stehe - daher auch nicht möglich sei, die Appartements fertig zu bekommen. Und er könne nicht nach München gehen.

So hintergangen worden zu sein, verschlug mir die Sprache. Ich war empört. Ich war enttäuscht. Gleichzeitig entsetzt, mit unseren Leuten Arbeiten durchzuführen, die in unserer Firma zu erheblichen Verlusten geführt hatten. Ich musste an mich halten, um ihm nicht zu sagen: „Aufgrund Deines hinterhältigen Verhaltens hast Du als Mensch versagt, aber als Schwein bist Du ganz groß rausgekommen!“ Das behielt ich für mich, aber ich machte ihm deutlich, dass in diesem Moment meine Zusammenarbeit mit ihm wegen schuldhaften Verhaltens ihr Ende gefunden hatte. „Ich scheide mit sofortiger Wirkung als Geschäftsführer aus und erwarte umgehend eine Auseinandersetzungsbilanz, um die Auszahlung meiner mir zustehenden fünfzigprozentigen Gesellschafteranteile durchzuführen.“ Mit einer unglaublichen Wut im Bauch und riesiger Enttäuschung – auch wenn ich schon mit vielem gerechnet hatte: auf ein solches Verhalten musste man erst mal kommen – fuhr ich langsam in Richtung Langenhorn. Dort hatten meine Frau und ich unsere feste Wohnung, die seit einem Jahr nicht bewohnt gewesen war und von meiner Schwester betreut wurde.

Im Hause angekommen, ging ich wortlos an meiner Frau vorbei, ließ mich im Wohnzimmer auf die Couch fallen und stierte nun etwas ziellos und planlos vor mich hin. Meine Frau fragte: „Was ist los mit Dir?“ Meine Antwort: „Ich bin ab heute arbeitslos.“ Es fiel mir schwer, meiner Frau zu erklären, was ich da vor einer Stunde zur Kenntnis genommen hatte. Ich war auch entsetzt, dass weder der Buchhalter noch der Diplomkaufmann Meyer mir auch nur ein einziges Sterbenswörtchen über die Situation in Hamburg hatten zukommen lassen. Rundum waren bei mir alle Illusionen zerstört. Ich brauchte sicher lange Zeit, bis ich über eine so grenzenlose Enttäuschung hinweggekommen sein würde. Mit sofortiger Wirkung hatte ich keinerlei Einflussnahme mehr auf die Geschicke der Firma. Ich hatte als Geschäftsführer meine Arbeit eingestellt und jetzt nur noch ein Anrecht auf meine mir zustehenden fünfzig Prozent aus dem Unternehmen.

Zwischen uns gab es eine schriftliche Vereinbarung, wenn einer aus irgendeinem Grunde die bestehende Firma Buterfas und Winkelmann verlasse, dann habe er erstens das Recht, ein ähnliches Unternehmen aufzubauen und zu führen und zweitens, die Produktion und die Lizenzrechte für das gemeinsame Produkt Wallcryl. Drittens - und dies war wohl der entscheidende Punkt in diesem Zusammenhang - sollte einer der beiden ehemaligen Partner die Geschäfte mit dem Produkt Wallcryl und die Produktion aufgeben, so gingen die Rechte an die weiterführende Person über.

Mein Plan, nach einer kurzen Denkpause sofort und allein weiterzumachen – und zwar mit dem einzigen und ehrlichsten Partner, den ich kannte: nämlich meiner Ehefrau – war beschlossene Sache. Da wir immer wieder alle Einnahmen in die Weiterentwicklung unseres gemeinsamen Unternehmens gesteckt und Unternehmungen gegründet hatten - wie eigene Produktion, mehr LKW, mehr Gerüste, etc. - hatten sich unsere Einnahmen aus der Firma auf die entsprechenden Gehälter reduziert. Besondere Rücklagen hatte ich natürlich nicht, deswegen war es für mich wichtig, so schnell als möglich durch eine stattfindende Auseinandersetzungsbilanz zu meinen mir zustehenden fünfzig Prozent an der Firma in Form von Bargeld zu kommen. Was für ein Wunschdenken!
Winkelmann war noch viel schlechter gewesen, als ich mir in meinen kühnsten Träumen überhaupt hätte vorstellen können. Er zögerte die Bilanz hinaus, wie man sie nur hinauszögern konnte. Jetzt ahnte ich, was er vorhatte. Nun musste ich ihn das erste Mal von einem Anwalt auffordern lassen, in einer angemessen Frist die Bilanz zu erstellen, damit meine Ansprüche auf einen Anteil von fünfzig Prozent an der Firma erfüllt werden konnten. Die Bilanz wurde auch erstellt, und ich bekam einen Anruf, dass ein gemeinsamer Übergabetermin meiner Gesellschaftsanteile an unseren Buchhalter, Herrn Kornihls, übermittelt werden sollte. Ich würde dann den mir zustehenden Betrag, der bis jetzt ermittelt war, erhalten.
Zwischenzeitlich hatte ich keine Lust mehr - weil fast ein Jahr vergangen war - mich mit dieser Vergangenheit auseinanderzusetzen, und ich wollte auch mit diesem Menschen nichts mehr zu tun haben. Ich wusste, dass die Bilanz bei Weitem nicht den Tatsachen entsprechen würde, aber es sollte auf mich ein Anteil in Höhe von hundertfünfzigtausend DM zur Auszah-

lung kommen, der Termin sollte in Bad Bramstedt bei einem Notar Sowieso stattfinden. Anwesend sollten mein ehemaliger Partner und Herr Kornihls sein, der meine Gesellschaftsanteile ja übernahm. Bevor nun die Geldübergabe vorgenommen werden sollte, hatte ich in meinem jugendlichen Leichtsinn vorher noch in einem Ledergeschäft in Bad Bramstedt eine Geldledertasche erworben. Nach der Begrüßung durch den Notar forderte dieser Herrn Winkelmann auf, ihm bitte das für Herrn Buterfas zugedachte Bargeld zu übergeben. Schecks wurden grundsätzlich bei einem derartigen Geschäft nicht genehmigt. Der Notar nimmt deshalb das Geld vorher entgegen, dafür erhebt er ja auch die sogenannten Hebegebühren. Herr Winkelmann sprach Herrn Kornihls an und sagte: „Helmut, gib dem Notar doch bitte mal das Geld." Worauf Herr Kornihls erwiderte: „Das hab' ich doch gar nicht, das wolltest Du doch mitbringen." Bei diesem Geplänkel schaltete sich der Notar ein und sagte: „Meine Herren, dieses Spiel können Sie nicht mit mir machen. Das hat bei anderen, die hier waren, auch schon nicht geklappt. Herr Buterfas, in diesem Fall kann ich Ihnen nur raten: keine Übertragung Ihrer Gesellschaftsanteile. Und was Sie jetzt tun müssen, können Sie sich ja sicher denken." Wutentbrannt verließ ich das Notariat, und es war mir klar, dass dies eine Strategie von Herrn Kornihls und Herrn Winkelmann war, um so viel Zeit wie möglich zu gewinnen.

Längst hatte ich mich mit meiner Frau selbstständig gemacht. Mit den geringsten Mitteln versuchten wir nun noch einmal, mit einem eigenen Unternehmen eine Existenz aufzubauen, auch in Anbetracht unserer zwei Kinder. Wir hatten auf der Langenhorner Chaussee eine leere Garage angemietet. Dort fingen wir mit geringem Werkzeugbestand und wenigen Materialien an. Mit kleinen Aufträgen begannen wir unser Geschäft. Von den ehemaligen Mitarbeitern, die in der Firma Buterfas und Winkelmann gearbeitet hatten, hatten sich zwei entschlossen, sofort für meine Frau und mich zu arbeiten. Die Stimmung in der Firma Buterfas und Winkelmann war sehr schlecht gewesen. Vieles war bei Winkelmann daneben gegangen, und er hatte häufig cholerische Anfälle bekommen.

Der Nachbarort von Henstedt-Ulzburg war Kisdorf. Hier erwarben meine Frau und ich ein viertausend Quadratmeter großes Grundstück, das gemischt nutzbar war. Wir entschlossen uns, auf diesem Grundstück eine große Halle zu errichten. Aufgrund meiner guten Verbindungen zu der Firma Layer in Süddeutschland wurden mir mit einem Zahlungsziel von neun Monaten zweitausend Quadratmeter Gerüst zur Verfügung gestellt. Außerdem konnte ich mich mit einigen Baustoffhändlern arrangieren, sodass mir auch hier entsprechende Zahlungsziele eingeräumt wurden. Ich beantragte einen Kredit, den ich von einer Bank, mit der ich ja jahrelang problemlos gearbeitet hatte, gewährt bekam. Ich bekam eine Stahlkonstruktion für den Bau einer Halle geliefert, die etwa dreihundert Quadratmeter aufwies. Die ehemalige Firma Buterfas und Winkelmann gab es nicht mehr. Die von mir zurückgelassenen Partner wollten nun einen besonders klangvollen Namen und nannten sich Hanseatischer Bautenschutz.

Das war für meine Frau und mich das Signal, unsere Firma Buterfas und Buterfas zu nennen. Wenn Kunden bei uns anriefen und irgendein Problem mit uns lösen wollten, fragten sie: „Buterfas und Buterfas, das war doch früher die Firma Buterfas und Winkelmann." Worauf ich antwortete: „Das ist vollkommen richtig." „Gibt es denn Herrn Winkelmann nicht mehr?" Worauf meine prompte Antwort folgte: „Der ist tot." Und das war nicht gelogen, denn für mich war er nach dem letzten Auftritt beim Notar gestorben.

Der Aufbau unserer gemeinsamen Firma war sehr zufriedenstellend. Das Material, das ich zuerst verarbeitete, war noch immer Kenitex. Dies bezog ich nun zu natürlich ungünstigeren Preisen von der Firma Dekarz aus Bruchsal. Zur ehemaligen Firma Buterfas und Winkelmann hatte ich eine Aufforderung geschickt und deutlich gemacht, dass ich von meinem Recht in Kürze Gebrauch machen würde, das Produkt Wallcryl zu erzeugen und zu vertreiben. Längst hatte man dort mitbekommen, dass ihr Plan nicht aufgegangen war, dass ich mich nach meinem Ausstieg aus meiner ehemaligen Firma aus diesem Gewerbe zurückziehen würde. Zwischenzeitlich hatte sich fast die Hälfte der ehemaligen Mitarbeiter der Firma Buterfas und Winkelmann bei mir beworben. Und sie bekamen natürlich eine Einstellung. Dann kam die entsprechende Wende.

Herr Meyer, unser ehemaliger Partner aus Österreich, machte mir einen Vorschlag, da mit Herrn Winkelmann eine Zusammenarbeit unmöglich geworden sei. Er würde, wenn wir eine Basis fänden, gern mit mir zusammenarbeiten. Und da ich alle Rechte auf Warenzeichen und Produktion hätte, würde er mit mir eine komplette Produktionsstätte aufbauen. Diesen Vorschlag habe ich mich sofort entschlossen uneingeschränkt anzunehmen. Dass mein ehemaliger Partner Winkelmann über diesen angeblichen Verrat vor Wut schäumte, bedarf keiner Erläuterung.

Je mehr sich unsere Firma entwickelte, und mittlerweile waren wir schon wieder bei hundert Arbeitskräften, desto mehr ging es mit der ehemaligen Firma Buterfas und Winkelmann bergab. Mittlerweile waren fast alle ehemaligen Mitarbeiter bei meiner Frau und mir angekommen. Wir hatten ein wunderschönes Büro an der Außenalster, und zum ersten Mal kam ich in Berührung mit der Lüneburger Heide.

Ich las im Hamburger Abendblatt ein Inserat, wo angeblich wunderschön im Wald gelegen ein Fischerhäuschen mit zwei angrenzenden Fischteichen zu verpachten sei. Keine dreißig Kilometer von Hamburgs Innenstadt entfernt. Das musste ich mir unbedingt ansehen, und nach einem verabredeten Termin nahmen wir das traumhafte Objekt in Augenschein. Meine Frau und ich waren so begeistert und stellten uns vor, uns schon am Freitagmittag nach Schulschluss mit unseren Kindern in dieses Erholungsdomizil für ein Wochenende zurückzuziehen. Sofort schlossen wir einen Pachtvertrag über die Dauer von zehn Jahren ab.

Aber mit der geplanten Ruhe war das so eine Sache, denn nachdem ich mir die Fischteiche und das Gelände, das so um die zweihunderttausend Quadratmeter an Fläche auswies, ansah, kam mir der Gedanke, aus den zwei vorhandenen Fischteichen - wovon der erste Teich den zweiten durch einen Wasserüberlauf, den man Mönch nannte, und der den zweiten Teich dann ausreichend mit Wasser versah - doch bequem vier weitere Fischteiche anlegen zu können. Zwar war das ein Riesenaufwand, aber der Erfolg, Forellen und alle anderen Fischarten in solchen Teichen zu hältern und - wenn man Lust hatte und sich entspannen wollte, auch zu angeln - das war etwas, was mir bei der vielen Arbeit, die ich hatte, die richtige Entspannung schenken würde.

Und meiner Frau, die jetzt ständig an meiner Seite war, und die auch der eigentliche Motor und Inspirator war bei allem war, was ich tat, würde diese Ruhe ebenfalls gut tun.

Ich denke manches Mal an die Zeit in Emden zurück. Ich denke daran, dass unser Glück fast vollkommen war. Die Geburt unseres ersten Sohnes, der unter so schrecklichen Bedingungen für meine Frau zur Welt kam. Und dann die zweite Schwangerschaft mit unserer Tochter Jasmin, von der ich viel zu spät erfahren sollte, um das Austragen eines weiteren Kindes, das den Tod meiner Frau hätte bedeuten können, nicht letztendlich verhindern zu können. Und diese Schwangerschaft war ja genau so schwierig wie die erste, und dann das Unglaubliche, das meine Frau ertragen musste, als ich sie wenige Tage nach der Geburt unserer Tochter Jasmin mit großer Eile in das nächste Krankenhaus auf der Strecke nach Wilhelmshaven - nach Sanderbusch - bringen musste. Das war eine Klinik, die über einen ausgezeichneten Ruf verfügte. Dort rang meine Frau sprichwörtlich noch einmal mit aller ihr zur Verfügung stehenden Kraft um ihr Leben. Sie hatte eine schreckliche Unterleibsentzündung, die davon herrührte, dass bei der Geburt von Jasmin im Unterleib etwas zurückgeblieben war. Über sechs Wochen lag sie dort. Unseren Sohn Andreas bekam sie nur manchmal für eine Stunde zu Gesicht. Es war eine furchtbare Zeit. Wir litten beide. Ich betete zu Gott und stellte die

Frage: Wann kommen wir eigentlich mal zur Ruhe? Deshalb war dieses Domizil in der Lüneburger Heide einfach das non plus ultra. Der entzückende Pfahlbau, ein reetgedecktes kleines Häuschen, das über einem Graben stand, unter dem das Wasser in den ersten Teich lief. Ein so zauberhaftes Panorama. Genau das Richtige, um den Raubbau, den wir in all den Jahren an unseren Körpern getrieben hatten - um uns aus der schrecklichen Vergangenheit mit hunderten von Schwierigkeiten zu lösen - aufzuwiegen. Es war eine Entschädigung für all diese Mühen und Plagen, die man gar nicht in Worte fassen konnte.

Kapitel 9: Boxen

Bei all dem, was ich bisher an schrecklichen Ereignissen schlucken musste, hatte ich mir fest versprochen, mich auf keinen Fall ständig mit diesen Dingen zu beschäftigen. Auf keinen Fall wollte ich zurückblicken, dadurch möglicherweise schwermütig werden und an meinem Leben verzweifeln. Daran habe ich mich bis heute streng gehalten. Der gegenwärtige Blick sollte ausschließlich nach vorn gerichtet werden, in die Zukunft. Nur so bin ich in der Lage, aufgrund dessen, was alles hinter mir liegt, unter schwierigen Bedingungen vielleicht noch manches Stück für Stück zu erreichen.

Am besten über meine Zukunft nachzudenken gelang an diesem wunderschönen Fleckchen Erde, das wir für einen langen Zeitraum unser Eigen nennen konnten. Unser neues Domizil, in das wir uns jedes Wochenende von Freitag bis Sonntagabend flüchteten: die Fischteiche in Nindorf am Wald. Ich hatte eine Leidenschaft, der ich manches Mal, wenn es dafür zeitlich eine Möglichkeit gab, nachkam, und das war die lautlose Jagd: das Angeln. Hier ergab sich nun eine wunderbare Möglichkeit in unseren eigenen Fischteichen. Ich konnte ungehindert weiter über die gemeinsame Zukunft mit meiner Frau und unseren Kindern nachdenken. Ich vermochte nicht zu erkennen, was noch alles vor uns lag, aber eines wusste ich genau: Es war noch lange nicht das Ende dessen, was ich mit der großartigen Unterstützung meiner Frau erreichen konnte.

Die vielen Fehlstarts, die ich bis jetzt hinter mich gebracht hatte – der Fremdenpass, den ich noch immer besaß, die fehlende deutsche Staatsbürgerschaft – legten mir nach wie vor

Steine in den Weg. Schon bei einer größeren Investition, obwohl zwischenzeitlich bedeutende Sicherheiten vorhanden waren, gab es erhebliche Schwierigkeiten bei der Beantragung eines Darlehens bei der Bank. Bei mir und meiner Frau, die ja Mitinhaberin unseres Unternehmens war, waren wesentlich größere Schwierigkeiten zu bewältigen als bei einem mit deutschem Pass ausgestatteten Bundesbürger. Die Ruhe in Nindorf am Wald tat nicht nur meiner Frau, meinen Kindern und mir gut, sondern ich konnte, wenn meine Mutter es wollte, auch sie mit ins Wochenende an die Fischteiche nehmen. Das war die größte Freude für mich, und meine Mutter liebte diese Idylle.

Ich hatte nur ein Problem mit dieser siebzig Jahre alten Dame: Wenn wir uns zur nächtlichen Ruhe begeben wollten und ich ihr anbot, in unserer wunderschönen Fischerhütte im unteren Bereich die Liege auszubreiten – denn das Häuschen war sehr beengt –, sagte sie nur: „Mach Dir keine Umstände, ich habe alles Erforderliche dabei!“ Sie hatte tatsächlich alles eingepackt, bevor wir sie aus Bergedorf abgeholt hatten. Zwischenzeitlich war die Billstedter Villa, in der wir vorher gewohnt hatten, abgerissen worden. Sie musste einer Schnellstraße weichen, die gebaut werden sollte. In ihrer Reisetasche befand sich vor allem ein kleines Hauszelt. Sie sagte: „Das reicht mir völlig für die Nacht, denn morgen möchte ich euch nicht wecken. Ich habe vor, ganz früh einen ausgedehnten Waldspaziergang zu machen und die nähere Umgebung kennenzulernen. Außerdem nehme ich mir einen kleinen Eimer oder ein Körbchen mit, vielleicht läuft mir ja ein Steinpilz über den Weg.“ Meine Mutter machte sich ihr Nachtlager zurecht, und tatsächlich war sie bis acht Uhr morgens, nachdem wir aufgestanden waren, von ihrer Erkundung der nahen Umgebung noch nicht zurück.

Eine Stunde später, gegen neun Uhr, konnten wir dann gemeinsam frühstücken und sie hatte tatsächlich ein paar Pfifferlinge und Maronen gefunden, machte uns aber gleich darauf aufmerksam, dass wir keine Kremplinge mehr sammeln sollten. So war sie eben, unsere Mama, selbstständig und auf niemanden angewiesen. Noch lange genoss sie dieses wunderschöne Erholungsdomizil mit uns.

Immer mehr hatte ich das Gefühl, dass ich auf dem besten Wege war, Heidjer zu werden. Ich konnte mir gut vorstellen, dass meine Frau sicher auch gern für den Rest ihres Lebens in der Lüneburger Heide leben würde. Die Entfernung nach Hamburg war ja gerade mal dreißig Autominuten. Immer mehr wurde mir klar, dass ich mich nach dieser schrecklichen Zeit ungemein nach Ruhe sehnte. So hatte ich diesen Urlaubsort – oder der Urlaubsort hatte uns gefunden.

Es ist noch gar nicht so lange her, und auch, wenn ich es mir hundertmal versprochen hatte: Die schreckliche Vergangenheit wurde ich nicht los. Mein Kollege Fred, mit dem ich gemeinsam in der Kolonne nach Sylt gefahren war, um dort das Mehrzweck-Küchengerät zu verkaufen, hatte mich ja damals auf den Verkauf der Waschmaschinen mit den kleinen Schönheitsfehlern aufmerksam gemacht. Er lotste mich zu seinem Chef, der für die Vergabe von Bezirken und für die gesamte Organisation, die für den Erfolg der Geräte erforderlich war, zuständig war und schaffte es anschließend, nachdem die Gespräche mit dem verantwortlichen Chef abgesprochen waren, dass ich eine Woche mit Fred fuhr, um in den organisierten Städten und in dem jeweiligen Restaurant, in dem sich der Ausstellungssaal befand, an dem dort zu erwartenden Verkauf teilzunehmen.

Das, was dort passierte und wie es abgewickelt wurde, hat dann doch mein Interesse geweckt. Alles Weitere habe ich vorab schon erwähnt, nur eines nicht: Fred verließ sich bei diesem Geschäft zu achtzig Prozent auf seine Frau. Er selbst war die meiste Zeit nicht dabei. Wo er seine Zeit verbrachte, war seiner Frau nicht bekannt. Nur: In der Regel kam er kurz vor achtzehn Uhr zurück in den Verkaufsraum und war angetrunken. Alles an Arbeit lastete auf den Schultern seiner Frau. Da dementsprechend auch die Umsätze nachließen und der Verkauf mit hohen Unkosten von großen Zeitungsinseraten und von teilweise beachtlichen Saalmieten verbunden war, ließ sich das Herr K. nicht länger bieten, verwarnte Fred und deutete ihm an: „Noch ein solcher Vorfall, und wir müssen uns von Ihnen trennen." Daran hat sich Fred aber nicht gehalten, und das Arbeitsverhältnis zwischen ihm und der Firma wurde fristlos beendet. Es hatte nichts genützt, Fred hatte sich gedacht: Wenn er ein gutes Ehepaar anbrächte, das gute Umsätze erzielen würde, hätte er sich bei seinem Chef mit Sicherheit Pluspunkte erarbeitet. Mir war hinterher klar, dass es tatsächlich zu seiner Strategie gehörte, uns als Verkaufsehepaar zu vermitteln.

Der Abgang von Fred war ungemein hässlich, denn das, was er gegenüber einem anderen Ehepaar äußerte, hat meine Empörung hervorgerufen. Wie kann ein Mensch sich dazu hinreißen lassen? Er sagte dem anderen Ehepaar: „Stell Dir bitte vor, der entlässt mich und den Juden behält er." Obwohl derartige Diskriminierungen für mich nicht neu waren - zu viel hatte ich ab meinem sechstem Lebensjahr hinnehmen müssen - war es trotzdem unerträglich. Ich habe mit dem Mann nie mehr ein Wort gesprochen.

Später erfuhr ich, dass Fred und Margot, seine Ehefrau, sofort eine kleine Kneipe in Barmbek am Bahnhof gepachtet hatten. Den meisten Umsatz machte er aber mit sich selbst, denn er soll sein eigenes Lokal fast jeden Abend betrunken verlassen haben. Ich erfuhr, dass er einen Alkoholentzug in einer Klinik in Süddeutschland machte, und während seines Aufenthaltes dort hatte seine Frau die Scheidung eingereicht. Das bewies wieder einmal, wie zerstörerisch Alkohol sein kann. Meine Frau und ich haben niemals einen einzigen Tropfen während der Arbeit zu uns genommen. Und auch sonst verfüge ich noch über einen Alkoholvorrat in meinem Hause, der über zwanzig Jahre alt ist. Mein Laster, das muss ich zu meiner Schande gestehen, war eine gute Zigarre.

Ich dachte auch noch über einen ganz jungen Vorfall nach, der sich bei einer Kontrolle in Hamburg-Eilbek ergab. Wir erhielten einen Anruf in unserem Büro, dass ein Maler, der mit zwei weiteren Kollegen in einer großen Wohnanlage, die uns beauftragt hatte, die Fenster strich. Eine Mieterin beschwerte sich, dass einer dieser Maler, statt seine Arbeit zu tun, seine Kollegen von dieser Arbeit abhielt, mit ihnen Streit provozierte und so laut pöbelte, dass sich die Mieter, die wegen der warmen Jahreszeit die Fenster teilweise halb geöffnet hatten, belästigt fühlten. Als ich an der Baustelle ankam, befand er sich in der zweiten Gerüstlage, etwa sechs Meter hoch, und pöbelte mich mit folgenden Worten an: „Nun sag bloß, Du Jude, kommst vorbei, um mich vom Gerüst zu entfernen. Das würde ich Dir aber nicht raten. Ich hab schon seit langer Zeit einen Rochus auf Dich, und wenn ich was zu sagen gehabt hätte, dann wärest Du garantiert nicht davongekommen." Nachdem ich mich einigermaßen gesammelt hatte, forderte ich ihn auf, sofort die Baustelle zu verlassen und machte ihm deutlich, dass er nicht nur fristlos entlassen sei, sondern ich anschließend auch die Polizei über diesen Vorfall informieren würde. Die beiden anderen Malergesellen, die schon viele Jahre für unsere Firma tätig waren, machten ihm ebenfalls klar, dass er sofort verschwinden solle. Es war eine ungeheure Entgleisung, die ich in dieser Form bisher auch noch nie hatte hinnehmen müssen. Ich erstattete noch in derselben Stunde unter Angaben der Zeugen eine Anzeige bei der Polizei, sie nahmen sofort Ermittlungen auf und nahmen ihn in seiner Wohnung – er lebte in Winsen an der Luhe – ins Verhör.

Drei Wochen später erfuhr ich von der zuständigen Staatsanwaltschaft in Hamburg, dass das Verfahren wegen Geringfügigkeit eingestellt worden sei. Dies trieb mir voller Empörung die Schamesröte ins Gesicht. Wutentbrannt rief ich in der Staatsanwaltschaft an und führte mit dem Herrn dort ein entsprechendes Gespräch. Ich erklärte ihm, dass sein Verhalten, das Verfahren ohne Anhörung eingestellt zu haben, eine große Motivation für Neonazis sei. Nun würden sie im Anschluss an solch Mut machende Beleidigungen, die nicht verfolgt werden, bewaffnet mit ihren Springerstiefeln Menschen, die ihnen nichts getan haben, zusammentreten. Ich machte ihm unmissverständlich klar, dass ich gegen ihn als Staatsanwalt Schritte unternehmen werde. Die damalige Innenministerin in Hamburg, wenn ich mich recht erinnere, Frau Peschel-Gutzeit, wurde über diesen Vorfall von mir informiert. Zum ersten Mal war die rote Linie überschritten. Ich weiß nicht, woher ich den Mut nahm. Vielleicht dachte ich auch an meine beiden Kinder, dass es an der Zeit war, sich mit allen Mitteln und aller Kraft, die mir zur Verfügung stand, zur Wehr zu setzen.

Es dauerte keine drei Tage, da bekam ich eine Nachricht aus dem Hamburger Rathaus, dass man dieser Nachricht sofort nachgehen werde. „Wenn sich dieser Vorfall so zugetragen hat, werden wir die Menschen zur Verantwortung ziehen." Nach weiteren drei Wochen bekam ich in Hamburg in meinem Büro einen Anruf der Staatsanwaltschaft. Der Oberstaatsanwalt, der diesen Fall jetzt zu bearbeiten hatte, bat mich zu einem dringenden Gespräch in sein Amtszimmer. Als ich ihm gegenübersaß, eröffnete er folgendermaßen das Gespräch: „Der Vorfall ist in seiner Scheußlichkeit und bei all dem, was Sie durchgemacht haben, überhaupt nicht zu akzeptieren. Im Namen meines Kollegen möchte ich mich in aller Form bei Ihnen entschuldigen. Und jetzt zum Tatbestand. Nachdem die Polizei den Mann in seiner Wohnung in Winsen verhört hatte, wurde der Sachverhalt sofort von unserer Seite bearbeitet. Er sollte dann nach einer weiteren schriftlichen Vorladung noch einmal zum Verhör erscheinen. Da er zur vereinbarten Zeit nicht erschien, fuhr die Polizei zu seiner Wohnung, um ihn mit aufs Revier zu nehmen. Da der Mann nicht öffnete, die Polizisten sich aber laut bemerkbar machten, öffnete gegenüber eine Nachbarin die Tür und erklärte, dass der Wohnungsinhaber im Hause sei. Die Polizisten vermuteten nichts Gutes, riefen den Hausmeister und begaben sich dann in die Wohnung.

Der junge Mann lebte noch, aber er hatte einen Selbstmordversuch unternommen.“ Nun bat mich der Oberstaatsanwalt um meine Entscheidung.

Er sagte: „Der Mann befindet sich in einer Klinik, ihn erwartet ein großes Strafverfahren. Jetzt kann aber Folgendes passieren: Es gibt in Hamburg Boulevardblätter, die diese Geschichte mit an Sicherheit grenzender Wahrscheinlichkeit vielleicht sogar auf die Titelseite bringen. Der Inhalt könnte wie folgt lauten: dass ein betrunkener Maler im nicht zurechnungsfähigen Zustand einen Juden beleidigt hat und sich der Strafverfolgung mit einem Selbstmord aus der Affäre ziehen wollte. Dass dies eine Fülle von bösen Geistern auf den Plan ruft, möchte ich vorsichtigerweise erwähnen. Wenn wir die Angelegenheit strafrechtlich verfolgen sollen, werden wir das selbstverständlich tun. Die Entscheidung überlasse ich Ihnen.“

Meine Entscheidung war gefallen, und es war nicht das erste Mal, dass ich in einer solchen Situation nur geschluckt habe. Und dass ich auch an meine Kinder dachte, für die die Zeitung bei einer eventuellen Veröffentlichung eine Gefahr darstellte. Der Staatsanwalt eröffnete mir: „Wenn ich in Ihrer Situation gewesen wäre, Herr Buterfas, hätte ich keine andere Entscheidung getroffen als Sie.“

Es gab sicher einige Leute, die den Sachverhalt auch gar nicht richtig einschätzen konnten … und wie mein Fall lag. Die mein Verhalten vielleicht als Schwäche ausgelegt haben. Das war mir in diesem Fall – ich war nicht mehr allein und hatte eine Familie, für die ich Verantwortung trug - egal. Doch war mir eines nach diesem Vorfall klar – und ich hatte mir geschworen, dass ich das einmal umsetzen würde: Hätte ich erst meine deutsche, mir von der Geburt an zustehende Staatsangehörigkeit wiedererlangt, würde jede auch nur annähernd ähnliche Form von Beleidigung und Diskriminierung für die betreffende Person eindrucksvolle Repressalien zur Folge haben.

Ich erhielt eine Nachricht von einem ganz besonderen Freund, den ich in Nordrhein-Westfalen hatte, Dr. Grunau, ein Bausachverständiger, der über Deutschlands Grenzen hinaus als anerkannter Fachmann auf seinem Gebiet einen großen Namen hatte. Er wurde bei den kompliziertesten Sanierungsarbeiten, die anstanden, bei Hochhäusern, Parkdecks, bei Schäden, die sich in den Fundamenten abgezeichnet hatten, regelmäßig zur Hilfe gerufen. Ich war inzwischen mit unserer Firma Mitglied im Deutschen Holz- und Bautenschutzverband, der im gesamten Bundesgebiet Niederlassungen hatte. In diesem Fachverband war es mir im Laufe der Monate möglich, mein fachliches Wissen in Abendkursen zu erweitern. Ich legte dort auch entsprechende Prüfungen ab. Zwischenzeitlich wurde ich von manchen Grundeigentümern oder Architekten um Gutachten gebeten, die in meinen Arbeitsbereich fielen. Dr. Grunau bat mich in dem Vorgespräch, das er telefonisch mit mir geführt hatte, um mindestens zwei Stunden Zeit für ein mit mir zu führendes persönliches Gespräch. Inzwischen hatte unsere Firma über die Grenzen Hamburgs hinaus einen sehr guten Ruf. Der Fachbetrieb, den wir führten, hatte einen festen Platz im Bereich der Gebäude- und Fassadensanierung. Dr. Grunau, der hier in Hamburg viele Verwandte hatte, machte ein- bis zweimal im Monat einen Besuch bei Freunden, Firmen oder eben Verwandten. Er eröffnete mir innerhalb unseres Gespräches ein interessantes Projekt.

Wir waren einer Meinung, dass der rasche Aufbau der deutschen Städte ein riesiges Potenzial an Bauschäden aller Art aufzuweisen hatte. Dies waren nicht nur Gebäude, sondern zum Beispiel auch Brücken. Und an dem Beispiel der Brücken machte er mir Folgendes klar: „Wenn Du heute eine Brücke siehst in Deutschland, weist sie folgende Mängel auf: das stählerne Korsett einer Brücke, der Stahl, der eine bedeutende Rolle spielt, ist nicht, wie es die Vorschrift verlangt, mit entsprechenden mehrfachen Schutzanstrichen versehen. Und dann mit mindestens zwei Zentimeter wasserundurchlässigem Beton überzogen, sondern einmal einfach Mennige drüber, und das war es. Ich garantiere Dir, dass diese Brücken in spätestens zwanzig, allerhöchstens dreißig Jahren abbruchreif sein werden. Dann wird der Aufwand zur Wiederherstellung einer neuen Brücke Millionenbeträge erfordern. Gleichzeitig müssten bei diesen Arbeiten Autobahnen gesperrt werden. Wir können nur erahnen, was wir in dreißig Jahren für ein Verkehrsaufkommen auf den Autobahnen haben. Das alles ist mit einem geringen finanziellen Aufwand zu verhindern.

Ich habe die Idee für einen Fachverband, den wir gründen sollten, das Ganze erkläre ich Dir jetzt unter dem Siegel der Verschwiegenheit. Wir nennen uns: Arbeitsgemeinschaft für Bauwerkerhaltung und Bauwerkerneuerung. Wir sind eine Gruppe von exzellenten Fachleuten, die in Deutschland fehlen. Die Architekten von heute und die Bauingenieure, die für den Wiederaufbau Deutschlands verantwortlich sind, haben keine Ahnung von Bauchemie und von der Verhinderung von

Bauschäden aller Art. In diesem Fachverband stellen wir unser Wissen zur Verfügung. Wir schlagen einen TÜV am Bau vor, wie er in der Autoindustrie selbstverständlich ist. Wir prüfen Brücken und Gebäude und machen in Zusammenarbeit mit der Bauchemie entsprechende Vorschläge. Ich habe bereits zehn der größten produzierenden Unternehmen angesprochen, die dem neuesten technischen Stand entsprechend Produkte herstellen, die auch schon im Bauhandwerk, das sich mit Sanierungen befasst, eingeführt sind. Gleichzeitig gibt es kein Problem, qualifizierte ausführende Firmen für diesen Verband zu gewinnen." Ich war von diesem Vorschlag begeistert, ahnte aber noch nicht, was auf mich zukommen würde:

Ed, so war sein abgekürzter Vorname, verließ mich mit den Worten: „In spätestens drei Monaten kommen wir zur Gründungsversammlung dieses Verbandes zusammen." Und genauso war es. Zwischenzeitlich allerdings war ich im deutschen Holz- und Bautenschutzverband für Hamburg und Schleswig-Holstein zuständig und war Mitglied im Vorstand. Die Einladung ging nach Erftstadt bei Köln an alle Interessierten, eventuell also an die zukünftigen Mitglieder der ABE. So sollte die Abkürzung sein.

An der Gründungsversammlung nahmen etwa dreißig Unternehmen teil. Die kamen aus produzierenden Unternehmen und aus ausführenden mittleren und größeren Handwerksbetrieben aus dem gesamten bundesdeutschen Gebiet. Nachdem Dr. Grunau alle Anwesenden noch einmal über die Möglichkeiten dieses Verbandes und über die Mitgliedschaft aufgeklärt hatte – nur qualifizierte Fachfirmen konnten Mitglied werden – kam er auf den wichtigsten Punkt der Tagesordnung: Er erläuterte, dass für den Vorstand nur solche Leute in Frage kämen, die dieser kommenden Aufgabe auch gewachsen seien. Man müsste absolut qualifiziert sein, um über sämtliche Maßnahmen, die für die Erhaltung eines Gebäudes notwendig waren - gleichgültig ob Kirche, Schule, Hochhaus, Flachdächer, egal, um was es sich handelte - im Bereich der Baumaßnahmen zu verfügen. Desgleichen müsse er das Geschick haben, den Verband beim Bundeswohnungsbauministerium vertreten zu können. Und alle Anfragen von Architekten und Wohnungsbaugesellschaften entsprechend auf Firmen übertragen, in deren Gebiet die Anfrage beantwortet werden müsste. Bei einer Großveranstaltung müsste er lückenlos einen Vortrag vor dem zu erwartenden Publikum abhalten können.

„Hierfür, liebe Kollegen, möchte ich einen Vorschlag machen. Ich könnte mir vorstellen, dass diese Person alle erforderlichen Voraussetzungen erfüllt. Ich würde mich freuen, wenn Sie meinem Vorschlag, den ich gleich machen werde, folgen würden. Ich sehe den hier Anwesenden jungen Kollegen aus Hamburg, Herrn Ivar Buterfas, er ist für dieses Amt mehr als qualifiziert. Wir wollen in geheimer Abstimmung darüber entscheiden, und wenn noch jemand anderes zur Wahl ansteht, dann bitte ich um Handzeichen. Ansonsten bitte ich Sie, den vor Ihnen liegenden Zettel zu unterschreiben, und ich bitte Herrn Dr. Vollmann dann, das Auszählen der Stimmen vorzunehmen. Nach einer Viertelstunde befanden sich alle Zettel in dem dafür vorgesehenen Gefäß, die Auszählung begann. Mit achtunddreißig Stimmen und zwei Enthaltungen wurde ich einstimmig zum Präsidenten der Deutschen Arbeitsgemeinschaft für Bauwerkerhaltung und Bauwerkerneuerung gewählt. Unser Büro in Hamburg wurde vorerst für die ABE eingerichtet. Meine Sekretärinnen wurden hier in Personalunion mit den erforderlichen Verbandsarbeiten betraut. Diese Aufgabe und diese Position war ein Schritt, den ich vollzogen habe, obwohl ich ihn gar nicht begreifen konnte. Viel später erst ging mir auf, wie viel Wertschätzung man meiner Person und ihrem fachlichen Wissen entgegenbrachte.

Mein erster großer Auftritt war in der Deutschlandhalle in Berlin, auf dem ersten nationalen und internationalen Kongress der ABE in Berlin. Ein voller Erfolg für unseren Verband – und die Fachwelt äußerte sich ausgesprochen positiv.

Einen Ausfall gab es: Durch eine schwere Krankheit verhindert, die mich etwa ein Vierteljahr weder die Firma noch die ABE führen ließ, bat ich Ed um Verständnis - um Schaden von unserer Firma fernzuhalten - dass ich für diese Zeit den zweiten Vorsitzenden mit meiner Aufgabe betrauen musste. Es handelte sich um den Inhaber eines bedeutenden Herstellers von elastischen Fugen, von Silikon und anderen Stoffen, die später in jedem Baumarkt erhältlich waren: Herrn Klaus-Jürgen Jahn aus Berlin. Wenn ich nun wieder die Leiter vor mir sehe und daran denke, dass alles mit dem Reinigen von Schiffstanks begann, als ich sechzehn Jahre alt war. Und jetzt sehe ich im Geiste wieder die Leiter vor mir, auf der ich nun mit an Sicherheit grenzender Wahrscheinlichkeit mindestens drei Stufen auf einmal genommen hatte. Für mich war die Ehrung und Anerkennung bei der Stellung, die ich hier einnahm, etwas Unbekanntes. Bisher hatte ich alles ganz allein veranstaltet. Ich musste mich durch alle Schwierigkeiten durchboxen. Und nun kam die Anerkennung und Zustimmung aus fast ganz Deutschland. Ich habe einige Tage

gebraucht, um das zu verkraften. Ich hatte mich sprichwörtlich nach oben geboxt.
Das ist auch der Beginn eines ungewollten neuen Kapitels, das mit meinem Beruf überhaupt nichts zu tun hat. Von jeher war ich ein begeisterter Anhänger der edlen Kunst des Fechtens mit den Fäusten. Für meine Frau war es immer eine Freude, wenn sie mir bei einem großen Kampfabend als Überraschung eine Kampfkarte beschaffte. Sie selbst war gar nicht an diesem für ihre Begriffe doch etwas rauen Sport interessiert. Das war bei mir ganz anders, und es dauerte auch nicht lange, da bestellte ich mir zu großen Kampftagen meine Karte gleich beim Präsidenten des Deutschen Profiboxverbandes in Hamburg.

Dessen Präsident war ein ganz origineller Typ. Er war weit über Deutschlands Grenzen hinaus bekannt, ganz gleich ob in Frankreich oder Italien oder Spanien. Sein Markenzeichen war eine riesige Brillantnadel, etwa im Ausmaß eines Fünfmarkstückes. Am Rand rundherum besetzt mit Brillanten. In der Mitte stand in Brillanten ein „TW" - das waren die Initialen von Theo Wittenbrink. An der rechten Hüfte trug er einen riesigen Colt, der ebenfalls mit Brillanten besetzt war und am Griff die gleichen Initialen hatte. Natürlich hatte er auch einen Gürtel und ein großes Koppel, das ebenfalls rundherum mit Brillanten besetzt war und links und rechts mit den Initialen T und W. Es verstand sich von allein, dass er auch einen großen Siegelring an einem Finger trug, der die anderen beiden danebenliegenden Finger mit seinem Ausmaß verdeckte. In den Kreisen, in denen er sich bewegte, hieß er nur Goldfinger. Ständig an seiner Seite, und das war begreiflich, befand sich eine ausgewachsene Dogge, die wahrscheinlich – ich kann es nicht genau sagen – diese lebendige Schatztruhe auf zwei Bei-

nen vor ungebetenen Menschen, die es auf seinen Schmuckladen abgesehen hatten, bewachen sollte.
Ansonsten war er wirklich ein umgänglicher Typ. Ich hatte nun schon mehrfach, wenn es die Zeit erlaubte und ich mir persönlich eine Karte bei ihm abgeholt hatte, interessante Gespräche über das Boxen geführt. In Deutschland war der Boxsport fast am Ende. Wenig wurde über gute Kämpfe berichtet, aber immer mehr über Skandale. Und wenn es gute Veranstaltungen in der Hamburger Ernst-Merck-Halle gab, dann gab es nicht viel über den Sport zu berichten, sondern mehr über die Damen, die in der ersten Reihe saßen und dafür bekannt waren, dass sie durch langsames Gehen schneller vorwärtskommen wollten. Das alles störte mich nicht, ich identifizierte mich nur mit dem Sport.

Ein großer Boxabend in Frankfurt am Main stand an. Dort boxte Muhammad Ali, bei dem alle Boxsportfreunde nachts aufstanden, wenn er in Amerika mit tänzelnden Bewegungen, stechend wie eine Biene und flink wie ein Schmetterling, die Menschen begeisterte. Später sollte ich Muhammad Ali persönlich kennenlernen, weil ich zum technischen Direktor aufstieg und Muhammad Ali zweimal veranstalten durfte - in der Berliner Deutschlandhalle und vorher in der Essener Gruga-Halle.

Der Kampf Muhammad Ali gegen Henry Cooper fand in Frankfurt statt. Henry Cooper war Europameister im Schwergewicht und Muhammad Ali in allen drei bestehenden Weltverbänden. Ich war von Hamburg aus auf Einladung von Theo Wittenbrink mit ihm nach Frankfurt geflogen. Dort trafen wir am Flughafen die Schauspielerin Margot Hielscher, die ebenfalls eine Einladung zu diesem Boxabend bekommen hatte. Wir hatten natürlich ausgezeichnete Plätze, aber als wir uns beim Hauptkampf gerade hingesetzt hatten, hörten wir nur noch den Ringrichter, der „8, 9, aus!“ rief. Der Kampf war schneller zu Ende, als wir Platz nehmen konnten. Muhammad Ali hatte wieder vorzeitig einen Kampf durch K.O. beendet. Doch wir blieben trotz allem sitzen, es gab ja noch ein sogenanntes Rahmenprogramm.

Bei dieser Gelegenheit wurde ich ein Opfer des deutschen Berufsboxens. Theo Wittenbrink führte folgendes Gespräch mit mir: „Du bist ein so begeisterter Anhänger unserer Sportart. Es gab auch schon mal bessere Tage, wenn wir an den einzigen Weltmeister im Schwergewicht denken, Max Schmeling.“ Er führte mindestens zehn weitere erstklassige Boxer in vielen Gewichtsklassen auf: Männer wie Hein ten Hoff, Walter Neusel oder Bubi Scholz - sie alle haben den Boxsport in der Welt bekannt gemacht. „Heute stehen wir in Deutschland im Berufsboxsport vor einem Scherbenhaufen.“ Ich konnte ihm nicht widersprechen, denn mit allem, was er sagte, hatte er bedauerlicherweise recht. Jetzt aber kam das Entscheidende in dem Gespräch: „Du bist ein begeisterter Boxsportanhänger. Warum hilfst Du uns nicht, den Sport zu erhalten? Vielleicht nur bis zu einem Zeitpunkt, an dem vielleicht andere Zeiten kommen. Wenn wir die Elemente losgeworden sind, die den Verband schädigen und wir wieder einen seriösen Neuanfang machen können.“ Ich muss ihn hilflos angesehen haben, denn das war das Letzte, was man mir vorschlagen durfte: aktiv im Boxsport eine Rolle zu spielen. Er bat mich, doch mal zu einem unverbindlichen Gespräch in sein Büro zu kommen, er wolle mir dort Einiges erklären.

Ich mochte ihm nicht gleich einen Korb geben, deutete aber an, dass ich mit meiner Firma und mit dem Vorsitz in der ABE eigentlich mehr als ausgelastet sei. Trotz allem verstand er es, meine Bedenken auszuräumen.

Ehe ich mich versah, hatte ich ein Buch in der Hand, das neben einer Auflistung über alle Lizenzen, die man erwerben musste, auch die entsprechenden Verhaltensmaßregeln enthielt. Ich musste nach den sportlichen Regeln für die Lizenz als technischer Leiter, für die Lizenz eines Veranstalters und für die Lizenz eines Managers alle dafür erforderlichen sportlichen Regeln beherrschen und darüber auch vor einem Gremium eine entsprechende Prüfung ablegen. Die Voraussetzung dafür war natürlich, dass ich ein einwandfreies polizeiliches Führungszeugnis besaß. Zwischenzeitlich hatte ich im Jahr 1964 endlich - nach einer Dauer von fast neunzehn Jahren - für mich und für meine Kinder, die ja als Staatenlose geboren worden waren, die deutsche Staatsbürgerschaft erhalten. Der Fremdenpass ist heute noch in meinem Besitz. Aber jetzt besaß ich endlich einen Personalausweis.

Ich hatte alle sportlichen Regeln beherrscht und alle erforderlichen Prüfungen bestanden. Im Nachhinein muss ich aber sagen: Das war etwas, was nie eingeplant gewesen war: nach meiner großen Leidenschaft zu diesem Sport nun auch noch persönlich dort einzugreifen. Aber wer A sagt, muss ja auch B sagen, und so war ich häufig Gast im Büro von Theo Wittenbrink. Ich muss dazu sagen, dass sich die Arbeiten in der ABE in Grenzen hielten. Längst hatten wir verlässliches Personal, das auch die Aufsichtspflicht an den Baustellen, die Organisation und die Überprüfung der Leistungen sorgfältig vornahm. Und es gab tatsächlich zeitliche Lücken, in denen ich mich dieser eigentlich ganz interessanten Aufgabe widmen konnte.

Ich war auch auf die Überraschungen neugierig, die diese neue Aufgabe für mich parat hielt. Wir hatten sofort eine Trainingshalle von dem Amateursportverein der Polizei Hamburg erhalten. Dort konnten die Profis, die ehemals Amateure gewesen waren, zweimal in der Woche trainieren. Wegen zu geringer Beschäftigung konnten sie vom Profisport nicht leben. Recht schnell hatte ich zwei Trainer. Einer war mehrfacher Deutscher Meister im Halbschwergewicht und früher der Klassenkamerad meiner Frau in Hamburg gewesen: sein Name war Heini Meinhardt. Und er war bei allen Sportlern sehr beliebt. Der zweite Trainer war Horst Volpert. Jetzt fehlten nur noch die Akteure. Blitzartig sprach sich in Deutschland herum, dass ein neuer Manager aus Hamburg Versuche unternahm, seinen Beitrag zum Erhalt des Berufsboxsportes zu leisten. Auch die Sportjournalisten von den Hamburger Zeitungen führten mit mir Gespräche über eventuelle Pläne, die ich hätte. Ich konnte ihnen nur antworten, dass ich nicht wüsste, wie sich meine Arbeit trotz aller Bemühungen entwickeln würde.

Als Erstes kam ein Leichtgewichtler zu mir, der seinen Europameistertitel sieben Mal mit Erfolg verteidigte. Mit ihm schloss ich den ersten Vertrag. Dann folgten in den verschiedensten Gewichtsklassen weitere sechs Sportler, darunter auch ein deutscher Meister im Schwergewicht bei den Amateuren, groß und gut aussehend, dreiundzwanzig Jahre alt. Er hätte also bei langsamem Aufbau in die Fußstapfen von dem in Deutschland und in der Welt unvergessenen Max Schmeling treten können. Sehr rasch wurden meine Profis in ganz Europa beschäftigt. Mir war es möglich, in einer Frist von zwei Jahren in den verschiedenen Gewichtsklassen vier deutsche Meister und eine Ausscheidung um die Weltmeisterschaft im Schwergewicht, Austragungsort Durban in Südafrika, vom Weltverband zu erhalten.

Der Gegner meines Schwergewichtlers war ein ehemaliger Polizist, der vom Dienst suspendiert wurde, weil er angeblich einmal versehentlich ein schwarzes Kind erschossen hatte. Als wir im Hotel in Durban eingecheckt hatten, waren dort etwa zweihundert schwarze Menschen, die auf uns warteten, anwesend. Sie baten darum, seinen Gegner für das, was er dem Kind angetan hatte, zu bestrafen. Da hinzukommen und wieder einen Ausscheidungskampf für einen deutschen Sportler um die Weltmeisterschaft zu erhalten, war bei dem Zustand, in dem sich der deutsche Boxsport zu dieser Zeit befand, eine große Sensation. Der Neid unter den vorhandenen Veranstaltern in Deutschland war sehr groß. Schließlich mussten sie von dem, was bei einer Veranstaltung herauskam, leben. Das war bei mir nicht der Fall.

Meine Frau war von meinem zusätzlichen sportlichen Engagement nicht sonderlich begeistert, trotzdem begleitete sie mich bei Veranstaltungen nach Spanien, Jugoslawien, mehrfach nach Dänemark (Kopenhagen) und natürlich nach Südafrika, nach Durban. Vierzehn Tage vorher mussten wir anreisen, wegen der Umstellung auf das Klima. Und sollte sich mein Schwergewichtler möglicherweise - weil ja weiter trainiert werden musste - vor dem Kampf verletzen, so musste der Veranstalter die Möglichkeit haben - da die Planung für diesen

Hauptkampf in vollem Gange war und viele Karten im Vorverkauf verkauft worden waren - noch für einen Ersatz sorgen zu können. Unendlich viele Dinge waren zu berücksichtigen, die ein solcher Kampfabend erforderlich machte.

Es gab einen interessanten Anruf: Eine Werbefirma wollte mit meinem Schwergewichtler Aufnahmen machen. So etwas wird in der Regel gut honoriert, und überhaupt erhielt unser Schwergewichtler für diesen Kampf eine fünfstellige Summe. Das war ein stolzer Betrag für eine Chance nach so kurzer Zeit. Der Kampf endete in der siebten Runde mit einem Abbruch, weil er sich die rechte Hand verletzte. Ich bekam einen Anruf vom Management der Firma Rindt. Es wurde von der Ehefrau des weltbekannten Rennfahrers Jochen Rindt geleitet, der bereits tödlich verunglückt war. Mir als technischem Leiter wurde folgender Vorschlag gemacht: „Muhammad Ali ist auf Werbetour für den kommenden Präsidenten Amerikas, Herrn N., und er würde bei dieser Gelegenheit gern zwei Kämpfe als sogenannte Schaukämpfe in Deutschland absolvieren." Mir kam eine Veranstaltung mit einem solchen Mann als die Krönung aller bisherigen Bemühungen vor.

Mein Schwergewichtler und ich und der Präsident des Deutschen Berufsboxsportverbandes holten Muhammad Ali am Flughafen Düsseldorf ab. Mein Schwergewichtler stammte aus dem Saarland und hatte also den saarländischen Dialekt. Wir standen Muhammad Ali bei der Begrüßung gegenüber. Er hatte zu diesem Zeitpunkt mindestens zwanzig Kilo zugenommen. Nach der Begrüßung sagte Butzbach zu mir: „Für diesen Mann bin ich nachts aufgestanden, und jetzt steht so´n fettes Ungeheuer vor mir. Dem werde ich morgen so viel reinhauen, dass er noch lange an mich denkt." Ein Muhammad Ali begleitender Journalist war in Deutschland sehr bekannt und der einzige Weiße, den Muhammad Ali bei allen Kämpfen in seiner Nähe geduldet hatte. Ihn fragte Muhammad Ali, was mein Schwergewichtler da gemurmelt hätte. Wortgetreu wiederholte Ben Wett das, was Butzbach über Ali gesagt hatte. Ali verzog nur etwas das Gesicht, ging etwas auf Butzbach zu, klopfte ihm auf die Schulter und sagte dann: „Bravo, mein Junge, genauso hab ich auch mal angefangen."

Beide Veranstaltungen hatten einen ungeheuren Zulauf.
Später - nachdem fast vier Jahre vergangen waren und ich Kämpfe mit Trainern von zwanzig Aktiven gehabt hatte - bat ich im Anschluss an diese beiden großen Veranstaltungen Theo Wittenbrink um Verständnis, dass ich mich aus beruflichen Gründen dazu entschlossen hätte, mein Engagement schweren Herzens aufzugeben. Es sollte nicht lange dauern, nur noch wenige Jahre, dann öffneten sich die Grenzen in Osteuropa. Und das Beste, was die DDR an Amateuren zu bieten hatte, kam nach Westdeutschland. Darunter Leute wie Henry Maske, der mehrfach seinen Titel als Weltmeister verteidigte und heute ein bedeutender Unternehmer in Leverkusen ist. Darunter auch Axel Schulz, den alle Deutschen in guter Erinnerung haben, und noch viele andere. Später habe ich mich gefreut, als mir die beiden Klitschko-Brüder, die aus der Ukraine kamen, vorgestellt wurden. Ich habe Erinnerungen an diese beiden Boxer, die ich nie vergessen werde.

Längst gab es zwischen Max Schmeling, meiner Frau und mir eine echte Freundschaft. Ich durfte ihn zu einer großen Hommage für ihn nach Amerika begleiten. Es war ein Jahr nach dem Tod seiner großen Liebe Anni Ondra, einer tschechischen Schauspielerin, mit der er fünfzig Jahre glücklich verheiratet gewesen war. Wir haben uns dutzende Male getroffen, und ich werde bei jeder sich bietenden Gelegenheit als Holocaust-Überlebender Max Schmeling gegen jede Form von Diskriminierung hinsichtlich seines Verhaltens in der Nazizeit verteidigen. „Wer eine solche Rolle gespielt hat in dieser Zeit und ein einzigartiger Vorzeige-Athlet war, dem ist es sicher schwergefallen, sich dem Nationalsozialismus zu entziehen. Wenn Sie aber einen Film sehen, in dem Hitler und Schmeling zusammen auftreten, werden Sie feststellen müssen: Er trägt an seinem Revers kein goldenes Parteiabzeichen und war weder Mitglied in der NSDAP noch überhaupt Nationalsozialist."

In allen Kämpfen arbeiteten für Max Schmeling - zum Leidwesen der Nazis - als Manager und Trainer Juden. Ich selber war auf Einladung von Max 1989 in Amerika. In Las Vegas war für ihn eine Riesen-Veranstaltung vorbereitet, wie die Amerikaner es gewohnt sind. Der Grund: 1938 hatte ihn sein Schneider Lewin gebeten: „Max, rette meine beiden Söhne. Meine Frau und ich werden abgeholt." Max versteckte beide Jungs in seiner Wohnung in Potsdam und brachte sie dann über seine Beziehungen nach Amerika. Henri, der ältere, wurde nach kurzer Zeit die rechte Hand von Conrad Hilton und führte später das größte Hotel in Las Vegas, jenes Hotel, das man noch immer im Fernschen sehen kann, das Hotel Sands. Ein deutscher Journalist, der schon über die Olympiade 1972 geschrieben hatte, wollte unbedingt von mir hören, dass man Max in Amerika niedergeschrien habe. Oder Ähnliches. Dem musste ich ganz energisch widersprechen. Die Leute sind teilweise aus New York gekommen, um Max Schmeling noch einmal zu sehen. Über Amerika erhielt er auch die Lizenz für Coca Cola in Hamburg. Und er schickte bis zu Joe Lewis' Tod dessen Frau jeden Monat einen hohen Scheck in Dollars. Beide Jungs, Henri und Werner Lewin, wollten ihrem Lebensretter Danke sagen für das, was er für sie getan hatte. Ich selber freue mich, dass ich neben Max Schmeling in einem der letzten Bücher, das über ihn veröffentlicht wurde, gezeigt werden konnte. Bilder, gemeinsam mit Mike Tyson und anderen ehemaligen Weltmeistern, mit Schauspielern wie Michael Douglas und anderen, die bei diesem großen Fest für Max anwesend waren. Das große Herz und Max' Seele aber waren einmalig. Jeden Monat bis zu seinem Tode - und er ist neunundneunzig Jahre alt geworden - schickte er, ohne seinen Namen preiszugeben, dreißig Hamburger Menschen vierhundert DM und später Euro. Als ich ihn einmal fragte, wieso er das mache, gab er mir eine einfache Erklärung: „Das Geld geht an verschämte Arme, die zu stolz sind, zum Sozialamt zu gehen." Er bleibt wahrscheinlich für immer einer der größten deutschen Sportler – und für mich ein ganz bedeutender Mensch. Mir ist vorher nie jemand mit solchen Qualitäten begegnet. Mit meiner Frau besuche ich oft sein Grab im nahegelegenen Hollenstedt.

Ein riesiges Grundstück mit weit über hunderttausend Quadratmetern vermachte Max Schmeling der Gemeinde Wenzendorf. Dort stehen heute mindestens zwanzig wunderschöne Einfamilienhäuser. Die Straße nennt sich, wie kann es anders sein, Anni-Ondra-Bogen. Das letzte Mal durfte ich in der Max-Schmeling-Halle in Hollenstedt anwesend sein - für mich eine besonders große Ehrung -, als ihm zu Ehren das

Max-Schmeling-Denkmal eingeweiht wurde. Das Ganze wurde von einem Mann organisiert, der sich so unendlich für ihn eingesetzt hatte. Dies war der ehemalige Bürgermeister Hollenstedts, Herr Herbert Woltmann, an den ich auch nur die besten Erinnerungen habe. Wir haben zu dritt einmal Skat gespielt - mit Max. Das war ein Erlebnis, das ich bis zu meinem Tod nicht vergessen werde.

Der erste Besuch, den ich in Hollenstedt auf Einladung von Herrn Schmeling mit meiner Frau machte, hat bei uns beiden einen tiefen Eindruck hinterlassen. Das Wohnzimmer war schlicht, aber urgemütlich. Was meiner Frau und mir sofort auffiel: zwei nebeneinanderstehende Sessel, die im Blickwinkel auf den Fernseher ausgerichtet waren, der gegenüber stand. Gemütliche Fernsehsessel. Beeindruckend: neben dem linken Sessel, auf dem wohl Anni immer Platz genommen hatte, befanden sich vor dem Sessel noch ihre Hausschuhe. Sie erinnerten Max wohl daran, dass Anni früher neben ihm gesessen hatte. Ich freute mich immer sehr, wenn das Telefon klingelte und Herr Schmeling dran war. Ich erinnere mich ganz besonders an ein Telefonat, in dem er mich dringend bat, wenn es möglich sei, ihn noch am gleichen Tag in seinem Haus in Hollenstedt aufzusuchen. Wann immer Herr Schmeling bei mir anrief und einen Wunsch hatte, war ich so schnell als möglich zur Stelle. Auch dieses Mal.

Er hatte einen Brief in der Hand und sagte nur: „Lesen Sie mal!“ Der Absender war die weltbekannte Raoul-Wallenberg-Stiftung in Stockholm. Man muss wissen, dass Raoul Wallenberg aus einer bedeutenden schwedischen Familie stammte. Er selber gehörte als Diplomat zur schwedischen Regierung.

Raoul Wallenberg wurde auf Beschluss der schwedischen Regierung in den Vierziger Jahren nach Ungarn geschickt. Dort hatte die Judenverfolgung eingesetzt und endete ja auch erschreckenderweise später mit der Ermordung von ca. vierhunderttausend Männern, Frauen und Kindern der jüdischen Religion. Die schwedische Regierung hatte beabsichtigt, so viele ungarische Juden als möglich vor der Ermordung zu bewahren. Deshalb hatte Raoul Wallenberg den Auftrag, zahlreiche Häuser in Schweden zu erwerben, die dann unter schwedische Neutralität gestellt wurden. Hier suchten nun viele Juden Zuflucht, die ihnen auch gewährt wurde, und wurden Angestellte der schwedischen Nation.

Ein unglaubliches Drama ereignete sich, als Raoul Wallenberg beim Einmarsch der Sowjetunion in Budapest die Russen begrüßte. Sie verhafteten ihn, und er wanderte durch die verschiedensten Straflager in der Sowjetunion. Die schwedische Regierung versuchte bis zu seinem Tod, Raoul Wallenberg von diesen schrecklichen, teilweise unmenschlichen Straflagern zu befreien und nach Schweden zu holen, leider ohne Erfolg. Er starb irgendwo in Sibirien. Die Raoul-Wallenberg-Stiftung in Stockholm verleiht an besondere Persönlichkeiten eine der höchsten schwedischen Auszeichnungen, die Raoul-Wallenberg-Medaille. Diese Auszeichnung wollte man Herrn Schmeling für die Rettung der beiden Jungen Henri und Werner Lewin verleihen. Mit ihm hatte noch eine weitere Persönlichkeit mit holländischer Staatsbürgerschaft diese Auszeichnung erhalten. Es handelte sich um die Sekretärin Miep Gies. Sie war die Sekretärin von Otto Frank. Otto Frank war der Vater von Anne Frank, die in den letzten Tagen vor der Befreiung des Lagers Bergen-Belsen gestorben war. Herr Schmeling war davon überzeugt, dass dies eine besondere Ehrung war. Aber er machte mir einen Vorschlag, für den ich einige Augenblicke brauchte, um mich davon zu erholen. Er sagte: „Ich erstatte Ihnen alle Kosten, und Sie gehen für mich nach Stockholm und nehmen in Vertretung für mich diese Auszeichnung entgegen." Ich muss nicht betonen, dass ich für Herrn Schmeling fast alles getan hätte. Aber: Hier machte ich ihm deutlich klar, dass dies für mich nicht in Frage käme. Diese Auszeichnung machte noch einmal deutlich, was er für die Rettung dieser beiden Jungs getan hatte. Eine vorbildliche Leistung: Wer in der Nazizeit verfolgten und unterdrückten Menschen durch Verstecken oder sonst wie hätte helfen können, der hätte dies durchaus auch tun können. Wobei man nicht unerwähnt lassen darf: Wäre eine solche Unterstützung für einen Juden bekannt geworden, hätte es für die Person durchaus den Tod bedeuten können. Nach meiner Ablehnung fragte mich Herr Schmeling, ob ich zumindest, da ich jetzt über diesen Vorgang informiert sei, einen Brief an die Wallenberg-Stiftung schreiben könnte mit dem Inhalt, dass er in seinem Alter so große Reisen nicht mehr gern unternehme und viele Verpflichtungen habe hinsichtlich seines Engagements für Coca Cola. Auf meine Frage: „Warum nehmen Sie eine solche ehrenvolle Auszeichnung nicht wahr?", war seine schlichte Antwort: „Was ich getan habe, würde ich immer wieder tun. Aber es ist kein Grund, dass ich mich für irgendetwas in dieser Art vereinnahmen lasse." In meinem Leben bin ich kaum einem Menschen begegnet mit einer derartigen charakterlichen Einstellung.

Auf der langen Flugreise nach Las Vegas hat Herr Schmeling mir sehr viel aus seinem Leben erzählt. Dinge, die recht vertraulich waren. Er bemerkte, zu seinen Lebzeiten möchte ich diese Dinge bitte für mich behalten. „Wenn ich einmal nicht mehr bin, dürfen Sie gern darüber schreiben." Viele Straßen und Plätze tragen heute den Namen Schmeling. Zwischenzeitlich gibt es auch in Berlin die Max-Schmeling-Halle. Deutlicher kann man eine Ehrung für einen Menschen nicht zeigen. Eine bedeutsame Sache, an der ich aus zeitlichen Gründen nicht teilnehmen konnte, spielte sich in seinem Geburtsort Klein Luckow ab. Dort gibt es heute noch das Max-Schmeling-Café. Er fragte mich rechtzeitig - vor einem Termin, den er dort hatte - ob ich ihn nicht begleiten möchte. Aber zur gleichen Zeit hatte ich eine wichtige Veranstaltung an St. Nikolai zu organisieren (es ging um die achttägige Welt-Friedens-Woche mit der Beteiligung von Japan und dreißig weiteren Nationen). Aus seinen späteren Erzählungen über diesen Besuch bekam ich folgende Information von ihm:

Er besaß dort nicht nur ein eigenes Haus mit einem der ersten Swimmingpools, wie er sie bei seinen Aufenthalten in Amerika gesehen hatte, sondern auch eine ganze Reihe von kleineren Einfamilienhäusern, die aber alle bei der Teilung Deutschlands in die damalige sowjetisch besetzte Zone gefallen waren. Diese Häuser sind bis heute noch bewohnt. Die Eigentümer waren alle zu dem Gespräch eingeladen worden und hatten natürlich Angst, dass Herr Schmeling berechtigterweise sein Eigentum nun zurückverlangte. Sie kamen aus dem Staunen nicht heraus, dass er sich nun bei jedem Einzelnen bedankte und sich freute, dass sie - trotz der schwierigen Situation, Arbeiten an den Häusern durchzuführen - alles verhältnismäßig gut in Schuss gehalten hatten. Nebenbei bemerkte er einem Eigentümer gegenüber, dessen Einkommen

auch zu DDR-Zeiten äußerst beschränkt war: „Bei Ihnen sind im Gegensatz zu den anderen Häusern sehr viele dringende Maßnahmen zur Beseitigung vorhandener Schäden erforderlich. Deshalb erhalten Sie, damit Sie die Arbeiten schnellstens durchführen können, einen Betrag von fünfundzwanzigtausend DM."
Das musste man erst mal verinnerlichen.

Die größte Überraschung für meine Frau und mich erwartete uns einige Wochen später. Nach seinem Besuch in seiner ehemaligen Heimat. Er bat uns dringend zum Kaffee nach Hollenstedt. Er müsse etwas Dringendes mit uns beiden besprechen. Meiner Frau und mir war klar, dass wir uns auf eine neue Überraschung einstellen können.

Wir nahmen bei wunderschönem Wetter in seinem Garten Platz, und beim gemeinsamen Kaffee erzählte er mir erst einmal etwas über das große Gefäß, in dem sich Honig befand. Er sagte: „Ich freue mich, wenn ich hier sitze und die Bienen beobachten kann. Wie sie sich mit Inbrunst auf diese Futterstelle stürzen." Wir wussten nicht, ob wir das merkwürdig finden sollten oder ob das ein besonderer Wunsch war, den Herr Schmeling sich mit dieser Einrichtung für das hungrige Bienenvolk erfüllt hatte. Nachdem wir uns über einen längeren Zeitraum unterhalten hatten, sagte er: „Ach, lasst uns mal zum gemeinsamen Abendessen in den Hollenstedter Hof fahren. Das war sein Stamm-Restaurant, in dem er häufig zum Essen ging. Er war auch mit dem Inhaber-Ehepaar seit Langem befreundet. Viele Menschen wussten, dass Max Schmeling oft dort anzutreffen war. Und viele Menschen hatten auch den Wunsch, ihn einmal dort anzutreffen, um sich dann vielleicht für einen kurzen Augenblick mit ihm zu unterhalten. Deshalb gab es einen Extra-Raum für ihn, der von dem Restaurant aus zu betreten war und zu dem niemand sonst Zutritt hatte, nur das Ehepaar und die Bedienung, die seine Wünsche erfüllte. So war Herr Schmeling immer vor ungebetenen Gästen geschützt.

Niemand kann sich vorstellen, wie groß der Aufmarsch von Zeitung, Rundfunk und Fernsehen war, wenn Herr Schmeling zu irgendeiner Nikolai-Veranstaltung zum Hopfenmarkt kam. Einmal nahm auch unser Senatspräsident Dr. Henning Voscherau teil, wie so oft. Als die Veranstaltung schon begann und Herr Schmeling sich etwas verspätet hatte, wurde er von den Journalisten belagert, und nun hatten sie an niemand anderem mehr Interesse. Herr Schmeling kam meist deshalb zu Veranstaltungen zu spät, um, dass muss ich wohl so sagen, sich vor der Meute zu schützen. Ich sprach ihn einmal auf diese Situation an, und er erklärte mir: „Ich habe sechzig Jahre lang den Medien zur Verfügung gestanden, nun muss jeder begreifen, dass ich auch etwas Ruhe haben möchte.“

Nachdem wir im Hollenstedter Hof gespeist hatten, sagte er: „Jetzt will ich euch zeigen, weswegen ich euch zu mir gebeten habe. Ich habe mein Vermögen in eine Max-Schmeling-Stiftung eingebracht, und hier ist die Liste derer, die mit dem Überschuss der entsprechend zu erwartenden Zinsen bedacht werden. St. Nikolai ist auch irgendwo von der Stiftung eingesetzt worden. Aber, noch einmal, was Sie ja bereits von mir kennen: An erster Stelle stehen hier die verschämten Armen. Ich werde niemals verleugnen, woher ich komme. Dem Boxen habe ich alles zu verdanken. Daher meine Einstellung, die mancher vielleicht nicht verstehen kann."

Im sportlichen Bereich ist Max Schmeling bis heute unerreicht. Seine menschlichen Qualitäten haben einen so hohen Stellenwert, wie ich ihn bisher noch bei keiner anderen Persönlichkeit feststellen konnte.

Schlaf gut, Onkel Max.

Kapitel 10: Friseursalon

Der 30.7. - das Jahr möchte ich weglassen, denn das Alter meiner Frau geht nur mich etwas an - war ein besonderer Tag. Ein weiterer Geburtstag, den wir am darauffolgenden Wochenende im Kreis unserer Familie feiern wollten. Sie sagte mir: „Nimm Dir bitte für den Nachmittag und den darauffolgenden Abend nichts vor. Dieser Tag gehört mir!"

Es war mir natürlich eine große Freude, an diesem Ehrentag meiner Frau die Stunden, die am Nachmittag noch blieben, mit ihr allein zu verbringen. Kurzerhand stieg ich in ihren Wagen ein, und sie fuhr mit mir einmal rund um die Binnenalster. Über die Kennedy-Brücke, dahinter links abbiegen, und wir landeten vor dem Eingang des Hotels Vier Jahreszeiten. Dieses Haus gehört zu den schönsten in Deutschland und wurde wie ein Wunder von dem damaligen Bombenhagel 1943 auf Hamburg fast völlig verschont. Das hat nicht nur alle Hamburger erfreut, sondern auch Gäste, die heute aus aller Welt eine der schönsten Städte der Welt besuchen. Als schönste Stadt der Welt wird sie von vielen Touristen wahrgenommen - und natürlich auch von meiner Frau und mir. Alles war geplant. Meine Frau hatte fest damit gerechnet, dass es an diesem Tag ihr zuliebe keine Termine für mich gab. Sie hatte ein fantastisches Menü als ihr Geburtstagsessen zusammengestellt. Als wir beim Dessert angekommen waren, bat sie um mein Gehör und gleichzeitig darum, dass ich sie bis zum Ende nicht unterbrechen möchte. Das war ein ganz besonderer Wunsch meiner Frau, denn ich habe mich schon selber oft dabei ertappt und auch anschließend darüber geärgert, dass still zuzuhören manchmal äußerst schwer für mich war.

„Ich habe jetzt lange genug an Deiner Seite gestanden und jede Idee, die Du hattest und die wir im Anschluss daran miteinander besprochen haben, auch versucht, mit Dir gemeinsam umzusetzen. Und ich denke, mit meiner Unterstützung ist das bisher auch sehr gut gelaufen. Aber jetzt ist der Zeitpunkt gekommen, wo ich flügge und erwachsen geworden bin und den Wunsch habe – und da ich viel von Dir gelernt habe, sind in dieser Angelegenheit schon viele Vorbereitungen von mir getroffen worden - selber etwas zu unternehmen. Es war völlig überflüssig von meiner Frau, mich vorab gebeten zu haben, ihr still zuzuhören. Denn das, was sie mir da eröffnete, nach einer mittlerweile fast fünfzehnjährigen gemeinsamen Zusammenarbeit, hat mir wirklich die Sprache verschlagen.

„Du weißt, wir haben einen Malergesellen in der Firma, dessen Ehefrau macht mir in regelmäßigen Abständen – und ich bin mit ihrer Dienstleistung äußerst zufrieden – die Haare. Deshalb habe ich mit ihr besprochen, dass ich ihr behilflich bin, in ihrem Handwerk den Meister zu machen. Wir könnten doch eine Kette von Friseursalons in Hamburg aufbauen." Ich muss wohl ein dummes Gesicht gemacht haben, denn an diesem ihrem Ehrentag hätte ich vielleicht erwartet, dass sie ein paar persönliche Wünsche hätte, die ich ihr erfüllen könnte, denn mit dem, was sie persönlich betraf, war sie außerordentlich zurückhaltend. Wenn ich ihr irgendetwas kaufen wollte, winkte sie schon vorher ab, und ich musste dann allein Entscheidungen treffen - kaufe ich es oder kaufe ich es nicht? -, um sie damit überraschen zu können. Aber mit einer solchen Information hatte ich absolut nicht gerechnet. Es sprudelte nur so aus ihr heraus, und ich merkte, sie musste im Geheimen schon sehr lange an diesen Plänen gearbeitet haben.

Denn was nun hinsichtlich der kommenden Planung folgte, war mit an Sicherheit grenzender Wahrscheinlichkeit zum Erfolg verurteilt.

Sie hatte bereits den ersten Damen- und Herrensalon ganz fest ins Auge gefasst. Dieser lag am Großen Burstah, gehörte einem älteren Ehepaar, und in diesem Salon wurden fünf Mitarbeiter beschäftigt, die alle mit fester Kundschaft gut ausgelastet waren, die samt und sonders aus den nahegelegenen Büros im näheren Umfeld kam. Sie hatte sich so ausführlich mit diesem ersten Projekt befasst, dass sie mir sogar die vorhandenen Ergebnisse aus diesem Salon nennen konnte. Daraus ergab sich eine Statistik, die auswies, dass dieser Salon allerhöchstens fünf Prozent Kunden hatte, die zur sogenannten Laufkundschaft zählten. Das sah nach einem vielversprechenden Objekt aus.

Als sich mein Erstaunen langsam gelegt hatte, war mir eines völlig klar: Ich kannte meine Frau gut genug, um ihre Stärke beurteilen zu können. Ob ich dazu Ja sagen würde oder nicht: Sie würde dieses Projekt so oder so verwirklichen. Also wäre mein Widerstand von vornherein zwecklos gewesen. Aber sie war ja längst noch nicht am Ende, erklärte mir, dass sie zwei weitere Projekte ins Auge gefasst hatte, beide lägen Luftlinie nur etwa einen Kilometer auseinander: Der eine Salon - in Neugraben - hatte vier Angestellte und eine Meisterin, auch hier wollten die Eigentümer aus Altersgründen am Jahresende ihr Geschäft aufgeben. Der dritte Salon, auch in Neugraben, lag in der Nähe des Wochenmarktes, der mittwochs und sonnabends stattfand. Nach einer kurzen Pause, nachdem mir ein Cognac und ein Kaffee serviert wurden – und beides hatte ich nach dieser Eröffnung auch bitter nötig – erklärte mir meine

Frau, dass ich noch ein bisschen weiter zuhören müsste: Sie habe seit Monaten mit einigen Wohnungsbaugesellschaften Gespräche geführt, zu denen wir als Firma Buterfas und Buterfas gute Kontakte unterhielten. Drei dieser Wohnungsgesellschaften waren für die Pläne meiner Frau sehr interessant. Zu den Wohnanlagen, die diese Gesellschaften verwalteten, gehörten nämlich auch verschiedene für Senioren. Die Einwohnerinnen und Einwohner dieser Wohn- und Pflegeeinrichtungen benötigten dringend einen mobilen Einsatz von Friseuren oder Friseurinnen. Ich war überwältigt und konnte nur noch sagen: „Herzlichen Glückwunsch. Ich kann Dir aber beim Haareschneiden in der Zukunft keine große Hilfe sein." „Nein, ich versichere Dir aber, wenn Du keine Einwände hast gegen meinen Einstieg in eine eigene Selbstständigkeit, dann hast Du in allen Salons und natürlich auch später in einer Seniorenwohnanlage einen Gutschein für einen freien Haarschnitt." Bei einem derartigen Angebot galt es, meiner Frau nur noch „Toi Toi Toi" zu sagen und einen glücklichen Start zu wünschen. Denn alles dies, was sie mir an ihrem Geburtstag innerhalb von einer Dreiviertelstunde eröffnet hatte, waren keineswegs Luftschlösser.

Ihre zukünftige Partnerin schaffte mit hervorragenden Ergebnissen ihre Meisterprüfung, und alle drei Friseur-Salons wurden in kürzester Frist von den beiden Damen übernommen. Meine Frau übernahm den gesamten kaufmännischen Teil, und ihre Partnerin wechselte alle sechs Wochen von dem einem in den anderen Salon und hielt somit den Kontakt zu ihren Mitarbeiterinnen. Auch der Personalbestand in den Salons musste im Laufe der Zeit erweitert werden. Die Arbeitsaufteilung zwischen den Damen klappte problemlos.

Auch der mobile Einsatz in den Seniorenwohnanlagen machte keine Schwierigkeiten. Ein kleines Fahrzeug wurde angeschafft, und eine erfahrene Friseurin erfüllte die Wünsche der älteren Damen und auch Herren in den jeweiligen Häusern.

Alle kaufmännischen Tätigkeiten einschließlich der Lohn- und Gehaltsabrechnungen liefen in Personalunion über unser Büro ab. Ich musste meiner Frau und natürlich auch ihrer Partnerin meinen Respekt und meine Anerkennung ausdrücken, in welch kurzer Zeit sie all das hatten umsetzen können, was sie sich vorgenommen hatten. Alle erforderlichen Mittel für die Übernahme der Salons wurden von unserem Unternehmen vorgestreckt und mit kaum nennenswerten Zinsen, die für die Rückzahlung der erforderlichen gewährten Darlehen anfielen, von ihrer Firma übernommen.

In ihre Unternehmungen, in denen sie mit ihrer Partnerin gemeinsam tätig war, habe ich mich nie in irgendeiner Form einbringen müssen. Alles bewältigten die beiden Damen problemlos. Die Aufteilung der Aufgaben war perfekt gelöst. Meine Frau konnte sich ohne weitere Belastungen - die aus unserer gemeinsamen Firma gekommen wären - um ihr eigenes Unternehmen kümmern. Längst gab es in unseren Büros ausreichend Personal für die Buchhaltungen, und mittlerweile waren auch drei Sekretärinnen bei Buterfas und Buterfas beschäftigt. Meine Frau, das merkte ich ihr bei jeder Gelegenheit an, war sehr stolz auf das, was sie nun ganz eigenständig und ohne meine Hilfe auf die Beine gestellt hatte. Mir wurde völlig klar, dass man die Talente einer Frau von Seiten der Männerwelt oft nur oberflächlich einschätzte. Würde man sie lassen, könnten sie sehr viel erreichen, manchmal mehr als Männer.

Wobei die meisten Männer noch nicht einmal begreifen und auch nicht zur Kenntnis nehmen, dass eine Frau, wenn sie berufstätig ist, wesentlich mehr leistet als der Mann. Denn wenn er Feierabend hat, gehören in der Regel die restlichen Stunden des Tages ihm. Dann beginnt aber erst die zusätzliche Arbeit der Frau. Dazu gehört Kochen, das Haus versorgen, die Kinder, naja: und eine hundertprozentige Geliebte soll sie auch noch sein.

Wie hat sich unsere Welt doch verändert, wenn man bedenkt, dass bis 1977 die Frau ihren Ehemann noch um die Erlaubnis bitten musste, arbeiten zu dürfen. Und das war sogar gesetzlich geregelt. Heute ist es keine Sensation mehr, dass eine Frau im Cockpit eines Passagierflugzeuges sitzt oder für einen Frachter die Verantwortung trägt, mit dem großen Kapitänspatent in der Tasche. Längst haben wir uns daran gewöhnt, dass Frauen in den großen Konzernen das Management übernommen haben.

Ich bin stolz auf die Leistung meiner Frau, und wir alle sollten unseren Frauen viel mehr zutrauen und dafür die Möglichkeiten schaffen.

Kapitel 11: St. Nikolai

Mindestens ein dutzend Mal im Monat muss ich durch die Ost-West-Straße fahren, auf dem Weg nach Blankenese, Altona oder Wedel. Ich fahre dann die Ost-West-Straße hoch, über den Rödingsmarkt bis zum Nobistor, fahre über die Reeperbahn und biege in die Elbchaussee ein, eine der schönsten Straßen der Welt. Dort entlang bis zum Blankeneser Bahnhof fahren Sie neben dem Elbstrom, und auf der rechten Seite befinden sich die schönsten Villen aus der Gründerzeit, die sich in herrlichen Parks befinden. Bevor ich aber in Altona oder Blankenese bin, fahre ich an der Ost-West-Straße an dem dritthöchsten Kirchturm der Welt vorbei. Diese Kirchturmspitze, die fast in den Himmel hineinreicht, ist hundertachtundvierzig Meter hoch. Die höchste Kirchturmspitze in Deutschland ist der Ulmer Münster mit hundertzweiundsechzig Metern, dann folgt der Kölner Dom mit hundertachtundfünfzig Metern. Und dann kommt St. Nikolai in Hamburg.

Nichts wusste ich über die Geschichte dieser Kirche. Ich hörte nur mal, dass sie auch ein Opfer der Bombennächte und Bombentage im Juli 1943 wurde. Von dieser Kirche standen nur noch der Turm und Reste des Kirchenschiffes. Eingezäunt war sie rundherum mit einem Lattenzaun, der an vielen Stellen die Möglichkeit schuf, sich Zutritt zum Kirchengelände zu verschaffen. Das war verboten, denn die Steinschlaggefahr, die vom Turm ausging, war groß. Sehr häufig sah ich beim Vorbeifahren, dass Hundebesitzer die innere Kirchenfläche mit ihren Tieren besuchten, und auf dem freien Gelände so lange mit ihren Tieren herumliefen, bis diese dort dann ihre Geschäfte gemacht hatten.

Was hatte es mit dieser Ruine auf sich – und was war es für eine Geschichte, die diese ehemalige Kirche von St. Nikolai zu berichten hat. Ich stellte auch etwas anderes fest, in meinem Körper. Dies war zwar immer vorhanden, aber jederzeit unterdrückbar. Meine Arbeit, die ich zu bewältigen hatte - und auch Beleidigungen, Diskriminierung und Beschimpfungen, die ich erhielt - haben dieses Gefühl, dass mir hauptsächlich nachts den Schlaf raubte, immer wieder hervorgerufen. Je mehr verlässliches Personal wir in unserer Firma bekamen, und je mehr es mir möglich war, viele Aufgaben an Mitarbeiter zu delegieren, desto mehr Freizeit stand mir doch zur Verfügung. Umso mehr konnte ich mich mit der Gegenwart und etwas weniger mit der Zukunft befassen. Bis mir irgendwann, als ich nachts nur noch mit vier oder fünf Stunden Schlaf auskommen musste, klar wurde, dass ich nicht länger in der Lage war, die Vergangenheit zu unterdrücken.

Jede Nacht bekam ich jetzt Albträume. Hauptsächlich resultierten sie aus den Kinderjahren, und das war immer auch der schlimmste Teil dieser Albträume, der wieder und wieder mit dem schrecklichen Rausschmiss als kleiner Junge im Alter von sechs Jahren begann. Ich musste wie in den vergangenen zwanzig Jahren unbedingt etwas tun, um in der Lage zu sein, den Rest meines Lebens ohne Albträume auszukommen. Unsere beiden Kinder Andreas und Jasmin waren schon seit zwei Jahren in einem Internat bei Eckernförde, in dem sie es ganz hervorragend getroffen hatten. Alle vierzehn Tage konnten sie für ein langes Wochenende zu uns nach Hause kommen. Sie konnten im Internat in Ruhe ihre schulischen Leistungen im jeweiligen Gymnasium erbringen und sich bestätigen lassen. Das war für meine Frau und mich natürlich eine riesige Entlastung - und wir waren vor allen Dingen eine große Sorge los, dass unseren Kindern irgendetwas passieren konnte. Zu intensiv waren wir in den letzten Jahren oft gefordert, für den Aufbau unserer Existenz zu sorgen.

Immer öfter sah ich mir bei passender Gelegenheit die Nikolai-Ruine an. Die restlichen Teile des Kirchenschiffes, eine ehemalige Krypta in einem Gewölbe, die durch Bauschutt des Kirchenschiffes, das seinerzeit zum Teil gesprengt wurde, aufgefüllt war. In einem anderen Teil des Kirchenschiffes war aber das Gewölbe intakt und konnte von der Straßenseite aus besucht werden. In diesem Gewölbeteil befand sich die seit fast zweihundert Jahren ansässige Firma Wein-Fischer. Hier kamen häufig Prominente, Inhaber von Reedereien und Versicherungsgesellschaften, tranken in dem gemütlichen inneren Teil des Gewölbes ein Gläschen Wein und versorgten sich mit guten Weinen, die dort in reichlichen Mengen gelagert wurden. Einem inneren Zwang folgend beschäftigte ich mich immer mehr mit dieser letzten Kriegsruine Hamburgs.

Ich besorgte mir über die Archive des ‚Hamburger Abendblattes' und der ‚Welt' Zeitungsberichte, die hin und wieder ausführlich über diese ehemalige Bürgerkirche Hamburgs und eine der fünf Hauptkirchen geschrieben hatten. Diese Bürgerkirche war vor der Zerstörung eine der schönsten Kathedralen Norddeutschlands. Als Kapelle gab es sie eher als den Freibrief für das Betreiben eines Hafens. Vor mehr als fünfhundert Jahren war dann die erste St. Nikolaikirche am jetzigen Standort gebaut worden – am Hopfenmarkt. Mehrfach wurde sie durch Naturereignisse zerstört. Das vorletzte Mal beim Hamburger

Brand. Viele Straßen erinnern noch an das Ereignis der Zerstörung St. Nikolais. Die Straßen heißen Brandsende oder Brandsanfang. 1842 ging ein Feuer vom Hamburger Michel aus und zerstörte weitestgehend große Teile der Hamburger Innenstadt. Auch St. Nikolai wurde ein Raub der Flammen. Ein Hamburger Lehrer aus Finkenwerder initiierte dann eine große Sammlung und einen Spendenaufruf, für den er sich vehement einsetzte. Beeindruckende Beträge kamen zusammen. Reiche Hamburger Bürger übernahmen für den Wiederaufbau Schuldverschreibungen. Auch die Reeder beteiligten sich mit umfangreichen Zahlungen, die es möglich machen sollten, die Nikolaikirche wieder aufzubauen.

Es gab eine internationale Ausschreibung für den Wiederaufbau, an dem sich bedeutende Architekten beteiligten. Wie zum Beispiel Chapperrouge, Gottfried Semper - der auch für die Frauenkirche in Dresden zuständig war - und der englische Architekt Gilbert Scott: Diesen, glaube ich, kennen heute noch viele Hamburger, weil er ihnen öfter irgendwo in Hamburg begegnet. Gilbert Scott wurde mit seiner letzten Arbeit weltbekannt: Er baute die viereckige rote Telefonzelle. Ein Schild an den Resten des Kirchenschiffes weist noch auf seine großartige Arbeit hin, die er mit dem Bau der Nikolaikirche ausführte. Er hatte freie Auswahl hinsichtlich der Mitarbeiter, die er brauchte und freie Auswahl im Hinblick auf die zu verwendenden Materialien. Das war das große Glück, das wir heute mit den Resten des Kirchenschiffes und mit dem standfesten Turm von St. Nikolai in Hamburg haben. Niemals dürfen dieser Turm und die Reste des Kirchenschiffes aus Hamburg verschwinden. Touristen aus aller Welt strömen in unsere Stadt – wegen ihm.

Denn als Deutschland am 8. Mai 1945 - und Hamburg schon früher, am 4. Mai 1945 - kapitulierten, haben wir nicht den Krieg verloren, das ist eine völlig falsche Wahrnehmung unserer deutschen Bürgerinnen und Bürger. Wir sind generell am 8. Mai 1945 von den Nazis befreit worden. Das ist ein himmelweiter Unterschied. Diese Kriegsruine soll immer wieder den nachrückenden Generationen zeigen - Schülerinnen und Schülern, Kindern, Jugendlichen von heute, die die Erwachsenen von morgen sein werden - was ein Krieg für verheerende Folgen hat. Sie sollte einmal deutlich machen, dass das Mahnmal von St. Nikolai eines gegen Ausländerfeindlichkeit, Rassismus und Antisemitismus ist. Sie steht dafür, dass sich das, was die Welt zwölf Jahre lang – durch den Nationalsozialismus mit sechzig Millionen Toten am Ende und mit sechs Millionen ermordeten Juden – erlebt hat, niemals wieder wiederholen darf. Sie steht auch dafür, dass sich Deutschland im Frieden wieder erholen konnte. Sie steht auch dafür, dass Deutschland sich nie wieder gegen seine europäischen Nachbarn erheben darf. Sie steht für ein friedliches Nebeneinander, für Verständnis und Toleranz und vor allem: für ein NIE wieder.

Und sie erinnert jeden Menschen, der daran vorbeifährt: Erhalten wir als verantwortliche Erwachsene unseren Kindern diese so wundervolle Republik, die heute in der ganzen Welt Anerkennung findet. Ungehindert und mit Respekt behandelt, können unsere Kinder heute in die ganze Welt reisen. Das allein ist es wert, diese drei so wichtigen Dinge zu verinnerlichen. Kein Rassismus, keine Ausländerfeindlichkeit, nie wieder Antisemitismus.

Wie unruhig es trotz allem schon wieder auf Deutschlands Straßen ist, hat als ehemaliger Staatenloser niemand häufiger erfahren müssen als ich. Deshalb wurde mein Interesse immer größer: für diese einsam dort stehende, aber unübersehbare, in den Himmel stürmende Nikolai-Ruine. Dass sie - und dies sei mit bescheidenen Worten angemerkt, ohne Übertreibung - mein Lebenswerk sein sollte, für das ich einmal als kleiner Judenlümmel, der ich für viele Menschen war, die höchsten Ehrungen des deutschen Staates erhalten sollte, hätte ich mir in meinen kühnsten Träumen nie und nimmer vorstellen können.

Der sorgfältigen Auswahl der Materialien, wie sie für den Wiederaufbau der Nikolaikirche nach 1842 von dem Architekten Gilbert Scott vorgenommen wurde, war es zu verdanken, dass St. Nikolai in die Lage kam, nach dem Feuersturm auf Hamburg in den Tagen und Nächten im Juli 1943 nicht in sich zusammenzufallen, wie es bei der direkt gegenüberliegenden St. Katharinenkirche der Fall gewesen war. Selbst die fast tausend Grad Temperatur - durch den Bombenfall und die Phosphor-Kanister - glühte das Material des Turms nicht aus. Ich erfuhr später, dass er eine große Standfestigkeit besitzt; in seinem jetzigen Zustand könnte er genauso lange dort stehen wie die Porta Nigra in Trier oder das Kolosseum in Rom. Größere Sorge bereitete, dass sich Betonteile lösen und aus einer Höhe von vielleicht hundert Metern auf eine der meist befahrenen Straßen in Deutschland fallen und zu einem Verkehrschaos führen könnten. Oder: Was, wenn diese Teile, was ja unkalkulierbar war, sich auch noch während der Rushhour lösten und dann auf die vorbeifahrenden Fahrzeuge niederprasseln würden? So ein Wasserspeier am Turm wog gut und gerne mehrere hundert Kilo. Immer mehr befasste ich mich mit allem, was es im Zusammenhang mit dieser Turmruine zu wissen gab.

Ich musste ehrlich mit mir umgehen und stellte fest - mit einigem Schrecken - dass ich mich fast von unserer Firma gelöst hätte. Irgendwie hatte ich das Gefühl, ich würde niemals mehr zu unserem Unternehmen zurückkehren, weil ich für all das, was ich dort über zwanzig Jahre aufgebaut hatte, plötzlich kein Interesse mehr hatte. Ich war nicht mehr in der Lage auszublenden, was diese Kirche, dieser Turm, zu berichten hatte. Es war eine Aufgabe, der Bevölkerung klarzumachen: Dieser Turm vermittelt eine Geschichte über das Tausendjährige Reich der Nazis. Wenn wir unsere so wunderschöne Republik erhalten wollen und eine deutliche Aussage machen möchten gegen all das, was von rechts kommt und eine Gefahr für diese zerbrechliche Republik bedeutet, dann müssen wir die Geschichte, die sich um diese ehemalige Bürgerkirche rankt, unbedingt - und dies für alle Zeiten - wachhalten. Längst hatte sich die Gemeinde von St. Nikolai mit jener neuen Kirche am Klosterstern in der Nähe der Hamburger Rotenbaumchaussee etabliert. Nach wie vor gehörte die Nikolaikirche zu einer der fünf Hamburger Hauptkirchen.

Das waren St. Michaelis - bekannt als Hamburger Michel - St. Katharinen, St. Petri, St. Nikolai und St. Jacobi. Mir fiel auch ein alter Zeitungsbericht in die Hand, über den ehemaligen Bürgermeister von Altona, Max Brauer - nach ihm ist heute noch in Altona die Max-Brauer-Allee benannt. Es ist mehr als gerechtfertigt, nach diesem großartigen Sozialdemokraten eine Straße zu benennen. Er wurde schon Ende 1945 durch die britische Militärregierung in Hamburg dringend gebeten, aus dem Exil in Amerika nach Hamburg zurückzukommen, um hier als Senatspräsident und Erster Bürgermeister der Freien und Hansestadt Hamburg für Ordnung und vielleicht für einen Wiederaufbau der zerstörten Stadt mit nach Möglichkeit unbelasteten ehemaligen Nazibeamten zu sorgen.

Ein Weg führte Max Brauer an die Nikolai-Ruine, und er bemerkte zu seiner Begleitung: „Wenn diese Stadt, und mag es so lange dauern wie es will, wieder aufgebaut ist und das schöner als vorher, dann soll diese Ruine so, wie sie ist, stehen bleiben, um an die Verbrechen der Nationalsozialisten zu erinnern und an das Unrecht, das sie der Welt angetan haben." Es muss auch eine schriftliche Festlegung gegeben haben, dass dieser Wunsch von Max Brauer noch in späteren Jahrzehnten berücksichtigt werden sollte. Die Kirche gehörte zum Eigentum der Gemeinde St. Nikolai am Klosterstern, das Grundstück und die Verantwortung für den Erhalt der Turmruine war Angelegenheit der Freien und Hansestadt Hamburg. Dafür Sorge zu tragen, dass diese vertraglichen Vereinbarungen auch eingehalten würden, das lag in der Verantwortung des Bezirksamtes Mitte, und das Erste, über das ich mich wunderte, war: Die Verantwortung für den höchsten Turm der Stadt lag in den Händen der Tiefbauabteilung. Damit war für mich klar, dass das Interesse an dieser Turmruine mit an Sicherheit grenzender Wahrscheinlichkeit darin gipfelte, dass man einen heimlichen Wunsch hegte, diese Kirche irgendwann vielleicht mit ihren Resten dem Erdboden gleichzumachen und damit die Erinnerung auszulöschen: an die Verbrechen, die im Dritten Reich geschehen waren. Dieses Filetstück von Grundfläche würde vielleicht für Spekulanten freigemacht werden.

Dass ich - und dies war zu der Zeit, als ich mich mit der Geschichte der Turmruine befasste, noch nicht klar - Einigen, die diese Pläne umsetzen wollten, die Petersilie verhagelte, hat mir eine Unzahl von Feinden eingebracht. Was ich mit der kommenden Aufgabe - Erhalt des Mahnmals von St. Nikolai - auf mich nahm, konnte ich überhaupt noch nicht ahnen. Doch hätte ich es gewusst, wäre ich diese Aufgabe trotzdem angegangen.

Ich begann, einen Förderkreis zu gründen und ging mit meiner Idee zum ersten Mal an die Öffentlichkeit. Der Förderkreis hatte den Titel: „Rettet die Nikolaikirche!" Wie sah dieses sinnlose Unterfangen in der Öffentlichkeit aus? In den darauffolgenden Leserbriefen in den einzelnen Zeitungen gab es gemischte Meinungen. Viele haben die Idee, das Mahnmal zu erhalten, missverstanden und dachten, ein Wiederaufbau der Kirche sei gemeint. Viele Hamburgerinnen und Hamburger, denen sich die Bombenstürme, vielleicht sogar die Ausbombung unauslöschlich in ihre Hirne eingegraben hatten, waren von der Idee angetan, das Mahnmal nicht nur zu erhalten, sondern auch die Flächen zu nutzen, um es mittels entsprechender Veranstaltungen mit Leben zu erfüllen. Doch es gab auch Stimmen, denen man deutlich die rechte Gesinnung anmerken konnte, die meinten: „Abreißen, die Reste dieses Schandflecks in der Innenstadt. Mit dieser Erinnerungskultur muss nun endlich mal Schluss sein. Das ist alles viel zu lange her, darüber wollen wir nicht mehr reden." Oft bekamen sie Unterstützung, denn es gab von den politischen Parteien und von verschiedenen Gruppierungen immer wieder die Aufforderung, endlich einen Schlussstrich unter die Vergangenheit zu ziehen.

Doch erfreulicherweise kamen sie mit dieser Schlussstrich-Mentalität bei weiten Teilen der Bevölkerung, die verantwortungsbewusst war, nicht durch. Gespräche mit Bischof Wölber waren sehr erfolgreich. Jede Form von Unterstützung, die in seiner Macht stand, hatte er mir zugesichert. Und er gab mir den Tipp: Wir brauchen einen Schirmherren: „Es wäre doch klug, wenn wir jemanden aus dem Hamburger Senat wählen würden." Ich meinte: „Ich hätte einen anderen Vorschlag zu machen: Wie wäre es mit Helmut Schmidt?" „Meinen Sie nicht, dass das ein paar Nummern zu hoch gegriffen ist?" Ich hielt dagegen: „Ein großartiger Politiker, Hamburger, ein sensationeller und in der Art, die ihn so auszeichnet, unerreichter ehemaliger Innensenator, der Tausenden von Hamburgern bei der Flutkatastrophe am 17. Februar 1962 das Leben gerettet hat. Das wäre genau die richtige Galionsfigur für unsere etwas länger dauernde Arbeit." Bischof Wölber meinte, ich würde wahrscheinlich schon daran scheitern, überhaupt zu ihm vorzudringen. Aber er hatte meine Zähigkeit unterschätzt.

Von ihm bekam ich den gewünschten Gesprächstermin in der Redaktion der Zeit. Mein Gott, was hatte ich mir von dieser Zusammenkunft mit unserem ehemaligen Bundeskanzler alles versprochen. Pünktlich erschien ich zum Termin, wurde von der Sekretärin höflich in das Büro von Herrn Schmidt gebeten, und mir wurde ein Platz mit dem Rücken zur Tür angeboten. Ich konnte also nicht sehen, wann jemand eintrat. Das Erste, was ich von Herrn Schmidt wahrnahm, als er hinter mir ins Büro kam, waren seine schlurfenden Schritte. Er schritt langsam um den Schreibtisch herum, ließ sich in seinen Sessel fallen, legte den Kopf in seine rechte Hand, schloss die Augen und sagte: „Ich höre." Wer mich kennt, weiß, dass ich nicht auf den Kopf gefallen bin. Aber ich war unfähig, bei dieser Form von Begrüßung auch nur einen einzigen Ton herauszubringen. Meinen Rekorder, den Bischof Wölber für den Besuch bei Herrn Schmidt besprochen hatte und den ich ihm vorspielen wollte, blieb stumm. Ich wagte ihn auch nicht mehr einzuschalten. Da von mir überhaupt kein Ton kam, meinte Herr Schmidt in der allseits bekannten Schmidt-Schnauze-Art: „Was wollen Sie eigentlich von mir? Nun machen sie endlich den Mund auf." Zögernd, mit gebrochener Stimme trug ich ihm vor, was mit St. Nikolai geschehen sollte und dass wir ihn gern, auch im Namen von Bischof Wölber, von dem ich ihn grüßen sollte, als Schirmherren für unsere Aufgabe gewinnen möchten. Er meinte: „Nö, ich habe für Sie keine Zeit, und ich hab auch schon einiges in der Zeitung gelesen darüber, was Sie vorhaben. Und wenn das klappt - daran glaube ich nicht - dann würde ich wahrscheinlich eher noch mal Kanzler werden, da nehmen sie mal lieber Loki, die hat ‚n ganzen Tag Zeit." Dann stand er auf und genau so, wie er gekommen war, schlurfte er wieder aus dem Büro. Aber sein Tipp war gar nicht so schlecht, fand ich, und bevor ich mit Bischof Wölber sprach - und ich wollte den missglückten Start unbedingt vor ihm verheimlichen - bekam ich tatsächlich einen Termin bei Loki Schmidt in Langenhorn. Auch sie hatte von den Plänen im Hamburger Abendblatt gelesen und ihre Zustimmung habe ich deshalb so wahnsinnig schnell bekommen – zu meinem größten Erstaunen – weil sie unsere Familie kannte. Vor allen Dingen wusste sie auch über das schreckliche schulische Debakel am Horner Weg Bescheid, denn sie wohnte ja mit ihren Eltern in unmittelbarer Nähe des Blocks am Snitgerstieg gegenüber des Hamburger Rauhen Hauses.

Meine lieben Kollegen und Mitstreiter im Förderkreis waren über unsere Schirmherrin, Frau Loki Schmidt, begeistert. Jeder konnte sich vorstellen, dass bei dem nächsten Ereignis, das wir der Öffentlichkeit vorstellen würden, die Medien, auf deren Unterstützung wir bei unserer schwierigen Aufgabe ja angewiesen waren, sich auf unsere neue Schirmherrin stürzen würden. Diese Form von Unterstützung mit einer derartigen Schirmherrin mochte uns unserem Ziel deutlich näher bringen. Da wir immer noch mit dem Säubern und mit dem Entfernen von Bauschutt aus der Krypta von St. Nikolai beschäftigt waren – und weil die Hamburger Bevölkerung und auch die Touristen, die Hamburg besuchten, immer mehr wurden und uns bei unserer Arbeit nicht nur besuchten, sondern uns auch ständig mit Fragen konfrontierten und wissen wollten: „Was haben Sie denn vor, wenn Sie alle Arbeiten, die erforderlich sind, hier abgeschlossen haben?“, hatten der Vorstand und auch einige Sponsoren, die uns schon finanziell unterstützten, folgende Idee: „Wir müssen uns etwas mehr nach außen darstellen, deshalb sollten wir eine Halle in unmittelbarer Nähe des Kirchenschiffes auf dem Hopfenmarkt aufstellen. In dieser Halle könnten wir schon Dinge ausstellen, die mit St. Nikolai in Verbindung zu bringen sind. Und gleichzeitig könnten wir interessante Ausstellungen installieren.“ Wir bekamen sehr rasch vom Bezirksamt Mitte die dafür vorgesehene Fläche und machten deutlich, dass diese Halle mindestens für zwei Jahre dort stehen müsste. So lange bräuchten wir, bis wir die Krypta für den Publikumsverkehr eröffnen könnten. Schwierigkeiten für die Genehmigung gab es nicht, aber dafür gab es jetzt bei der Herstellung der Fundamente Probleme.

Ich war wieder einmal an der Baustelle, um mich über den Fortgang der Arbeiten zu informieren, und da sah ich, dass meine Mitarbeiter - anstatt das zu tun, wofür sie vorgesehen waren, nämlich sich mit dem Aushub des Fundamentes zu befassen - mit irgendwelchen Gegenständen Fußball spielten. Bei näherer Betrachtung stellte sich dieser Fußball-Ersatz aber als freigelegter Totenkopf heraus, der aus dem nahegelegenen ehemaligen Pestfriedhof stammte. Sofort wurden die Arbeiten eingestellt, weil angeblich immer noch eine gewisse Ansteckungsgefahr von diesen Gebeinen ausgehen könnte. Unsere Arbeiten waren für die nächsten zehn Wochen eingestellt, bis das Gelände von all diesen Gegenständen befreit und jedwede Gefahr abgewendet war.
Die Halle wurde geliefert, und die Vorbereitungen für eine erste Ausstellung, die an St. Nikolai durchgeführt wurde, war geplant.

Ich bat bei dem damaligen russischen Generalkonsul Dr. Kusnezow um einen Termin. Das russische Generalkonsulat hatte sein Büro am Hamburger Feenteich. Das war eine ganz besonders schöne Büro- und Wohngegend. Zu diesem Zeitpunkt war der ehemalige russische Regierungschef Gorbatschow gerade mit Frau und Enkelin entführt worden. Ich nahm den vereinbarten Termin im russischen Generalkonsulat aber trotzdem wahr und traf dort pünktlich ein. Das Generalkonsulat wurde von einer riesigen Menge an Journalisten belagert. Alle wollten die neuesten Informationen haben, ob Gorbatschow inzwischen schon wieder befreit sei. Ich hatte eigentlich keine Lust, mich durch die Menge der Journalisten zu drängeln, fasste mir aber doch ein Herz und bat die einzelnen Journalisten, die vor mir standen, sie möchten mich doch bitte bis zur Pforte vorlassen, ich hätte einen Termin. Ungläubig sahen mich die Männer und Frauen an, machten aber aus Höflichkeit etwas Platz. Einige erkannten mich, da wir zwischenzeitlich häufig in den Medien auftauchten. Als ich an der Pforte angekommen war, dem Mitarbeiter des Konsulats meinen Namen sagte, erklärte er: „Herr Buterfas, Sie werden vom Generalkonsul bereits erwartet, bitte kommen Sie herein." Dann schloss sich die Pforte wieder. Von diesem Moment an war ich für viele Journalisten, die eigentlich ihren Augen nicht trauten, was sich da mit mir abspielte, ein lohnendes Informationsobjekt für die Zukunft.

Dr. Kusnezow begrüßte mich freundlich und sagte: „Ich bewundere, was Sie da mit der ehemaligen Kirche machen. Deutlicher kann man nicht an die vergangene Geschichte erinnern. Was darf ich für Sie tun, sofern es in meiner Macht steht?" „Ich hätte gern einen Kontakt zu der Stadt St. Petersburg und dem dortigen Museum. Und ich würde mich freuen, wenn Sie eine Nachricht nach St. Petersburg senden und auch meine Wünsche äußern. Ich möchte in einer neu installierten Halle, die wir an St. Nikolai einweihen wollen, alle Vierteljahre eine Ausstellung machen mit Nationen, denen wir im Zweiten Weltkrieg sehr wehgetan haben. Und es gibt bestimmt Ausstellungs- und Informationsmaterial über die neunhunderttägige Belagerung der Stadt Leningrad, das heutige St. Petersburg. Diese Ausstellung würde sicherlich großes Interesse bei den Medien und vor allen Dingen - was wir ja erreichen wollen - auch in der Bevölkerung hervorrufen." „Das ist eine großartige Idee, die meine volle Unterstützung hat." „In dem Zusammenhang, Herr Generalkonsul, bitte ich Sie auch - sollte dies geschehen - dass Sie die Eröffnung dieser Ausstellung vornehmen."

Dies würde durch die Medien, die eine solche Ausstellung, die es in dieser Form dann auch in Deutschland noch nie zuvor gegeben hatte, intensiv kommentiert werden. Und mit einer Persönlichkeit wie dem russischen Generalkonsul und zusätzlich mit einer Eröffnungsrede unseres Ersten Bürgermeisters hätten wir einen weiteren großen Schritt getan, um in der Öffentlichkeit, vielleicht auch schon bundesweit, ein Echo zu bekommen.

Gleichzeitig mit diesem ersten großen Schritt hinsichtlich der zu gestaltenden Veranstaltungen stellte sich bei mir ein Herr vor. Er sei Rechtsanwalt von Beruf, jetzt aber pensioniert. Er habe über dreißig Jahre lang in verschiedenen Vorständen von Versicherungsgesellschaften gearbeitet. „Es imponiert mir, dass sich Ihr Förderkreis so große Mühe gibt. Sie müssen auf jeden Fall von allen verantwortlichen zuständigen Gremien Unterstützung bekommen. Ich würde Ihnen sehr gern durch persönlichen Einsatz meine Hilfe anbieten." Mein lieber Freund Herbert Berger wurde natürlich mit offenen Armen in unserem Kreis aufgenommen. Einen solchen Mann als rechte Hand an meine Seite zu bekommen, war genau das, was mir noch fehlte. In kürzester Frist konnte ich Ideen, die der Weiterentwicklung unserer gemeinsamen Sache dienlich waren, vorantreiben.

Gemeinsam machten wir einen Besuch bei Bischof Wölber, der die Entwicklung am Hopfenmarkt inzwischen wohlwollend verfolgte. Ohne Umschweife sagte er: „Lieber Herr Buterfas,

Sie haben eine Fülle von Zweifeln, die ich vorher gehabt habe, bei mir ausgeräumt. Auch wenn noch hohe Berge vor Ihnen liegen, die Sie zu besteigen haben, haben Sie doch schon vieles umgesetzt, was meine absolute Anerkennung verdient. Die Ideen, die Sie dort verwirklichen, haben das erreicht, was mir vorher nicht möglich war: die Öffentlichkeit zu mobilisieren." Als wir uns verabschiedeten, versprachen wir ihm, dass dies erst der Anfang sei. Und wir hatten uns das Ziel gesetzt, in zwei Jahren das Mahnmal St. Nikolai auch im sanierten kompletten Zustand dem weitesten Kreis der Öffentlichkeit näher zu bringen. Etwa vier Wochen später erfuhren wir, dass Bischof Wölber in der Klinik lag und es ihm nicht gut ging. Herbert Berger und ich besuchten ihn und waren wohl vor seinem Tod die Letzten, die bei ihm waren. Ein großer Verlust für Hamburg. Ein außerordentlich beliebter Bischof.

Nach meinem Besuch im Generalkonsulat Russlands bekam ich ein Schreiben mit entsprechenden Stationen in St. Petersburg, mit denen ich kurzfristig Besuchstermine machen könnte, um dann einen Besuch im dortigen Landesmuseum zu vereinbaren. Meine Frau begleitete mich, und zu meiner Verfügung stand ein russischer Dolmetscher, damit die Wünsche, die ich an das Museum richtete, auch nicht missverstanden würden. Man stellte mir eine Fülle von Ausstellungsexponaten zur Verfügung, die über die äußerst schreckliche Situation während der Belagerung von Leningrad Aussagen machte. Über zwei Millionen Menschen, Bürgerinnen und Bürger der Stadt Leningrad, sind während dieser Belagerung durch die Deutsche Wehrmacht ums Leben gekommen. Die Leiterin des Museums überließ uns nicht nur eine komplette Ausstellung, sondern für die Installation und Erläuterung des kompletten Exponats wurde uns auch noch eine Mitarbeiterin zur Verfügung gestellt. Die Ausstellung war ein voller Erfolg. Sie wurde von den Besucherinnen und Besuchern regelrecht belagert. Uns war klar, dass dieser ersten Ausstellung noch eine ganze Reihe weiterer folgen müssten. Das wurde im Laufe der Zeit auch von uns durchgesetzt.

So erhielten wir ein halbes Jahr später eine Ausstellung zu Anne Frank, zur Verfügung gestellt von der Anne-Frank-Stiftung in Amsterdam in der Prinsengracht Nr. 10, in dem Haus, in dem die Familie Frank früher im Versteck lebte, bis sie denunziert, verhaftet und deportiert wurde. Es folgte mit Unterstützung des dänischen Generalkonsuls die Ausstellung der Rettung der sechstausend dänischen Juden, wobei es für die Dänen keine Juden waren, sondern Mitbürger. Das Wesentliche an dieser Ausstellung war neben der Rettung auch die Art, wie die dänischen Landsleute sie vorgenommen hatten. Sie stellten größere Schiffe und kleinere Schiffe zur Verfügung, und innerhalb von fast vierundzwanzig Stunden waren alle Juden in das rettende Schweden gebracht worden. Eine Rettungsaktion, wie sie dergestalt vorher noch nie durchgeführt worden war. Besonders großes Interesse weckte die Ausstellung über die Bombennächte vom Juli 1943 unter dem Decknamen Gomorrha.

Dieser Bombenangriff auf Hamburg kostete in zwei Tagen und Nächten über dreißigtausend Menschen das Leben. Das Ausmaß dieser Katastrophe ist kaum zu schildern. Es gab in Groß-Britannien einen Luftfeldmarschall, der mit den Bombardierungen auf deutsche Städte beauftragt war. An einem Modell wurde die genaue Planung, wie man Hamburg ver-

nichten werde, geprobt. Der Ablauf der Bombardierung von Hamburg wurde maßstabsgerecht durchgeführt:
Zuerst an der Spitze Maschinen, die über Hamburg die sogenannten Tannenbäume abwarfen. Sie machten die Nacht zum Tage. Hamburg war hell erleuchtet. Dann flogen auf Hamburg etwa tausend Superfestungen der Royal-Air-Force, eine unvorstellbare Zahl. Als die ersten Maschinen in Hamburg ankamen, befanden sich die letzten Maschinen noch in der Deutschen Bucht. Es darf nicht versäumt werden zu erklären, dass zu den Tannenbäumen, die das erste Geschwader abwarf, auch Tonnen von Stanniolpapier durch die Luft wirbelten. Das war eine neue Methode, das Radar außer Kraft zu setzen. So gab es für die Luftabwehr kaum Möglichkeiten, Flugzeuge abzuschießen. Das Radar war damit außer Kraft gesetzt. Die ersten Maschinen schmissen Sprengbomben ab. Dadurch zerbarst überall, wo die Einschläge auftrafen, sämtliches Glas in den Fenstern. Die zweite Welle ließ vom Himmel Brandbomben und Phosphor-Kanister regnen. Die Stadt fing an allen Enden an zu brennen. Von Altona bis Bergedorf, Hamm. Hammerbrook, Borgesch, Rothenburgsort, Wandsbek, Ottensen - überall loderte das Feuer. Und dann kam die dritte Welle, die ein Inferno auslöste, wie man es so noch nicht gekannt hatte. Es prasselte ein Meer von Luftminen auf die Stadt hernieder. Diese Luftminen entwickelten einen Feuersturm, der mit tausend Grad Hitze durch die Straßen rauschte. Die Menschen in den Kellern, teilweise auch in den Röhrenbunkern, saßen dort, als schliefen sie. Der Sauerstoff war verbraucht, auf den Straßen lagen Menschen, die zusammengeschmolzen waren auf Babygröße. Für dieses Vernichtungswerk wurde Luftmarschall Harris in London von der Königin-Mutter zum Sir ernannt. Am 14. Februar 1945, kurz vor Kriegsende, erlitt das

gleiche Schicksal unsere Partnerstadt am anderen Ende der Elbe: Dresden. Das Ganze wurde Moral-Bombing genannt. Man wollte der Zivilbevölkerung klar machen: Dieser Krieg ist für Deutschland verloren.

Trotz allem erfanden die Nazis immer weitere Durchhalteparolen, eine lautete an den zerstörten Fassaden: Genieße den Krieg, der Frieden wird furchtbar.

In Rothenburgsort wurde der Eingang und Ausgang einer Straße zugemauert. Über zehntausend Menschen sollen dort noch unter den Trümmern gelegen haben, die nicht mehr zu retten waren. Bei aller Grausamkeit haben sich aber die Menschen, die in den Konzentrationslagern waren, von Dachau, Bergen-Belsen, Neuengamme, Buchenwald, Sachsenhausen und vor allem Auschwitz gewünscht: Herr, lass die Bomben auf uns fallen, damit unser schreckliches Martyrium ein Ende hat.

Bei dem Angriff auf Hamburg spielte St. Nikolai eine ungewollte Rolle. Das leuchtende Kreuz in der Höhe von hundertachtundvierzig Metern zeigte den Amerikanern, die das Vernichtungswerk Hamburgs am Tage vollenden sollten, genau das Ziel, den Mittelpunkt der Stadt. Wenn sie das Kreuz von St. Nikolai unter sich sahen, wussten sie: Dies war das Epi-Zentrum. Und der Herr ließ Feuer und Asche vom Himmel regnen über Gomorrha.

Man kann nicht Angriff gegen Angriff aufrechnen, trotz allem haben die Nazis mit der Bombardierung auf die Städte Rotterdam und Amsterdam in den Niederlanden begonnen und diese Angriffe sogar noch weiter durchgeführt, obwohl Holland schon kapituliert hatte. Die Nazis haben aber auch die Städte Coventry und London und noch viele andere bombardiert. Sie schickten auch die V1, mit Sprengköpfen besetzte Raketen, in Richtung England. Das V stand für Vergeltung. Und der Reichspropagandaminister Dr. Joseph Goebbels tönte: „Nach dem Vorbild Coventrys werden wir alle Städte in Großbritannien coventrieren!"

Abschließend: 1936 hatte die deutsche Luftwaffe im spanischen Bürgerkrieg zur Unterstützung für Franco die Stadt Guernica völlig unvorbereitet für die Menschen, die dort lebten, vollständig dem Erdboden gleichgemacht. Alle diese Ausstellungen gaben dem Mahnmal St. Nikolai den deutlichen Anschein: Dieses Mahnmal hat die Aufgabe, als letzte Kriegsruine in dieser Stadt auszusagen: Nie wieder Krieg, nie wieder Rassismus, Ausländerfeindlichkeit oder Antisemitismus!

Dies kann ich nicht oft genug versuchen, deutlich zu machen. Es wird auch der Hauptbestandteil sein, wenn ich als Zeitzeuge einmal alle deutschen Schulen, viele Universitäten, das deutschsprachige Ausland besuche und dort zu den nachrückenden Generationen darüber spreche, zusammen mit den Völkern der Welt friedlich zu leben. Ich möchte ihnen deutlich machen: „Für Euch bin ich unterwegs."

Der Zustrom an immer neuen Mitgliedern, die ehrenamtlich ihre Kraft anboten, nahm weiter zu. Eine Begegnung war ganz besonders interessant:
Es meldete sich eine junge Dame aus einem großen Hamburger Unternehmen, das weltweit bekannt war. Sie war die

Pressesprecherin. Ihr Chef, der Vorstandsvorsitzende, ein gebürtiger Hamburger, hatte die schrecklichen Angriffe in Hamburg miterlebt und war ausgebombt worden. Es war ihr Wunsch - und ich vermute, es wird eher der des Vorstandsvorsitzenden gewesen sein - bei uns mitzuarbeiten. Das war ein echter Gewinn für den Förderkreis, denn jetzt wurde eine bedeutende Lücke geschlossen. Die so wichtige Pressearbeit erforderte doch viel Zeit und auch Kraft. Wir erreichten nun ganz Deutschland. Touristen, die Hamburg besuchten, hielten sich nicht nur am Hamburger Hafen auf oder machten mit dem Alsterdampfer eine Fahrt mitten in der Stadt durch die schönsten Kanäle. Sie waren abends nicht nur auf der Reeperbahn, sondern erlebten am Sonntagmorgen von 6.00 bis um 10.00 Uhr ein einmaliges Treiben auf dem Hamburger Fischmarkt. Dort konnten sie vom Schnürsenkel bis zum Elefanten oder der Tanzmaus alles erwerben. Interessant waren auch die Angetrunkenen, die aus Jux und Dollerei einen Hering, dem sie ein Halsband umgelegt hatten, hinter sich herzogen. Hamburg war und ist heute einer der beliebtesten Touristenorte, ja, ich darf ohne besonderen Lokalpatriotismus sagen: der Welt.

Die Krypta von St. Nikolai, das Gewölbe, war vom Schutt befreit. In einem Raum wurde der Boden um fast einen halben Meter angehoben. So konnten wir dem wichtigen Wassernetz angeschlossen werden. Elektroinstallationen, Einbauten für Ausstellungen, ein großer Raum stand zur Verfügung für Vorträge und Versammlungen, Toiletten wurden installiert, Treppen eingebaut, die vom Gewölbe bis auf den Kirchhofplatz führten. Wir hatten einen Großteil unseres Zieles erreicht. Aber ein Problem stand noch zur Lösung an: Die restlichen Mauern am Kirchenschiff mussten erhalten werden. Und die erforderlichen Sanierungsarbeiten am Mauerwerk konnten nur unter einer riesigen Wetterschutzhalle durchgeführt werden. Wir hatten eine Gerüstfläche von etwa zweitausend bis zweitausendfünfhundert Quadratmetern. Die ganze Fläche sollte mit regenfesten Planen abgedeckt werden.

Doch die Summen, um diesen Plan zu realisieren, hatten wir noch nicht auf unserem Konto. Ich sprach mit dem verantwortlichen Bausenator, wie wir dieses finanzielle Problem lösen könnten. Er sagte mir: „Ich sorge für das Geld und Du für die Bürgschaft.“ Ich war so fanatisch und wollte dieses Projekt auf jeden Fall zu Ende bringen, also übernahm ich die alleinige Bürgschaft gegenüber der Freien und Hansestadt Hamburg, um so schnell als möglich mit dem Aufbau der Gerüsthalle und dann mit der Ausführung der wichtigen Arbeiten zu beginnen. Der zuständige Hamburger Baudirektor, der vorher keine Gelegenheit ausließ, gegen die Sicherung des Mahnmals St. Nikolai zu wettern, merkte dann doch, dass hinter den Arbeiten und dem, was wir bisher erreicht hatten, sehr viel Substanz steckte. Er machte einen Vorschlag, der unsere Begeisterung auslöste: Jedes vorhandene Gerüstfach war zwei Meter fünfzig breit und zwei Meter hoch. Hier machten wir bei Hamburger Unternehmen, bei Firmen jeglicher Art Reklame und warben dafür, dass sie ein Gerüstfach mit einer Plane versehen könnten, mit der sie Firmenwerbung machen könnten. Das war ein voller Erfolg. Die monatliche Miete für eine so prominente Werbefläche mitten im Zentrum der Hansestadt auf einer Straße, auf der jeden Tag circa hunderttausend Fahrzeuge unterwegs waren, war sehr wertvoll. Wir hatten plötzlich eine beachtliche Einnahmequelle. Da rief mich der russische Generalkonsul Kusnezow an und schlug mir eine hochinteressante Idee vor:

Wir waren ja verpflichtet, vor Beginn aller erforderlichen Baumaßnahmen außen um die Nikolai-Ruine einen an den wichtigsten Teilen etwa zweihundertfünfzig Meter langen Bauzaun zu errichten, und dies aus massiven Holztafeln. Der Vorschlag, der uns unterbreitet wurde, war faszinierend. Es gab drei ganz besonders begnadete Maler aus St. Petersburg, die uns auf dem Bauzaun die lebendige Geschichte Hamburgs von der Hafengründung bis zum Zusammenbruch des Nationalsozialismus auf diesen Tafeln wetterfest gestalten wollten. Eine Sensation. Denn die hamburgische Geschichte auf einer solchen Länge dargestellt zu bekommen war einmalig. Die Geschichte begann mit der Geschichte einer Hafenkapelle, der ersten Nikolai-Kapelle in Hamburg mit einer fast sechshundertjährigen Geschichte. Der Hamburger Hafen, der Michel, Passagierschiffe, das ganze bunte Leben war in leuchtenden Farben dargestellt. Das letzte Bild zeigte eine Frau, die links und rechts von Männern in Ledermänteln eskortiert wurde. Sie hatte ein Schild um den Hals, auf dem stand: Ich bin im Land das größte Schwein und lasse mich mit Juden ein. Die einzelnen Tafeln wurden dann - nach abgeschlossener Baumaßnahme an den Resten des Kirchenschiffs - an Interessenten verkauft. Wir haben aber auch für den Erhalt von St. Nikolai jede Lücke ausgenutzt und Gelder eingeworben, um ja nicht von der Stadt Hamburg finanziell abhängig zu sein.

Und wieder bekam ich einen interessanten Vorschlag. Es tauchte mehrfach ein Herr bei uns in der Krypta auf und hatte

den Wunsch, unbedingt ein Gespräch mit mir zu führen. Ich war gespannt.
Er hieß Hans und erklärte mir: „Ich habe vor einem halben Jahr für die Marienkirche in Danzig eine Glocke organisiert. Die Finanzierung war schnell gesichert, nachdem meine Idee durch die Presse dort bekanntgemacht wurde. Hier in St. Nikolai ist das Einzige, was noch fehlt, eine große Glocke, die für den Frieden läutet. Schließlich gab es hier ja mal Glocken, für die man während des Krieges eine andere Verwendung hatte."
Bei der nächsten Vorstandssitzung wurde dieses Projekt beschlossen und von den meisten als unmöglich abgetan. Aus zwei Gründen:

Erstens ist da ein Turm, der einen Feuersturm hinter sich hatte und von dessen Standfestigkeit wir relativ wenig Ahnung hatten. Und zweitens: Wer sollte das Glockenspiel bezahlen? Da ich mit Hans aber schon viele Möglichkeiten besprochen hatte, war ich von dem Projekt mehr als überzeugt. Und Glocken für St. Nikolai, das konnte ich mir schon vorstellen.

Mein nächster Schritt war das Bezirksamt Mitte. Ich fragte nach einem Statiker und danach, ob man wüsste, was man dem Turm zumuten könnte. Die Auskunft: Der Turm wäre durchaus in der Lage, im Innenbereich bei entsprechenden Konstruktionen ein Gewicht von mindestens fünfzig Tonnen aufzunehmen. Das war eine Hausnummer, mit der man eine ganze Menge anfangen konnte. Wir überlegten uns, wer die Glocken denn überhaupt für uns gießen könnte. Entsprechende Vorschläge brauchten wir natürlich auch.

Mit dem Thema Glocken für St. Nikolai schlief ich ab jetzt abends ein, hatte teils schlaflose Nächte. Und wachte morgens mit dem Thema Glocken wieder auf. Ich verschaffte mir Literatur über Glocken und erwischte auch ein kleines Büchlein, in dem über den Glockenraub durch die Nazis in den Niederlanden ausführlich berichtet wurde. Was ich da las, machte mich nachdenklich. Die Niederländer haben die meisten Glocken und auch Glockenspiele in ihren Kirchen. Nach dem Einmarsch der Nazis in die Niederlande war die Bevölkerung aufgefordert worden - unter Vorhaltung von Maschinenpistolen - ihre Glocken auszubauen. Die Glocken landeten - höre und staune - auf der Norddeutschen Affinerie auf der Veddel. Dort wurden sie für kriegswichtiges Material eingeschmolzen. Eine Form von Wiedergutmachung kam in unsere Überlegungen und mochte dem Mahnmal von St. Nikolai einen ganz besonderen Anstrich geben. Und wenn wir diesen Plan realisierten, hätten wir auch sämtliche Medien auf unserer Seite.

Hans, Herbert Berger und ich hatten eine Glockengießerei in Holland ausfindig gemacht, die nahe der belgischen Grenze lag. Es war die weltbekannte Glockengießerei Eysbois in Asten in den Niederlanden. Schnell war ein Termin mit der verantwortlichen Geschäftsleitung vereinbart, die von unserem Vorschlag hellauf begeistert war, sich eine gute Zusammenarbeit vorstellen konnte und auch einen gewissen Beitrag zu unserem Projekt zu leisten bereit war.

Genaue Besichtigung vor Ort in St. Nikolai.
„In drei Tagen“, hörten wir von dem Geschäftsführer, „haben Sie ein Angebot und ausführliche Skizzen, die Sie der

Behörde vorlegen können." Mit Spannung wurde auf diese Unterlagen gewartet - und was wir dann zu sehen bekamen, verschlug uns die Sprache. Ein Glockenspiel, bestehend aus einer kleinen Glocke mit einer Gewichtseinheit von 12 kg, und der größten Glocke von 2,7 Tonnen. Das Gesamtgewicht von einundfünfzig Glocken lag bei knapp achtundfünfzig Tonnen. Unter der letzten kleinen Glocke befand sich ein Häuschen. In diesem Häuschen stand ein klavierartiger Tisch, und der Tisch verband einundfünfzig Glocken mit einem Stahlseil, das innerhalb der Glocke endete und an einem Klöppel befestigt war. Nur ein studierter Glockenspieler ist in der Lage, ein solches Carillon - so nennt man ein Glockenspiel - durch die Traktoren zu bespielen.

Klar war, dass wir schon wieder weitere Pläne hatten. Wenn das Glockenspiel installiert war, würde es sicherlich einen internationalen Glockenspielwettbewerb geben, an dem sich die besten Glockenspieler der Welt an dem Glockenspiel messen könnten. Natürlich hatten wir auch in der Zwischenzeit in den Monaten von Mai bis September große nationale und internationale Veranstaltungen durchgeführt und dann jeweils eine Bestuhlung mit bis zu zweitausendfünfhundert Plätzen innerhalb des Kirchenschiffes vorgenommen. Ein Zahlungsziel mit der Firma Eysbois war verabredet. Die erste Zahlung sollte – von der Installation an gerechnet - nach vier Monaten vorgenommen werden. Das hieß: Bis dahin müssten die Glocken in Patenschaft von Gönnern von St. Nikolai übernommen werden. Niemand von uns wusste, wie der Absatz der Glocken wohl klappen würde.

Bei uns meldete sich eine Gerüstbaufirma, die sehr gern den Transport von Holland nach Hamburg vornehmen wollte. Dafür sei extra ein besonders großer LKW vorgesehen, und natürlich würden sie auch gern eine der Glocken übernehmen und freundlicherweise eine Gravur mit dem Familiennamen vornehmen lassen. Mehrfach sind wir zu der Firma Eysbois gefahren, weil wir unbedingt sehen wollten - frei nach Friedrich Schiller - wie denn eine solche Glocke zum Leben erweckt wurde. Das vorletzte Mal hatten wir uns schon einige Glocken angesehen und geplant, sie auf einen Schlag nach Hamburg zu bekommen.

Am Vorabend waren wir rechtzeitig in Asten, und der LKW war bereits voll beladen. Wir wollten aber erst am darauffolgenden Tag zurück nach Hamburg fahren, weil sich kein Laie vorstellen kann, wie einundfünfzig Glocken bei Sonnenschein glänzten. Der LKW war auf einer großen Freifläche abgestellt, und vorher hatte ich noch etwas ganz Besonderes vor: Es kam ein Rabbiner, ein katholischer Militärpfarrer, ein türkischer Iman und mein Freund Pastor Wolfgang Weißbach von St. Nikolai. Alle Geistlichen standen auf dem LKW, etwa fünfzig Journalisten nahmen sie unter fotografisches Feuer. Alle Geistlichen segneten nach ihrer Religion die Glocken. Dann kam die Fahrt nach Hamburg. An der Raststätte Grundbergsee auf der Autobahnstrecke zwischen Hamburg und Bremen machte der LKW Halt. Meine Frau hatte einige Wochen vorher, bevor die Glocken nach Hamburg geholt werden sollten, mit einer Schule in Ottensen etwas vereinbart.

Unsere beiden Enkelkinder Iva-Charleen und Mario befanden sich zwischen achtundzwanzig weiteren Kindern aus zwan-

zig Nationen in ihren Landestrachten. Dazwischen stand die Lehrerin, die einen Kanon extra für dieses Ereignis gedichtet hatte. Langsam fuhren die Glocken weiter in Richtung Hamburg. Dass von allen Fahrzeugen, die diesen Transport überholt hatten, ein anerkennendes Hupkonzert erfolgte, war ein solches Zeichen von Zustimmung, wie man es deutlicher nicht ausdrücken konnte. Einige Tage vorher hatte ich von der Bundesbahn etwa hundert Eisenbahnbohlen bekommen. Schließlich durften die Glocken ja nicht auf einem Betonboden abgestellt werden. Nie zuvor in meinem Leben hatte ich Glocken transportiert. Nie zuvor in meinem Leben hatte ich Glocken in einen Kirchturm gebaut.
Was kann das Leben überhaupt noch für Überraschungen für mich bereithalten?
An dem anderen Tag - ich war gar nicht in der Lage, alle Zeitungsberichte zu lesen - war es ein Zeitungsbericht in der „Welt", der meine Aufmerksamkeit erregte, denn hier hieß es unter anderem: „Jetzt ist der Buterfas ganz durchgedreht. Nun will er die Transportversicherung sparen, holt sich alle Geistlichen auf den LKW und lässt - statt sie zu versichern - die Glocken segnen."

Etwas Unangenehmes, was sich zwei Tage später ereignete, muss ich noch erwähnen: Unmittelbar neben der Nikolaikirche befand sich der Bischofssitz. Deutschland hatte als erstes Land für dieses hohe Amt eine Dame: die Bischöfin Maria Jepsen. Sie hatte ein Gespräch mit mir vereinbart, pünktlich erschien ich, wurde höflich zu ihr ins Amtszimmer gebeten und war dort mit ihr allein im Raum. Sie sah zum Fenster hinaus auf die Glocken, sagte mir nicht „Guten Morgen", sondern meinte nur: Was das vor der Abfahrt für ein Mischmasch auf dem LKW gewesen wäre mit den Glocken. Es hätte doch Pastor Wolfgang Weißbach genügt. Vorsichtshalber drehte ich mich um, weil ich dachte, damit könnte doch wohl nicht ich gemeint sein. Mittlerweile hatte ich auch schon das sechzigste Lebensjahr überschritten und war alles andere als angenehm berührt von einer derartigen Begrüßung. „Wie meinen Sie das, Frau Bischöfin?“ „Ja, Pastor Weißbach hätte doch ausgereicht.“ „Ich meinte, dass der heilige Franz von Assisi auch schon einmal mit vielen Religionsgemeinschaften zusammengekommen wäre - statt uns zu einem solchen Ereignis zu beglückwünschen!“ Derartige Töne verletzten mich nicht nur, sondern machten mich auch wütend, und ich sagte etwas, das ich anschließend auch bereut habe: „Heute stehe ich für weitere Aussprachen nicht mehr zur Verfügung. Zu Ihrer Einstellung, die mich entsetzt, kann ich nur folgendes sagen: Ich glaube, ich habe verstanden, warum bei den zwölf Aposteln keine Frau am Tisch gesessen hat.“

Es ergab sich, dass ich einige Jahre später mit meiner Frau in unserem Domizil in Irland war und von meiner Frau plötzlich laut ins Wohnzimmer gerufen wurde, denn Frau Bischöfin Jepsen saß beim NDR auf dem Roten Sofa und wurde von der Journalistin gefragt: „Kennen Sie eigentlich Herrn Buterfas?“ Jetzt wollte ich das Zimmer verlassen, weil ich dachte: Nun kriegst du dein Fett. Aber sie sagte sehr zurückhaltend: „Also, was er macht, ist gut, und er ist eigentlich sehr umtriebig.“ Und damit war das Thema durch.

Erfreulich war auch, dass unser Senatspräsident, Dr. Henning Voscherau, die Glocken für St. Nikolai am Hopfenmarkt glückstrahlend in Empfang nahm und jedem einzelnen Kind, das beim Glockentransport auf den letzten dreihundert Metern mit auf dem LKW saß, die Hand drückte.

Die Kinder sangen noch einmal zum Abschluss der Glockenaktion: „Wir Kinder waren gern dabei, die Glocken für St. Nikolai." Beim Anblick dieses Meers von Glocken bekam ich einen ordentlichen Schreck. Denn jetzt mussten alle Glocken, von der kleinsten bis zur größten, noch Abnehmer finden. Dafür brauchte ich wieder bedeutende Persönlichkeiten, die ich für den ersten Glockenverkauf gewinnen musste. Der Erste, den ich für den Kauf einer Glocke begeistern konnte, war ein Max Schmeling. Jetzt musste ich diesen Verkauf nur noch richtig in Szene setzen. Ich vereinbarte mit Herrn Schmeling einen Besichtigungstermin der Glocken an St. Nikolai. Zu diesem Besuch lud ich natürlich auch Rundfunk, Presse und die großen Hamburger Zeitungen ein. Herr Schmeling entschied sich für eine mittlere Glocke und gab mir einen Zettel für die entsprechende Gravur, die er sich für seine Glocke vorgestellt hatte. Es war ein beeindruckendes Medienereignis, und abends wurde im Fernsehen, mehrfach im Rundfunk und am darauffolgenden Tag auch in den großen Tageszeitungen darüber berichtet. Der vielversprechende Anfang war gemacht.

Der nächste Prominente war unser Bundespräsident Richard von Weizsäcker im Schloss Bellevue. Vor allen Dingen freute ich mich sehr darüber, dass sich die Hamburger Bürgerschaft ebenfalls für den Kauf einer Glocke entschieden hatte. Dann bat mich der Chefredakteur des Hamburger Abendblattes zu einem Gesprächstermin in die Chefredaktion. Er unterbreitete mir einen Vorschlag, den ich überwältigend fand. Er sagte, das Hamburger Abendblatt übernähme zwei der großen Glocken. „Wir veröffentlichen in der Hauptausgabe am kommenden Samstag folgenden Text: dass die Bürgerinnen und Bürger unserer Stadt die einmalige Möglichkeit haben, sich mit ihrem Namen auf einer der Glocken zu verewigen. Einschließlich Gravur wäre ein einmaliger Betrag von dreihundert DM erforderlich. Die Vergabe findet im Windhund-Verfahren statt, das Eintragen für die Signierung in einer der Glocken muss schriftlich oder persönlich ab Montag in der Zeit von acht Uhr dreißig bis dreizehn Uhr und in der Zeit von vierzehn Uhr dreißig bis achtzehn Uhr stattfinden." Der Chefredakteur war davon überzeugt, dass in kürzester Frist die dafür vorgesehene Fläche auf den Glocken vergeben sei. Die Einnahmen sollten die Kosten des Ankaufs der Glocken decken. Sollte ein größerer Überschuss erzielt werden, so geht dieser Betrag noch als Spende auf das Konto des Förderkreises. Ich war eigentlich auch überzeugt davon, dass das eine großartige Idee sei, wenn dann bei einem der stattfindenden Glockenspielkonzerte der Großvater mit seinem Enkel vor dem Glockenspiel stand und hinauf zeigte: „Schau, da hängt eine Glocke, auf der unser Name verewigt ist."

Am darauffolgenden Tag erhielten wir einen Anruf vom Hamburger Abendblatt. Man teilte uns mit, es stehe eine überwältigende Menschenansammlung vor dem Pressehaus, und man richte eine dringende Anfrage an uns: „Wie viele Gravierungen mit Vor- und Zunamen einer Familie dürfen auf der Oberfläche der Glocke angebracht werden?" Mit einer solchen Anfrage hatten wir natürlich nicht gerechnet. Wir wandten uns sofort an die Firma Eysbois, die uns erklärte: Auf keinen Fall mehr als dreihundert pro Glocke. Ansonsten gefährden Sie den Klang. Innerhalb von zwei Tagen waren alle Plätze auf den Glocken vergeben. Im Nachhinein wurden die Gravuren durch eine Fachfirma vorgenommen. Der erzielte Überschuss war sehr erfreulich. Innerhalb von nicht einmal zehn Tagen hatten sämtliche Glocken einen Besitzer gefunden. Nach dieser Aktion waren wir nicht nur überrascht, dass alles so glatt verlaufen war, sondern zugleich sehr erleichtert, dass die Finanzierung für die Glocken von St. Nikolai gesichert war. Zwischenzeitlich konnte ich auch das Problem mit der Aufhängung der Glocken mit einer Fachfirma, die über den entsprechenden Kran verfügte, abklären. Ein äußerst komplizierter Vorgang, jede einzelne Glocke auf dem für sie vorgesehenen Platz anzubringen.

Als dieses Werk vollbracht war, die Installation der Glocken abgeschlossen war und auch der Glockenspieltisch in seine richtige Position gesetzt worden war, besprach ich mit meinem Freund Herbert Berger eine Idee, die mir gekommen war. Das erste Konzert, das mit dem Glockenspiel durchgeführt werden sollte, musste im Beisein der Hamburger Bevölkerung und der gesamten Medienlandschaft stattfinden. Ich hatte schon einen Termin für einen Besuch in der einzigen Glockenspieluniversität in Dänemark vereinbart, im Ort Lügum-Kloster, etwa dreißig Kilometer hinter der deutschen Grenze. An dieser Hochschule für Glockenspielkunst gab es zwischenzeitlich die besten Glockenspieler Europas. Ich wollte zur Eröffnung des Glockenspiels einen internationalen Wettbewerb ausschreiben. Es sollten insgesamt fünf Glockenspieler aus Europa teilnehmen. Diese Veranstaltung wurde mit Unterstützung der Medienlandschaft in der Öffentlichkeit propagiert. Und so fand dieser Wettbewerb statt: Über einen Zeitraum von zweieinhalb Stunden konnten die Menschen an der Turmruine von St. Nikolai ein einmaliges Konzert genießen und an einem Wettbewerb als Gast und Zuhörer teilnehmen, wie es ihn in dieser Form noch nie gegeben hatte. Eine unabhängige Jury erklärte eine junge Dame aus Dänemark, Frau Ann-Kristine Kristiansen zur Siegerin. Meine Freunde und ich haben all das, was in einer Zeit von knapp vier Jahren erreicht wurde, sehr genossen. Auf eins waren wir ganz besonders stolz, das unter meiner Regie auch gelungen war: Wir hatten den Hamburger Senat und die Bürgerschaft nicht um finanzielle Unterstützung gebeten. Alles, was wir erreicht hatten, hatten wir durch das Einwerben der erforderlichen Mittel erreicht. Und so sollte es auch in der Zukunft weiter gehandhabt werden.

Es meldete sich ein Erster Vorsitzender einer der größten Funktaxen-Zentralen mit der einfachen, aber einprägsamen Rufnummer 211 211 bei mir und bat um ein Gespräch. Herr Kolwek machte mir einen interessanten Vorschlag. „In Zukunft würden wir von jeder der über die Zentrale 211 211 vermittelten Taxenfahrten einen Pfennig für St. Nikolai spenden." Das hörte sich im ersten Moment nicht besonders vielversprechend an, aber bei im Jahr etwa zweieinhalb Millionen Fahrten war es am Jahresende eine beeindruckende Summe, die wir zur Verfügung hatten. Die lange Verbindung zu diesem Taxenunternehmen war, solange ich Vorsitzender des Vereins war, finanziell ein großer Erfolg und eine willkommene jährliche Einnahme.

Es gab aber auch Dinge, die manchmal einen unerfreulichen Verlauf nahmen. Ich war ganz besonders stolz darauf, dass ich von dem Vorstandsvorsitzenden eines bedeutenden Unternehmens, dessen Hautcreme ich noch heute verwende, angesprochen wurde. Öfter erhielt ich eine Einladung zum gemeinsamen Essen in der Zentrale dieses Unternehmens. Zu diesen gemeinsamen Essen durfte ich auch unsere Pressesprecherin, die sich mit ihrer Arbeit für unseren Förderkreis unentbehrlich gemacht hatte, mitbringen. Herr B. fragte dann beiläufig, ob sich die Pressesprecherin des Förderkreises bei ihrer Arbeit, die sie dort zu bewältigen hätte, wohlfühle. Die Schritte, die wir Monat für Monat erfolgreich mit der Weiterentwicklung des Mahnmals gingen, waren über alle Maßen zufriedenstellend. Ich hatte auch bei diesem Anlass durchklingen lassen, dass es schwerfallen würde, auf ihre Mitarbeit in unserem Förderkreis verzichten zu müssen. Ihr Beitrag war wirklich herausragend. Viel zu spät habe ich bemerkt, dass ich mit diesem überschwänglichen Lob erreicht hatte, dass sie rasch auf einen bedeutsamen Posten in dem Unternehmen zurückbeordert wurde. Unsere ehemalige Pressesprecherin hat einen beeindruckenden Weg genommen, konnte sich mit Lesungen an Universitäten und vor allem in dem Unternehmen, in dem sie beschäftigt war, so weit entwickeln, dass die Position, die sie heute bekleidet, als außerordentlich erfolgreich zu bezeichnen ist. Sogar mit einer Professur darf sie sich heute berechtigterweise schmücken. Gott sei Dank war der Weggang schon darum zu verschmerzen, weil der Förderkreis zwischenzeitlich längst über Deutschlands Grenzen hinaus bekannt war.

Wir hatten eine Reise nach Rom vor, es gab eine Einladung in den Vatikan. Uns begleiteten einige wenige Journalisten, die dieses Ereignis in der kommenden Ausgabe ihrer Zeitung natürlich publizieren wollten. Der Förderkreis im Vatikan - das war wohl als Höhepunkt zu bezeichnen. Papst Johannes Paul II. begrüßte die Mitglieder des Förderkreises und segnete die mitgebrachte Glocke von St. Nikolai. Dass wir uns mit solchen Ereignissen nicht nur Freunde gemacht hatten, sondern auch Neider, blieb nicht aus. Jede Möglichkeit, die sich für uns ergab, nahmen wir natürlich auch wahr, um weitere Sponsoren, die für uns wichtig waren, zu finden. Sie stellten ja auch die einzigen Einnahmequellen dar. Aber alle Anfeindungen nahm ich nur unterschwellig wahr und machte immer wieder deutlich, dass ich den anderen Kirchen mit meiner Arbeit – und sie mögen darüber einmal intensiv nachdenken – keine Konkurrenz machen werde. Wir setzen uns mit all unserer Kraft ja nicht für eine Kirche ein, sondern für das Mahnmal St. Nikolai.

Eine interessante Ausstellung löste die andere ab. Wir freuten uns über die Unterstützung aus den Reihen der Hamburger Politik. Der damalige Hamburger Polizeipräsident bat mich, doch eine Ausstellung in St. Nikolai zu installieren, die das Verhalten der Polizeibataillone im nationalsozialistischen Unrechtsstaat beleuchtete. Diese beiden Bataillone hatten sich freiwillig für Säuberungsaktionen in Russland zur Verfügung gestellt. Sie nahmen an Massen-Erschießungen an Männern, Frauen und Kindern teil. In der Schlucht von Babyn Jar, einem Tal auf dem Gebiet der ukrainischen Hauptstadt Kiew, wurden in einer einzigen Woche dreißigtausend Menschen erschossen und in Massengräbern verscharrt. Gegen Zigaretten, Sonderurlaub und Alkoholrationen haben Menschen solche Gräueltaten begangen.

Eine weitere Ausstellung, die Hamburg betraf, bekamen wir vom Hamburger Kampfmittelräumdienst. Hier wurden uns Luftminen, Sprengbomben und vieles andere an Kriegsmaterial, das natürlich völlig entschärft war, für eine Ausstellung zur Verfügung gestellt. Eine hochinteressante Ausstellung, denn wir konnten sie auch noch durch eine Fülle zusätzlicher Informationen schriftlich aufwerten. Viele Leute, die nicht mehr an den Krieg erinnert werden wollten, erlebten aber manchmal im Alltag eine Situation, die sie dann erst nach und nach begreifen mussten. Da wird für den Bau eines neuen Hauses ein Fundament ausgehoben. Und die Bauarbeiter legen nun plötzlich eine zwei Zentner schwere Sprengbombe aus dem zweiten Weltkrieg frei. Dann heulen plötzlich die Sirenen, Lautsprecherwagen fahren durch die Straßen und fordern die Menschen im Umkreis von tausend Metern auf, ihre Häuser zu verlassen. Und immer noch - nach Jahrzehnten - haben diese Sprengkörper ihre Gefährlichkeit nicht eingebüßt.

Durch die internationalen Ausstellungen gab es viele Kontakte zu den jeweiligen konsularischen Vertretungen. Die Verbindungen wurden mir jeweils leicht gemacht, weil ich mit den jeweiligen Doyen der Konsulate immer gute Kontakte unterhielt. Wenn ich also mit dem schwedischen oder mit dem polnischen Generalkonsulat einen Kontakt wünschte, so wurde dieser sehr gern durch diesen Vorsitzenden des konsularischen Korps hergestellt. Mittlerweile war es schon eine Selbstverständlichkeit, dass wir jeweils am Buß- und Bettag – damals noch ein gesetzlicher Feiertag – in unserem Haus mit dem jeweiligen Doyen und drei weiteren konsularischen Vertretern ein Grünkohlessen machten. Für die meisten Generalkonsuln war das ein großer Genuss, der ihnen zuvor unbekannt gewesen war. Das letzte Grünkohlessen wurde mit dem Schweizer Generalkonsul Alfons Müggler organisiert. Wir hatten auch während seines Aufenthaltes in Deutschland einen sehr guten und engen Kontakt, vielleicht auch über unsere beiden Töchter, denn beide waren mit Leib und Seele Schauspielerinnen. Es war das letzte Grünkohlessen, dass wir mit ihm und seinen Kollegen hier in unserem Haus hatten, denn den Buß- und Bettag gab es dann nicht mehr. Alfons machte dann noch eine sehr lustige Bemerkung: „Den Buß- und Bettag können Sie abschaffen, aber Dein Grünkohlessen bitte nicht."

Er war überhaupt für Dinge zu gewinnen, bei denen mancher die Hände über dem Kopf zusammenschlagen würde. So hatten wir das Angebot, in einem in Hamburg gastierenden Zirkus eine Benefiz-Veranstaltung für St. Nikolai zu machen. Um sie interessant gestalten zu können und um die Unterstützung der Medien zu erhalten, musste man sich schon etwas einfallen lassen. Da gab es einen allseits beliebten Rundfunkmoderator vom NDR mit Vornamen Carlo. Er wollte unbedingt eine Nummer mit einem Puma machen. Bei der Probe, die erforderlich war, stellte sich aber heraus, dass der überhaupt nichts für den Sender übrig hatte - und er biss Carlo tatsächlich in den Arm. Aber wer Carlo kannte, der wusste auch um sein Stehvermögen. Er wollte unbedingt an dieser Veranstaltung teilnehmen und entschied sich, die reizende Dame einer bekannten Schauspieler-Dynastie in der Mitte durchzusägen. Nach der Veranstaltung wurde er gefragt, ob er noch Geschwister hätte. Darauf antwortete dieser schlagfertige Moderator: Ja, ich habe noch zwei Halbschwestern.

Den Vogel schoss aber der Schweizer Generalkonsul ab. Ich hatte ihm vorher vorgeschlagen, dies und jenes zu machen. Prompt kam er auf einer Kuh in die Manege geritten, standesgemäß hatte die Kuh natürlich eine große Glocke am Hals und er die Schweizer Flagge beim Einreiten in die Manege in der Hand. Es war ein Jubel im Publikum und die Veranstaltung vom Anfang bis zum Ende ein voller Erfolg.

Nachdem alles, was wir angefasst hatten, einen so glücklichen Verlauf genommen hatte, gab es ein tiefgreifendes Ereignis, das mich auch mit großer Trauer erfüllte. Mein lieber Freund und so wertvoller Mitarbeiter für St. Nikolai verstarb: Herbert Berger. Es war ein großer Verlust als Mensch - und ich persönlich hatte meinen wertvollsten Berater verloren. Ich brauchte eine lange Zeit, bis ich diesen tiefen Schlag verdaut hatte. Fest stand, dass St. Nikolai aus der hamburgischen Geschichte nicht mehr wegzudenken war. Und so langsam sah ich mich nach entsprechenden Nachfolgern um, die weiterhin für all das, was rund um St. Nikolai geschah, die Verantwortung übernehmen konnten. Hier komme ich an einen Punkt, den ich auf gar keinen Fall unerwähnt lassen darf.

Die meisten Mitglieder im Förderkreis hatten einen Fulltime-Job. Die ersten Jahre seit der Gründung des Förderkreises haben einschließlich der Wochenenden meinen gesamten zeitlichen Vorrat beansprucht. Ich fuhr morgens um halb neun zum Hopfenmarkt und war abends nie vor neunzehn Uhr zu Hause. An den Sonnabenden und Sonntagen gab es meistens noch Verabredungen mit Freunden, mit Sponsoren, für die aus zeitlichen Gründen ausschließlich Verabredungen an den Wochenenden möglich waren. Mir fiel für meine Nachfolge auf Anhieb niemand ein. Der Einzige, der dafür in Frage gekommen wäre, war mein jüngst verstorbener Freund Herbert Berger, der immerhin fast zehn Jahre jünger gewesen war als ich. Aber fest stand, dass für mich in absehbarer Zeit das

Übernehmen weiterer Verantwortung sein Ende haben sollte. Ich musste mir also ernsthafte Gedanken machen, wer für die Nachfolge in Frage käme.

Bevor ich diesen Gedanken bis zum Ende durchdenken konnte, gab es wieder ein bedeutendes Ereignis. Der Förderkreis erhielt einen Anruf von einem Dr. Paul Oestreicher. Er bat um ein Gespräch mit mir. Er lebte in Coventry in einem großen Gemeindezentrum. Er war evangelischer Geistlicher, obwohl seine Eltern jüdischen Glaubens waren. Mit einem Kindertransport war er nach England gekommen, seine Eltern wurden deportiert und er trat dann irgendwann zum evangelischen Glauben über und wurde dann Mitglied der großen Coventry-Gemeinde. Nachdem es zu ausführlichen Gesprächen zwischen Dr. Oestreicher und mir gekommen war, habe ich über all das nachgedacht, was er mir bei den Zusammenkünften erzählt hatte. Die Stadt Coventry wurde von den Nationalsozialisten - also von der deutschen Luftwaffe - zu fast siebzig Prozent zerstört. Dem fiel auch die Kathedrale St. Michaels in Coventry zum Opfer. So wie mir aus den Erzählungen bekannt ist, besuchte die britische Königin, die Mutter von Elisabeth II, die zerstörte Kirche kurz nach den Luftangriffen. Was die Londoner Bürgerinnen und Bürger ihrer Königin nie vergaßen und hoch anrechneten war, dass sie auch während der schweren Luftangriffe bei ihren Untertanen bis zur Kapitulation der Deutschen geblieben war.

Der damalige Bischof von Coventry stand vor der zerbombten Kathedrale und war auf das Tiefste verletzt, dass dieses ehemals wunderschöne Gebäude so zerstört worden war. Dort lagen einige große Gewölbebalken, und es wurde ein Feuerwehrmann gebeten, aus den Balken die großen Nägel herauszuziehen. Der Bischof erklärte Ihrer Majestät: Diese drei Nägel zusammen ergeben ein Kreuz. Und dieses Kreuz muss zur internationalen Nagelkreuzgemeinde ausgerufen werden. Es muss ein weltweites Netzwerk geben, in das alle geschundenen Gotteshäuser integriert sind. Dazu gehört - was auch das Ziel war - die Frauenkirche in Dresden, die St. Nikolai-Kirche in Kiel, die Druckerei in Hiroshima, in deren unmittelbarer Nähe die erste und hoffentlich auch die letzte Atombombe gefallen war. Diese Idee wurde dann auch über mehrere Jahre durchgesetzt. Dr. Paul Oestreicher deutete an, dass der Wunsch bestünde, der Gemeinde von Coventry die Hamburger ehemalige St. Nikolai-Kirche und das jetzige Mahnmal in die Nagelkreuzgemeinde von Coventry aufzunehmen. Es war gewünscht, dass ich vom Bischof Simon Warrington das Nagelkreuz persönlich in Coventry für Hamburg in Empfang nehmen sollte. Obwohl man wusste, dass ich ja nur der Vorsitzende des Förderkreises St. Nikolai war und die Eigentümer des Turms die Nikolai-Gemeinde am Klosterstern war, wurde die Einladung nach Coventry an mich gerichtet. Nach Bekanntwerden, welche Ehrung durch das Mahnmal als Versöhnungswerk zwischen Deutschland und Großbritannien damit auch Hamburg zuteil werden sollte, schaltete sich sofort der Hauptpastor der Gemeinde St. Nikolai ein und wollte anstatt meiner nun selbst nach Coventry reisen. Das war dort aber nicht gewünscht. Und so fuhr ich mit einer kleinen Delegation nach Coventry, und mein Aufenthalt – gemeinsam mit meiner Frau - wurde auf fast eine Woche ausgedehnt.

Es war eine außerordentlich herzliche Begegnung. Paul kümmerte sich während des ganzen Aufenthaltes um meine Frau und mich. Wir nahmen an Gottesdiensten teil und wurden mehrfach vom Bischof zu sich nach Hause eingeladen. Wir haben über vieles gesprochen, auch über Hobbies. Außer meiner Familie, meiner Frau und meinen Kindern, meiner Firma und vor allen Dingen St. Nikolai hatte ich noch jenes bescheidene Hobby: die Angelei. Die Frau des Bischofs schwärmte von hervorragenden Angelmöglichkeiten in Schottland und erklärte sich spontan bereit, ihre Verwandten in der Nähe von Glasgow zu informieren, dass in Kürze ein Petri-Jünger in ihren Gewässern gern fischen würde. Das war ein Angebot, über das ich mich besonders freute.

Mein Verhältnis zur Gemeinde St. Nikolai am Klosterstern - die Kirche bestand dort bereits seit über vierzig Jahren - wurde aufgrund dieser Nagelkreuzverleihung an unser Mahnmal nicht besser. Vor allem hat man mir bis heute nicht vergessen, dass ich die Glocken für das Mahnmal St. Nikolai organisiert hatte. Zu sehr fühlte sich die Kirchengemeinde am Klosterstern nach hinten gerückt. Als die Glocken in Hamburg angeliefert waren, wurde ich auch zu einem Gespräch ins Gemeindezentrum von St. Nikolai eingeladen. Dort saß der gesamte Kirchenvorstand und erklärte mir, dass die Sache mit den Glocken von ihnen eigentlich nicht so sehr gewünscht sei, und in den Turm müssten sie auch nicht unbedingt hinein. „Was halten Sie denn von dem Vorschlag, dass Sie die Glocken wieder auf ein Auto verladen und damit durch die Vororte von Hamburg fahren?“ Dass ich wohl ziemlich blöd ausgesehen haben muss nach einem solchen irren Vorschlag, brauche ich kaum zu besonders betonen. Ich hatte mich aber schnell gefasst und erklärte dann der Dame, die diesen Unsinn von sich gegeben hatte: „Wenn Sie es wünschen, ziehen wir uns aus diesem Glockenprojekt zurück, doch an Sie habe ich dann eine Bitte: Ich habe hier einen Scheck in Höhe von fünfzehntausend DM. Er stammt von unserem verehrten Herrn Bundespräsidenten, Herrn Richard von Weizsäcker, der eine Glocke für das Mahnmal gespendet hat. Schon darum, weil – wie Sie wissen - er ja auch einmal Kirchentagspräsident war. Sie können ihm in meinem Namen den Scheck zurückschicken und teilen ihm dann offen und ehrlich mit, dass Sie keinesfalls mit dem Einbau der Glocken in das Mahnmal von St. Nikolai einverstanden sind." Allgemein wurde dann sofort eingelenkt, alles sei nicht so gemeint gewesen. Aber ich konnte mir vorstellen, dass man meine Arbeit nicht besonders zu schätzen wusste. Denn wenn man von St. Nikolai am Hopfenmarkt spricht, spricht man immer noch von der Nikolai-Kirche, aber die eigentliche Kirche St. Nikolai liegt heute am Klosterstern in der Nähe vom Hamburger Rothenbaum.

Ich brauchte dringend eine Auszeit und hatte auch den Wunsch und das Bedürfnis, alles das, was bisher mein Leben so verändert hatte, in einem ersten Buch festzuhalten. Das sollte aber auf gar keinen Fall in Hamburg oder in der näheren Umgebung geschehen, sondern für dieses Projekt wollte ich an einen anderen Ort gehen und mich gleichzeitig ein bisschen erholen. Das Einverständnis von meiner Frau kam prompt. Ich fuhr aber nicht nach Schottland, sondern mit meinem Auto nach Calais, nahm dann den Europazug bis nach Dover, von Liverpool nahm ich die Fähre bis Dublin und landete in Irland. Eine Fahrt mit Unterbrechungen: Mit der Unterbrechung auf der Fähre nach Dublin war ich so lange unterwegs, dass ich - was eigentlich verboten war - nachdem ich die Elbbrücken überfahren hatte, mit dem Diktieren meiner Aufzeichnungen für das erste Buch begann. Das hielt mich nicht nur wach, sondern ich machte jedes Mal, wenn ein Band voll gesprochen war und die Kassettenseite gewechselt werden musste, eine kleine Pause. Als ich in Dublin angekommen war, hatte ich tatsächlich die ersten sechs Bänder - sprich zwölf Bandseiten - diktiert. Ich war von Dublin begeistert, hielt mich dort zwei Tage auf. Von hier aus nahm ich die Richtung nordwestlich über die Stadt Navan, von der ich erfuhr, dass dort ein Schauspieler, der schon einmal den James Bond gespielt hatte, Pierce Brosnan, mit seiner Familie lebte. Von Navan ging es weiter auf der Landstraße in den County Cavan. Irland ist ja in diverse Counties aufgeteilt, wie z.B. Galway oder Mayo usw.

Ich hatte ein klares Ziel, ich wollte dorthin, wo Irland seine schönsten Seen hat, und das war in der Republik Irland der nordwestliche Teil. Ich brauchte eine kurze Unterbrechung, denn die Fahrweise - immer nur links - hatte mich doch angestrengt. Oft hatte ich mich dabei erwischt, dass ich wieder einen Ausbruchsversuch unternehmen wollte, um mich auf der Fahrbahn rechts einzuordnen. Ich hielt an einem Restaurant in Virginia an, das wunderbar an einem See gelegen war. Zwischenzeitlich hatte ich auch den Wunsch, etwas Vernünftiges zu essen. Was die irische Küche anbelangt, da muss man natürlich, wenn man etwas anderes gewohnt ist, Abstriche machen. Das Lokal war nicht sehr gut besucht. An einem der Nebentische saßen allerdings vier Männer, die sich angeregt unterhielten und mir zwischendurch auch mal einen Blick zuwarfen. Dann fasste sich einer der Männer ein Herz und fragte mich, woher ich käme. Es war erstaunlich: In wenigen Augenblicken hatte ich das Gefühl, dies seien Menschen, einfach in ihrer Art und sehr sympathisch. Ich erklärte ihnen, dass ich einen Urlaubsort für einige Tage suchte, der mir auch die Möglichkeit gäbe, ein bisschen zu angeln, denn das sei mein Lieblingssport. „Da können wir Ihnen behilflich sein. Keine zehn Kilometer von hier gibt es den Ort Mount Nugent mit einem See mit Namen Loch Sheelin, der zu den schönsten Irlands gehört. Eine Hotelmöglichkeit kann ich Ihnen auch empfehlen. Sie liegt wunderschön oberhalb des Sees. Es ist das Crover House Hotel & Golf Club. Angler treffen sich dort sehr oft. Sie können da ein Boot mieten mit Gilly oder, wenn Sie sich stark genug fühlen, können Sie auch allein rudern. Sie können dort Hechte, aber auch die schönsten Brown-Trouts fangen.“ Das hörte sich gut an und war eigentlich genau das, was ich suchte.

Sie hatten mir erklärt, wie ich fahren musste, machten mir auch eine kleine Skizze und obwohl es nur etwa zehn Kilometer entfernt war, brauchte ich doch fast eine Stunde, bis ich endlich am Crover House Hotel angekommen war, so oft hatte ich mich unterwegs verfahren. Aber das, was ich dann sah, als ich dort ankam, war um ein Vielfaches schöner, als ich erwartet hatte. Vor mir lag ein See, eingefasst in eine Landschaft, kaum Häuser an den Ufern, und der See hatte Ausmaße - ich denke fünf bis sechs mal größer als die Hamburger Außenalster. Ich ahnte, dass ich nicht nur meine Aufzeichnungen schnell beenden könnte, sondern an diesem Ort auch wunderschöne Tage verleben könnte. In dem Hotel war ich der einzige Gast. Eine große Wirtsstube mit Möbeln, die schon mal bessere Tage gesehen hatten, aber an den Wänden hingen Trophäen, da gingen mir sprichwörtlich die Augen über. Da hingen Köpfe von Hechten, in deren aufgerissenen Mäuler meine beiden Fäuste hineingepasst hätten. Da waren Forellenköpfe von einer Größe, bei der ich annehmen musste, dies könnten Imitationen sein. Denn die Forellen, die ich bisher kannte, da war die größte bisher anderthalb Pfund schwer gewesen. Die dort aber an der Wand hingen, hatten sicherlich zwischen zehn und fünfzehn Pfund. Der Wirt sah meine erstaunten Blicke. Er sprach kein Wort Deutsch, aber ich verstand ihn, als er mir erklärte: "Diese Fische, die Du hier an der Wand siehst, sind alle von meinen Freunden in diesem See gefangen worden." Er brachte mir ein Kännchen Kaffee, und bei den ersten paar Schlucken hätte ich mir doch lieber eine Coca Cola bestellt. Daran musste ich mich erst gewöhnen.

Wir kamen ins Gespräch. Er wollte vieles über mich wissen, und bereitwillig erzählte ich ihm, was ich verantworten konnte. Ich erfuhr, dass dieses Gebiet kaum besiedelt sei. Auf dem Weg zum Hotel erklärte er mir, von der Hauptstraße etwa drei Kilometer entfernt gäbe es gerade mal vier Häuser. In einem davon fehlten die Fenster, die Tür war von außen quer vernagelt.
Am zweiten Tag, nachdem ich mich etwas von der recht anstrengenden Reise erholt hatte, fuhr ich einmal die nähere Umgebung ab. Was mich schon auf der Herfahrt nach Mount Nugent fasziniert hatte, waren überall die Palmen, die ich an Straßenrändern und in den Vorgärten gesehen hatte. Natürlich, Irland kannte ja auch kaum einen Winter. Aufgrund des Golf-Stromes herrschten hier immer milde Temperaturen. Nachdem ich zwei Stunden durch die Gegend gefahren war und mir so viele Häuser oder sonstige Erkennungsmerkmale wie möglich gemerkt hatte, kam ich wieder am Crover House an, setzte mich, nachdem ich zum See hinunter gegangen war, auf eine Bank und schaute über die Wasserfläche. Vor mir stie-

gen zwei Fischreiher auf und wollten nach wenigen Metern auf Bäumen am Rande des Sees landen. Dabei zusehend entwickelte ich einen merkwürdigen Plan. Mittlerweile war ich über sechzig. In meinem Leben gab es kaum ruhige Minuten. Was ich hier sah, war eigentlich genau das, wonach ich mich ein Leben lang gesehnt hatte. Nicht Spanien oder Frankreich, nicht Mallorca oder Funchal in Portugal, sondern dies hier wäre für die kommenden Jahre ein wunderbarer Urlaubsort.

Der Wirt des Crover House sorgte dafür, dass mir ein Boot zur Verfügung stand. Und jetzt brauchte ich nur noch einen Gilly, der bereit war, mit mir für einige Stunden auf den Loch Sheelin hinauszufahren. Mein Angelgeschirr hatte ich natürlich aus Hamburg mitgebracht. Am Abend vorher zeigte ich Patrick, meinem Wirt, meine Blinker und sonstige künstliche Fische, und er meinte: „Ich gebe Dir was von mir aus meinem Bestand, ein paar Rapala, mit denen Du mit an Sicherheit grenzender Wahrscheinlichkeit vielleicht keine Forelle, aber bestimmt Hechte fängst. Denn das solltest Du eigentlich wissen: Wir Iren essen in der Regel keine Hechte. Wir mögen nur Forellen. Jetzt ist es auch Anfang April, da wirst Du kaum Forellen fangen. Du musst im Mai kommen, da gibt es die Maifliege. Und diese besondere Fliege können wir künstlich imitieren, darauf fängst Du Forellen, und wenn Du Glück hast, auch eine ganz besonders große. Davon gibt es genügend im See.“

Nach etwa einer halben Stunde, in der ich den Rapala im Wasser hinter mir herschleppte, verspürte ich einen Schlag in der Rute und begann, mich auf den ersten Fang in Irland zu konzentrieren. Es war ein Hecht von schätzungsweise zwei

Pfund Gewicht. Mein Gilly schüttelte etwas verächtlich den Kopf und meinte nur: "No good." Ich befreite den Hecht vorsichtig von dem Haken und ließ ihn wieder in sein Element zurück. Der Vorgang wiederholte sich noch viele Male. Nach etwa zwei Stunden hatte ich tatsächlich drei Hechte gefangen und war von diesem Traumgewässer mehr als begeistert. Am Abend füllte sich die Wirtsstube im Crover House, und es dauerte auch nicht lange, dass sich ein, zwei Iren an meinen Tisch setzten. Das war ein völlig normaler Vorgang, und sie verwickelten mich in ein Gespräch. Ich weiß nicht, wie ich darauf kam, aber ich brachte das Gespräch in eine Richtung, die ich eigentlich gar nicht wollte. Ich fragte meinen Tischnachbarn: „Es leben relativ wenig Leute am See. Kann man hier überhaupt ein Grundstück erwerben?" Worauf er mir erklärte, dies sei an den meisten geschützten Ufern nicht möglich. Die Grundstücke, die einmal frei gewesen seien, hätten längst Besitzer. „Wenn Du Glück hast, und da verkauft einer, kannst Du glücklich sein, wenn Du eventuell etwas Schönes bekommst." Er ließ durchblicken, dass manche Deutsche gar nicht so beliebt wären. Ich fragte ihn nach dem Grund, und er bemerkte, dass viele deutsche Touristen nach Irland kämen, meistens nur die Männer, und die gingen hier dem Angelsport nach. Abends sind auch ein paar davon in unseren Pubs und belästigen – und das teilweise auf äußerst unangenehme Weise, unsere Mädchen. Später, als ich schon längst in Irland Fuß gefasst hatte, konnte ich einen solchen Vorfall mit meiner Frau in einem am Loch Sheelin gelegenen Hotel erleben. Zwei Angler, die irgendwo aus Süddeutschland kamen, hatten im Hotel Shamrock logiert, saßen im Schankraum, und machten widerliche anzügliche Bemerkungen über das junge Mädchen, das dort bediente. Sie nahmen offenbar an, dass auch wir ihre

Sprache nicht verstünden. Ich machte den Herren unmissverständlich klar, dass wir in diesem Land doch Gäste seien und darum sollten wir uns mit Respekt benehmen. Sie waren ein bisschen erschreckt, dass wir ihre lästerlichen Bemerkungen verstanden hatten.

Ich schrieb weiter an meinen Aufzeichnungen, unternahm aber immer mehr Exkursionen, jedoch grundsätzlich nur im Bereich des Sees. Denn ich dachte: Sollte ich meinen Wunsch einmal realisieren, käme nur ein Grundstück in unmittelbarer Nähe des Loch Sheelin in Frage.

Es war wohl zwei Tage vor meiner geplanten Rückfahrt, als ich wieder mit einigen Iren an einem Tisch saß und meine baldige Rückfahrt dabei erwähnte. Arthur Smith, der Inhaber eines kleines Lebensmittelmarktes in Mount Nugent, sagte mir: „Wenn Du tatsächlich etwas Passendes am Loch Sheelin suchen würdest, kann ich Dir einen Tipp geben. Es gibt einen Banker, der mit seiner Frau aus England kam und hier ein Haus besitzt. Und darüber hinaus besitzt er, nur getrennt durch einen Pat auf der Seeseite, ein weiteres Grundstück von etwa zweieinhalbtausend Quadratmetern. Dieses Seegrundstück ist Bauland. Aber völlig verwildert. Das Haus, in dem er lebt, ist ein altes Haus, jedoch in einem guten Zustand. Beides ist leicht zu finden. Ich kann aber einmal, wenn Du möchtest, bevor Du abreist, mit Dir am Haus und am Grundstück vorbeifahren."

Das Ehepaar wollte offenbar zurück aufs Festland und würde seine Zelte in Irland abbrechen. Am darauffolgenden Tag holte mich Arthur ab und zeigte mir Haus und Seegrundstück.

Ich war begeistert. Ich konnte mir gut vorstellen, beides zu erwerben. Ich würde mit Sicherheit am Ufer des Loch Sheelin ein entsprechendes, nicht zu großes Haus bauen. Aber: Wie sage ich es meinem Kinde? Denn meine Frau hatte ja nicht die geringste Ahnung, was da schon wieder in meinem Kopf herumspukte. Am folgenden Tag fuhr ich zu dem Haus Mulard Point. Mulard ist gälisch und bedeutet Ente, Point ist Punkt. Es gibt also keine Hausnummern, sondern nur Bezeichnungen für das Grundstück und das Gebäude.

Ich stellte mich bei dem Ehepaar höflich vor und kam ohne Umschweife auf den Punkt. "Ich hörte davon, dass Sie möglicherweise nach Großbritannien zurückwollen und Haus und Grundstück veräußern würden." „Ja, wir wollen zurück und wollen beides verkaufen und erwarten in der kommenden Woche einen Makler, der den Verkauf für uns übernehmen soll." Ich erwähnte mein Interesse und bat darum, sich mit dem Makler doch noch einige Tage zu gedulden. Ich würde meine Frau bitten, nach Irland zu kommen, um mit Ihnen ein gemeinsames Gespräch führen, denn ich sei daran interessiert, weil meine Frau und ich auf der Suche nach einem ruhigen Urlaubsort seien. „Gibt es da eine gewisse Vorstellung, die Sie beim Verkauf von Grundstück und Haus realisieren möchten?" „Es gibt eine ganz feste Vorstellung: Für das Haus wünschen wir einen Preis von soundso viel, und für das Grundstück, das haben Sie ja nun auch genauestens besichtigt, ebenfalls einen Preis in Höhe von soundso viel." „Wenn meiner Frau das so zusagt wie mir und wir uns darüber einigen könnten, dass dringende Reparaturen beim Kaufpreis eventuell Berücksichtigung finden würden, könnten wir uns schnell einig werden." Das Ehepaar war von dem, was ich ihnen vorschlug, sehr angetan und dann auch damit einverstanden. Wobei sie noch den Einwand hatten, dass das Haus mit dem vorhandenen Inventar zu verkaufen sei. Sie wollten nichts aus dem Haus mit nach England zurücknehmen.

Jetzt hatte ich die nicht so ganz einfache Aufgabe, meine Frau unter einem Vorwand nach Irland zu locken, ohne ihr klarzumachen, was ich eigentlich vorhatte, wozu ich aber unbedingt ihre Zustimmung benötigte. Und sie müsste von dem Land, dass sie vorher noch nie in ihrem Leben betreten hatte, genauso angetan sein wie ich.

Ich war mir dessen bewusst, dass jetzt ein Höchstmaß an Diplomatie erforderlich sein wurde, um meiner Frau einen kurzfristigen Besuch in Irland schmackhaft zu machen. Jede Gefahr musste ausgeschlossen werden, dass meine Frau vermuten könnte, ich würde etwas im Schilde führen. Ich kannte meine Frau und ihre Gefühlsanwandlungen und wusste, dass ich sehr vorsichtig und präzise vorgehen musste. Ich rief sie in unserem Hamburger Büro an und sprach mit ihr über einige belanglose Dinge: Ich hätte es sehr gut getroffen mit dem Hotel, in das ich mich für einige Tage einquartiert hatte - und kam dann langsam und behutsam auf mein eigentliches Vorhaben zu. Ich sagte: “Eigentlich bin ich traurig, dass ich an diesem wunderbaren Urlaubsort allein bin und möchte unbedingt, dass Du Dich für acht Tage im Büro, egal was vorliegt, freimachst und den nächsten Flug nimmst. Und notier Dir bitte mal folgende Daten, denn ich habe die Abflugzeit von Hamburg schon recherchiert. Du kannst morgen früh um kurz vor zehn Uhr mit Ryan Air von Fuhlsbüttel fliegen, und in knapp fünf Stunden kann ich Dich am Flughafen in Dublin in die Arme schließen. Was Dich dann erwartet, wird Dich begeistern. Ich möchte nicht vorwegnehmen, auf was an Eindrücken Du verzichten müsstest, wenn Du nicht kämest, um hier noch ein paar gemeinsame Tage, die wir uns beide verdient haben, zu genießen. Hier ist genau der Urlaubsort mit all den angenehmen Dingen, die auf uns beide genau zugeschneidert sind. Wenn ich das allein genießen müsste, käme ich mir schäbig vor. Deswegen meine Bitte: Pack' heute Abend die nötigsten Sachen zusammen und lass das Büro das Flugticket und alles Erforderliche organisieren." Ich fragte nach: „Bist Du überhaupt noch am Hörer?" Es folgte eine zaghafte Antwort: „Ist das wirklich Dein Ernst? Ich soll eine so spontane Entscheidung treffen?" Ich setzte sofort nach und machte ihr deutlich, ich würde alles akzeptieren, nur nicht, wenn ich keine Zustimmung erhielte. Sie sagte: „Du hast mich überredet, ich freu' mich, dass ich morgen bei Dir sein kann."

Pünktlich, schon eine Stunde, bevor die Maschine von Hamburg in Dublin eintraf, war ich am Flughafen und erwartete meine Frau. Ich war erleichtert, als ich sie in Empfang nehmen konnte, und auf dem schnellsten Weg gingen wir zu meinem geparkten Fahrzeug. Ich erklärte ihr: „Stell Dich jetzt auf eine Fahrt ein, die mindestens zwei Stunden dauert, trotz der bloß hundertzehn Kilometer." Worauf sie antwortete: „Ist der Verkehr hier so stark, dass man nicht schneller vorankommt?" Ich erwiderte: „Fahre ich zu schnell, würde ich mir Vorwürfe machen, Dir nicht alle Schönheiten auf dem Weg zum Loch Sheelin in Mount Nugent zu zeigen." Sie war von den gepflegten Einfamilienhäusern überrascht, wunderte sich aber nach einer geraumen Zeit, als wir durch die Stadt Navan fuhren, dass es kaum Wohnhäuser gab, die nur über Parterre und eine erste Etage verfügten. Ich erklärte ihr auch, dass es in Irland keine Häuser mit einem Keller gäbe. Es sei viel zu kostspielig, ein Kellergeschoss durch den Felsen zu erstellen. Sie freute sich über den Sonnenschein, der an diesem Tag die Landschaften ausnahmsweise noch viel schöner machte, als sie ohnehin schon waren, denn eines muss man wissen: In Irland regnet es mehr als häufig.

Wir fuhren dann durch die Kleinstadt Navan. Dabei sagte ich: „Guck, es gibt hier auch Supermärkte wie bei uns, Baumärkte und alles, was man zum Leben benötigt.“ Da ich ihr so ausführlich schilderte, dass es einem hier an nichts mangelte, hatte ich den Eindruck, es könnte deutlich werden, dass ich vielleicht doch gewisse Absichten hätte. Wo die hinführten, konnte sie aber noch nicht so richtig ausmachen. Sie durfte sich auf mich verlassen. Ich würde sie in dieser Hinsicht nicht enttäuschen. Ich hatte nach meinem Gefühl etwa ein Drittel auf dem Weg vom Flughafen Dublin nach Mount Nugent erreicht, um sie zu überzeugen. Vor allen Dingen machte ich sie noch auf den Nachbarort Virginia aufmerksam und meinte beiläufig: „Daher kommt der Likör, den Du am liebsten magst: Baileys - und die irische Butter von den gesunden grünen Wiesen Irlands.“ Mehr Überzeugungsarbeit war von meiner Seite aus völlig überflüssig. Als wir auf den Parkplatz am Crover House Hotel angekommen waren und sie den See Loch Sheelin vor sich liegen sah, sagte sie: „So schön hab ich es mir hier wirklich nicht vorgestellt. Und so einsam und friedlich, das ist etwas, was uns wirklich fehlt. Ich freue mich wirklich, dass ich Deiner Bitte gefolgt bin, mich auf einen achttägigen Urlaub mit Dir hier in Irland einzulassen.“ Zu den mehr als dreißig Prozent, die ich von Dublin nach Mount Nugent schon sicher eingefahren hatte, kamen jetzt weitere fünfzehn Prozent hinzu. Ich hatte mein Ziel, davon war ich überzeugt, da ich meine Frau gut kannte, für einen möglichen langen Aufenthalt in Irland, den wir beide gemeinsam genießen würden, erreicht. Nachdem ich dem Hotelier Patrick meine Frau vorgestellt hatte, bezog sie in meinem großen Hotelzimmer Quartier, öffnete die Balkontüren, atmete diese eigenartig gesunde irische Luft ein und sagte nach einem Seufzer nur noch: „Ist das eine herrliche Aussicht!"

In diesem mir zuvor unbekannten Land, von dem ich eigentlich immer nur gehört hatte, dass es hier viele Terroristen und Gewalt gäbe, hier, auf diesem Fleckchen Erde war von all dem nichts zu spüren, was vor allem in Belfast an der Tagesordnung war. Nachdem wir uns beide für ein irisches T-Bone-Steak entschieden hatten und uns anschließend mit einem Cognac und mit einem Baileys vor dem Hotel an einen Gartentisch setzten, kam ich jetzt ganz langsam und gefühlvoll mit der Axt aus dem Walde. Ich fragte meine Frau rundheraus: „Könntest Du Dir vorstellen, in diesem schönen Land auf einem so herrlichen Flecken Erde, wo ich auch nach so vielen harten Jahrzehnten von der Arbeit ausspannen könnte und, wann immer ich wollte und Du es mir gestattest, zum Angeln auf diesen See herausfahren könnte, könntest Du Dir vorstellen, dass wir hier ein Grundstück erwerben, ein Haus bauen und die Garantie hätten, dass uns nicht jedes Wochenende angebliche Bekannte und Verwandte, die man sich durch nichts vom Halse halten könnte, heimsuchen?" Meine Frau sah mich an und fragte: „Wie stellst Du Dir das vor? Steht denn das hier nicht alles unter Naturschutz?" Ich sagte: „Das Hotel gibt es hier ja auch, und das ist Gewerbe. Also: Fragen kostet nix, um sich die entsprechenden Informationen einzuholen." „Ich kenn Dich, und nun mal raus mit der Sprache. Wenn Du mir so gefühlvoll am Telefon solche Eröffnungen machst und mich blitzartig sanft überredest, sofort zu Dir zu kommen, dann hast Du sicher schon eine Menge im Vorfeld geklärt. So gut kenne ich Dich nun auch schon nach mehr als dreißig Ehejahren." „Also, so ganz unrecht hast Du nicht. Ich hab für morgen Vormittag um zehn Uhr einen Termin mit einem älteren englischen Ehepaar, das nach London zurückgehen möchte. Er war Banker, und sie haben hier zwanzig glückliche Jahre verbracht. Sie besitzen ein Haus auf der Landseite, etwa hundert Meter vom See entfernt. Zwischen diesem Haus und ihrem Seegrundstück gibt es einen Weg, auf dem wir vom Crover House Hotel zu diesem Haus und Grundstück fahren können. Ich möchte dir beides zeigen, denn es steht kurzfristig zum Verkauf an." Meine Frau bemerkte nur kurz: „Ich weiß, dass man bei Dir vor Überraschungen nicht sicher ist. Aber das hier übertrifft alle meine Erwartungen." Ich meldete mich kurzfristig noch einmal bei dem englischen Ehepaar und erklärte ihnen, dass in der Zwischenzeit meine Frau aus Deutschland eingetroffen sei und ich wie vereinbart mit ihr morgen einen Besuch bei ihnen machen würde. Meine Frau war gespannt, und pünktlich wurden wir von dem englischen Ehepaar empfangen.

Vom Gartentor bis zum Haus waren es vielleicht fünfundzwanzig Meter. Das Haus, das auf diesem Grundstück stand, hatte ungefähr eine Grundstücksgröße von zweitausend Quadratmeter. Vor dem Haus erstreckte sich eine wunderschön gepflegte Rasenfläche mit einer riesigen japanischen Zierkirsche. Einen Bretter- oder Stahlzaun gab es nicht. Die Einfriedung des Grundstücks zur Straße hin bestand aus einer Hecke von strahlend gelb blühendem Ginster. Die Hecke war etwa einen Meter fünfzig hoch und hatte Tausende von Stacheln. Über diese Hecke würde kein ungebetener Gast klettern. Trotz allem hatte man vom Wohnzimmer aus einen herrlichen Blick über den See. Das Haus hatte ein sehr schönes, großes Wohnzimmer von etwa zwanzig Quadratmetern. Am Flur befanden sich zwei Schlafzimmer von einer Größe ebenfalls von ca. je zwanzig Quadratmetern. Ein sehr schönes Bad und eine kleine Küche. Insgesamt lag die Gesamtwohnfläche bei etwa neunzig Quadratmetern.

Die Möbel waren einfach und schlicht, im Wohnzimmer allerdings gab es ein paar antike Möbelstücke und eine große Standuhr, die das Geläut von Big Ben hatte. In der Wohnung gab es eine Menge zu renovieren. Auch der Fußboden wies Beschädigungen auf, die uns der Hausbesitzer aber zeigte, denn der Holzfußboden im Wohnzimmer war mit Teppichen abgedeckt. Natürlich besaß dieses Haus auch keinen Keller, was ich schon erwähnt hatte, da Irland eine felsige Insel ist.

Meine Frau beobachtete alles. Ich bemerkte, dass es in ihr arbeitete. Sie beteiligte sich kaum an dem Gespräch über das Wohnhaus und das Seegrundstück, das so verwildert war, dass zur Räumung des gesamten Wildwuchses und der Bäume nur schweres Gerät eingesetzt werden konnte. Von Hand war es nicht herzurichten. Ich besprach mit dem Ehepaar die zusätzlichen Arbeiten, die anstünden. Auch die Fenster und Türen mussten innen und außen fachmännisch überholt werden, und ich kam auf einen ungefähren Renovieraufwand durch irische Handwerker von etwa von fünfundzwanzig- bis dreißigtausend irischen Pfund, das entsprach etwa fünfzigtausend DM. Für die zu verbleibenden Möbel - wobei die Möbel aus Schlafzimmern, Flur und Küche sicher auf dem Sperrmüll landen würden - war ich bereit, einen Betrag von fünftausend irischen Pfund zu bezahlen. Mir war klar, dass das Schweigen meiner Frau, die meine Verhandlung mit dem Ehepaar nicht mit einem einzigen Wort unterbrach, nur eins bedeuten konnte: Zustimmung. Nachdem wir uns, was relativ schnell ging, weil alles das, was sich während der Verhandlung zwischen dem Ehepaar und mir abspielte, genau in meine Überlegungen passte, geeinigt hatten, fragte ich, ob sie einen Notar hätten. Denn der Kauf musste ja notariell beglaubigt werden. Zwei Tage später, so schnell habe ich noch nie Haus und Grundstück erworben, waren alle Formalitäten erledigt. Wir hatten ein Haus, das kurzfristig beziehbar war, und ein Grundstück, auf dem ich meine Frau in den Arm nahm und sagte: „Hier entsteht nun Daggi's Cottage."

Ich weiß nicht, wieso ich einige Tage später im Crover House Hotel von verschiedenen Iren in der Gaststube plötzlich ein Bier auf den Tisch bekam und meine Frau - ihre Leidenschaft für Baileys hatte sich ja schnell herumgesprochen - eben Baileys. Man prostete uns zu, und Arthur Smith sagte: "Seid herzlich willkommen. Euch beide mögen wir - und wir kommen bestimmt gut miteinander aus."

Wir würden nun bald - bei etwa fünfzig Nachbarn, um den See herum verteilt - das einzige deutsche Ehepaar sein. Arthur war in den nächsten Tagen auch mein Ansprechpartner, und so fragte ich ihn nach einem Handwerker, der alle erforderlichen Fähigkeiten für den Aufbau eines Hauses haben sollte.

Da könnte er mir das Beste nennen, was Irland zu bieten hätte. Es gibt hier in Mount Nugent einen Mann, der in Dublin den Bauingenieur gemacht hat und alle Fähigkeiten besitzt, die man braucht, wenn man ein vernünftiges Haus plant. Natürlich müsse man hier auch noch einen Architekten haben, der die erforderlichen Pläne bei der Behörde vorzulegen hat. Zuallererst würde man aber einen Hinweis benötigen, der sichtbar am Grundstück an einem Pfahl zu befestigen sei. Damit wird den Nachbarn vermittelt, dass auf diesem Grundstück ein Haus gebaut werden soll. Hätte nun irgendein Nachbar einen Einwand, könnte es durchaus geschehen, dass die Baugenehmigung nicht erteilt würde." Auch hier erwies sich, dass die Bekanntschaft, die ich mit Arthur Smith vor nicht langer Zeit gemacht hatte, ausgesprochen wertvoll war. Da ich völlig unbekannt war und Hilfe brauchte, die mir entsprechende Wege abnehmen konnte, war ich in einer guten Position. Er sagte mir auch, dass ich mir keine Sorgen machen sollte, er kannte alle Leute in der Umgebung. In seinem kleinen Supermarkt seien sie ja schließlich alle seine Kunden.

Ein Bootshaus mit drei kleinen Zimmern war geplant. Mit einem Spitzboden und - zur Landschaft passend - einem Reetdach. Irland verfügte über viel Reet. Aber man sagte mir auch gleich, dass das Reet in Irland eine begrenzte Qualität habe. So entschied ich mich dafür, dass der Reetdachbauer das Reet aus Ungarn importieren sollte. Das irische Reet hat keine besondere Stabilität, was einfach daran liegt, dass in Sommer und Winter ein so mildes Klima herrscht.
Jetzt stand ein Besuch bei Johnny Brady an. Dort hinzufinden, wo er wohnte, war eine Kunst. Zum Glück konnte man mir eine Wegbeschreibung geben. Ich müsste mich, wenn

nach fünfhundert Metern ein Weg von der Straße rechts abginge, an einer leeren Hausruine orientieren. Wenn ich dann etwa anderthalb Kilometer geradeaus führe, käme an der Kreuzung wieder eine Ruine, die eines leer stehenden Hauses. Dann müsste ich mich links halten, nach etwa fünfhundert Metern würde vor mir ein großer Wellblechschuppen auftauchen, durch den müsste man, wenn man denn Glück habe, hindurchzukommen, hindurchgehen. Er sei mit zwei alten Traktoren, einem Anhänger, Dutzenden von Fässern und alten Reifen vollgestellt, und alles stünde restlos durcheinander, völlig unaufgeräumt, sodass man nur erahnen könnte, wo die nächste Tür sei. Ich fand dann eine eiserne Tür, die man, um sie zu beschreiben, wie in Deutschland zur Sicherung bei Heizungskellern hatte. Eine sogenannte eiserne Feuerschutztür. Mit der Faust klopfte ich dagegen, und von drinnen hieß es: „Come in!" Ich öffnete die schwere Tür und musste wirklich alle Kraft aufwenden, um sie aufzubekommen. Hinter dieser Tür ging es gleich drei Stufen abwärts, und ich befand mich in der Küche. Drei Meter von der Tür entfernt stand Johnnys Ehefrau vor dem Herd und kochte Irish Stew. Ich wunderte mich allerdings über die Dimensionen, die dieser Topf hatte. Es war fast die Größe eines Waschtopfes. Dann stellte sich heraus, dass eine solche Topfgröße auch erforderlich war, denn Johnny hatte sage und schreibe zwölf Kinder. Er bot mir als Platz einen alten ehemaligen Autosessel an, und ich musste aufpassen, dass sich nicht eine Sprungfeder, die sich schon selbstständig zu machen versuchte, in mein Hinterteil bohrte. Ich erklärte Johnny, was ich für Wünsche hätte, und er sagte mir, es habe sich schon bis zu ihm herumgesprochen, dass ich auch ein Drittel des Hauses in den See hineingebaut haben möchte, weil ich unterhalb der Küche gern einen Bootshafen hätte. Ich hatte ganz genaue Vorstellungen, die der Architekt nun in seinen Plänen berücksichtigte.

Ich wollte gern unterhalb des Hauses mein Angelboot parken, wollte dann über die Treppe, die von der Küche nach unten in den Bootshafen führte, in das Boot einsteigen und mit einer Fernbedienung die beiden Flügeltüren öffnen – und wäre dann ohne weitere Schwierigkeiten sofort auf dem See. Als ich Johnny das alles vorgetragen hatte, sagte er nur vier Worte: „Okay, das kann ich bauen." Er fragte mich, ob ich eine zeitliche Vorstellung hätte, wann das Ganze fertig sein sollte. Ich erklärte ihm, dass ich wahrscheinlich erst in einem halben Jahr zurück sei. „Bis dahin ist alles erledigt. Ich stimme mich mit dem Architekten ab, alle Arbeiten, die anstehen, werden von mir durchgeführt." Wir unterhielten uns dann noch über das zu verwendende erforderliche Material und er sicherte mir zu, dass das gesamte Grundstück so von ihm hergerichtet würde, dass ich eine breite Zufahrt zum Haus am Wasser hätte und das übrige Grundstück von Bäumen und Bewuchs restlos freigemacht würde. Wenn er fertig sei, bräuchten wir nur noch zu bepflanzen. Nach etwa drei Stunden und einigen Tassen Tee wollte ich mich von Johnny verabschieden. Ich musste also durch die gleiche Tür zurück, durch die ich gekommen war. Aber jetzt verschlug es mir die Sprache: Worauf ich anfangs gar nicht geachtet hatte, war, was mit der Tür eigentlich richtig los war. Das bekam ich jetzt erst zu sehen: innen fehlte nämlich der Drücker. Ein breiter Türgriff in einem Vierkantformat musste ihm wohl irgendwann einmal abhandengekommen sein. Wie um Himmels Willen kam ich denn jetzt wieder hier raus? Johnny sah mein Gesicht, grinste und kam mit einem Spruch, der in Irland gang und gäbe war, guckte mich an und sagte: "No Problem.", nahm seinen Zeigefinger und schob ihn in die Öffnung, wo früher der Türdrücker gewesen war und drehte das Ganze nach rechts - die Tür war offen. So etwas hatte ich noch nie in meinem Leben gesehen. Das hätte jeden Zuschauer im Zirkus von den Sitzen gerissen. Was sollte bloß aus dem Haus werden, zumal ich von Hamburg aus überhaupt keinen Zugriff auf Mount Nugent hätte. Aber wir einigten uns, dass er mir zwischenzeitlich Fotos schickte, schon weil ja die Begleichung der Materialrechnungen und auch sein berechtigtes Einkommen gesichert sein mussten.

Ende des Jahres waren wir dann wieder in Irland. Unser Haus in Bendestorf war gut versorgt. Meine Tochter kam regelmäßig und achtete darauf, dass dort alles in Ordnung war. Mit der Firma hatten wir erfreulicherweise keine Probleme. Wir konnten es kaum erwarten, in unserem Haus in Mulard Point anzukommen. Wir hatten Johnny Brady auch einen Schlüssel überlassen, damit er, falls es erforderlich war, einen eventuellen Schaden abwenden konnte. Er führte sprichwörtlich alle erforderlichen Arbeiten selbst durch. Das fing morgens beim Hellwerden an, und abends bei Dunkelheit schloss er die Arbeiten ab.

Dass alles so weit fortgeschritten war, hatten wir nicht erwartet. Alle Arbeiten waren abgeschlossen, und ich hatte noch einen Extra-Wunsch am Bootshaus an Daggi's Cottage, über den er eigentlich sehr erstaunt war: Er machte selbstständig die Elektroarbeiten, die Klempnerarbeiten, vom Fundament bis zum First, Innen- und Außenarbeiten, alles. Ich bat ihn, aus einem Naturholz vier Pferdeköpfe zu schnitzen. Sie mussten flach sein und aus einem einen Meter fünfzig langen Brett geschnitzt sein. Als er die vier Pferdeköpfe fertig hatte, die auch gelungen waren, fragte er mich, was ich damit wolle. Daraufhin zeigte ich ihm den Giebel und sagte, dass die Pferdeköpfe so am Giebel befestigt sein müssten, dass sie sich parallel ansehen könnten. Und das an beiden Giebelseiten. Ich erklärte ihm, weil er überhaupt nichts damit anfangen konnte, dass das in den Bundesländern Niedersachsen und Schleswig-Holstein in Deutschland eine Tradition sei. „Und warum gucken sich die beiden Pferde nun an?" Darauf erwiderte ich: „In Niedersachsen sind sich die Leute sympathisch, und zum Zeichen dessen herrscht unter diesem Hausdach mit den sich anblickenden Pferdeköpfen Harmonie. Und in Schleswig-Holstein sehen die beiden Pferdeköpfe der eine nach links und der andere nach rechts." „Und warum das?" „Ja, weil sie sich in Holstein, so sagt man, nur in der Wolle haben." Ob das nun auch stimmt, dafür will ich mich natürlich nicht verbürgen.

In und an dem Gebäude, in dem zuvor das englische Ehepaar gewohnt hatte, begannen wir nun ebenfalls mit der Instandsetzung. Alles klappte gut. Es fehlten nur noch die Maler für die Innenanstriche. Einmal überraschte ich den Maler, der im Schlafzimmer die Innenwände strich. Ich sah, wie er unter dem Heizkörper zwei Bodenplatten aus Holz aus dem Fußboden herausgelöst hatte. Dann nahm er einen Eimer mit Wasser, weil Feierabend war - in dem Wasser hatte er vorher Bürsten, Rolle und Pinsel gesäubert - und goss doch tatsächlich den ganzen Eimer mit dieser milchigen Flüssigkeit in die Öffnung des Bodens. Ich war entsetzt und stellte ihn zur Rede. Er erklärte mir: „Das machen wir überall so, denn da unten sind doch nur Steine." Ich gab mich geschlagen. Da nur noch zwei Wände im Schlafzimmer übrig waren und wir für den darauffolgenden Sonnabend eine Menge Möbel angeliefert bekommen sollten, fragte ich den Maler, ob er nicht am Sonnabend für für vier Stunden vorbeikommen könnte. Er sagte: „Sonst gern, aber ich habe mich morgen mit drei Freunden verabredet. Wir wollen in Enniskillen ein paar Engländer erschießen."

Ich weiß nicht, ob es sein voller Ernst war, aber eins steht fest: In der Republik Irland hat jede Familie seit 1921, so lange dauert der Streit zwischen den Engländern und den Iren schon an – mindestens ein Familienmitglied verloren. Oft stand man kurz davor, diesen blutigen Streit zu beenden. Aber immer wieder gab es in den nordirisch besetzten Teilen Terroristen, die den zu schließenden Frieden durch schreckliche Attentate zu verhindern wussten. Später besuchten meine Frau und ich Belfast. Erschreckend. Etwa zwei Kilometer vor Belfast wurde man schon durch entsprechende Schilder auf den Grenzbereich hingewiesen. Nach weiteren fünfhundert Metern kam ein Hinweis: Licht einschalten, nicht fotografieren. Und dann kam man an die Grenze, die der Grenze bei Helmstedt fast ähnelte, über die man in die ehemalige Deutsche Demokratische Republik einreisen wollte. Vor Ihnen standen besetzte Wachtürme mit dem Hinweis: 10 km/h fahren. Und dann folgte ein langsames Schlangenlinienfahren, bis man auf nordirischem Boden in Belfast ankam. Am schlimmsten war es, wenn die britischen Besatzer den Ostermarsch zelebrierten. Mit diesen Ostermärschen machte die britische Regierung in Belfast den Iren immer wieder klar, wie unterdrückt sie waren. Und auch das Deutsche Fernsehen berichtete immer wieder über die Zusammenstöße in Nordirland.

Irgendwann äußerte unser Freund Ralph Giordano einen Wunsch - er war dabei, ein Buch über Irland zu schreiben, und hatte auch schon einiges vorbereitet. Es gab schon ein sehr interessantes Buch, das in Deutschland von vielen Menschen mit großem Interesse gelesen wurde: das „Irische Tagebuch" des Literatur-Nobelpreisträgers Heinrich Böll. Er beschrieb das irische Leben und das irische Schicksal so hautnah und überzeugend. Es machte jedem Menschen die Situation in Irland klar, als hätte man selber dort und nie woanders gelebt. Ralph Giordano hatte uns schon vorher einmal besucht, war natürlich von unserem Domizil sehr begeistert und fragte: "Wenn ihr nicht in Irland seid, würdet Ihr mir Euer Haus anvertrauen? Ich mache umfangreiche Recherchen in der Republik und in Nordirland und würde dann immer wieder nach Mount Nugent zurückkommen." Die Familie Giordano hatte dieselbe schreckliche Zeit im Nationalsozialismus erleiden müssen wie wir. Er hat dies in seinem Roman „Die Bertinis" festgehalten, der in Deutschland auch verfilmt wurde. In seiner Familie war die Mutter der jüdische Teil und der Vater der Christliche, bei uns war es umgekehrt. Die Giordanos waren sieben Personen, weil die Großeltern noch mit im Untergrund waren, drei Brüder und die Eltern; und bei uns waren es neun Personen und der Vater mit ständigen Aufenthalten in wechselnden Zwangs- und Konzentrationslagern. Betrachtete man ein solches Schicksal, wie es die Giordanos erlebt hatten, und hält unser Schicksal daneben, dann fiel es meiner Frau und mir sehr leicht, ihm diesen Wunsch zu erfüllen. Vor Einem hatte ich ihn aber in aller Deutlichkeit gewarnt: „Meide die Städte Londonderry, Enniskillen und vor allem Belfast. Du kannst schnell in eine Situation geraten, in der Du gesundheitlichen Schaden nimmst."

Ich erhielt von ihm eine telefonische Nachricht, dass er sich zurzeit in einem Krankenhaus in der Nähe von Galway aufhalte. Er konnte es sich nicht verkneifen, befand sich gerade zu der Zeit in Belfast, in der die Ostermärsche stattfanden. Er geriet hautnah in die Demonstrationen hinein und wurde verletzt. Seine Erinnerungen an Irland sind lesenswert, und wir freuten uns, dass er über unser Domizil in Irland, das er ja ohne finanziellen Aufwand genießen durfte, geschrieben hat.

1995, ich hatte meine ersten Erinnerungen im Hotel Atlantic in Hamburg vorgestellt, und bei meiner Buchvorstellung war auch unser Senatspräsident Dr. Henning Voscherau anwesend, unser Freund Max Schmeling, Volker Lechtenbrink, Heidi Kabel und Loki Schmidt. Der Saal des Hotel Atlantic war mit Freunden, Bekannten und vielen Interessierten gefüllt, die davon durch die Medien erfahren hatten. Nachdem ich eine Signierstunde beginnen wollte, bat noch ein Gast ums Wort, er hätte eine wichtige Information an mich zu übermitteln. Und hierfür sei die Vorstellung meines Buches an diesem Tag ein besonders geeigneter Moment. Unserem Ersten Bürgermeister war dieser Gast bekannt, es handelte sich um den türkischen Generalkonsul Basoy. Er sei beauftragt, mir im Namen der türkischen Regierung die Mitteilung zu überbringen, dass man einstimmig beschlossen habe, mir den Preis für Frieden und Toleranz am 6. Dezember in der Türkei zu übergeben. Mit allem hatte ich an diesem Tag gerechnet, aber eine solche Information war mehr als überraschend. Gleichzeitig sei auch eine besondere Ehrung und Auszeichnung vorgesehen, in der Stadt Myra und dem jetzigen Demre, in der sich die Grabstätte des heiligen St. Nikolaus befände. Diese Stätte sei einmal von Seeräubern geplündert worden, die aus Bari in Italien gekommen wären. In dieser Grabstätte, einer riesigen Halle, die in die Erde hineinführte, befand sich das Grab des heiligen St. Nikolaus. Der Christenwelt ist diese Stätte noch unter dem Namen Myra bekannt. Ich wurde gebeten, in den nächsten Tagen das türkische Konsulat aufzusuchen, um dort weitere Informationen zu erhalten.

Der Tag dieser Preisverleihung kam nicht von ungefähr. Der 6. Dezember ist das Datum, an dem am Abend zuvor weltweit die Kinder ihre geputzten Stiefelchen vor die Tür stellen. Der heilige St. Nikolaus war der Schutzpatron der Armen, der Seefahrer, der Kinder - und hinzugekommen ist auch noch der Schutzpatron der Umwelt. Zu einem Gespräch war ich in den nächsten Tagen im türkischen Konsulat, und hier wurden die erforderlichen Dinge besprochen, die mit meiner Reise in die Türkei verbunden waren. Der zweite Dezember sollte der Anreisetag sein, Gespräche mit einer türkischen Zeitung waren angesagt, und auch Gespräche mit der türkischen Regierung. Gespräche mit dem Landesrabbiner der jüdischen Gemeinde in der Türkei und ein beeindruckendes Beiprogramm, das mir zu Ehren geplant war. Als ich diese Besprechung im türkischen Konsulat hinter mir hatte, kam mir erst so recht zu Bewusstsein, dass meine Arbeit für den Frieden und das Mahnmal St. Nikolai über die Grenzen Deutschland hinaus einen tiefen Eindruck hinterlassen haben mussten.

Mich durfte eine Delegation von zwanzig Personen begleiten. Dazu kamen noch zwei Fernsehgesellschaften und natürlich die großen Hamburger Tageszeitungen. Die Firma Öger-Tours stellte hierfür eine Extra-Maschine zur Verfügung.

Ich war einfach nicht mehr in der Lage, auch nur zu beschreiben, was in mir vorging. Ein Mensch, der sich aus der tiefsten Finsternis mit Hindernissen, die schlimmer nicht sein konnten, durchbeißen musste, dem passierte hier etwas, das man sich, wenn man auch noch so kühn ist, nicht erträumen kann. Drei Tage vorher, Ende November, las ich in einer großen Hamburger Tageszeitung, dass in Ankara in einer großen Schule mehrere Kinder mit Elektroschocks gefoltert wurden. Das war ein solcher Schlag ins Gesicht, dass ich zu meiner Frau sagte, die Reise in die Türkei trete ich nicht an, und auch den mir zugedachten Preis werde ich nicht annehmen. Wo man Kinder foltert, kann ich, der sich vehement für Frieden einsetzt, wohl kaum einen derartigen Preis entgegennehmen. Sofort bat ich Bürgermeister Voscherau um ein Gespräch und erläuterte ihm, dass die Annahme dieses Preises aufgrund solcher Vorfälle unmöglich geworden sei. Statt Zustimmung erwartete mich jetzt aber - was ich gar nicht kannte – eine Art Donnerwetter. Er erklärte mir: „Dieser Preis ist nicht nur eine Auszeichnung für Sie, sondern die ganze Stadt Hamburg ist stolz, einen Bürger in ihrer Stadt zu haben, dem eine solche Auszeichnung zuteilwird, und Sie nehmen diesen Preis in der Türkei auf jeden Fall an." Es gibt hierüber einen Brief, den Dr. Henning Voscherau an die Call-of-Peace geschrieben hat. Von diesem Brief gibt es eine Kopie, die ich im Anhang veröffentliche.

Auch meine Frau riet mir dazu, unbedingt in die Türkei zu reisen. Ich ließ mich überreden, wusste aber genau, dass - wenn ich in der Türkei wäre - ich so etwas nicht hinnehmen würde. Dazu war ich selbst in meiner Kindheit zu sehr gequält worden.

Wir landeten in Istanbul, und am Rollfeld standen in entsprechender Entfernung ein Bus und zwei große schwarze PKW. Man begrüßte mich mit der Bezeichnung Exzellenz. „Wir begrüßen Sie auf türkischem Boden. Im Namen unserer Regierung darf ich Sie zum Fahrzeug geleiten." Nach wenigen Sekunden, und nachdem alle meine Begleiter aus dem Flugzeug ausgestiegen waren, sagte ich zu dem zuständigen Herrn der türkischen Regierung: „Ich bin mit einer Delegation von etwa dreißig Leuten hier. Ich glaube kaum, dass wir die alle in zwei Autos bekommen." Ich habe noch nie ein so verdattertes Gesicht gesehen, und er bemerkte sofort: „Ihre Begleitung fährt mit dem dafür vorgesehenen Bus." Ich erklärte ihm, er möge mich bitte nicht falsch verstehen, aber ich sei mit meiner Begleitung gemeinsam angereist und nun reiste ich mit meiner Begleitung auch zusammen weiter. „Sie fahren vorneweg - und wir kommen geschlossen hinterher." Ich glaube, so etwas war ihm als Empfangschef noch nie untergekommen.
So ist es eben bei Menschen, die nie verleugnen, woher sie kommen.
Diesem Grundsatz bin ich bis heute treu geblieben.

Unsere Unterbringung in einem Hotel am Bosporus war äußerst vornehm und luxuriös. Am darauffolgenden Tag war eine Pressekonferenz mit der größten türkischen Zeitung Hürriyet vorgesehen und danach sollte ein etwas längeres Interview mit dem türkischen Fernsehen stattfinden. Es gab noch einen Aufenthalt in einem großen Konzertsaal. Hierzu waren alle meine Gäste und ich eingeladen. In der Mitte gab es eine große Tanzfläche – der Tanz der Derwische wurde gezeigt. Nach zwanzig Minuten hatte ich das Gefühl, als wenn ich mich selber im Kreis drehte. Irgendwann, so nach etwa vierzig Minuten, war dieser Besuch dann auch vorüber, und ich war froh - bevor ich nun ganz meschugge wurde - endlich wieder an die frische Luft zu kommen. Das Ganze war wirklich gut gemeint, aber war nicht unbedingt etwas, wovon ich sagen könnte, es liege mir. Am darauffolgenden Tag war vorgesehen, einen Besuch in der jüdischen Gemeinde von Istanbul zu machen, wo der Landesrabbiner mich und meine Delegation empfangen wollte. Es waren etwa zweihundert Leute, in einem großen Saal versammelt. Zu der Zeit wusste ich gar nicht, dass es in der Türkei eine so große jüdische Gemeinde gab. Insgesamt waren es allerdings auch, wie mir später berichtet wurde, acht Gemeinden. Ich hatte den Platz neben dem Landesrabbiner, und nach einigem Hin und Her an Fragen und Antworten legte ich ihm unser Goldenes Buch vor, in dem sich seit etwa zehn Jahren Persönlichkeiten aus aller Welt einschließlich unseres Bundespräsidenten und Kanzlers, Ministerpräsidentinnen und Minister, Bürgermeister aus dem In- und Ausland und Kulturschaffende eingetragen hatten. Mittlerweile – und das ist eher untertrieben – haben sich um die dreitausend Persönlichkeiten mit Bild, Unterschrift und Texten für den Frieden verewigt.

Lustlos sah er sich einige Eintragungen an und stellte plötzlich eine Frage an mich, die mich im ersten Moment verwirrte: „Wie fühlen Sie sich eigentlich als Halbjude. Empfinden Sie mehr jüdisch oder mehr christlich?“ Ich war völlig durch den Wind. So eine Frage hatte noch nie jemand an mich gestellt. „Ich hätte dazu gern Ihre Meinung gehört.“ Und die versuchte ich ihm nun auch mitzuteilen. „Im Zuge der Einladung des Bürgermeisters von Jerusalem, Herrn Teddy Kollek, der rechtzeitig aus Wien nach Palästina geflüchtet war, hatte ich auch eine Verabredung wahrgenommen, im Epizentrum der Intifada, in Ramallah.“ Er sah mich etwas ungläubig an. Offenbar fragte er sich, was ich da zu suchen gehabt hätte. Denn Ramallah war der Sitz von Arafat. „Auf dem Weg dorthin sah ich auch israelische Soldaten, die aus einem Fenster im ersten Stock Mobiliar aus dem Fenster auf die Straße warfen. Zwei weitere Soldaten befassten sich mit einem Mann, den sie blutig schlugen. Ich konnte mir den Hintergrund dieser schrecklichen Szene gut vorstellen. In dem Moment hatte ich alles andere als einen jüdischen Glauben.

Nach meiner Rückkehr nach Jerusalem hatte ich ein weiteres Erlebnis, das ich Ihnen gleich schildern werde.“ Vorher, und das war der Grund meiner Reise nach Ramallah, hatte ich eine Verabredung mit der rechten Hand von Arafat. Es handelte sich um Frau Professor Hanan Ashrawi. Sie galt als rechte Hand von Arafat und vertrat ihn bei vielen Verhandlungen, an denen er persönlich nicht teilnehmen konnte. „Ich erfuhr in meinem Hotel, dass in Haifa ein Schulbus mit achtzig Kindern durch einen Attentäter in die Luft gesprengt worden war. In diesem Moment, Rabbi, war ich wieder mit absoluter Sicherheit beim jüdischen Glauben. Ich hoffe, ich konnte Ihnen das aus meiner Sicht etwas verständlich machen. Ich habe nur eine einzige Religion, und das ist Menschlichkeit.“ Ich bat ihn auch um eine Eintragung in das Goldene Buch, worauf er bemerkte, dass es keine Geringschätzung meiner Person gegenüber sei, aber: „Hier trag ich mich nicht ein. Da sind mir zu viele Christen drin.“ Aufgrund dieser unbefriedigenden Zusammenkunft habe ich mich nach wenigen Minuten verabschiedet und ließ auch einige Journalisten, die dieses Gespräch völlig verständnislos verfolgt hatten, zurück.

Ich wurde noch an den verschiedensten Stellen herumgereicht, und der 6. Dezember war dann der Tag in Demre, an dem man Folgendes mit mir geplant hatte und auch durchführte. Auch hier sehen Sie im Anhang ein Bild, das ich Ihnen auf keinen Fall vorenthalten möchte. In dieser riesigen Halle, in der gut und gerne an die zweitausend Menschen versammelt waren, befand sich ein Bereich, zu dem man mich führte. In Form einer Bannmeile, die diesen Bereich eingrenzte, befanden sich nun folgende Geistliche: ein hoher Würdenträger der Muslime, ein hoher Würdenträger der griechisch-orthodoxen Kirche, ein Rabbiner der jüdischen Gemeinde in Antalya, ein katholischer Geistlicher und mein Freund, der von Beginn an - seit der Gründung des Förderkreises St. Nikolai an meiner Seite gewesen war - Pastor Wolfgang Weißbach. Ich musste meinen Kopf neigen, und ein Geistlicher nach dem anderen nahm nun nach seinem Ritual entsprechend eine Einsegnung vor. Am längsten dauerte die Zeremonie mit dem mohammedanischen Iman. Aus den Augenwinkeln konnte ich nach links und rechts blicken und sah, dass immer wieder Frauen auf die Erde fielen und laut beteten. Für mich und alle Beteiligten, die mit mir gereist waren, war es eine Situation, die wir nie erwartet hätten: so viele Religionsgemeinschaften in einer Runde anzutreffen. Der Letzte, der die Einsegnung nun vornahm, die ich auch gern erduldete, war Pastor Weißbach. Die ganze Zeremonie muss über eine Stunde gedauert haben.

Dann wurden wir gemeinsam gebeten - jeder mit einer brennenden Kerze bewaffnet - in dieser Halle an das Grab des heiligen St. Nikolaus zu gehen. Links an meiner Seite ging der Iman, rechts der griechisch-orthodoxe Geistliche. Es war ein eher kleiner Mann. Wir waren alle eingehakt, ich trug meine brennende Kerze, und wir bemerkten plötzlich alle einen etwas unangenehmen Brandgeruch. Der griechisch-orthodoxe Geistliche bat mich: „Herr Buterfas, ist es möglich, dass Sie ihre Kerze etwas weiter links halten. Sie haben mir schon den halben Bart abgebrannt." Nun brauchte niemand mehr danach zu fragen, woher der Geruch kam.

Einen Abend später, und es war ein Riesenaufwand, wurde mir von zwei Engeln der erste Friedens- und Toleranzpreis der Welt verliehen. An diesem Abend, der ein ganz besonderes Ereignis war, lösten sich alle Geistlichen nacheinander mit entsprechenden Reden ab. Etwas fiel mir ganz besonders auf. Kam der griechisch-orthodoxe Geistliche zu Wort, verließen alle türkischen Moslems den Saal. Umgekehrt genau das Gleiche. Sprach der türkische Geistliche, war kein griechisch-orthodoxer Geistlicher im Saal. Man weiß ja um die Fehde beider, um das Missverhältnis, denn früher gehörte das Grabmal des heiligen St. Nikolaus zu Myra, heute aber ist es türkisch und trägt den Namen Demre. Aus Sicht dieser beiden Religionen ist das unverzeihlich.

Irgendwie waren meine Frau und ich froh, dass dieser anstrengende Aufwand sein Ende gefunden hatte. Wir flogen nach Deutschland zurück, und ich hätte bestimmt eine Woche gebraucht, um all die Zeitungsberichte, die mit diesem Rummel verbunden waren, zu lesen.

Wenige Tage später erhielt ich von der Call-of-Peace - wieder über das türkische Generalkonsulat - eine Anfrage. Man bat mich um Unterstützung für die nächste Persönlichkeit, für die Überreichung des zweiten zu vergebenden Weltfriedenspreises. Zwar war es noch lange Zeit bis dahin, doch offenbar wollte man die entsprechenden Vorbereitungen schon jetzt treffen. Ich überlegte nicht lange, denn inzwischen hatte sich in Irland etwas bewegt: Die als revolutionär anzusehende Sinn Féin-Partei, die einen radikalen Anstrich hatte, war ernsthaft bemüht, einen dauerhaften Frieden zwischen den Iren in der Republik und den Protestanten in Nordirland zu schaffen. Das Blutvergießen in Irland sollte endlich ein Ende finden.

Zu dieser Zeit gab es in Großbritannien den Premierminister Major. Er führte Verhandlungen mit dem republikanischen Verantwortlichen Premier John Bruton. Da die Verhandlungen für einen dauerhaften Frieden schon ziemlich lange dauerten, versuchte ich über das irische Generalkonsulat in Hamburg, dem ich durch meine Arbeit bekannt war, im Parlament in Dublin einen Termin zu bekommen. Der Termin kam zustande und wenn ich vorher angenommen hatte, dass ich vielleicht einen zurückhaltenden, spießigen, unnahbaren Menschen antreffen würde, war ich jetzt überrascht. Er begrüßte mich außerordentlich freundlich, fragte mich nach meinen Getränkewünschen und wusste über mich und was ich machte und wo ich nun auch lebte gut Bescheid. Ich hatte auch mein „Goldenes Buch“ dabei, das er mir signieren sollte und das mich später bei Lesungen als Zeitzeuge an Schulen und Universitäten begleitete - hieraus las ich meinen Schülern vor. Ich informierte ihn, was mir am 6. Dezember ehrenvoll in der Türkei passiert war und machte ihm deutlich, dass nun die Wahl auf mich fiel, einen Nachfolger für die nächste Verleihung dieses Preises zu finden. „Ich könnte mir niemand Besseres dafür vorstellen als Sie. Ich lebe jetzt schon eine geraume Zeit in Ihrem schönen Land, und nach nichts sehnen

sich die Menschen mehr, als dass endlich das Morden aufhört. Die Verhandlungen, die Sie gemeinsam mit Mr. Major in England führen, sind hoffentlich von Erfolg gekrönt. Die ganze Welt schaut auf Ihr Land.“ Er war beeindruckt, und ich bekam auch einen Schreck, als er mich mit meinem Vornamen ansprach, denn dies ist dort Gang und Gäbe. In England, Irland oder Amerika. Man nennt sich beim Vornamen, aber immer Sie. Wir haben lange über seine Aufgabe, die ungeheuer schwierig war, gesprochen, denn seit 1921 schwelte dieser Krieg zwischen England und Nordirland schon. Die Engländer hatten die Iren seit Heinrich VIII, nachdem ihm der Papst die Scheidung verwehrt hat und er vom katholischen Glauben zurücktrat, unterdrückt. Von da an begann das Leiden der streng katholischen irischen Bevölkerung. Und seit Cromwell, der nach Irland gesandt wurde, um für Ordnung zu sorgen, hat das Morden bis heute kein Ende gefunden.
Er bedankte sich bei mir, als ich mich verabschiedete. Wenn ich ein Problem hätte, möge ich mich an ihn wenden. Er nannte mich einen „good boy“ und entließ mich an die frische Luft.

Über das türkische Generalkonsulat ließ ich meinen Vorschlag weiterreichen, der große Zustimmung fand. Dann ereignete sich etwas besonders Schreckliches: Die IRA, die Irisch-Republikanische-Armee, meldete sich bei der britischen Regierung und kündigte eine große Explosion an. Das Hotel Killyhevlin sollte in die Luft gesprengt werden. Die IRA meldete dieses Attentat rechtzeitig an, damit das Hotel noch entsprechend geräumt werden konnte. Die Räumung müsste innerhalb von zwanzig Minuten durchgeführt sein. Aus zeitlichen Gründen gab es keine Möglichkeit, nach den Sprengsätzen zu suchen. Das Hotel flog tatsächlich in die Luft und war völlig zerstört.

Nach diesem Attentat standen die Verhandlungen zwischen der IRA und der britischen Regierung wieder bei null. Wenig später meldete sich die irische Regierung aus Dublin und teilte mir mit, unter diesen Gegebenheiten und dem, was gerade in Enniskillen geschehen sei, sehe sich Premier Bruton außer Stande, die ehrenvolle Auszeichnung entgegenzunehmen. Nach dieser Mitteilung aus dem irischen Parlament, dass Premier John Bruton aufgrund des schrecklichen Ereignisses in Enniskillen für diesen Preis nicht mehr in Frage kam, war ich sehr betrübt. Wenn dieser Mann die gleiche Auszeichnung erhalten hätte wie ich, hätte ich mich in ganz besonderer Gesellschaft befunden.

Johnny Brady baute uns noch am Haupthaus eine Garage und anschließend am rückwärtigen Giebel des Hauses eine Räucherkammer. Die kam für Privatleute, wenn ich das so sagen darf, zu Höchsteinsätzen. Einen so frisch geräucherten Fisch zu bekommen, das war bei Ivar und Daggi möglich. Die Eingangstore zum Seegrundstück und das Eingangstor am Hauptgebäude sowie das Garagentor und die beiden Tore am Bootshafen sollten durch einen Sender auf jeden Fall elektrisch zu öffnen sein. Als ich dies Johnny Brady vorschlug, sagte er: „So weit sind wir in Irland noch lange nicht. Du weißt ja, dass selbst ein Zahnarzt heute noch für die Inbetriebnahme seines Bohrers die Fußpedale treten muss, um damit die entsprechende Kraft auf seinen Bohrer zu übertragen. Da kann ich Dir überhaupt nicht helfen." „Ich habe vorgesorgt, und auf Dich wartet ein englisch sprechender Fachmann für automatische Tortechnik, und dieser wird Dir jetzt genau sagen, was Du für den Einbau dieser automatischen Tore mit Sender benötigst. Und solltest Du beim Einbau der Technik Probleme haben, kannst Du Dir dort jederzeit weitere Informationen holen.“ Johnny war schnell in diese Techniken eingelernt, und schon nach einigen wenigen Tagen meldete er mir Vollzug. Ich war in der Lage, vom Wohnhaus aus das Tor mit einem Sender zu öffnen. Gleichzeitig das schmiedeeiserne Tor am Bootshaus, das in schmiedeeisernen Buchstaben die Initialen meiner Frau trug: Daggi‘s Cottage stand da. Das Garagentor öffnete sich nun ebenfalls durch einen Sender. Aber die Attraktion waren die beiden Flügeltore am Bootshaus, und für meine Frau und mich war es eine große Freude. Wir gingen die Treppe von der Küche herunter, befanden uns auf einem breiten Steg, an dem das Boot geparkt war, nahmen Platz und kontrollierten noch einmal alle erforderlichen Dinge, die wir für unsere Ausfahrt auf den See benötigten. Und dann kam der Moment, auf den wir lange gewartet hatten. Wie bei 007 drückten wir auf den Sender, beide Torflügel reagierten auf Kommando, öffneten sich und - ohne dass wir ein Paddel benutzen mussten - fuhren wir durch das geöffnete Tor auf den Loch Sheelin. Für das Boot hatte ich mir natürlich aus Gründen der Erleichterung einen Motor einbauen lassen, den ich nicht mit einem Seil starten musste, wie es bei Außenbordmotoren sonst üblich war, denn hier sprang der Motor durch Knopfdruck an. Dass alles so perfekt lief, war schon fast beängstigend, und meine Freunde aus Mount Nugent, alles passionierte Angler, haben sich natürlich, wenn ich mit meiner Frau wieder in Irland war, oft bei mir gemeldet. Mit drei Mann hatte man ausreichend Platz und Bewegungsfreiheit in unserem Boot.

Von der Call-of-Peace erhielt ich eine Nachricht und eine Einladung, an der Vergabe des zweiten Weltfriedenspreises teilzunehmen - diese Bezeichnung hatte dieser Preis, der an mich im Jahr 1995 verliehen wurde, zwischenzeitlich erhalten. Ausgewählt hatte das Komitee keinen Geringeren als den Dalai Lama, der immer noch in Indien im Exil war. Das war ein Preisträger, der so würdevoll war und einen so hohen Beliebtheitsgrad in der Welt besaß, dass ich mich an seiner Seite als erster Preisträger winzig klein empfand. Und ich glaube, wenn ich allein über diesen Sachverhalt nachdachte, der sich da vor meinen Augen abspielte, bekam ich langsam ein beängstigendes Gefühl. Den Stellenwert, den das Mahnmal St. Nikolai mittlerweile in Europa - ich darf sogar sagen: in der ganzen Welt - einnimmt, ist immens. Denn Menschen aus allen Teilen der Welt waren ja inzwischen in unserer Stadt zu Gast, und wie ich hörte, nahmen die Besucherzahlen der Touristen aus aller Welt auch noch sprunghaft zu. Dies war allein daran zu erkennen, dass an jeder prominenten Ecke in Hamburg und auch am Rande immer wieder neue Hotels entstanden. Ich hatte irgendwie das Gefühl, dass etwas Unangenehmes auf mich zukommen würde. Etwas, das mir viel Trauer und Schmerz bereiten würde.

Einmal war da der Verlust meiner Mutter, die fünfundsiebzig Jahre alt geworden war und der ich eine wunderschöne Grabstätte auf einem der weltgrößten und schönsten Friedhöfe ermöglichte (Hamburg-Ohlsdorf), einem Friedhof, der durch die Hamburger Behörden in einem dauerhaft gepflegten Zustand gehalten wurde. Hier hatte ich auch den Wunsch, einmal mit meiner Frau unsere ewige Ruhe zu finden. Aber das war es gar nicht, was ich mit dem Unangenehmen meinte, das auf mich zukäme. Etwas anderes Drohendes beschäftigte mich, und ich versuchte, diese dunklen Wolken durch Verdrängen zu verscheuchen. Immer drängender erschien es mir, für eine

Nachfolge im Förderkreis sorgen zu müssen, sodass nach meinem Ausscheiden aus der Verantwortung jemand verlässliches dafür bereitstünde. Das war ein großes Problem. Ich hatte natürlich einen engen Kreis von Vertrauten, mit denen ich bisher alles, was es an St. Nikolai gab, gemeinsam erreicht hatte. Ich war es nicht allein, der dieses große Werk vollbracht hatte. Ich stand nur als Erster Vorsitzender im Fokus der Öffentlichkeit. Doch ich nahm das, was an Aufgaben zu bewältigen war, mit Fanatismus in Angriff und war dabei, wie ich zu meiner Schande gestehen muss, manchmal unausstehlich. Trotz allem hatten meine Freunde, die mit mir im engen Zirkel gearbeitet hatten, Verständnis für meine Situation und wussten, dass die Hauptlast der Verantwortung auf meinen Schultern lag. Und immer wieder nahmen sie auch meine Entschuldigungen an. Manches Mal musste ich mir eingestehen, dass vor allem meiner engsten Vertrauten, meiner Ehefrau, das mir im Jahr 1991 durch Bundespräsident Richard von Weizsäcker verliehene Bundesverdienstkreuz am Bande viel eher zugestanden hätte als mir, allein schon für das, was ich ihr so manches Mal wegen der Last und Fülle an Arbeit, die es zu bewältigen gab, zugemutet hatte. Ich bemerkte auch, dass sich im Laufe der Zeit ein gewisser Personenkreis in unserem Förderkreis um eine Mitgliedschaft bewarb, den wir in der Regel nicht ausluden, wenn ein Anwärter alle erforderlichen Bedingungen, um Mitglied zu werden, erfüllte.

Einer davon stellte mir schon nach kurzer Zeit die Frage: „Wenn Sie ausscheiden, muss es ja einen neuen Vorsitzenden geben. An dieser Position hätte ich großes Interesse. Mitglied war diese Person schon seit fast einem Jahr. Zum Vorstand gehörte sie auch. Alle drei bis vier Wochen besuchte sie mich in der Krypta von St. Nikolai, erkundigte sich nach neuen Aktivitäten, die wir in der Planung hätten, und doch: Von einer aktiven Mitarbeit gab es nicht die geringste Spur. Zum Abschied kam ein Schulterklopfen und der Satz: „Das alles haben Sie ja bis jetzt großartig gelöst, nun muss ich aber weg, ich habe dringende Termine. Wir sehen uns in den nächsten Tagen.“ Da war er aber nicht der Einzige. Es gab höchstens sechs Mitarbeiter, die von etwa zweihundertfünfzig insgesamt an meiner Seite zu finden waren. Ich habe mir natürlich auch über diesen Punkt Gedanken gemacht. Der Punkt Ehrenamt, eigentlich beschäftigt er mich noch heute bis ins hohe Alter von fast neunzig Jahren.

Ich habe mich einmal ausführlich mit einem Experten auf diesem Gebiet über dieses Thema unterhalten, das man zwar in der Öffentlichkeit wahrnahm, aber nur flüchtig. Dass es aber nach seinem Kenntnisstand fast dreiundzwanzig Millionen ehrenamtlich tätige Menschen gab, die Familie, Beruf, Kinder und auch persönliche Sorgen hatten und sich trotzdem aufopferungsvoll einsetzen, überraschte mich. Würde ich all die Bereiche eines Ehrenamtes hier aufzählen, würde mein Buch einige hundert Seiten mehr aufweisen. Es geht schon los mit dem Sparklub. Mit dem Skatklub, Kaninchenzüchtern und vor allen Dingen Schiedsrichtern, die für ihre ehrenvolle Aufgabe auch noch in Kauf nehmen müssen - wenn sie sich bei einer Aktion auf dem Fußballplatz nicht mutwillig verpfeifen - unheimlich schnell fortlaufen zu müssen, um nicht von Fanatikern dafür verprügelt zu werden. Der Sportbereich beschäftigt wohl die meisten ehrenamtlichen Menschen. Deswegen spricht man auch in Deutschland häufig von Vereinsmeierei.

Wenn man ein besonderes Projekt ins Auge fasst, an das sich ob der großen Verantwortung – dieses Mahnmal gegen Rechts sollte schließlich eine Aufgabe in der Öffentlichkeit erfüllen - kaum jemand herantraut, ist man ohne die Hilfe der Medien auf verlorenem Posten. Die Medien sind in der Lage, etwas mitzugestalten, und das ist nur möglich, wenn ihre Hilfe sich nicht in ein oder zwei Veröffentlichungen erschöpft. Nirgendwo aber liegen ‚Hosianna' und ‚Kreuzigt ihn' so dicht beieinander, sodass man meinen könnte, dass bei der Durchführung eines solchen Projektes möglicherweise korrupte Dinge einhergehen. Ich habe oft darüber nachgedacht. Wegen meiner Arbeit an St. Nikolai war ich mehrfach in der Woche in den Medien. Für diese beständige Hilfe, die wir aufgrund der vielen Ausstellungen, die wir in der Krypta machten - zwischenzeitliche Glockenspielkonzerte und Großveranstaltungen, die wir auf der Freifläche des Kirchenschiffes der Öffentlichkeit boten wären anders nicht möglich gewesen - waren wir sehr dankbar. Eine Veranstaltung, die einen enormen Zulauf hatte und über die die Medien schon tagelang Vorberichte gebracht hatten, war die Weltfriedenswoche, die über sieben Tage auf der Freifläche des Kirchenschiffes stattfand.

Ein besonderes Ereignis war, dass ich über das japanische Generalkonsulat eine Überlebende, die das Inferno des Atombombenabwurfes in Hiroshima überlebt hatte, zu dieser Weltfriedenswoche nach Hamburg einladen konnte. Für diese Dame gab es insgesamt zwanzig Pressetermine einschließlich Rundfunk und Fernsehen. Allein ihr Besuch hatte zur Folge, dass sie von den höchsten Kreisen der deutschen Politik nicht nur begrüßt wurde, sondern auch entsprechende Einladungen erhielt.

Ein weiteres bisher nie dagewesenes Ereignis konnten wir der Öffentlichkeit bieten. Zu dieser Veranstaltung hatten wir die Zusage des Bundeswehrmusikorchesters sowie des Hamburger Polizeiorchesters, das sehr beliebt war, wenn es zu besonderen Anlässen spielte, und vor allem – und das war die absolute Attraktion: als Zeichen der Versöhnung - das polnische Heeresmusikorchester aus Warschau. Das war nur aufgrund meiner besonders guten Beziehung zum polnischen Generalkonsulat möglich, zu dem ich inzwischen ein freundschaftliches Verhältnis hatte. Dieses musikalische Ereignis lockte natürlich die Menschen zu Tausenden an das Mahnmal St. Nikolai. Das war ein Dorn im Auge der übrigen Hauptkirchen, ganz besonders des Michels, der bis dahin nun absolut berechtigterweise das Wahrzeichen Hamburgs gewesen war und auch heute noch ist. Mir wurde deutlich die kalte Schulter gezeigt. All diese Ablehnungen, die man mir entgegenbrachte, musste ich hinnehmen - was ich nach meinem Dafürhalten aber als kleinen Beitrag zur Friedensmission betrachtete. Aufgrund der Aktivitäten aber, die viel Zeit in Anspruch nahmen, um sie zu organisieren, habe ich auf diese Haltung, die man mir von verschiedenen Seiten entgegenbrachte, überhaupt nicht reagiert. Ich habe auch nie darüber gesprochen, dass die gesamte Büroarbeit mittlerweile schon einen größeren Umfang angenommen hatte als in unserer eigenen Firma. Um das zu bewältigen, waren an fünf Tagen in der Woche zwei Damen fünfundvierzig Stunden lang beschäftigt und eine Dame noch als Halbtagskraft für weitere fünf Tage in der Woche. Der gesamte finanzielle Aufwand hierfür - einschließlich Büromaterial - wurde nicht aus den Einnahmen des Förderkreises bezahlt, sondern war von Anfang an ein zusätzlicher finanzieller Beitrag von Seiten meiner Frau und mir. Von meinem persönlichen Einsatz und zeitlichen Aufwand gar nicht zu sprechen.

Der Förderkreis war von Anfang an stolz darauf, dass für unsere ehrenamtliche Tätigkeit eine Aufwandsentschädigung für niemanden in Frage kam. Sogar der Kaffee, von dem wir bei unserer Arbeit reichlich Gebrauch machten, wurde aus der eigenen Tasche bezahlt. Die Weltfriedenswoche, die mehrere Tage in Hamburg an St. Nikolai stattfand, brauchte eine Unterstützung vom Bezirksamt Mitte. Wir baten darum, die Verkehrsgeschwindigkeit auf der - damals noch - Ost-West-Straße während der stattfindenden Veranstaltungen vom Baumwall bis zum Rödingsmarkt auf zehn Stundenkilometer zu begrenzen, damit die Lärmbelästigung der vorbeifahrenden PKW und LKW weitestgehend eingedämmt werden konnte.

Die Aufführungen der Musikorchester haben einem Großteil der anwesenden Menschen die Tränen in die Augen getrieben. Nachdem das Hamburger Polizeiorchester gespielt hatte und im Anschluss auch das Bundeswehrmusikorchester, war dann unter der Leitung ihres Majors das polnische Heeresmusikorchester an der Reihe. Als nun die letzten Töne des polnischen Musikorchester verklungen waren, bat der polnische Major den deutschen Offizier und die leitende Dirigentin des Hamburger Polizeiorchesters auf die Bühne, und nach einem kurzen Gespräch, das die anwesenden Besucher noch nichts ahnen ließ, kamen die beiden Orchester von der Bundeswehr und vom Polizeiorchester mit auf die Bühne. Der polnische Major nahm den Taktstock, und nun musizierten alle drei Orchester unter der Leitung des polnischen Majors und brachten das gesamte anwesende Publikum anschließend zu stehenden

Ovationen. Das hatte, in aller Zurückhaltung gesagt, so noch nie in Deutschland stattgefunden und war als Aussöhnung zu verstehen. Der anwesende ehemalige Bundeskanzler Helmut Schmidt bedankte sich und war ebenso gerührt wie alle Anwesenden, denen dieser Auftritt noch lange in Erinnerung bleiben wird.

Um das Ganze, das sich auf dieser Bühne abgespielt hatte, einzuordnen, muss man Folgendes verstehen: An dieser Veranstaltung nahmen etwa achtzig Prozent ältere Leute teil. Alle hatten den Krieg und auch die Bombennächte in Hamburg überlebt. Alle Anwesenden wussten, dass es bei dem polnischen Orchester, das aus vierzig Soldatinnen und Soldaten bestand, vielleicht auch Familien gab, die unter den Nazis gelitten hatten oder sogar ermordet worden waren. Jeder, der anwesend war, wusste, was wir ab 1939, seit dem 1. September 1939, dem polnischen Volk angetan hatten. Hier erlebten sie hautnah unter der Turmruine von St. Nikolai, die durch den Krieg so sehr verletzt worden war, einen Akt der Versöhnung durch diese durch Musik verbindende Aktion. So ging es mir und den meisten Anwesenden, die dieses unerwartete Ereignis, das ja so nicht geplant war und das unter die Haut ging, miterleben durften.

Ich musste dann noch eine Laudatio über mich ertragen. Sie wurde von Ralph Giordano gehalten. Er ließ vor allem etwas anklingen, über das ich sehr lange nachdenken musste, obwohl es mir langsam mit den Belobigungen schon etwas zu viel wurde. „Ich wünsche mir, wenn Ivar Buterfas einmal das Staffelholz aus der Hand gibt, dass sich ein Nachfolger findet, der in dieser guten Tradition weitermachen kann.“

Es gab noch ein schottisches Regiment, das mit seinen Dudelsäcken und in seinen Kilts die Bevölkerung auch etwas belustigte, wenn auch für manch einen der Zuhörer die Töne, die aus einem solchen Dudelsack herauskamen und dann noch durch eine zwanzigfache Verstärkung begleitet wurden, nicht so leicht zu verdauen waren. Aber den Anblick dieser kleinen schottischen Kompanie haben alle Anwesenden genossen. Es gab auch einen klassischen Teil, der von der Hochschule für Musik und Theater in Schwerin ausgerichtet wurde. Rundherum war dies eine gelungene Veranstaltung. Die Anerkennung ging natürlich an meine eng mit mir zusammenarbeitenden Kollegen.

Ich hatte in der Krypta von St. Nikolai einen freundlichen Besucher zu empfangen. Er hatte um ein Gespräch mit mir gebeten und meinen Damen im Büro auch gesagt, er sei ein Schulfreund von mir. Aus der Zeit von 1938 konnte er bestimmt kein Schulfreund gewesen sein, und aus der Zeit nach 1946 war es auch kaum möglich, denn da war ich zwölf und wurde in dieser Zeit von den meisten Schülerinnen und Schülern ignoriert. Er stellte sich als Rolf S. vor. Und dann dämmerte es mir. Es gab einen Rolf S. in der Parallelklasse in der Schule in Billstedt in der Möllner Landstraße, in der ich ein ganz kurzes - wie erwähnt - Gastspiel gegeben hatte. Ich erinnerte mich auch dunkel, dass ich mich mit ihm öfter unterhalten hatte, in der Pause auf dem Schulhof. Er erklärte mir, dass er schon seit einem langen Zeitraum meine Arbeit für dieses Mahnmal bewundere. Seine Frau Karin hatte ihn zu diesem Besuch an dieses Mahnmal begleitet. Beide sagten mir, sie seien schon mehrfach in der Krypta gewesen, haben sich immer wieder die wechselnden Ausstellungen angesehen und dabei gehofft, dass sie mich hier auch einmal anträfen. Als Handwerksmeister habe er seinen Betrieb gerade an seinen Sohn weitergegeben. Er war in der Branche der Heizungstechnik tätig. Er könnte sich gut vorstellen, da er über entsprechende Zeit verfüge, ehrenamtlich mitzuarbeiten. Unser Gespräch hat sich, ohne dass wir es bemerkten, auf fast zwei Stunden ausgedehnt, und ich war auch der Überzeugung, dass er hilfreich sein könnte und für mich für die Zukunft vielleicht genau der richtige Mann war. Er kam jeden Vormittag ab 11 Uhr in die Krypta. Gemeinsam besprachen wir bereits nach kürzester Zeit, als wenn er schon ewig an meiner Seite gewesen wäre, die wichtigsten Dinge, und in vielen Bereichen war er eine rechte Entlastung. Im Nachhinein habe ich mich gefreut, dass es zu diesem Gesprächstermin mit Rolf gekommen ist.

Es gab so viele Anrufe, und ich bin nicht unhöflich, aber bei den meisten war es reine Neugierde. Plötzlich musste ich mindestens tausendzweihundert Schulkameradinnen und Schulkameraden gehabt haben. Das ist nun mal der Lohn dafür, wenn man plötzlich, ohne es richtig zu bemerken, zu einer Person der Öffentlichkeit geworden ist. Aber ich bin kein Sänger, ich bin kein Schauspieler, ich halte mich nicht für prominent. Ich war nur besessen von einer Aufgabe, und die galt dem Mahnmal St. Nikolai. Denn mit der Überzeugung, den Hintergrund der Geschichte von St. Nikolai der Öffentlichkeit deutlich zu machen, hieß es auch gleichzeitig, an die schreckliche Zeit des Dritten Reiches und seine Folgen zu erinnern. Damit sich Derartiges nie wieder in Deutschland wiederholt, damit Menschen wegen ihrer Hautfarbe nicht beschimpft oder verbal angegriffen werden, damit es nie wieder zu einem Antisemitismus kommt, der Ausmaße annimmt, wie man sie sich eigentlich gar nicht vorstellen kann. Das alles war ein Ziel, das ich erreichen wollte. Dies war mein bescheidener Beitrag.

Ich hatte mir auch vorgenommen, wenn ein Nachfolger meinen Platz einnähme, fange die Arbeit für mich erst richtig an. Denn ich wollte dann all das an junge Menschen weitergeben, das ich in dieser schrecklichen Zeit mit meiner Mutter und mit meinen acht Geschwistern erlebt hatte. Als Zeitzeuge wollte ich mahnen. Als Zeitzeuge wollte ich das nachholen, was die Urgroßeltern versäumt hatten, ihren Enkeln zu erzählen. Einfach verdrängen, das war die einfachste und bequemste Art unseres Volkes, die Vergangenheit auszulöschen. Das wird meine Arbeit sein bis zu dem letzten Tag, den der Herr mir auf dieser Welt gestattet zu sein. Aber: Noch ist nicht alles getan, was mir vorschwebt.

Der Vorschlag wurde gemacht: Wir müssen einen Film über St. Nikolai drehen. Wir müssen festhalten, was diese Kirche zu berichten hat. Der Film hatte auch schon einen Titel: „Wer Wind sät, wird Sturm ernten.“ Wir brauchten nun noch die richtigen Darsteller, jeder von ihnen sollte in diesem Film zu Wort kommen. Als Erstes natürlich die Turmruine von St. Nikolai, der Hauptdarsteller. Als Zweites - und wir bekamen sofort die Zusage - unser Erster Bürgermeister und Senatspräsident Dr. Henning Voscherau. Als nächster Prominenter Will Quadflieg, ein bedeutender Schauspieler und an allen deutschen Theatern bekannt. Als Nächster der leider viel zu früh verstorbene Volker Lechtenbrink. Dann Hamburgs Volksschauspielerin Nr. 1, Heidi Kabel. Heidi, meine Frau und ich waren später fast unzertrennlich. Natürlich versagte auch Friedrich Schütter seine Teilnahme nicht. Ein besonders großer Gewinn für diesen Film war eine meiner persönlichen Lieblings-Schauspielerinnen, Witta Pohl, allen Hamburgerinnen und Hamburgern sicherlich in Erinnerung aus der Serie Diese Drombuschs. Auch mit Witta verband unsere Familie eine ganz enge Bindung. Witta, die mit dem Schauspieler Charles Brauer verheiratet war, dem Partner von Manfred Krug, hatte neben ihrer Schauspielerei eine große Aufgabe, mit der sie sich befasste. Sie sammelte Kleidung und vieles andere für Tschernobyl, die Transporte dorthin begleitete sie selbst. Oft habe ich sie in den Gesprächen, die wir geführt hatten, gewarnt, sie möge das bitte lassen. Sie war von ihrer Aufgabe nicht abzuringen. So ist es nun mal bei ehrenamtlichen Fanatikern. Sie starb kurze Zeit später an Blutkrebs, ihren Tod habe ich tief betrauert. Auf unserer goldenen Hochzeit hatte sie meiner Frau und mir noch ein besonderes Gedicht gewidmet, das so begann: „Es ist alles nur geliehen, hier auf dieser schönen Welt."

Der Film wurde ein Riesen-Erfolg. Vor allem befasste er sich auch ganz intensiv mit den Neonazis. Derartige verbale Angriffe auf hilflose Menschen wie nach 1989 hatte es noch nicht einmal in den Anfängen des Tausendjährigen Reiches auf Deutschlands Straßen gegeben. Der rechte Pöbel tobte sich aus, dass es einem schlecht wurde. Ich war einer der ersten, der in Mölln war. Dort wurde eine Mutter mit zwei Kindern und ihrer Schwester im Schlaf bei lebendigem Leibe in ihrem Haus verbrannt. Dann kam in Hoyerswerda in der ehemaligen DDR. Dort gab es einen großen Wohnblock, in dem hundertzwanzig vietnamesische Flüchtlinge wohnten, die zu DDR-Zeiten als so genannte Gastarbeiter in die DDR geholt worden waren. Eine grölende Menge zündete einfach das Gebäude an mehreren Stellen an. Die Menschen flüchteten sich in Panik auf die Dächer des Wohnhauses, schrien um Hilfe. Die Menge unten, die sich angesammelt hatte, johlte: „Räuchert sie aus!“ Dabei hoben sie die rechte Hand zum Hitlergruß und die Polizei stand unten und hat keinen Finger gerührt. Die Vorfälle häuften sich: in Lübeck, in Hagen, in Rostock. Solche verbalen Ausbrüche waren an der Tagesordnung. Unsere Demokratie ist sehr zerbrechlich. Der Mob tobt wieder auf Deutschlands Straßen. Viele jüdische Mitbürger, die zum Teil aus der Emigration zurückkamen in ihre Geburtsstädte, saßen zwischenzeitlich schon wieder auf gepackten Koffern.

Das alles waren Inhalte in unserem Film, und ich hatte auch schon eine weitere Idee, wie wir diesen Film im Rahmen der Erstaufführung vorstellen konnten. Natürlich sollten die Protagonisten dabei anwesend sein. 1988 bin ich nach Dresden gefahren. Es gab es an den Elbufern ein Unternehmen, das sich VEB Sandstein nannte. Dorthin waren zwei Figuren, die von der Turmruine St. Nikolai stammten und den Feuersturm unbeschadet überlebt hatten, zur Renovierung gesandt worden. Da alles in dem rein sozialistischen Staat nicht von heute auf morgen gemacht wurde - man denke allein daran, dass so ein schmuckes elegantes Fahrzeug wie der Wartburg eine kurze Lieferzeit von zehn Jahren hatte - konnte ich mir leicht vorstellen, dass diese beiden Figuren von St. Nikolai bestimmt schon seit zwanzig Jahren auf der Warteliste standen.

Für den Besuch in Dresden konnte ich auch einen Termin bei dem damaligen Bürgermeister Herbert Wagner machen. Vorab hatte ich mir aber den riesigen Trümmerhaufen der ehemaligen wunderschönen Dresdner Frauenkirche angesehen. Honecker hatte die Reste der Frauenkirche plattgemacht. Dresden war die Geburtsstadt meines Vaters, Dresden war die Geburtsstadt meiner Ehefrau. In Dresden hatte sie das Inferno von 1945 überlebt. Und dem lieben Gott habe ich es zu verdanken, dass ich sie 1955 heiraten durfte. Ich fühlte mich innerlich unglaublich verbunden mit dieser Kirche, die ich leider nur von Fotografien kannte. Ich dachte auch, Hamburg und Dresden sind partnerstädtisch miteinander verbunden. Beide Städte liegen an dem Elbstrom. Hamburg und Dresden haben eine Kirche, die im zweiten Weltkrieg geschunden wurde. Bei der Frauenkirche wusste man nicht, was mal aus ihr werden sollte. St. Nikolai hatte seine Aufgabe für die nächsten Jahrzehnte schon übernommen. Ich überlegte lange, was man tun könnte.

In meinem jugendlichen Leichtsinn stellte ich mir vor, wenn es möglich sei, diese ehemals schönste Kirche Ostdeutschlands, vielleicht sogar der Welt, wieder aufbauen zu können, das müsste doch einen Ruck durch die gesamte Bevölkerung geben, die nach diesen Jahrzehnten der Unterdrückung teilweise Angst hatte vor der Zukunft. Wenn man die Frauenkirche wieder neu aufbaute, und das nach Möglichkeit mit den gleichen Steinen, mit denen sie seinerzeit gebaut worden war, hieße es, dass man Unmögliches möglich machen könnte.

Mit diesen Hirngespinsten in meinem Kopf nahm ich meinen Besuch bei Herbert Wagner wahr. Ich wurde äußerst höflich von ihm empfangen. Längst hatte sich auch bis Dresden herumgesprochen, was eine kleine Gruppe von mutigen Hamburgerinnen und Hamburgern ohne Hilfe von Senat und Bürgerschaft auf die Beine gestellt hatte. Das war schon etwas, wovor man den Hut ziehen musste. Ich hatte eine erste Idee, und die wollte ich ihm vorschlagen. Über die Schönheit der Bruehlschen Terrassen, über die Semperper und über die ehemalige Frauenkirche brauchten wir nicht lange zu philosophieren - nicht umsonst stellten diese Ensembles an der Elbe das Elbflorenz dar.

Ich erklärte ihm, in drei oder vier Monaten würden wir unser Filmwerk der Öffentlichkeit in einer Erstaufführung in Hamburg vorstellen. Der Veranstaltungsort war die Neue Flora. Zurzeit lief dort mit Erfolg schon seit vielen Monaten das ‚Phantom der Oper'. Mit der Direktion hatte ich enge Verbindungen und den Plan vorgeschlagen, den Film dort erstaufzuführen. Ich hatte aber die Idee, auch eine erste Sammlung für die Frauenkirche ins Leben zu rufen. „Daher werden wir, bevor der Film anläuft, Sie, Herr Bürgermeister und ich, vor etwa zweitausend Besuchern – so viele passen in die Neue Flora – den Abend moderieren. Es gibt bei Ihnen ein so besonderes Orchester, das in ganz Deutschland einen Namen hat, unter der Leitung von Professor Ludwig Güttler. Dies muss sich unbedingt an der Veranstaltung beteiligen. Ich selber habe diese Möglichkeiten - und das alles bedarf keiner großen Anstrengung, wenn Sie bekannt geben werden, dass es beschlossene Sache ist, in mehreren Jahren die Frauenkirche so wieder herzurichten, wie sie vor der Zerstörung im Februar 1945 aussah. Und wir stellen die geplante Veranstaltung unter ein einmaliges Motto: Hamburg hilft Dresden, Dresden hilft Hamburg. Durch diese gemeinsame Aktion und durch die Verbindungen, die ich vorab geschildert habe, ist diese Sache zum Erfolg verurteilt. Wir werden mit an Sicherheit grenzender Wahrscheinlichkeit ein beeindruckendes Spendenaufkommen erzielen, und die Beträge werden zwischen uns aufgeteilt, die Hälfte für Dresden und den Wiederaufbau, für den Start, und die andere Hälfte für St. Nikolai. Und der nächste Schritt kann in dem bestehen, womit wir in Hamburg hohe Einnahmen erzielt haben. Der Druck von Medaillen. Bronze, Silber und Gold. Wir haben sechsstellige Zahlen mit dem Verkauf von Goldmünzen erzielt, sechsstellige Zahlen mit dem Verkauf von Silbermünzen und siebenstellige Zahlen mit dem Verkauf von Bronzemünzen. Als nächsten Schritt nehmen Sie einfache Uhren mit dem Frauenkirchen-Motiv und wertvolle goldene Uhren mit Gravur, und am Ziffernblatt befestigen Sie einen winzigen Stein der Frauenkirche. Mit solchen Uhren haben wir einen Großteil von wichtigen Arbeiten finanziert."

Meine Pläne fand er umwerfend, war aber der Meinung – und seine Überlegung war nicht von der Hand zu weisen – sie hätten natürlich mit ihrer arbeitenden Bevölkerung nicht die gleichen Einnahmen wie die Menschen in der Bundesrepublik. Ich meinte, das werde sich schnell ändern und ich hätte ihnen ja auch keine Hoffnung vermittelt dergestalt, dass der Wiederaufbau in sechs Monaten fertig sei. Ich habe mal gehört, Rom hat man auch nicht an einem Tag erbaut. Wenn ich noch eine Stunde länger geblieben und nicht schon in einem so hohen Alter gewesen wäre, hätte ich damit rechnen müssen, dass er mich adoptierte. Begeisterung auf der ganzen Linie. Zum Abschied sagte er: „Ich habe ja schon einiges über Sie gehört, aber das übertrifft alle meine Erwartungen." Und in Dresden bewegte sich was.

Der Termin für die Vorstellung unseres Films stand, Wochen vorher war die Neue Flora bereits ausverkauft. Niemand hatte sich daran gestört, dass die günstigste Eintrittskarte bei fünfzig DM lag. Und es gab keinerlei zusätzliche Belastung für uns. Für keinen Künstler, der an diesem Abend anwesend war und sich für Autogramme zur Verfügung stellte, gab es finanziellen Zuwendungen. Allein das Spendenaufkommen lag bei fast zweihunderttausend DM. Herbert Wagner und ich moderierten gemeinsam zu Beginn der Veranstaltung den Abend. Ich stellte die Position von St. Nikolai dar, war voller Dank für die Unterstützung, die uns gewährt worden war, und erklärte auch Hamburgs Verbindung zu Dresden und welche Auswirkung es haben würde für den Wiederaufbau des heruntergewirtschafteten zweiten deutschen Staates. Ich bat darum, am Schluss der Veranstaltung zu spenden, was möglich sei. Deutlicher könnte man nicht ausdrücken, wie sehr einem an beiden Projekten liege.

Professor Ludwig Güttler mit seinem Trompeten-Orchester war ein Riesenerfolg. Etwas war mit der Hilfe für Dresden entstanden, was spürbar war. Meine Frau hatte an diesem Tag Geburtstag, und es war im Anschluss an die Veranstaltung zu vorgerückter Stunde in Bendestorf noch ein spätes Abendessen vorgesehen. Zu beiden Seiten der Auffahrt wurden Windlichter aufgestellt. Vor dem Haus waren mehrere Partytische aufgestellt und einige Sitzbänke. Alles war liebevoll von unserer Tochter Jasmin und unserer Enkeltochter Iva-Shalleen vorbereitet. Als wir unseren Schierenberg hier in Bendestorf, der dann in die Rolf-Meyer-Straße einmündet, entlangfuhren, sahen wir schon von Weitem auf unserem Grundstück dieses Lichtermeer. Es war ein wunderschöner, romantischer Anblick. Angeregt ließen wir diesen traumhaften Abend, den wir erfolgreich hinter uns gebracht hatten, noch einmal in freundlichen Gesprächen an uns vorbeiziehen. Professor Güttler würde etwas später zu uns stoßen, er wollte sich nur noch in Ruhe von seinen Musikern verabschieden. Gegen halb eins hatten wir schon gar nicht mehr mit ihm gerechnet. Wir waren alle in unsere Unterhaltung und in unsere Gedanken vertieft, da erlebten wir ein Trompetensolo, dass uns Professor Ludwig Güttler servierte. Man muss sich vorstellen, in einer stillen Nacht ein solches Trompetensolo, wo sich die Töne teilweise auch etwas in den Tannen verfingen, das war so unglaublich herrlich. Und als die letzten Töne verklungen waren, haben wir ihn freudig begrüßt und ihm gedankt.

Es gab ein einfaches Gericht an diesem Abend. Schmackhaftes Sauerkraut mit Eisbein und Würsten. Wir konnten Professor Ludwig Güttler mit dieser späten Mahlzeit einen großen Gefallen tun, und – mit seiner unverfrorenen und zugleich zurückhaltenden Dresdner Art -fragte er meine Frau, da er nun doch auf dem direkten Weg nach Dresden sei, ob es möglich sei, dass er ein Eisbein mit vier Portionen Sauerkraut für seine Familie mitnehmen könnte. Dieser Wunsch wurde ihm sofort gewährt. Allerdings, den Topf - als Gefäß - haben wir bis heute noch nicht wieder zurückbekommen. Vielleicht eine Trophäe, ein Andenken?

Ich habe Professor Ludwig Güttler nach sechs Wochen schon wieder gesehen. Er lud meine Frau und mich nach Thüringen zu einem Konzert ein, das in einer Kirche stattfinden sollte. Natürlich haben wir uns auf ein solches Wiedersehen gefreut, denn man kann ihn und sein Orchester gar nicht oft genug

hören. Ein besonderer Gast zu dieser Veranstaltung war auch der damalige Ministerpräsident Professor Kurt Biedenkopf. Das Konzert war nicht zu beschreiben. Wochen vorher schon ausverkauft.
Als die letzten Töne verklungen waren, gab es auf sächsisch - ein herrlich klangvoller Dialekt, man muss ihn nur mögen - eine Ansprache von Herrn Güttler. Er sagte: „Wenn Sie jetzt die Kirche verlassen, müssen Sie an der Tür an zweien meiner Musiker vorbei. Die halten Ihnen ein Gefäß vor die Nase, in das Sie an Spenden alles das hineintun, wovon Sie glauben, dass es Ihnen die Frauenkirche wert ist." Ich hab schon viel erlebt und bin ja, was das Geld- Anschaffen anbelangt, auch kein Greenhorn. Aber über diesen – so möchte ich ihn nennen – Portemonnaie-Walzer war ich doch überrascht und auch darüber, wie das Publikum seine so zurückhaltende Art wahrnahm.

Der Zustrom von Besuchern und Touristen aus aller Welt nahm ungebremst zu. Wenn ich mich an der Turmruine befand, wurde ich oft darauf angesprochen: „Besteht denn nicht die Möglichkeit, dass man diesen Turm besteigen kann? Man hätte doch sicherlich einen einmaligen Blick über diese wunderschöne Stadt. Über den Hafen, über die Reeperbahn, über die Binnen- und Außenalster und vielleicht sogar bis an die ehemalige Zonengrenze nach Lauenburg. Wieso kann man da nicht rauf?" Der Grund dafür war: Zwischen der 60. und 70. Höhe fehlten die Treppen. Daher ist ein Besteigen nicht möglich. Diese Frage wurde mir schon vor fünfzehn Jahren immer und immer wieder von Besuchern gestellt. Oft habe ich mit dem Bezirksamt Mitte darüber Gespräche geführt: Lässt sich nicht von außen ein Fahrstuhl anbringen. Überzeugend war dann die Antwort: „Wie soll das denn aussehen? Sie hätten dann vom Aufzug aus doch nur die Sicht nach einer Seite. Und innen befindet sich ja jetzt schon das Glockenspiel." Damit war das Thema abgetan. Es kam auch nie wieder auf die Tagesordnung. Wäre eine Besichtigung vom Turm aus möglich, wäre das auf die Dauer auch eine einmalige Geldquelle. Aber was nicht geht, geht eben nicht.

Ich musste unbedingt intensiv ausspannen. Und schlug meiner Frau vor: „Lass uns noch einmal für drei Wochen nach Irland fahren." Sie hatte ihre Aufgaben ein halbes Jahr zuvor auch an ihre Partnerin übergeben und sich aus dem Geschäft zurückgezogen. Doch diesen Ausflug in die Selbstständigkeit hatte sie nie bereut. Sie war mit ihrer Partnerin sehr erfolgreich gewesen und hatte etwas auf die Beine gestellt. Es war ihr sehr wichtig, sich selbst zu beweisen - und das war ihr auch absolut gelungen.
Ich brauchte diese Pause in Irland dringend, weil ich einen Entschluss gefasst hatte. Noch Ende des Jahres würde ich mein Amt zur Verfügung stellen. Ich will mich nicht ganz zurückziehen. Ich möchte – und das war schon lange mein Plan – an Schulen und Universitäten als Zeitzeuge meine Erinnerungen und meine Mahnungen und meine Warnungen an die Menschen, die mir zuhören, weitergeben. Ich wollte dann noch Ende des Jahres mit dem Besuch des ersten Gymnasiums in Hamburg beginnen. Meine Frau hatte dazu nur einen einzigen Einwand: „Das glaubst Du doch selbst nicht. Einen Nachfolger für dieses arbeitsintensive Amt zu finden, wird unmöglich sein. Jemand, der dafür in Frage käme, müsste so viele Voraussetzungen erfüllen und so viel Verantwortung tragen - dazu ist kein Mensch bereit. Die, die dafür in Frage kämen, sind

Männer oder Frauen, die in ihren eigenen Unternehmen stecken und somit in einem Fulltime-Job. Es würde ihnen unmöglich sein, die Leitung des Förderkreises erfolgreich weiterzuführen. Das Ganze würde dann scheitern."

Das waren berechtigte Überlegungen, und es gab dann nur noch eine Idee: dem Senat und der Bürgerschaft anzubieten, das Mahnmal St. Nikolai nun selbst zu übernehmen und der Öffentlichkeit weiterhin zu erhalten.
Ich habe Gespräche mit verantwortlichen Mitarbeitern der Kulturbehörde geführt. Doch es war niemand in dem ganzen Haus zu finden, der daran interessiert gewesen wäre, dieses verantwortungsvolle und arbeitsintensive Amt zu übernehmen. Ich saß also in einem ziemlichen Dilemma. Abgesehen davon stellte ich mir die Frage: Wenn ich einmal schwer krank würde und dem Förderkreis mehrere Monate fehlte, was passierte dann? Aber ich hatte den Entschluss schon gefasst. Ich werde mich über kurz oder lang von der Verantwortung entlasten. Es gab auch dafür überzeugende Argumente, die ich in aller Ruhe ungestört mit meiner Frau besprechen wollte. Dazu war Irland genau der richtige Ort. Sonst wäre ich zu nahe am Mahnmal, wenn ich mich mit meiner Frau ungestört über eine so wichtige Maßnahme unterhalten hätte. Hier in Irland könnte ich nur telefonisch gestört werden, und sogar das war unmöglich, wenn ich mich auf dem Wasser befand. Als ich ihr meinen Entschluss als unwiderruflich deutlich machte, sagte sie mir: „Jetzt komm doch bitte endlich mal mit den wahren Gründen raus. Ich kenn Dich viel zu lange, da steckt doch etwas ganz anderes dahinter." Wie genau sie mich kannte. Je mehr St. Nikolai in der Öffentlichkeit an Zuspruch und Bedeutung gewann - ständig waren irgendwelche bedeutsamen

Persönlichkeiten am Mahnmal, Leute aus Politik und Wirtschaft, aus dem In- und Ausland - desto größer wurde in gewissen Hamburger Kreisen die Ablehnung gegen meine Person. Zu fast allen großen Empfängen wurden meine Frau und ich eingeladen. Zu dem bedeutendsten gesellschaftlichen Ereignis, dem Matthäi-Mahl, das es seit über vierhundert Jahren im Hamburger Rathaus gab, hat es einen Platz für uns gegeben. Aber aus vielen Empfängen zog ich mich zurück und ließ die Einladungen mit einer entsprechenden Begründung zurückgehen. Ich hatte das Gefühl, mich in Hamburg so langsam in einigen Kreisen zur unerwünschten Person zu entwickeln. Zu groß wurde der Kreis der Neider, der mit meinem großen Erfolg kam. Davor wollte ich mich und meine Familie schützen. Deswegen musste ich mich aus dem Fokus der Öffentlichkeit langsam zurückziehen. Vor allem gab es auch ein Boulevardblatt, das sich hässliche Bemerkungen über meine Arbeit nicht verkneifen konnte. Unter anderem schrieben sie einmal: „Um Erfolg zu haben, sammelt der Buterfas für seine Arbeit mehr Prominente ein als manch ein Philatelist Briefmarken." Ich konnte also sehen, dass es eine Menge Leute gab, vielleicht auch aufgrund ihrer politischen Einstellung, die mich jetzt lieber gehen als kommen sahen.

Ich konnte mich auch nicht von dem Gefühl befreien, dass sich mittlerweile Mitglieder im Förderkreis befanden, die eine rechte Tendenz hatten. Der Turm von St. Nikolai war bis über die goldene Turmzier hinaus schon seit acht Monaten eingerüstet. Es war für Hamburg ein Glücksfall, dass man sich für diesen einen Architekten entschieden hatte. Es war Herr B. aus Braunschweig, der als absoluter Experte auf dem Gebiet alter Kirchen galt. Mit einer beeindruckenden Untersuchung des Turms auf Schäden hin ging er akribisch vor. Kein Zentimeter sollte bei dieser Arbeit nicht von ihm beachtet werden. Vor allem die am Turm auskragenden Teile wurden ganz besonders intensiv von ihm untersucht. Das war sehr wichtig, denn all diese Arbeiten waren ohne Einrüstung nicht möglich, und die Kosten für eine solche Gerüsterstellung astronomisch. Dies bezieht sich vor allem darauf, wenn das Gerüst für einen längeren Zeitraum für die erforderlichen Arbeiten vorgehalten werden muss. Eine Spezialfirma aus Westdeutschland, die ebenfalls über gute Ergebnisse in der Beseitigung von Schäden an Kirchen verfügte, wurde mit der Ausführung der notwendigen Arbeiten beauftragt. Vor allen Dingen gab es viele Beschädigungen, die von den Bombenangriffen herrührten. Vielfach wurden auch Granatsplitter, die in den Flächen entdeckt wurden, entfernt und dem Förderkreis für Ausstellungszwecke überlassen, mit dem entsprechenden Hinweis, woher sie stammten.

Herr B. machte mir eine sehr interessante Eröffnung: „Es wird jetzt alles gründlich instandgesetzt, ich hoffe, für die kommenden Jahrzehnte. Aber es gibt zwei Dinge, die wir bis heute unberücksichtigt ließen: Wir haben noch keinen Grundstein von St. Nikolai, der ja beim Bau eines neuen Kirchengebäudes immer irgendwo gesichert wird. Und zweitens: Wenn alles auf Vordermann gebracht wird, warum erhält die Turmzier nicht eine neue Vergoldung? Das würde in der Öffentlichkeit noch wesentlich mehr an Aufmerksamkeit wecken als jetzt schon.“ Interessante Vorschläge, über die man nachdenken sollte. Vor allen Dingen spannend, die Turmzier neu zu vergolden. Das würde passen. Weniger interessierte mich der Grundstein, aber trotzdem war darauf zu achten.

Ich konnte es tatsächlich ermöglichen, dass sich ein Unternehmen in Hamburg bereit erklärte, die Arbeiten an der Turmzier vorzunehmen. Das Problem war nur: Wie bekommt man sie aus hundertachtundvierzig Metern unbeschadet herunter? Ein Problem, das als schier unlösbar galt. Über das Gerüst war dies völlig unmöglich. Also gab es nur die eine Möglichkeit, das Gerüst des Turms in einem Stück abzubauen, sodass mit einem Hubschrauber die Turmzier vom Turm abgehoben werden könnte. Dann musste die Turmzier auf einem vorgesehenen Landeplatz sanft abgesetzt und mit einem speziellen Tiefladerfahrzeug in die entsprechende Halle der Lagerfirma transportiert werden. Dort sollte dann die erforderliche Sandstrahlung vorgenommen und die Vergoldung, anschließend der Transport mit der so sanierten Turmzier zum Hubschrauberlandeplatz gefahren werden. Jetzt aber sollte die Turmzier bei dem Transport nicht liegend transportiert werden, sondern stehend, sonst würde man die gerade aufgebrachte Vergoldung verletzen. Und das musste auf jeden Fall vermieden werden.

Interessant war vor allem: Wer stellt uns den entsprechenden Hubschrauber zur Verfügung und wer traut sich zu, im Bereich der hohen Häuser den Flug durchzuführen? Ich machte einen Termin beim britischen Generalkonsulat und fragte den britischen Generalkonsul, ob ein britischer Pilot mit Hubschrauber bereit wäre, diese Arbeit zu übernehmen. Er war überglücklich über den Wunsch, den ich ihm antrug. „Wir würden uns sehr geehrt fühlen, wenn wir diese Arbeit kostenlos für Sie ausführen dürften. Das Ganze dient friedlichen Zwecken. 1943 waren wir im Krieg mit euch, und die Royal Air Force hatte ja dazu beigetragen, dass diese wunderschöne Kathedrale vernichtet wurde. Sie hören ganz kurzfristig von mir.“ Und damit verabschiedete ich mich bei dem entgegenkommenden britischen Generalkonsul. Freudestrahlend erklärte ich meinen Freunden im Förderkreis, dass die Sache schon zu achtzig Prozent geglückt sei. Mit war auch klar, wenn der Hubschrauber in der Luft sei und mit dieser Turmzier über Hamburg schwebte, das wäre ein Erlebnis für die Medien, über das sie schreiben würden, da es niemals eine zweite Gelegenheit geben würde, etwas darüber zu veröffentlichen. Wir waren auf den Tag X vorbereitet. Im Geist sahen wir schon, wie an einem sonnigen Vormittag die neu vergoldete Turmzier am Haken eines Hubschraubers hing und in einer ungeheuren Präzisionsarbeit wieder auf ihrem Sockel von drei wagemutigen Experten festgeschraubt werden würde - auf der Metallhalterung in hundertachtundvierzig Metern Höhe.

Zwei Tage später meldete sich der britische Generalkonsul bei mir und erklärte: Zu seinem größten Bedauern finde sich kein britischer Hubschrauberpilot für ein so waghalsiges Unternehmen. Viel zu viele Gefahren gingen von einem solchen Manöver aus. Dafür wolle niemand die Verantwortung tragen. Das Gleiche erlebten wir bei der Anfrage bei der Bundeswehr. Eine letzte Hoffnung ruhte auf den Amerikanern, aber nach gründlicher Recherche durch das amerikanische Generalkonsulat gab es auch hier keine Zusage für diese Arbeit. Die Enttäuschung war groß, denn wir hatten fest damit gerechnet, dass alle Schwierigkeiten beseitigt wären und das Manöver hätte starten können.

Aber ich hatte noch – wie man so schön sagt – ein weiteres Ass im Ärmel, und dies war der russische Generalkonsul Dr. Kusnezow, zu dem wir ja schon freundschaftliche Beziehungen unterhielten. Er war zwischenzeitlich oft Gast bei uns in der Lüneburger Heide gewesen und ein begeisterter Pilzsammler, was auch für seine Frau galt. Nachdem ich ihn über die Aktion informiert hatte, die wir planten, sagte er: „Lass mich darüber nachdenken, ich glaube, ich kann Dir helfen. Wir telefonieren wieder." Schon am darauffolgenden Tag bat er mich, ins russische Konsulat zu kommen. Er wolle etwas mit mir besprechen. Als wir uns begrüßten, strahlte er über das ganz Gesicht und sagte: „Ich habe für Dich die Lösung gefunden. Wir haben ausrangierte Hubschrauber, und davon einen an zwei ehemalige Fliegerpiloten der deutschen ehemaligen Volksarmee verkauft. Und die haben mit diesem speziellen Hubschrauber in der DDR, mit diesem Gerät, Lichtmasten transportiert, die anschließend von Experten weiter bearbeitet wurden. Ich hab hier für Dich die komplette Anschrift und bei einem der verantwortlichen Herren in Leipzig schon mal vorgesprochen. Sie erwarten Deinen Anruf, um alles Erforderliche mit Dir zu besprechen."

Ich wolle mich mit dem Herrn gleich zu einem persönlichen Gespräch verabreden, wobei mir der Firmeninhaber dieses Hubschraubers freundlicherweise erklärte: „Wir können diesen Flug bedenkenlos machen. Bei einem Besuch in Hamburg habe ich mir das Mahnmal einmal angesehen und den Turm noch in Erinnerung. Ich kann Ihnen da zusagen." Bei so viel Absagen der einzelnen Nationen, die uns bei diesem Manöver behilflich sein wollten, wusste ich gar nicht, wie ich mich weiter verhalten sollte. Ich überredete meinen Telefonpartner, ich bestünde trotz allem darauf, dass er sich vor Ort noch einmal die gesamte Umgebung ansehe, denn ich wollte auf keinen Fall, dass irgendein Zwischenfall durch diesen Flug entstünde.

Wir trafen uns in Hamburg, er sah sich noch einmal den Turm an. Er sah die Brücken und hohen Häuser und bemerkte nur: „Überhaupt kein Problem für uns." Er fragte mich: „Besteht die Möglichkeit, dass ich nach dem Flug den Hubschrauber bei Airbus in Finkenwerder parken könnte? Und habe ich dort auch Auftank-Möglichkeiten?" Ich konnte ihm zusagen, dass man uns von Seiten der Airbus einen solchen Wunsch sofort erfüllen würde. Er wusste ja nicht, dass Airbus noch für eine wichtige Aktion mein Wohlwollen brauchte. Darauf komme ich noch etwas später zurück.

Er nannte mir seine Preisvorstellung, aber was ich als ganz besonders herzlich empfand: „Auch wir wollen einen Beitrag für diese ungewöhnliche Aktion beisteuern. Wir erlassen Ihnen noch einen Betrag in Höhe von zwanzigtausend DM." Nachdem alle erforderlichen Genehmigungsverfahren positiv durchlaufen waren - die Genehmigung für die Nutzung des Luftraumes musste in Fuhlsbüttel eingeholt werden, Polizei und Feuerwehr waren vor Ort, falls ein Einschreiten für irgendwelche erforderlichen Maßnahmen vonnöten wäre - konnten wir starten. Und die Medien hatten natürlich über dieses Ereignis, das als einzigartig betrachtet werden musste, da eine Turmzier aus hundertachtundvierzig Metern Höhe am Haken eines Hubschraubers hing, zu berichten. Alles klappte wie am Schnürchen. Die drei Männer lösten die Schrauben an der Turmzier, und über ihrem Haupt schwebte ein Haken, an dem die Turmzier an der sichersten Stelle eingeklinkt wurde. Ein Lösen war völlig unmöglich, denn es gab noch weitere Sicherungsmaßnahmen, die vor dem Abflug durchgeführt werden mussten. Nach verabredetem Handzeichen ging der Hubschrauber genau über der Turmzier etwas in die Höhe, sodass das Seil gestrafft war. In dem Moment wurden die letzten drei Schrauben gelöst, und nach einem weiteren Handzeichen schwebte der Hubschrauber mit der Turmzier über den Häusern der Hansestadt Hamburg in Richtung Rothenburgsort, wo die Renovierung durchgeführt werden sollte. Ich habe bei diesem Manöver - glaube ich - zwei Kilo an Gewicht verloren. Dass ich einmal für eine solche Aktion verantwortlich gewesen sein sollte - ich glaube, das habe ich bis heute noch nicht begriffen.

Die Turmzier war vergoldet, der Tieflader war pünktlich zur Stelle. Jeder, der an dieser Aktion beteiligt war, war von dem, was er da tun durfte, ausgesprochen berührt. Liebevoll wurde die Turmzier in der Mitte der Ladefläche platziert, und nun ging die Reise in Richtung Hubschrauberlandeplatz. Da tauchte eine Schwierigkeit auf, die niemand vorher erahnt hatte. Die Höhe der Turmzier, weil sie ja wegen der Vermeidung von Schäden an der Vergoldung aufrecht stand, passte nun unter keiner Brücke Hamburgs hindurch. Wir mussten tatsächlich mit eineinhalb Stunden Verspätung ganz neue Wege suchen, die ermöglichten, dass wir ungehindert ohne weitere Schwierigkeiten unseren Standort erreichen konnten. Wichtig war, dass der Tag, an dem die Turmzier jetzt nach oben befördert wurde, gut laufen würde. Wir brauchten einen absolut windstillen Tag. Schon für die Leute, die auf der obersten Spitze standen und die Turmzier in die Verschraubung bringen sollten, war das absolut wichtig, denn sie standen dort oben völlig frei.

Auf der gegenüberliegenden Seite von St. Nikolai - an der Willi-Brandt-Straße, so hieß sie nach der Umbenennung - hatten wir die Genehmigung von den Eigentümern, das Manöver aus etwa vierzig Meter Höhe mitzuerleben. Die Medien hatten den Tag des Hubschrauberfluges mit der goldenen Turmzier natürlich angekündigt. Die Menge der Zuschauer war nicht zu beschreiben. Es mögen an die viertausend Neugierige gewesen sein, die sich dieses einmalige Schauspiel in fast hundertfünfzig Metern Höhe nicht entgehen ließen. Auch die Würdenträger unserer Hauptkirchen waren anwesend. Sogar aus Bürgerschaft und Senat kamen Persönlichkeiten, die sich dieses Schauspiel nicht entgehen lassen wollten. Der Hubschrauber war noch nicht zu sehen, es war ja auch ein Fluggerät, das sich von den normalen Hubschraubertypen, die man kannte, abhob. Es war ein Transport-Hubschrauber, der für ganz andere Zwecke eingesetzt wurde als ein normales Fluggerät dieses Typs. Aber dann waren plötzlich fünf Hubschrauber am Himmel zu sehen, von denen ich nichts wusste und auch niemand anderes von meinen Freunden im Förderkreis. Was hatten die da am Himmel zu suchen? Es waren Journalisten von Zeitschriften, die dieses Manöver begleiten wollten, um darüber ausführlich berichten zu können. Hierfür erhielt ich prompt von der Flugsicherung in Fuhlsbüttel einige Tage später eine Rechnung über zweieinhalbtausend DM, weil man der Meinung war, ich hätte für die Aufnahmen, die von den Hubschraubern gemacht wurden, den einzelnen Gesellschaften die Genehmigung erteilt.

Mit Riesenspannung erwarteten wir den Hubschrauber mit der goldenen Turmzier. Als er am Himmel zu sehen war, begaben sich auch unsere drei Männer, die mit der Festschraubung der Turmzier in luftiger Höhe betraut waren, wieder auf ihren Posten. Freistehend erwarteten sie nun den Hubschrauber mit der Turmzier, der ganz sachte einschwebte und präzise, genau auf den Punkt, darauf zuhielt. Denn sehen konnte der Pilot ja gar nichts. Alles war vorher mit seinem Co-Piloten entsprechend abgestimmt, und ohne auch nur die geringste Verzögerung und ohne dass die Turmzier sich hin- und her bewegte, glitt sie auf den Metallsockel und wurde festgeschraubt. Und unser Architekt B., der einer der führenden und verantwortlichen Mitarbeiter hierbei war, hob plötzlich die Hand zum Zeichen, die Turmzier sei für die kommenden Jahrzehnte bis zur nächsten Renovierung – vielleicht in hundert Jahren – gesichert. Von den Zuschauermengen ging ein Jubel und Klatschen aus. Das war der berechtigte Lohn der Angst. Die Sonne, die es an diesem Vormittag ganz besonders gut mit uns meinte, ließ die neu vergoldete Turmzier in ihrer vollen Pracht leuchten. Wir bedankten uns natürlich bei den Verantwortlichen von Airbus, und ich wurde noch einmal gebeten, so schnell als möglich die von mir vorgesehene Hebung der Schätze von St. Nikolai, die man 1946/1947 zur Befestigung der Uferböschung an der Haseldorfer Marsch versenkt hatte, vorzunehmen.

Ich erhielt von einem Journalisten einer Hamburger Boulevardzeitung eine Information. Er erklärte mir: „Wenn ich die Story anschließend exklusiv von Ihnen bekomme, dann verrate ich Ihnen etwas, womit Sie sicherlich nicht gerechnet hätten. Ich bin mit Leib und Seele Wassersportler und dies auch in der Gegend der Haseldorfer Marsch. Und jedes Mal, wenn ich an gewissen Stellen vorbeikomme und wir gerade Ebbe haben, grüßt mich der heilige St. Nikolaus - oder wer auch immer - aus dem Wasser.“ Ich konnte nicht glauben, was er mir da erzählte und befasste mich natürlich sofort mit dem, was ich gehört hatte. Nachforschungen ergaben, dass man an

St. Nikolai durch die Besatzer Sprengungen vorgenommen hatte, und viele Gegenstände, darunter wertvolle Teile von St. Nikolai, waren tatsächlich im Mühlenberger Loch versenkt worden. Jetzt war für mich und meine Freunde klar: Diese Gegenstände holen wir aus dem Schlick und bringen sie wieder dorthin, wohin sie gehören. Zur selben Zeit, als ich mich mit diesem Projekt befasste, musste Airbus seine Landebahn erweitern. Für mich war das eine Gelegenheit, sie mit gutem Zureden für meine Arbeit an St. Nikolai zu interessieren und um etwas Unterstützung für unser Werk zu bitten.

Ich sagte ihnen also, dass sie ihre Pläne etwas nach hinten schieben müssten, was ihnen überhaupt nicht gefiel. Ich hatte zwar für ihre Probleme Verständnis, aber das, was ich tat, ging mir über alles. Mussten sich doch ihre Geschäftspartner in Toulouse in Frankreich etwas gedulden, denn ich hatte ja jetzt diese Rettungsaktion erst einmal zu organisieren. Dazu gehörte großes Gerät, dazu gehörten auch die entsprechenden Schiffe, dazu gehörten vor allen Dingen Berufstaucher, die sich in dem etwas unreinen Elbwasser auskannten, und das brauchte seine Zeit. Man drängte mich also etwas von Seiten der Airbus, was mir gar nicht gefiel. Ich erklärte ihnen: "Geben Sie mir bitte die Zeit, die ich brauche, um wertvolle Schätze dieser Kirche vor dem Zubaggern und Planieren dieser Fläche durch Ihre Landebahn zu retten." Diese Verfahren würden sich aber sicherlich, so wie die Hamburger Behörden arbeiteten, um Monate hinausziehen. Begeistert war da niemand in der oberen Etage von Airbus. Ich wollte dem Unternehmen auf gar keinen Fall Schwierigkeiten machen und nahm jetzt mit Vollgas einen Termin bei dem damaligen Bundesinnenminister Otto Schily wahr.

Da ich in Berlin inzwischen auch nicht mehr so unbekannt war, bekam ich schnellstmöglich einen Termin. An meiner Seite war der für die Bundesrepublik Deutschland verantwortliche Generalmanager von McDonald's. Darüber berichte ich etwas später. Otto Schily empfing mich in seiner bekannten, etwas ruppigen Art und fragte mich, nachdem er sich ins Goldene Buch von St. Nikolai eingetragen hatte, nach meinen Wünschen. Er sagte: „Ihre Arbeit ist wirklich unterstützenswert, was kann ich für Sie tun?" „Sie als Bundesinnenminister können mir einen großen Gefallen tun. Es gibt in der Elbe in Hamburg an einer bestimmten Stelle wertvolle kirchliche Schätze, die dort 1946 zur Uferbefestigung alle versenkt wurden. Wir sind so weit mit unserem Mahnmal, dass man das meiste an Arbeiten als abgeschlossen betrachten könnte. Das Letzte aber sind diese Kirchschätze von St. Nikolai, die unbedingt wieder an ihre alte Stätte zurückgebracht werden müssen." Er sagte: „Das ist ja eine großartige Aktion, die Sie da vorhaben. Aber wie kann ich Ihnen dabei helfen?" „Mit einem einzigen Telefonat." „Und was soll ich für Sie tun?" „Es gibt in Hamburg genau wie überall das THW. Die verfügen über Fahrzeuge, Bergungsgeräte, und notfalls könnten Sie uns diese für eine solche Aktion zur Verfügung stellen – Sie würden einen großen Beitrag leisten, wenn Sie es ermöglichen würden." Da dieser Vortrag von mir wohl einer der ungewöhnlichsten war, den er in seiner Amtszeit gehört hatte, konnte er nur noch antworten: „Hätte ich Sie bloß nicht reingelassen. Ich bin ja gewarnt worden. Aber mal sehen, was ich für Sie tun kann." Wir waren nicht sicher, ob er uns helfen könnte. Alternativ blieb uns als Trostpflaster nur eine Summe X, die Airbus St. Nikolai zukommen lassen wollte, damit sie so schnell wie möglich mit der Erweiterung der Landebahn beginnen könnte oder was immer sie in dieser Gegend vorhatten.

Am nächsten Morgen erhielt ich einen Anruf vom Hamburger Landeschef vom THW. Er hörte sich noch einmal alles an, was ich ihm für die nächsten Tage, die vorgesehen waren, zumuten würde, und da er ein geborener Hamburger war und kein Quiddje, sagte er mir, dass er alles Mögliche sofort veranlassen werde. Und ich solle ihm bitte sagen, wann es losgehen würde. „Sollte aber ein anderer Einsatz wichtiger sein, muss alles das, was ich Ihnen jetzt zusage, verschoben werden." Ich rief den Journalisten an und sagte ihm, dass die Bergung von uns in kürzester Frist, sobald die Planung hierfür abgeschlossen sei, stattfinden würde. Ich hatte die Bergung deshalb etwas hinausgezögert, weil ich erst einmal wollte, dass sein Bericht erscheint und die anderen Medien dann sofort nach Erscheinen seines Artikels Kontakt zu uns aufnehmen würden. Denn natürlich wollte ich aus der Bergung, die wir in der Elbe vornahmen - in der Hoffnung, wahre Schätze von St. Nikolai aus dem Elbschlick herauszuholen - ein richtiges Medienerlebnis machen. Und mein Plan ging auf. Nach Erscheinen des Berichtes in diesem Blatt waren Abendblatt und Welt, NDR, Radio und Fernsehen darauf erpicht, die erste Fahrt mit uns an den Ort der Erwartungen zu machen. Spontan hatten sich auch zwei Taucher bei uns gemeldet, die seit vielen Jahren Tauchen zu ihrem Hobby gemacht hatten. Sie boten uns für die Bergung ihre Hilfe an.

Als wir im Mühlenberger Loch ankamen, waren dort auch schon andere Boote, die sich eingefunden hatten, und wollten an dem Schauspiel, das ihnen vielleicht geboten würde, teilnehmen. Die unterschiedlichsten Gegenstände wurden ans Tageslicht gefördert. Ein besonders schweres Teil stellte sich als Taufbecken heraus. An dem befanden sich sogar noch Halbedelsteine. Viele Figuren konnten wir bergen und hatten im Laufe von etwa zwei Stunden dem Elbstrom nach über sechzig Jahren alles Wichtige entrissen. Ein voller Erfolg. Die Medien berichteten am darauffolgenden Tag über dieses Ereignis, und wir bedankten uns für die Hilfe der Taucher und bei dem Technischen Hilfswerk, das diese Aktion erst möglich gemacht hatte. Sofort erhielt ich auch einen Anruf von Airbus und wurde anschließend mit einen Vorstandsmitglied des Unternehmens verbunden. Ich erklärte ihm: „Die zuständige Kulturbehörde Hamburgs und auch ich haben jetzt nichts mehr dagegen, wenn Sie sofort mit Ihren Arbeiten beginnen." Ich habe mich über diesen Doppelerfolg – Bergen der so wertvollen Schätze aus der Elbe und eine weitere finanzielle Zuwendung in Höhe einer fünfstelligen Summe - gefreut.

Kaum acht Tage später erhielt ich einen Anruf aus dem Kirchenbüro des Hamburger Michel. Man sagte mir: „Ich glaube, wir haben in unserem Gewölbe des Michel eine Entdeckung gemacht, die Sie sehr interessieren wird." Neugierig fuhr ich ins Büro des Michel, und eine Dame überreichte mir ein Stück Buntglas. Das muss Teil irgendeines Fensters gewesen sein. Sie erklärte mir, wie sie zu diesem Glas gekommen sei. Ein Klempner sei von der Kirchenleitung beauftragt worden, sich irgendwo in dem großen Gewölbe nach einer Rohrleitung auf die Suche zu machen, die irgendwelche Schwierigkeiten verursachte. Dabei sei er in dem dunklen Gewölbe wohl gestolpert, hatte eine Verletzung und wollte danach forschen, woran er sich verletzt hatte. Er stieß dann auf verrottete Holzgestelle, die wohl schon sehr, sehr lange dort gelagert hatten. Interessant, was da zu Tage kam. St. Nikolai hatte 1842, nachdem der Wiederaufbau der zerstörten Kirche durch den Hamburger Brand vorgenommen wurde, auch eine Planung für die Fenster in Auftrag gegeben. Die Kirchenfenster, so wollte es der Architekt Gilbert Scott, sollten von einer der besten Glasbaufirmen, die man in Europa kannte - Clayton und Bell - hergestellt werden. Die Fenster gehörten zu den schönsten, die es in allen Hamburger Hauptkirchen gab. Insgesamt handelte es sich um rund hundertdreißig Fenster. Diese wurden 1940 alle ausgebaut und zum Schutz vor Zerstörung und vielleicht auch im Hinblick auf zu erwartende Bombenangriffe, vor der Zerstörung geschützt. Aber Hamburg hat Tradition. „Dat is weg!" Die Fenster waren weg, vergessen, und niemand hatte je nach dem Verbleib geforscht. Durch einen verletzten Klempner, durch einen reinen Zufall, wurden diese Kunstschätze wieder der Öffentlichkeit zugängig gemacht.

Der Zustand war jedoch mehr als bejammernswert. Sorgfältig wurden alle Fenster geborgen. Und die Maler- und Lackierer-Innung hier in Hamburg hatte sich sofort bereit erklärt, die Renovierung der Fenster zu übernehmen. Was diese Fenster so unglaublich wertvoll machte, war der Umstand, dass es sich um Einzelteile der jeweiligen Scheiben handelte, die in einer sogenannten Bleiverglasung fester Bestandteil waren. Den überwiegenden Teil der Kosten, und das ist ihr bis heute noch hoch anzurechnen, übernahm die Glaser- und Lackierer-Innung. Den anderen Teil wollte die Gemeinde St. Nikolai am Klosterstern übernehmen. Wie die weitere finanzielle Abwicklung sich dann entwickelt hat, entzieht sich meiner Kenntnis. Selbst bei den zerstörten Fenstern wurde das Puzzle der einzelnen Scheiben so zusammengesetzt und die Vollständigkeit des gesamten Fensters wieder hergestellt. Noch einmal möchte ich diesen großartigen Künstlern meinen besonderen Dank für diese Arbeit aussprechen. In der Handwerkskammer in Hamburg wurde ein Großteil der Fenster für mehrere Monate ausgestellt, sodass die Hamburger Bevölkerung diese Schätze bewundern konnte. Wo sich die Fenster heute befinden, weiß ich nicht. Sechs Fenster wurden dem Förderkreis für die Krypta zur Verfügung gestellt. Die Schönheit dieser Fenster bin ich nicht in der Lage zu beschreiben. Ich würde nur aus einem einzigen Grund noch einmal die Krypta besuchen, die heute als ein Museum der Öffentlichkeit präsentiert wird: um diese Fenster ein weiteres Mal zu sehen. Die Fenster haben einen hohen Wert, denn die Kunst, die Fenster wetterfest in Blei einzufassen, ist innerhalb der Verglasertechnik wohl restlos aus der Mode gekommen und wäre auch nach heutigem Stand unbezahlbar. Ich schätze den Wert auf eine hohe, sogar sehr hohe sechsstellige Summe. Bis heute stelle ich mir immer noch die Frage: Wie kann man solche Schätze einfach vergessen und sich nicht die Frage stellen: Wo sind sie geblieben? Ich musste meinen Entschluss in die Tat umsetzen, nun einen Nachfolger mit der Leitung des Förderkreises zu beauftragen. Dass das ein ungewöhnlich schwieriges Unterfangen werden würde, war mir klar. Ich hatte einen Herrn N. aus Pinneberg, der schon seit einigen Jahren im Förderkreis war, im Visier. Oft hatte ich ihn schon ein wenig geneckt und habe ihm scherzhaft gesagt: „Du weißt doch, der liebe Gott erschuf im Zorn erst Pinneberg und dann Elmshorn." Diesen Spruch hat er mir nie übel genommen. Ich wusste, wenn einer in Frage käme, dann war er es. Und wenn noch ein paar von meinen freundlichen Mitarbeitern, die dem Förderkreis ungebrochen ihre Arbeit zur Verfügung stellten, mitmachten, dann könnte er sich vielleicht diese arbeitsintensive Arbeit aufbürden und einen Teil, was sehr wichtig ist, an die Kolleginnen und Kollegen delegieren. Es mussten auch keine besonderen Aktivitäten realisiert werden. Der Förderkreis St. Nikolai hatte seinen absolut festen Platz in Hamburg und vor allem bei den Touristen. Es waren viele Gespräche nötig, um ihn zu überzeugen, diese Aufgabe zu übernehmen. Wobei er damals schon im Hinterkopf haben konnte, dass sich aus den vorhandenen Mitgliedern vielleicht ein zukünftiger Vorsitzender entwickeln könnte - wobei für diese Position selbstverständlich auch eine Dame in Frage käme.

Finanziell lief durch die Einnahmen der Sponsoren, die Einnahmen durch Mitgliedsbeiträge und die Tatsache, dass alle nach wie vor ehrenamtlich tätig waren, alles perfekt. Und auch die Miete für die Krypta, die wir unterhielten, war als angemessen zu betrachten, obwohl ich mir manches Mal die Frage stellte: Wie kann man eine Miete für einen Ort verlangen, an dem so wichtige Arbeiten durchgeführt werden, dass sie sogar von der gesamten Öffentlichkeit honoriert werden? Nur die verantwortliche Kirche verlangt von uns für unsere Arbeit, die wir ehrenamtlich ausüben, eine Miete.
Mindestens zweimal im Monat, vielleicht auch öfter, erhielt ich Anrufe, aber nicht nur aus Hamburg, sondern verteilt aus ganz Deutschland. Immer wollte mich irgendjemand sprechen, der unbedingt meine Hilfe benötigte. Es gebe doch da und da das Problem und dort wären Sie doch der richtige Mann, der uns helfen könnte. Ich muss aber gestehen, dass ich das rundherum ablehnte, denn wie heißt es so schön: Man kann nur einem Herren dienen.

Es waren manches Mal Anrufer dabei, deren Hartnäckigkeit ich zu schätzen wusste. Denn wie schwer und mühevoll es ist, für eine Sache einzustehen, um sie zu realisieren, davon konnte wohl niemand anders als ich – das muss ich in aller Bescheidenheit sagen – ein Lied singen. Ich war glücklich darüber, dass ich Herrn N. aus Pinneberg – und ich bin ehrlich, er tat das nicht ganz freiwillig –überzeugen konnte. Selbst wenn mir klar war, dass der Förderkreis jetzt nicht mehr so ganz in der Öffentlichkeit erscheinen würde, wusste ich, er würde sein Bestes geben. Außerdem sagte ich ihm, dass ich nicht aus der Welt sei. Gäbe es ein wirklich ernsthaftes Problem, dann stünde ich ihm gern, sofern er es wünsche, mit Rat und Tat zur Seite. Das Hamburger Abendblatt schrieb dann: „Ivar Buterfas gibt sein Amt auf."

Jetzt verabredete ich mich mit dem Bezirksdirektor von McDonald's und konnte mich ausführlich mit ihm unterhalten. Und er hatte auch ein Problem, dass er unbedingt mit mir besprechen wollte. Schon seit etwa drei Jahren war die Firma McDonald's bei uns als Sponsor engagiert. Er fragte mich, ob ich nicht die Möglichkeit hätte, ihm behilflich zu sein. Es ging um die Suche nach einer Klinik in Hamburg, in der unbedingt Kinder aller Altersklassen behandelt würden. Hauptsächlich wäre ihm daran gelegen, wenn es sich um an Krebs erkrankte Kinder handelte, da deren Eltern am meisten zu leiden hätten. Ich war neugierig und fragte ihn, was es damit auf sich hätte. Er erklärte mir - was bei mir Staunen auslöste und was bei dieser Fastfoodkette vielleicht niemand für möglich gehalten hätte - folgendes Projekt:

Die Franchise-Nehmer von McDonald's, von denen einige in großen Städten fünfzehn bis zwanzig Lokale besäßen, seien verpflichtet, jährlich einen prozentualen Anteil von ihren Einkommen in ein Gesamtprojekt von McDonald's zu investieren, und da kämen beachtliche Summen zusammen. Dies sei von Anfang an von dem Firmengründer so bestimmt worden. Er sagte: „Geben wir einen Teil dahin zurück, woher das Geld kommt, in die Gemeinschaft." Nun zum Projekt: In Krankenhäusern, in die eine Spezialklinik integriert ist, die sich mit an Krebs erkrankten Kindern jeder Altersgruppe befasst, wird ein Ronald-McDonald-Haus gebaut. In diesem Haus befinden sich Ein-Zimmer-Appartements mit Küche und Bad für einen alleinerziehenden Elternteil. Zwei Zimmer mit Küche und Bad und drei Zimmer mit Küche und Bad für größere und große Familien. Der Aufenthalt der Eltern dieser Kinder ist über den ganzen Zeitraum der Behandlung des Kindes im Krankenhaus kostenlos. Psychologische Betreuung steht den Nutzern dieser Wohnungen bei Bedarf zur Verfügung. In einigen Kliniken liegen die Eltern dieser armen Kinder neben ihren Betten, nur um in deren Nähe zu sein. Inzwischen gibt es bereits siebzehn dieser Häuser in Deutschland, mit steigender Tendenz. Ich sagte ihm: „Warum musste ich das von Ihnen erfahren? Ich habe noch nie etwas von dieser Einrichtung gehört!" „Darüber reden wir nicht, aber wir tun Gutes." Er fragte mich, ob ich ihm aufgrund meiner Beziehungen dabei behilflich dabei sein könnte, nach einem geeigneten Krankenhaus und Grundstück zu suchen. Dazu war ich natürlich nicht in der Lage. Weil ich meine Position, so wichtig und wertvoll dieses Objekt auch war, nicht einsetzen wollte. Das erste Ronald-McDonald-Haus, das in

Hamburg gebaut wurde, steht an der Eppendorfer Uni-Klinik und ist – wie mir bekannt wurde – ständig belegt.

Ich war sehr befreit, mich endlich aus der Verantwortung von St. Nikolai lösen zu können. Nun konnte ich endlich das realisieren, was ich meiner Mutter auf dem Gutshof in Polen, in dem wir im Versteck gelebt hatten, versprochen hatte. Sie hatte mich ja gebeten: „Wenn Du einmal groß bist und wir das hier alles überleben, musst Du darüber sprechen, und das bei jeder Gelegenheit. Menschen warnen, damit alles das, was man uns angetan hat, nie wieder geschieht." Und das wollte ich jetzt verstärkt in Angriff nehmen. Ich hatte im Lauf der Jahrzehnte so viel Erfahrung gesammelt und so viel Wissen gespeichert und mich bei jeder freien Gelegenheit mit der Vergangenheit auseinandergesetzt, dass ich meinen Plan verwirklichen wollte und ebenso wie viele Freunde von mir - Ralph Giordano und die Hoffmanns, die Auschwitz überlebt hatten - in den Schulen zu jungen Menschen zu sprechen. Die erste Veranstaltung, die ich mir vorgenommen hatte, sollte in einem altehrwürdigen Hamburger Gymnasium stattfinden. Es war für mich ein Leichtes, die verantwortliche Schulleiterin des Hamburger Wilhelm-Gymnasiums zu bitten, zu den Jugendlichen – und wenn es sich einrichten ließe, auch zu den Erwachsenen – als Zeitzeuge zu sprechen und meine Erlebnisse aus der Kindheit zu erzählen.

Von meinem Vorschlag war sie sehr angetan und wusste auch über unser Familienschicksal Bescheid. Außerdem hatte sie seit Jahren meine Arbeit an St. Nikolai verfolgt und sagte, ihre Eltern seien in Hamburg zweimal ausgebombt worden. Der Tag und die Uhrzeit für die erste Veranstaltung, die ich durchführte, - und weitere tausendfünfhundert sollten folgen - wurde auf neunzehn Uhr angesetzt. Bei dieser meiner ersten Veranstaltung waren an die dreihundert Erwachsene sowie Schülerinnen und Schüler anwesend. Rund eineinhalb Stunden dauerte ein Vortrag, und dann überschütteten die Schülerinnen und Schüler und auch die Erwachsenen mich mit einer Fülle von Fragen. Niemals hätte ich erwartet, dass meine Veranstaltung so erfolgreich sein und einen beachtlichen Eindruck bei den Anwesenden hinterlassen könnte. Dann öffnete der Hausmeister die Tür der Aula und bat ganz höflich darum, gehört zu werden. Er erklärte, die Veranstaltung war für neunzehn Uhr angesagt gewesen und sollte doch nur bis einundzwanzig Uhr dauern. „Ich will Sie ja auch nicht stören, ich wollte nur anmerken, es ist dreiundzwanzig Uhr, und wenn ich jetzt nicht gehen darf, verpasse ich meinen Zug nach Lübeck, vielleicht kann jemand anderes abschließen." Wir hatten alle nicht bemerkt, dass die Zeit wie im Fluge vergangen war. Es lag auch daran, dass ich aus dieser dunklen Zeit viele Dokumente bei der Veranstaltung zeigen konnte, die von den Anwesenden mit Interesse bestaunt wurden. Es wurde nicht für möglich gehalten, dass es so etwas überhaupt gegeben hatte. Die Veranstaltung wurde daraufhin beendet, und ich wurde inständig von der Schulleiterin gebeten, eine weitere Veranstaltung abzuhalten, morgens gegen 10 Uhr. Anwesend wären dann die Jahrgänge von der achten Klasse aufwärts bis zur Abiturklasse. Ich konnte der Schulleiterin spontan eine Zusage machen. Zwei Tage später wurde der Termin für die zweite Veranstaltung vereinbart, aber dazu kam es nicht mehr.

Ich erhielt von Pastor Weißbach einen Anruf. Er sagte: „Was ich Dir jetzt erzähle, wird Dir die Sprache verschlagen. Das

Bezirksamt Mitte hat sich bei uns gemeldet und uns folgendes mitgeteilt: Wir könnten, wenn wir es möchten, bis zur Höhe von fünfundsiebzig Metern - da befindet sich eine intakte Plattform, von innen aus gesehen im Turm von St. Nikolai - einen Lift einbauen." Als einzige Antwort habe ich Wolfgang dann gesagt: „Wir haben doch heute den 20. November und nicht den ersten April. An Deiner Information muss etwas falsch sein." „Nein, lass uns unbedingt ein Gespräch mit dem Vorstand verabreden, und dann können wir ausführlich in der Krypta über dieses Angebot sprechen." Langsam musste ich wohl an das glauben, was er mir da am Telefon erzählte. Ich war natürlich sofort einverstanden, denn tausende von Menschen fragten im Laufe der Zeit immer wieder: „Wie kommt man nach oben auf den Turm?" Oft habe ich darüber nachgedacht, was uns ein solcher Lift für Möglichkeiten schaffen würde. Darüber habe ich philosophiert: Wenn sich tatsächlich kein ehrenamtlich arbeitender Vorstand fände, dann würde der Förderkreis durch die Einnahmen, die der Lift - und davon war ich felsenfest überzeugt - die Finanzierung für festangestellte Mitarbeiter übernehmen können. Gar nicht auszudenken, dass der Förderkreis finanziell unabhängig sein könnte. Wie das dann alles zu regeln sei wegen der Gemeinnützigkeit, waren kleine beschauliche Nebenkriegsschauplätze, so möchte ich sie mal nennen. Der Termin mit dem Vorstand kam kurzfristig zustande. Als ich etwas verspätet zu der Runde stieß, kamen mir die steinernen Gesichtszüge der einzelnen Mitglieder des Vorstandes etwas merkwürdig vor: Es war nicht nur der Vorstand anwesend, sondern auch die Firma L. Eine über die Grenzen Hamburgs anerkannte Spezialfirma für den Bau von Liften und Fahrstühlen. Die Federführung für dieses Gespräch, an dem ich die ersten zwanzig Minuten nur als Zuhörer teilgenommen hatte, übernahm der Senior der Fahrstuhlfirma. Auch der Junior dieser Firma war vertreten, beide waren Experten auf dem Gebiet des Fahrstuhlbaus. Der Senior erklärte mir, es hätten schon Gespräche im zuständigen Bezirksamt Mitte stattgefunden. Der Förderkreis brauche nur noch die entsprechenden Papiere zu unterschreiben. „Wir liefern die Baupläne, und dann könnte der Einbau eines goldenen Panoramaliftes im Turm von St. Nikolai durchgeführt werden. Es gibt kein zweites Projekt dieser Art auf der ganzen Welt." Er hatte nicht übertrieben, denn schließlich gab es auf der ganzen Welt keine St. Nikolai-Ruine, deren Turm hundertachtundvierzig Meter hoch war.

Im Geist hatte ich Tage vorher schon einmal ausgerechnet, dass wenn man mit einer Fahrt auf die Plattform von fünfundsiebzig Meter Höhe fahren könnte, man zwei Euro Eintritt nehmen müsste. Da könnten an sieben Tagen in der Woche bei einer Öffnung von zehn Uhr vormittags und in den Sommermonaten bis einundzwanzig Uhr durchaus wöchentlich fünftausend bis sechstausend Euro Einnahmen zusammenkommen. Dazu noch einiges an Spendenaufkommen. Das wäre der angemessene Lohn für fast fünfzehn Jahre Arbeit an dieser Stätte der Erinnerung. Für mich ganz klar: Dieses Projekt schreit danach, realisiert zu werden.

Nach all dem äußerte sich der Erste Vorsitzende zu dem Projekt. „Es hört sich alles ganz schön an, aber eine Zustimmung gibt es von uns nicht. Wer soll die Arbeit dafür übernehmen? Sie sind doch schon seit geraumer Zeit nicht mehr aktiv. Für mich kommt das überhaupt nicht in Frage." Wenige Augenblicke verhielt ich mich ruhig. Und dann machte ich ihm etwas unmissverständlich klar. „Dieses Projekt wird mit oder ohne Ihre Hilfe auf dem kürzesten Weg realisiert." „Dazu gebe ich nicht meine Einwilligung. Dann lege ich den Vorsitz nieder." „Dann möchte ich Sie in diesem Augenblick verabschieden, freue mich, dass Sie mich bis jetzt vertreten haben und lade Sie zur ersten Fahrt auf die Plattform ein, sobald der Lift installiert ist." Sie verließen mit vier Leuten die Krypta, und ich saß mit Rolf, mit dem Architekten V., der unseren Förderkreis seit Jahren begleitete, und den beiden Unternehmern Lutz allein am Tisch. „Also, in dieser Sekunde wird ein vorläufiger Not-Vorstand gegründet, an deren Stelle ich mich als wieder eingesetzter Präsident des Förderkreises an die Spitze setze." Ehrenpräsident war ich auf Betreiben von Dr. Paul Oestreicher aus Coventry schon vor Jahren geworden. Darüber gab es auch einen einstimmigen Vorstandsbeschluss. Ich erwähne dies deshalb, weil sich später, als die Gemeinheiten, die meine Person betrafen, noch nicht ihren Höhepunkt erreicht hatten und man mich aus dem Förderkreis ganz heraushaben wollte, durch die Sitzungsurkunde Wolfgang W. meine Ernennung zum Ehrenpräsidenten vorgelegt hatte. Wir saßen an diesem so ereignisreichen Abend noch einige Stunden zusammen. Der Architekt Herr V. und die Herren Lutz sollten nun die erforderlichen Genehmigungen beim Bezirksamt Mitte einholen. Ich erwartete von der Firma Lutz ein entsprechendes Angebot. Ich musste wissen, wie viele erforderliche Mittel beschafft werden mussten. Denn mir war klar, die Beschaffung lag einzig und allein auf meinen Schultern. Und diesmal ging es nicht um fünfzig- oder hunderttausend, sondern diesmal würden es sicher, bis der Lift liefe, einige hunderttausend sein. Jetzt waren auch nicht DM, sondern Euro gefragt. Herr Lutz Senior meinte: „Die Baugenehmigung ist ein Kinderspiel, die statischen Berechnungen sind positiv abgeschlossen. Wir haben jetzt Mitte Dezember 2004 und der Go-Live muss der 2. Januar 2005 sein." Dem Ganzen setzte ich noch die Krone auf, obwohl ich überhaupt nicht ahnen konnte, was da auf mich zukam. Denn ich hatte noch nie in einen Kirchturm einen Lift eingebaut - geschweige denn, in eine Kirchturm-Ruine.

„Wir beginnen am 2. Januar, und am 30. Juli 2005 fahre ich mit meiner Frau als Erster gemeinsam mit dem Hamburger Baudirektor und Pastor Wolfgang Weißbach, Herrn Lutz und unserem Ersten Bürgermeister auf den Turm. Da oben möchte ich mit meiner Frau eingesegnet werden. Das ist kein unverschämtes Verlangen, denn an dem Tag sind wir fünfzig Jahre verheiratet. Der Tag unserer Goldenen Hochzeit." Was für unverfrorene kühne Worte und vielleicht sogar Anmaßungen, obwohl ich nicht wusste, ob die Kosten bei achthunderttausend Euro lagen oder sogar eine Million übersteigen würden. So etwas hatten wir in solchen Dimensionen noch nie durchgeführt. Und große Hilfe hatte ich bei dem, was jetzt kam - außer der technischen Daten, und darüber musste ich mir absolut im Klaren sein - nicht zu erwarten. Lediglich ein paar gute Ratschläge meines Schattenkabinetts würden mir helfen.

Ich konnte zu dem, was die gesamte Technik anbelangte, nichts beitragen. Das war für mich, obwohl ich aus dem Baufach stammte, absolutes Neuland. Ich konnte mir nur vorstellen, was für Stahl erforderlich war, konnte mir vorstellen, dass der Lift auch eine schöne Kabine haben müsste. Die erforderlichen Fundamente, die geschaffen werden mussten, und vor allen Dingen die entsprechenden Antriebe, all das musste bezahlt werden.

Jetzt begannen für mich die schlaflosen Nächte, in denen ich mir Gedanken machte, wie ich das Geld zusammenbringen könnte. Alles andere lag in den Händen der Firma Lutz und an vielen Gestaltungen, die erforderlich waren, weil wir sie umsetzen mussten. Ein Angebot der Firma Lutz hatte ich während der gesamten Bauphase nicht zu Gesicht bekommen. Das war für mich insofern ein unangenehmes Gefühl, als dass ich eigentlich immer ganz gern im Voraus weiß, wenn ich etwas bestelle, ob ich es mir überhaupt leisten kann. Ich hatte auch überhaupt keine Zeit, weiter darüber nachzudenken, weil ich vom 2. Januar bis zum 30. Juli ja nur knapp sieben Monate Zeit hatte, um die Mittel zu beschaffen. Ich musste mich also sputen. Also begann ich die ersten Überlegungen in die Tat umzusetzen.

Ich plante eine der größten Tombolas, die es in diesen Dimensionen gegeben hat. Ich war fest davon überzeugt, dass mich die Sponsoren dahingehend unterstützen würden, dass bei der Tombola nicht, wie es gesetzlich vorgeschrieben war, jedes 5. Los gewinnt, denn ich musste so viele Gegenstände jeglicher Art in die Tombola einbringen, dass jedes zweite Los gewann. Das allein wäre schon eine Sensation. Wie sollten die Gewinne aussehen? Ich wollte einen der Kleinwagen von Ford kaufen und drei gesponsert bekommen. Das habe ich möglich gemacht. Ich wollte von der Hamburger Reederschaft insgesamt fünf Seereisen, eine Weltreise, und ich bekam statt fünf Seereisen dann sechs Reisen, alle auf einem Frachtschiff, aber in einer erstklassigen Passagierkabine, dazu eine teure Uhr im Wert von dreitausend Euro. Von der Firma Nivea bekam ich mehrere Paletten an hochwertigen Kosmetika. Kaffee und Schinken, es ist müßig, alles aufzuzählen, was ich für diese Tombola organisiert habe. Hilfe aus den Reihen meiner Mitstreiter: null Komma null. Bei sechzigtausend Losen, das waren drei Ausspielungen, mit jeweils zwanzigtausend Losen, war jetzt ein möglicher Erlös von hundertzwanzigtausend Euro möglich. Der Verkauf der Lose war zu einem größeren Teil für die Mitglieder des Förderkreises und der Sponsoren gedacht. Der Rest sollte durch den freien Verkauf eingespielt werden. Dafür bekamen wir die von der Stadt Hamburg vorgesehenen Plätze, die aber zeitlich begrenzt waren.

Dass das nicht ausreichend wäre, an Mitteln, die aus der Tombola zu erzielen wären, leuchtete mir ein. Also mussten weitere Ideen her. Eine erschien mir ganz vielversprechend, aber eine Garantie für den Erfolg konnte ich nicht geben. Ich wollte eine Urkunde drucken in Verbindung mit einer Berechtigungskarte, die den Inhaber der Urkunde und der Karte berechtigte, lebenslang den Lift in St. Nikolai benutzen zu können. Diese Berechtigungskarte war aber nicht übertragbar. Das war sehr gewagt, und ich hatte dieser Aktion auch nicht viele Erfolgsaussichten zugetraut. Die Dokumente hierfür sollten ein seriöses Aussehen haben. Viele Vorschläge ließ ich mir von einer Hamburger Druckerei machen. Diese fielen zu meiner vollsten Zufriedenheit aus. Der Preis für diese Berechtigungen lag bei zweihundertfünfzig Euro. Per Telefon unternahm ich die ersten Versuche bei einem Personenkreis, der dem Förderkreis besonders zugetan war. Und zu meinem großen Erstaunen war der Zuspruch erstaunlich gut. Die fünfzig Anteilsscheine waren innerhalb weniger Tage verkauft. So traute ich mich an große Firmen und vor allem an Reeder heran. Und eine holländische Reederei bestellte für alle Mitarbeiter fünfzig Anteilsscheine. Dann bestellte ich zweitausend Anteilsscheine und dann noch einmal zweitausendfünfhundert Stück. Insgesamt erzielte ich hiermit Einnahmen von über zweihundertfünfzigtausend Euro.

Die Tombola wurde Ende Februar eröffnet, was ungünstig war. Sie stand unter einem unglücklichen Stern. Es war ein scheußliches Wetter. Zur Eröffnung der Tombola waren auch einige bekannte Hamburger Schauspieler eingeladen, aber das Wetter war so schlecht, dass sich die Prominenten schon vor der Eröffnung ausgeblendet hatten. Die Medien berichteten zwar über die Tombola, aber der Verkauf auf der Mönckebergstraße - wo wir ein interessantes Haus zur Verfügung hatten, in Form der Nikolai-Kirche gebaut; das Ganze hatte also auch noch einen sehr schönen Hintergrund - blieb weit hinter den Erwartungen zurück. Der meiste Verkauf lief über die Mitglieder und über Firmen, die direkt von uns angesprochen wurden. Und ein Mitglied hat uns ganz besonders unterstützt. Er kam laufend mit neuen Mitgliedern, er kaufte hundert Uhren und nahm in der Regel, wenn er kam, bis zu zweitausend Lose mit. Das war natürlich eine besonders attraktive Einnahme, ohne die wir wahrscheinlich ein großes Problem bekommen hätten, wenn wir die gesamten Gewinne an die einzelnen Sponsoren hätten zurückgeben müssen. Allein durch dieses große Unternehmen hatten wir eine Einnahme von hundertfünfzigtausend Euro. Dieses Unternehmen war in Europa mit vielen Niederlassungen vertreten und hatte dadurch einen großen Kreis von weiteren Unternehmen, die mit ihm zusammenarbeiteten und daher ihm gegenüber auch gewisse Verpflichtungen hatten. Und die forderte diese Firma zugunsten St. Nikolai ein. Das war ein solcher Zuspruch, dass ich nunmehr langsam mit allen anderen Aktivitäten und Spenden auf über sechshunderttausend Euro kam. Mittlerweile waren wir im Monat Mai, und die am Bau des Lifts beteiligten Unternehmen teilten sich auch die erforderlichen zur Verfügung stehenden Bauzeiten. Die Stahlbauer begannen meistens um sechzehn Uhr, und ihre Arbeit endete zwischen zwei und drei Uhr morgens. Danach kamen dann wieder die Liftbauer. Jetzt stand außer Zweifel, dass am 30. Juli 2005 der Lift fertig würde. Eine weitere Attraktion an der Ruine von St. Nikolai ging ihrer Vollendung entgegen.

Über den Fortgang des zukünftigen Liftes waren alle Beteiligten, Lift- und Stahlbauer, sehr zufrieden. Es gab keine Störungen, es gab keine besonderen Überraschungen, alles war von der Firma Lutz sehr sorgfältig geplant. Was dort an einer solch ungewöhnlichen Ruine geleistet wurde, war bemerkenswert. Ganz ehrlich und offen bemerkte der Senior der Firma Lutz: „Diese Arbeit ist auch für uns eine außergewöhnliche Werbung. Denn wer kann in Europa oder sogar in der ganzen Welt ein ähnliches Projekt vorweisen wie den Einbau dieses Liftes in einem hundertachtundvierzig Meter hohen Turm der ehemaligen St. Nikolai-Kirche und dem jetzigen Mahnmal.

Doch bei aller Euphorie kam bei mir langsam der Verdacht auf: Je mehr dieses Projekt Form annahm, desto mehr zogen sich die Mitglieder des Vorstandes von mir und dem Projekt zurück. Es hat zu diesem Projekt nie Zustimmung, geschweige denn für meine so aufwendige Arbeit je Anerkennung gegeben. Im Gegenteil, langsam kam bei mir der Verdacht auf, dass man meine Arbeit nicht verhindern, aber doch durch Ignorieren honorieren wollte. Oft habe ich die einzelnen Personen aus dem Vorstand, zu dem ich ja gar nicht mehr gehörte, denn ich hatte ja eineinhalb Jahre vorher mein Amt an meinen Nachfolger abgegeben, nicht mehr gesehen. Ich bat um Hilfe, aber nicht ein Einziger hat je an diesem Projekt Hand angelegt, außer unserem mitarbeitenden Architekt Volker, oder auch später Rolf. Alle haben durch Abwesenheit geglänzt. Nur der zweite Vorsitzende hatte einmal eine interessante Frage an mich: „Ich hätte ja gern den Vorsitz übernommen." Worauf ich ihm erwiderte.: „Da müssten Sie sich aber mit mindestens fünfzig bis sechzig Stunden Minimum in der Woche für den Förderkreis einsetzen. Und auch mancher Sonnabend, wenn es Gespräche gibt, die mit einem Sponsor anstehen, der uns unterstützen will." Die Antwort war: Das käme auf gar keinen Fall in Frage. Zu sehr sei er gefordert durch die Arbeit in seinem Unternehmen. Dafür hatte ich volles Verständnis. Und so ging es den meisten in unserem Kollegenkreis. Es war mehr oder weniger ein Schattenkabinett. Und damit hatte ich mich längst abgefunden. Aber mehr als arbeiten konnte ich natürlich nicht. Beratende Unterstützung war fehl am Platze. Das hat mich bitter enttäuscht. Wie recht ich mit meinen Überlegungen und Gedanken hatte, dass irgendetwas in Form von Intrigen noch auf mich zukommen könnte, sollte sich sehr bald bewahrheiten. Nie im Leben wäre mir der Gedanke gekommen, dass man so mit jemanden umgeht, der seine ganze Kraft im Interesse einer großen Sache einsetzt.

Meine Hilferufe zwecks Unterstützung erreichten kein einziges Ohr. Außer von Rolf, seiner Frau, vor allem von meiner Frau und einigen sogenannten Hartz-4-Empfängern gab es von niemandem die geringste Unterstützung.

Ich darf auf keinen Fall vergessen zu erwähnen, dass ich vom 2. Vorsitzenden, der über eine Fülle von Friseurgeschäften in Deutschland verfügte, immerhin mehrere Kartons an Haarpflegemitteln für die Tombola erhielt. Ich war durch den enormen Arbeitsaufwand, der mit der Leitung der Tombola verbunden war, am Ende meiner Kräfte. Wie sehr hatte mir jetzt eine ordnende Hand wie die von meinem Freund und damaligen 2. Vorsitzenden, dem Rechtsanwalt Herbert Berger, gefehlt. Mit ihm wäre die Tombola mit Sicherheit in einem geordneten Ablauf abgewickelt worden. Ich hatte in vielen Dingen schon etwas die Kontrolle verloren. Ich war völlig überfordert. Es lagen einige schier unlösbare Aufgaben vor mir, die dringend zur Lösung anstanden. Es gibt einen wichtigen Fluchtweg, der von dem Gewölbe, das von der Firma Wein-Fischer genutzt wurde, ausging. Es war mit einer eisernen Tür mit unserer Krypta verbunden und stellte einen außerordentlich wichtigen Fluchtweg dar. Der Weg von Wein-Fischer führte durch die Krypta von St. Nikolai und von dort hinaus auf das Freigelände des Kirchenschiffes. Bedingung war, dass wir das Gewölbe nutzen durften, dies kam als Auflage vom Bezirksamt Mitte. Dieser Fluchtweg musste unbedingt freigehalten werden. Bei Brandgefahr musste die Möglichkeit gewährleistet sein, dass man sich über einen Fluchtweg in Sicherheit bringen kann.

Sicher hat es der damalige Vorsitzende gut gemeint, eine wichtige Broschüre über Hamburg 1945 anzukaufen. Es waren aber mehrere tausend Exemplare, die nun den gesamten Fluchtweg versperrten. Wohin damit? Deshalb hatte ich die Idee, um diese Menge an Informationsschriften unters Volk zu bringen, mit jedem zweiten Los, das gewinnt, dem Gewinner eine solche Broschüre zukommen zu lassen. Doch auch das hätte einer Genehmigung der Behörde bedurft. Längst konnte ich so manchen klaren Gedanken nicht mehr fassen. Ich hatte nur noch den Wunsch, so schnell als möglich die Tombola zu beenden.

Da kam mir eine rettende Idee. Ich erinnerte mich an mein damaliges Marktleben. Wie ich in Nordrhein-Westfalen als Propagandist ein anerkannter Neuheiten-Verkäufer war. Ich setzte mich mit dem Landesverband des ambulanten Gewerbes, dessen Vorsitzender mir bekannt war, in Verbindung und fragte ihn nach einem Platz auf dem so beliebten einmal im Jahr stattfindendem Alstervergnügen. Ich wusste, dass sich in diesen vier Tagen nicht nur Hamburger, sondern auch ungeheuer viele Touristen aus den östlichen Bundesländern, aus Schleswig-Holstein und Niedersachsen auf dieser Meile Tag und Nacht tummeln würden. Ich bat den Vorsitzenden des Verbandes um einen Eckplatz, wenn möglich, mit viel Fläche. Denn ich wollte noch einmal so viel Lose wie möglich verkaufen. Ich war mir auch über die Gefahren im Klaren. In den Abendstunden konnten sich die Losverkäufer häufig verzählen. Bei der Geldeinnahme und bei den Losen, die sich jeder Interessent aus dem Eimer nahm. Meine Kalkulation war, dass etwa fünfzehn Prozent an Schwund zu erwarten sei. Gleichzeitig geschah ein weiterer großer Fehler, für den aber ich allein die Verantwortung trug. Anstatt die zweite Ausspielung mit zwanzigtausend Losen erst zu Ende zu verkaufen, wurde jetzt einfach aus Versehen die dritte Ausspielung geöffnet. Das war ein Durcheinander.
Und zwischenzeitlich wurde, wie mit der Ford-Gesellschaft abgesprochen, das Auto mit entsprechender Werbung auf der Mönckebergstraße oder auch an anderen stark frequentierten

Teilen in Hamburg immer öfter sichtbar - dafür hatten wir ja auch die Zuwendung von drei Fahrzeugen für die Tombola und einem Fahrzeug, das wir finanziell erworben hatten. Längst hatte ich mit den meisten Sponsoren telefoniert, die uns so reichlich mit Gewinnen eingedeckt hatten. „Was machen wir, wenn wir einen großen Überschuss an Kosmetika, Büchern usw. haben. Sollen wir euch diese Waren zurückbringen?“ Die Antwort war überwiegend: „Um Gottes Willen, das macht uns viel zu viel Arbeit. Machen Sie damit, was sie möchten. Eine Versteigerung zugunsten von St. Nikolai.“

Das Alstervergnügen begann. Wir hatten den Stand für diese vier Tage ein bisschen vorbereitet, und er weckte natürlich – was beabsichtigt war – ein reges Interesse der Besucher, die auf dem Alstervergnügen ja vorhatten, sich auch zu amüsieren. Die meisten waren bester Laune, und kurz nachdem ich am Stand erschien, war schon bei einigen Hamburgern sofort klar: Das ist doch der Mann von St. Nikolai. Ich wurde darauf angesprochen und erklärte der Menge, die nun schon teilweise bis auf dreihundert Zuhörer anwuchs: „Ich bin nur das Double von Herrn Buterfas. Den Wahren können Sie nur an der Turmruine erleben.“ Ich hatte auch drei verschiedene Base-Caps. Ich erklärte dem anwesenden begeistertem Publikum: „Bitte wundern Sie sich nicht, wenn ich nach zehn Minuten die Kappe von McDonald‘s vom Kopf nehme, denn ich habe auch der Firma Nivea versprochen, mich ein wenig für das zu bedanken, was Sie hier erleben. Und da Ihr die geistige Elite Deutschlands und Europas seid, die sich hier am Stand zugunsten des Mahnmals von St. Nikolai versammelt hat, um reichlich Tombola-Lose zu kaufen, darf ich euch sagen: Macht das Portemonnaie auf, tut was Gutes, esst dann anschließend hier ein Schaschlik oder ein Fischbrötchen, ihr kommt alle heute Abend in mein Nachtgebet."

Wie der Verkauf der Lose nun lief, von elf Uhr morgens bis abends um elf Uhr, lässt sich kaum beschreiben. Innerhalb von vier Tagen und vier Nächten konnten wir das an Losen absetzen, was wir vorher in vier Monaten mit freiem Verkauf an der Mönckebergstraße oder an der Krypta an St. Nikolai erreicht hatten. Die Einnahmen beliefen sich pro Tag auf etwa siebentausend Euro. Auch hier war nicht ein einziges Mitglied des Vorstandes an allen vier Tagen oder Abenden am Losverkaufsstand zu sehen. Vielleicht haben sie sich zu fein gefühlt und sich möglicherweise geschämt, dass ihr ehemaliger Vorsitzender einen solchen Auftritt hatte. Für mich war klar: Wir hatten unser Ziel erreicht - mit einer solch unerwarteten Einnahme und einem rücksichtslosen Einsatz, der meiner Gesundheit ein Höchstmaß an Kraft abverlangt hatte. Pünktlich zwischen Viertel vor elf und Viertel nach elf am Abend war mein Freund Rolf mit seiner Frau zur Stelle und ging mit mir die erzielte Einnahme durch, die er anschließend übernahm und zur Sicherheit unserer Hausbank zukommen ließ. Ich kann mich nicht mehr erinnern, wann meine Frau mich zu Hause abgeliefert hat, die nicht einen einzigen Tag von Donnerstag bis Sonntagabend am Alstervergnügen von meiner Seite gewichen war. Wann sie mich zu Hause abgesetzt hat, weiß ich nicht einmal mehr, und auch nicht, wie ich ins Bett kam. Es zählt das Ergebnis, es zählt der Erfolg. Wir kamen auf eine Summe von achtzigtausend Euro, und das betreffende Unternehmen, das für die Erstellung der Lose und der Tombola-Pläne verantwortlich war, erklärte mir: „Ich habe in den letzten dreißig Jahren für Sportvereine und andere

Institutionen Lose produziert. Noch nie habe ich eine Tombola miterleben dürfen, die sechzigtausend Lose produziert hat und einen solchen Erfolg hatte." Mehr möchte ich eigentlich nicht dazu sagen. Wir hatten mit allen Aktivitäten, davon bin ich ausgegangen, die Summen erreicht, die uns später in der Rechnung für den Lift präsentiert werden sollten. Auch nach dem Ende der Tombola war von den Mitgliedern des Vorstandes niemand zu sehen. Und dann kam der Tag der Übergabe des Liftes.

Es war der 30. Juli 2005, ein ungewöhnliches Datum in meinem Leben und ein überaus glückliches zugleich. Es war der Tag unserer Goldenen Hochzeit, und es war die Einweihung des Liftes. Was ich nicht wahrgenommen hatte: Der Förderkreis hatte zu diesem Zeitpunkt, noch herrührend aus meiner Zeit, ein Bankguthaben von hunderttausend Euro. Also hätte ich die Aktion, die ich nun zum Abschluss geplant hatte, eigentlich gar nicht mehr machen müssen. Natürlich war immer noch kein Angebot von der Firma Lutz in meinen Händen, und für mich war klar, dass sich damit dann anschließend meine Nachfolger auseinanderzusetzen hätten. Ich hatte dafür gesorgt, dass der Lift installiert wurde und hatte für eine solche Summe gesorgt, und zwar in einem Zeitraum von noch nicht einmal sechs Monaten, die man sicher respektvoll nennen konnte. Ich hatte aber auch nichts ausgelassen, um für dieses einmalige Werk Gelder einzuwerben.

Nach Abschluss aller Arbeiten stand ich jetzt vor einer Fülle von Gewinnen, die nicht in die Ausspielung gekommen waren. Das meiste aber, und das hat später nie Erwähnung gefunden, waren die Broschüren, Hamburg 1945. Davon lagerten noch etwa zweitausend Stück, die den Fluchtweg verbaut hatten, in der Krypta. Unglaublich viele Dosen und Gefäße und Tuben mit Kosmetika, Bücher, Schiffsreisen auf Frachtern, ein Auto und eine teure Uhr im Wert von dreitausend Euro, die aber an das Juweliergeschäft zurückgegeben wurde. Wie bereits erwähnt, hatte ich mit den meisten Sponsoren über das Thema Rückgabe der Gewinne Gespräche gehabt und bekam nun einhellig die Antwort: „Versteigern Sie sie oder machen Sie damit, was Sie wollen." Ich setzte mich noch einmal mit dem Unternehmer Michael S. in der Krypta zusammen, und es gelang mir tatsächlich, ihm den gesamten Vorrat an Gewinnen einschließlich der Massen von Broschüren, die er anschließend, wie er mir sagte, an Schulen verteilte, zu übergeben. Für alle Gegenstände, die er außerdem noch aus der Krypta räumte, erhielt ich von ihm zwölftausend Euro. Das Los kostete zwei Euro, sodass er von mir sechstausend Lose übernahm zum Gesamtpreis von zwölftausend Euro.

Die Fahrt mit dem Lift war sensationell. Die gesamte Presse hatte ein Loblied über diese einmalige Einrichtung gesungen. Es bildeten sich am Tag der Eröffnung riesige Schlangen. Und an diesem Tag wurde für den Lift kein Eintritt genommen. Selbst der TÜV Hamburg, der für die wichtige Abnahme des Liftes verantwortlich war, spendete aus Begeisterung für diese Attraktion noch einen hohen Betrag. Rolf und unser Architekt V. übernahmen nun für die Zukunft die Verantwortung für den Lift. Es wurde ein Verkaufshäuschen bestellt, und es war auch geplant, auf der Plattform von St. Nikolai vier Münzfernrohre zu installieren, womit man ungehindert vom Turm der Nikolaikirche in alle Himmelsrichtungen Hamburgs sehen konnte. Und Hamburg hat eine Menge Sehenswürdigkeiten

zu bieten. Wir waren mit unserer Plattform fast auf der Höhe des Hamburger Michels. Endlich konnten wir den Besuchern aus aller Welt die Möglichkeit bieten, vom Turm aus im Hamburger Hafen den Kreuzfahrtschiffen in den Schornstein zu fassen, so nah waren wir hier im Mittelpunkt Hamburgs.
Die Goldene Hochzeit war für meine Frau das schönste und größte Fest, das wir je gefeiert hatten. Mit meiner Frau zusammen hatte ich mich mittlerweile damit befasst, in Deutschland, Österreich, Luxemburg und in der deutschsprachigen Schweiz hauptsächlich an Schulen, Universitäten sowie in Theatern und in Kirchen Veranstaltungen durchzuführen und meine Botschaft als Zeitzeuge deutlich zu verkünden: Nie wieder! Nie wieder Faschismus, nie wieder Ausländerfeindlichkeit, nie wieder Antisemitismus! Und es wurde sehr unruhig auf Deutschlands Straßen und allerhöchste Zeit, den Versuch zu unternehmen, die Menschen aus ihrer Trägheit herausreißen und dafür zu interessieren, dass jede Gefahr von rechts unsere so schöne Republik, die doch sehr zerbrechlich ist, einer Gefahr aussetzt, der wir uns entgegenstellen müssen.

Es war mir ein großes Anliegen, vor allem Schülerinnen und Schüler zu erreichen. Da waren Zuhörer von der achten Klasse bis zur Abiturklasse, und die Spannung dieser jungen Menschen, der Erwachsenen von morgen, war unermesslich groß. Spontan kam nach der Veranstaltung in der Fragestunde immer wieder das gleiche Thema auf den Tisch: „Das haben wir alles nicht gewusst. Mein Urgroßvater, der in Russland war, hatte es strikt abgelehnt, über diese Zeit zu sprechen.“ In der Schule konnte dieses Thema nur oberflächlich behandelt werden. Zu wenig Lehrkräfte, aus Zeitmangel wurde dieses Thema ungewollt nur mangelhaft behandelt. Ich komme darauf später noch zurück.

Zu unserer Goldenen Hochzeit kamen viele Franchisenehmer von McDonald's, aus dem In- und Ausland, unsere Gäste. Denn überall, wo meine Frau und ich einen Vortrag hielten, waren sie dabei und haben durch entsprechende Unterstützung für Schulen und andere Einrichtungen einen wichtigen Beitrag geleistet. Unter den Gästen waren vor allem viele Freunde aus Süddeutschland, aus Nordrhein-Westfalen und besonders liebe Freunde aus Aurich in Ostfriesland. Lustig wurde es auf unserer Feier durch ein Hamburger Original, das auch vielen Nicht-Hamburgern bekannt ist, wenn sie mal einen Besuch auf dem Hamburger Fischmarkt gemacht haben. Es war unser Freund Dieter Bruhn, der allen Menschen unter dem Namen Aale Dieter bekannt ist. Er verkaufte, was keiner geglaubt hat, dem temperamentvollsten Menschenschlag, den Nordrhein-Westfalen, Aale am laufenden Band. Auch hier bekamen wir bei zweihundert anwesenden Gästen tatsächlich noch eine Spende von mehreren tausend Euro zusammen. Es war eines der schönsten Feste, aber für meine Frau und mich sollte es Wochen später noch ein böses Erwachen geben.

Ich war an einem ganz besonders interessiert: Wer sind unsere Gäste am Lift? Deshalb ließ ich mir am Eingang des Liftes einen Tisch aufstellen, dahinter einen Stuhl und eine Kasse. Die Schlange, die sich bildete, war an die einhundert Meter lang. Auf der Plattform oben waren zu gleicher Zeit siebzig Personen zulässig. Ich fragte jeden höflich, meistens Ehepaare, Ehepaare mit Kindern, aus welchem Herkunftsland sie stammten.

Nach etwa zwei Stunden war ich tatsächlich auf sechzig unterschiedliche Nationen gekommen. Dann wurde unser Kartenhäuschen eröffnet, und wenn der Fahrstuhl, die Kabine mit Besuchern gefüllt war, konnte irgendein Teilnehmer den Lift durch Knopfdruck nach oben bedienen.

Wenige Tage später bat mich die Geschäftsleitung von Aida-Cruises in ihr Büro. Der Direktor, der bei der Eröffnung des Liftes anwesend gewesen war, übergab mir ein Kuvert und erklärte mir Folgendes: „Was, wie ich von Anfang an verfolgen konnte, hier in der alten Turmruine entsteht, hat mich begeistert. In einem solchen Tempo ein solches Projekt zu realisieren, und dann auch noch ohne Hilfe vom Staat zu finanzieren, nur aus freien Mitteln der Gesellschaft, da muss jedem deutlich werden, dass eine solche Aufgabe volle Anerkennung und Respekt verdient. Aus diesem Grund und weil Sie und ihre Frau gerade fünfzig Jahre lang verheiratet sind und Ihre Frau Ihnen bei keiner Arbeit von der Seite weicht, wünschen wir Ihnen zu dieser kostenlosen dreiwöchigen Kreuzfahrt, die wir Ihnen hiermit überreichen, einen wunderbaren Aufenthalt auf einem unserer schönsten Schiffe. Ich hoffe, dass Sie die Fahrt genießen werden und sich, das kann ich mir schon richtig vorstellen, von den strapaziösesten Arbeiten in Ihrem Leben erholen können. Und dass Sie vor allen Dingen auch ein bisschen Abstand gewinnen. Genießen Sie diese Reise. Es ist uns eine große Ehre, dass wir Ihnen dieses Geschenk machen können."

Der Abflug von Hamburg ging nach Venedig, und dort traten wir dann auf einem wunderschönen Schiff eine dreiwöchige Reise an.

Bis es zur Wahrnehmung dieser Reise kam, konnte ich mit Herrn Michael S. noch die Übergabe sämtlicher Gewinne vornehmen. Er erhielt auch sechstausend Lose. Ob aus der zweiten oder dritten Ausspielung, das weiß ich heute nicht mehr. Ich erhielt die zwölftausend Euro und glaube, kilometerweit musste man den Stein plumpsen hören, der mit dem Ende dieser Tombola gefallen war. Endlich konnte ich wieder aufatmen und zu meinem Freund, Pastor Wolfgang Weißbach, sagen: „Sprich mit den Kollegen im Vorstand und sag Ihnen, dass ich mich dahin zurückbegebe, von wo ich vor ca. einem Jahr gekommen bin." Für mich war damit die Mission Panorama-Lift im Turm von St. Nikolai beendet. Wir traten unsere Schiffsreise - wenn ich das noch richtig erinnere - im Oktober an. Sie ging durch viele arabische Länder, überall gab es einen kurzen Aufenthalt. Ich habe aber mit meiner Frau an keiner Exkursion teilgenommen, sofern es darum ging, in einem arabischen Land, das mit Israel verfeindet war, eine Stadt zu besichtigen. Die Reise war für meine Frau und mich trotzdem ein wahres Erlebnis. Die Besatzung war von ausgesuchter Höflichkeit. Natürlich musste man höllisch aufpassen, dass einem die mitgebrachte Kleidung hinterher noch passte. Aber hier hatten meine Frau und ich nicht die größten Probleme.

Es war die letzte Nacht unserer Schiffsreise, und dort, wo der Ausgangspunkt gewesen war, in Venedig, landeten wir auch wieder an. Den letzten Abend hatten meine Frau und ich noch lange an Deck gesessen und über das nachgedacht, was uns noch erwartete.

Dann erhielt ich eine Nachricht. Dringend wollte mich ein Journalist einer Hamburger Boulevardzeitung sprechen. Es war Freitagabend. Am Sonnabend sollte die Reise per Flug am

Flughafen Fuhlsbüttel ihr Ende finden. Ich rief die entsprechende Zeitung an und wurde auch sofort mit dem Journalisten verbunden. Er machte mir folgende Eröffnung: „Wenn Sie morgen in Hamburg landen, werden Sie auf der Titelseite unseres Blattes einen interessanten Bericht lesen können." Ich war erstaunt und fragte ihn: „Deswegen rufen Sie mich hier mehrfach auf dem Schiff an?" Er meinte: „Was Sie lesen werden, wird Sie alles andere als erfreuen. Man wirft Ihnen Untreue vor, zum Nachteil des Förderkreises St. Nikolai." Wenn ich nicht gesessen hätte, wäre ich wahrscheinlich umgefallen. Ich fragte ihn: „Worüber reden Sie überhaupt?" „Ja, Sie haben einem Hamburger Unternehmer sechstausend Lose verkauft zum Preis von zwölftausend Euro. Und haben ihm dafür Gewinne überlassen in einer Gesamthöhe von achtundvierzigtausend Euro. Für dieses Verhalten werden Sie zur Rechenschaft gezogen." Ich erklärte ihm: „Ich würde Ihnen alle Unterlagen, die diesen Sachverhalt aufklären, gern vorlegen. Setzen wir uns am kommenden Sonntag zusammen, und ich werde Ihnen alles darlegen, was dem Sachverhalt entspricht." Wörtlich bekam ich folgende Antwort: „Das könnte Ihnen so passen. Wenn ich mich darauf einlasse, nimmt mir jemand anders die Story weg. Das kommt für mich überhaupt nicht in Frage." Damit war dieses Gespräch für den Journalisten zu Ende.

Voller Unruhe erwartete ich das Ende des Flugs nach Hamburg. Dort angekommen, besorgte ich mir sofort eine Zeitung dieses Boulevard-Blättchens, das in Hamburg nicht den besten Ruf hatte und schon mehrfach insolvent gewesen war. Auf der Titelseite war mein Bild, die Überschrift war erschreckend. Ich las mir den nachfolgenden Zeitungsbericht durch und erschrak. Jeder, der mit mir in den letzten zwanzig Jahren zusammengearbeitet hatte, wusste über mein korrektes Verhalten Bescheid, jeder wusste, dass ich zwei Damen hauptamtlich und eine halbtags in unserem Hamburger Büro beschäftigte. Alle Lohnkosten und Büromaterialien gingen zu meinen Lasten. Jeder, der mit mir in der Krypta gewesen war und dort arbeitete, sah, dass der Kaffee, den wir dort verbrauchten, aus meiner Tasche bezahlt wurde. Ich erwähne diese Dinge nur, weil mir die Ahnung, die ich einige Monate vorher gehabt hatte, und die Abwesenheit sämtlicher Kollegen aus dem Vorstand an St. Nikolai bei allen Arbeiten, die im Zusammenhang mit dem Lift standen, wieder einfiel. Mir war klar, dass man in meiner dreiwöchigen Abwesenheit, in der ich keine Stellung nehmen konnte, ein widerliches Intrigennetz gesponnen hatte.

Ich fand in meinem Haus eine Information vor, von Herrn B., Mitglied des Vorstandes, dass ich im Interesse des Förderkreises, dringend zu einem Gespräch zu ihm ins Büro nach Fuhlsbüttel kommen sollte. Da ich immer noch etwas ahnungslos war - ich würde eher sagen, naiv, denn ich hätte zu diesem Gespräch einen Anwalt mitnehmen müssen - habe ich mich dann dort eingefunden. Zur Begrüßung schlug mir von den Anwesenden eisige Kälte entgegen. Man trug mir vor, dass ich zum Schaden des Förderkreises etwas getan habe, womit wir in der Öffentlichkeit jetzt in einem schlechten Bild dastünden und „wir müssen Sie sofort – noch mit heutigem Datum – aus der Verantwortung nehmen!“ Herr M.B. brachte es sogar fertig und erklärte den Anwesenden: „Herr Buterfas muss die Schiffsreise, die er von Aida zu seiner Goldenen Hochzeit bekommen hat, der Reederei auch sofort bezahlen.“ Das kam von einem Mann, der noch nie das Geringste für den Förderkreis getan hatte außer herumzusitzen und vielleicht mal irgendwelche qualifizierten oder auch unqualifizierten Dinge von sich zu geben. Dies wurde dann aber allgemein von den Mitgliedern als unzumutbar angesehen, da es sich um ein persönliches Geschenk von der Reederei handelte. Da sich ja niemand im gesamten Verlauf und Zeitraum, als ich Tag und Nacht für die Beschaffung für die Gelder beschäftigt gewesen war, um interne Dinge, die mit der Arbeit für den Lift im Zusammenhang standen, gekümmert hatte, sah ich mich außer Stande, auch nur ein einziges Wort zu diesen Vorwürfen zu sagen. Das Einzige, was ich hervorbrachte, war: „Wieso wollen Sie mich als Vorsitzenden aus der Verantwortung herausnehmen? Vorsitzender ist doch Herr H. S. aus Pinneberg. Ich habe mich doch nur zurückgemeldet, um für den Förderkreis mit der Erbauung des Liftes eine finanzielle Unabhängigkeit zu schaffen." Ich wusste, dass die Anwesenden nur nach einer Gelegenheit gesucht hatten, mich auszustoßen. Von Rolf erfuhr ich, dass in dem Zeitraum, in dem ich die Schiffsreise unternommen hatte, die Einnahmen am Lift unerwartet positiv ausgefallen waren. Mir wurde also klar, dass einige Personen daran interessiert waren, mich loszuwerden. Obwohl dafür gar kein Anlass bestand, denn für meine Frau und mich war von vornherein klar gewesen: Ist der Lift installiert, und der finanzielle Erfolg stellt sich ein, mache ich da weiter, wo ich für den Bau des Liftes aufgehört hatte. Als ich mich etwas von dem Schock erholt hatte und nicht ahnte, was alles an Ferkeleien noch auf mich zukommen sollte, wurde ich an etwas erinnert, was sich während meiner Zeit als Vorsitzender ereignet hatte.

Als der Zweite Vorsitzende, Herr B., eine Zeit lang im Förderkreis gewesen war, hatte ich noch einmal darüber nachgedacht, wie er eigentlich zu uns gestoßen war. Das war ungewöhnlich. Ich glaube, unser Architekt V. hatte vorher Kontakt zu ihm gehabt. Und dann wurde plötzlich die Bitte an mich herangetragen, da sei jemand, der wolle unbedingt eine Bronzebüste von mir herstellen. Ich war mit diesem Vorschlag eigentlich nicht so recht einverstanden, weil mir das als unangemessen erschien. Da man aber immer wieder auf mich einredete, ich hätte doch gewisse Verdienste erworben, die so etwas rechtfertigen würden, ließ ich mich doch darauf ein und ging für einige Sitzungen, die hierfür erforderlich waren, zu der Künstlerin. Bei ihr handelte es sich um die Ehefrau des Zweiten Vorsitzenden. Sie hatte schon eine Menge Skulpturen erstellt, über deren künstlerischen Wert ich mich nicht äußern möchte - über Geschmack lässt sich ja bekanntlich streiten.

Als die Büste hergestellt war, die später auch noch für eine ganz schmutzige Kampagne missbraucht wurde, trat Herr B. mit der Bitte an mich heran, einige von seiner Frau gefertigte Figuren auf der Freifläche des Kirchenschiffes von St. Nikolai aufstellen zu dürfen. Eine davon kam auf einen großen Marmorsockel, und an allen vier Wänden des Sockels war ziemlich großformatig der Name der Künstlerin zu lesen. Es war vorher noch eine zweite Figur aufgestellt worden. Alle Bemühungen des Zweiten Vorsitzenden, die Figuren seiner Frau in Hamburg auszustellen, waren missglückt. Alle Figuren sollten angeblich auf seinem Grundstück gelagert worden sein. Er trat dann mit einer weiteren Bitte an mich heran: Er würde sehr gern noch einige weitere Figuren auf dem Kirchenschiff aufstellen oder in der unmittelbaren Nähe von St. Nikolai. Ob ich nicht aufgrund meiner Verbindungen in der Lage wäre, mit der zuständigen Kultursenatorin ein Gespräch zu führen, um dann hierfür die erforderliche Genehmigung zum Aufstellen zu erhalten. In meiner grenzenlosen Naivität habe ich mich an die Kultursenatorin gewendet und ihr den Wunsch vorgetragen, ob man noch weitere Figuren von der Künstlerin an St. Nikolai aufstellen könnte. Ich gebe den Inhalt des Gespräches so wieder, wie er sich dargestellt hat. Die Kultursenatorin war sichtlich sauer. Sie meinte, es gäbe ja wohl in Hamburg noch eine ganze Reihe von anderen Künstlern, die einen ähnlichen Wunsch hätten. Nun sollte man mal etwas maßvoll sein. Nachdem ich mir diese Abfuhr geholt hatte, weil ich wieder mal etwas für jemanden hatte tun wollen, der sich als äußerst undankbar herausstellte, war die Angelegenheit erledigt.

Im Nachhinein ist mir heute klar, dass viele nur die Mitgliedschaft im Förderkreis gesucht haben, weil seine Präsenz in der Öffentlichkeit lockte.
An diesem Abend, an dem das Femegericht zusammensaß, wurde ich an dunkle Stunden erinnert, in denen blanker Hass an der Tagesordnung gewesen war. Der Nachfolger für mich stand schon parat. Alles war in diesen drei Wochen organisiert worden. Und im Hinblick auf die zu erwartenden Einnahmen konnte man für Angestellte in der Zukunft ja gute Gehälter zahlen. Ob später auch reichliche Aufwandsentschädigungen flossen, entzieht sich meiner Kenntnis. Da ich für diese Herren nach wie vor nicht gänzlich zu entfernen bin - da ich ja durch den damaligen Vorstandsbeschluss Ehrenpräsident bin -, bekomme ich natürlich ständig laufende Informationen. Natürlich nur die, die man mir auch zuleitet. Ich musste feststellen, dass ich noch nie so viele Akademiker auf einem Haufen gesehen habe, die sich mit dem schmückten, was eine Handvoll arbeitender Idealisten unter den schweren Voraussetzungen

möglich gemacht hatten. Denn für all dies - den Ausbau der Krypta, die Erhaltung der gesamten Außenwände, die von den Teilen des hinteren Kirchenschiffes noch vorhanden sind, den Einbau des Glockenspiels, den des Lifts – der nun der finanzielle Versorger für die Zukunft des Förderkreises ist – und die Dutzenden von Veranstaltungen, die der damalige Vorstand mit Herbert Berger, Pastor Wolfgang Weißbach und mit mir als Vorsitzendem ermöglichte - haben die heutigen Verantwortlichen für den Förderkreis nicht einen einzigen Handschlag getan. Dies muss ich nicht nur zu meiner Ehrenrettung, sondern auch zur Ehrenrettung der Freunde sagen, die mit mir all das, was ich hier aufgezählt habe, ermöglicht haben: ehrenamtlich, ohne die geringste finanzielle Zuwendung weder für den einen noch für den anderen. Laufend wurde der Presse immer irgendetwas Neues, was angeblich mein Verhalten ausgemacht haben sollte, zugespielt. Sodass aufgrund dieser Presseberichte sich die Staatsanwaltschaft für Ermittlungen gegen mich einschaltete.

Diese ganze Entwicklung hinterließ natürlich ihre Spuren, und bei einer Routineuntersuchung stellte man bei mir bösartigen Krebs fest. Es wurde eine Fülle von Karzinomen gefunden. Eine Operation war unerlässlich. Strahlentherapien konnten in Eppendorf bei mir nicht durchgeführt werden. Ich erhielt einen künstlichen Darmausgang und bekam über einen Port Chemotherapien. Dann wurde die Chemotherapie abgesetzt. Der Staatsanwalt, der mit den Ermittlungen beauftragt war, war in meinem Fall sehr engagiert und wollte mich unbedingt vor Gericht bringen. Inzwischen hatte sich mein Gesundheitszustand verschlechtert, ich magerte immer mehr ab. Im Krankenhaus stellte man fest, dass sich zwar keine neuen Karzinome mehr gebildet hatten, aber mit jeder Form von Behandlung konnte nichts mehr erreicht werden. Ich war austherapiert.

Ich war nicht mehr in der Lage zu gehen, vor Schwäche. Ein Freund von mir, der ehemalige Hamburger Bausenator E. W. las von meiner schweren Krebserkrankung und über meinen Zustand. Er rief mich an und sagte: „Ich hab von Deiner schrecklichen Krankheit gehört. Ich hab hier etwas für Dich. Meine Frau befasst sich intensiv mit Naturheilkunde. Und es gibt ein Pulver, das aus Lavagestein besteht und vielen Menschen geholfen hat. Ich kann Dir keine Garantie geben, dass es auch bei Dir wirkt, aber wenn Du sowieso kaum noch Hoffnung hast, hast Du auch nichts zu verlieren. Aber da muss ja was dran sein, dass das Lavagestein und das daraus entstehende Pulver eine Heilkraft haben soll." Tatsächlich hatte der Leitende Staatsanwalt einen sachverständigen Mediziner zu mir nach Bendestorf beordert. Er sollte vor Ort meine Verhandlungsfähigkeit für einen Gerichtstermin feststellen.

Zwischenzeitlich hatte ich weitere Kilos abgenommen. Ich ernährte mich - und hielt mich damit über Wasser - mit einer Banane oder etwas Ähnlichem. Meine Frau fuhr nach Finkenwerder, und bekam dort einige Kapseln von dem Medikament, das inzwischen Froximun hieß. Der Freund gab mir noch den Rat, ich müsse drei Kapseln am Tag schlucken, aber auf keinen Fall mit einem kohlensäurehaltigen Mineralwasser einnehmen. Es sollte entweder Leitungswasser oder stilles Mineralwasser sein. Ich nahm während der ersten drei Tage die Kapseln ein. Oft brauchte der soziale medizinische Dienst nicht zum Wechseln meines Beutels zu kommen, den ich seitwärts an der Hüfte trug. Denn Nahrungsmittel nahm ich ja kaum zu mir. Zu der Zeit hatte ich noch einen ganz entzückenden Yorkshire-Terrier, der saß die ganze Zeit über bei mir auf dem Sofa, auf dem ich lag, und leistete mir von morgens bis abends Gesellschaft. Ich schluckte eifrig diese Kapseln und wartete ab, was passieren würde. Wir hatten an unserem Hause eine überdachte Terrasse. Darin befand sich ein Kamin, und in diesem hatte meine Frau auch hin und wieder, zu der Zeit, als ich immer noch am Tisch saß, Gemüse aufbewahrt. Am dritten Tag, als ich die Kapseln geschluckt hatte, bekam ich ein Gefühl, das ich seit langer Zeit nicht mehr kannte: Appetit. Ich wollte aber mit dem, was ich aß, vorsichtig sein. Ich erinnerte mich in dieser Zeit an die Befreiung des Konzentrationslagers Bergen-Belsen. Als bei der Befreiung durch die britischen Soldaten das KZ geöffnet wurde, gab es tausende von fast verhungerten KZ-Häftlingen, die auf den Wiesen und auch in den Baracken lagerten. Die britischen Soldaten meinten es gut und gaben den Häftlingen zu essen, was sie hatten. Ungewollt - und was von ihnen auf keinen Fall beabsichtigt war - starben noch neuntausend Häftlinge dadurch, dass die Briten ihnen helfen wollten. Daran musste ich denken, schlich mich mit letzter Kraft auf die Terrasse und sah im Außenkamin zwei Stangen Porree liegen. Die nahm ich mir mit und wollte leise sein, damit meine Frau nicht wach wurde, denn es war kurz vor Mitternacht. Ich machte die Porreestangen kochfertig zurecht, doch leider fiel mir ein Topf herunter, den ich zum Kochen benötigte. Durch diesen Lärm wurde meine Frau wach, sah mich in der Küche, war mehr als überrascht und fragte: „Was machst Du da?“ Ich erklärte ihr: „Ich hab wieder Hunger. Ich möchte es mal mit einer dieser Porreestangen versuchen.“ Als sie das hörte, fing sie an zu schluchzen. Und auch ich hatte das Gefühl, wenn ich dies heil überstünde und langsam wieder zu fester Nahrung kommen könnte, würde es vielleicht wieder aufwärts gehen. Und genau so war es.

Nach acht Tagen war ich wieder einigermaßen stabil. Wir informierten unsere Hausärztin und fragten, wie es weitergehen sollte. Sie meinte: Wenn das erfolgreich ist, dann ist das der richtige Weg. Ich machte mir einen Termin im israelitischen Krankenhaus, denn dort war ich ja auch operiert worden. Man nahm eine Blutuntersuchung vor und wollte mir in den nächsten Tagen das Ergebnis mitteilen. Hatte ich noch bei den ersten damaligen Untersuchungen von zwanzig Lymphknoten vierzehn mit negativem Befund, so war meine Blutuntersuchung nun einwandfrei. Damit hatte ich nicht mehr gerechnet. Nach weiteren vier Wochen hatte ich schon wieder vielversprechend zugenommen. Jetzt informierte ich den medizinischen Mobildienst, dass er ab kommender Woche nicht mehr zu mir kommen brauchte, denn ich meldete mich spontan im israelitischen Krankenhaus an, um mir den Anus praeter im Krankenhaus entfernen zu lassen. Außerdem wird bei dieser Gelegenheit der Dünndarm in seine alte Lage verlegt. Die Reaktion des medizinischen Dienstes war: Davon können wir Ihnen nur abraten, das wird eine außerordentlich schmerzliche Angelegenheit, wenn der Dickdarm nach einer so langen Zeit wieder seine alten Funktionen übernehmen soll. Und es gibt Leute hier in unserem Bezirk, die seit zwanzig Jahren mit diesem seitlichen Ausgang gut leben können. Ich aber wollte unbedingt den alten Zustand wieder hergestellt wissen.

Mir war auch klar, dass ich über diese Krankheitsgeschichte mit ihrem gesamten Verlauf und mit dem Mittel Froximun ein Buch schreiben müsste. Mit dem Titel: ‚Mut ist nicht Leichtsinn.' Im israelitischen Krankenhaus war ich wegen meiner Arbeit auch nicht unbekannt. Und dic Professoren, die mich behandelten, waren über meine Biographie informiert. Der Arzt, der die Operation damals bei mir vorgenommen hatte, fragte mich: „Wenn wir den Port entfernen, möchten Sie eine Vollnarkose oder nur örtlich?" Da mein kommendes, zu schreibendes Buch beschlossene Sache war, war ich auf diesen Port scharf. Den wollte ich in meinem Buch abbilden. Aus Angst, ich bekäme eine Vollnarkose, er operierte den Port heraus, und der Port könnte unerreichbar für mich im Müll gelandet sein, wollte ich das unbedingt verhindern. Nach der Entfernung des Ports habe ich diesen wahnsinnig netten Arzt zum Essen eingeladen. Da hatte er den Port in der Hand, und ich sagte ihm: „Bitte nicht wegwerfen, wenn Sie ein Gefäß haben, dann nehme ich ihn gern zum Andenken mit." Genauso war es, und der Port bekam natürlich seinen Platz in meinem Buch bei dem Kapitel Krebserkrankung. Der restliche Verlauf meiner Krankheit war zufriedenstellend. Ich bekam zunehmend die alte Kraft zurück und wollte mich auch bald meiner Arbeit, die der Aufklärung diente, wieder widmen.

Zwischenzeitlich hatte ich auch kein Interesse mehr, dass die Angelegenheit weiter vor Gericht stattfand, und um mich und meine Frau weiter vor unwürdigen Presseberichten zu schützen, zahlte ich einen Betrag von fünftausend Euro an eine karikative Einrichtung. Das Letzte, was sich dieses Boulevardblatt noch erlaubte war, meiner Büste eine Weihnachtsmütze aufzusetzen. Geschmackloser kann man sich einem Menschen gegenüber nicht verhalten, dessen gesellschaftlicher Beitrag unter anderem darin bestand, das Mahnmal St. Nikolai vor dem Verfall zu bewahren.

Im Laufe der Zeit war es durch Glockenspiel, Lift und Krypta interessant gestaltet worden, doch bedauerlicherweise hatten sich viele ehemalige Mitarbeiter, nachdem ich nicht mehr die Geschicke in der Hand hielt, aus ihrer ehrenamtlichen Tätigkeit für St. Nikolai zurückgezogen. Ich möchte aber nicht unerwähnt lassen, dass mein Nachfolger an der Krypta nichts mehr machen musste, außer den Counter zu verändern und einen kleinen Aufzug zu bauen, den ich sehr gut fand, für Menschen mit Handicap. Der führte von der Fläche des Kirchenschiffes in das Gewölbe, um so den Zugang zu ermöglichen. Vor allem wurde die Einrichtung so gestaltet, dass das Ganze den Anstrich eines Museums erhielt. Das war schon ein wichtiger Schritt, auch für die Zukunft. Ob ein Museum das Richtige ist, mag ich nicht beurteilen. Ich meine, mit Museen sind wir in der Freien und Hansestadt Hamburg mehr als gesegnet. Was mich besonders störte: All die Sponsoren, die wir seinerzeit zur Unterstützung für unsere Arbeit bitter nötig gehabt hatten, sind von den Nachfolgern nicht mehr betreut worden. Sie dachten, die Einnahmen durch den Lift flössen immer so weiter. Ich muss diesen Leichtsinn einfach kritisieren. Da wir in Hamburg teilweise unzuverlässige Witterungsverhältnisse haben, unterlag der Lift bei der Benutzung gewissen Richtlinien. So durfte er bei Windbewegungen, die über Windstärke 6 hinausgingen, nicht mehr benutzt werden. Das bedeutete: im Frühjahr oder Herbst weniger Einnahmen. Und vor allem: Was passiert bei einer Einrüstung? Dann wird der Lift, wenn dringende Renovierungsarbeiten anfallen, restlos außer Kraft gesetzt. Und genau diese Situationen trafen ein.

Keine Sponsoren, keine Einnahmen aus dem Lift, und das Ergebnis war etwas, was in der Zeit, als ich mit meinen Freunden verantwortlich war, nicht ein einziges Mal passiert ist: Sie mussten die Hansestadt Hamburg – anders kann ich es nicht nennen – anbetteln. Diese Form hielt ich für blamabel. Wenn die Beziehungen zu den Sponsoren, die uns über fast zwei Jahrzehnte die Treue gehalten hatten, gepflegt worden wären, wäre dies nicht notwendig geworden. Was mich ganz besonders gestört hat und ein absolut rücksichtsloses Vorgehen war: Die gesamten Ausstellungen, die wir mit Unterstützung der konsularischen Vertretungen gehalten haben, und hier handelte es sich um große Informationstafeln, wurden aus welchen Gründen auch immer einfach entsorgt und in Containern in den Müll abtransportiert. Ich weiß nicht, ob daraus noch irgendwelche Nachteile für den Förderkreis entstanden sind. Für meine Begriffe war das Frevel, denn mit den wechselnden Ausstellungen haben wir die Geschichte des Nationalsozialismus und seine Folgen wachgehalten.

Mein Buch war ein beachtlicher Erfolg. Außerdem berichtete die Presse, dass ich mich von der schweren Krankheit erholt hatte. Vor allem berichtete sie darüber, womit ich mich erholt habe. Das hatte zur Folge, dass viele Menschen, die an den verschiedensten Krebsarten erkrankt waren, sich mit mir in Verbindung setzten. Nicht einem einzigen Anrufer habe ich garantiert oder ihm Hoffnungen gemacht, dass das Medikament Froximun, das auch im Roten Buch der Ärzte erwähnt ist, ihnen die gewünschte Heilung bringen würde. Trotz allem haben sich viele bedauernswerte Menschen damit beschäftigt und es eingenommen. Von einigen erhielt ich Rückmeldungen, allerdings nur von denen, die die gleichen erfreulichen positiven Ergebnisse erzielt hatten wie ich. Ein besonderes Ereignis hatte ich im israelitischen Krankenhaus.

Zur Schlussuntersuchung, und ich wurde als Wunder der Medizin hingestellt, war ich anschließend zum Abschlussgespräch bei Professor L. Wir gingen noch einmal ausführlich auf Froximun ein. Er meinte, dies sei eigentlich Quacksalberei. Ich musste ihm ernsthaft widersprechen. Ich war der lebende Beweis. Keine Bestrahlung, keine Chemo. Total verseucht. Entfernung von vier Karzinomen und einem Dutzend Polypen. Und ich habe nur dieses eine Medikament genommen. Zum Schluss unseres Gespräches bat ich ihn um ein entsprechendes Attest. Er bestätigte alles, was man erfolgreich an Operationen durchgeführt hatte. Der Professor L. hatte aber auch restlos alles an schädlichen – ich will es mal Wucherungen nennen - sorgfältig entfernt. Professor L. schrieb am Schluss: Wir empfehlen dem Patienten, auch in der Zukunft, weiter Froximun einzunehmen. Am Ende wächst bei mir die Erkenntnis: Der liebe Gott lässt gegen jede Krankheit ein Kraut wachsen in seiner großen Herrgotts-Apotheke. Nur gegen zwei Krankheiten ist er machtlos: gegen die Dummheit und gegen den Tod.

Nachdem ich mich wieder hergestellt fühlte, nahm ich sofort meine Arbeit an Schulen und Universitäten wieder auf. Mein erster Weg führte mich und meine Frau nach Passau. Dort musste ich an zwei Tagen an zwei verschiedenen Gymnasien meinen Vortag halten. Gern hätte ich ihn an einem Gymnasium gehalten, aber beide wollten nicht mit ihren Schülerinnen und Schülern zu dem jeweils anderen kommen. Das heißt also, auch hier bestand ein gewisser Konkurrenzkampf. Aber in beiden Gymnasien waren die Fragen, die mir gestellt wurden, die gleichen. „Warum sind Sie in dem Land geblieben, in dem man Ihnen und Ihrer Familie doch so weh getan hat?" Meine Antwort: „Für alle meine Geschwister und mich lag in den Vereinigten Staaten eine Patenschaft vor. Wir hätten sofort und jeder in einen anderen Staat gehen und Deutschland verlassen können. Aber unser Vater hat - kurz nachdem er aus dem Konzentrationslager kam - unsere Mutter verlassen. Doch für alle lag eine Patenschaft vor, nur nicht für den christlichen Teil der Familie, und das war meine Mutter. So hatten die älteren Geschwister entschieden: Wir lassen unsere Mutter auf gar keinen Fall allein, wir bleiben in diesem Land und warten ab, was kommt."

Eine weitere Frage betraf meinen Fremdenpass, den ich den Jugendlichen immer zeigte - und erklärte die schrecklichen Diskriminierungen, die mich fast für einen Großteil meines Lebens verfolgt hatten. Ich war allein auf Einladung der österreichischen Regierung unter dem damaligen Bundespräsidenten Herrn Klestil fast ein Jahr lang in Österreich, davon drei Monate in Wien. Unvergleichlich und unvergesslich war der Empfang von dem Landeshauptmann Stingel, der mich in Graz nach der Veranstaltung ins Rathaus bat, zu einem Empfang. Dort erhielt ich für meine Friedensarbeit die Europäische Menschenrechtsmedaille. Für mich eine der wertvollsten Auszeichnungen, die ein Land zu vergeben hat. Ich war in allen österreichischen Städten, in Klagenfurt am Wörthersee, in Linz, in unmittelbarer Nähe von Braunau, wo der Führer des Großdeutschen Reiches geboren wurde, in St. Pölten, Wiener

Neustadt und natürlich in Wien. In Wien habe ich sämtliche Bezirke, alle Universitäten und vor allem Gymnasien besucht. Manche Gymnasien waren so groß, besaßen keine Aula, sodass ich sie zwei- oder dreimal besuchen musste. Der Bundespräsident Klestil hat sich dann aus Anerkennung für meine Friedensarbeit in das Goldene Buch von St. Nikolai eingetragen.

Besonders war für meine Frau und mich der Empfang im Wiener Rathaus. Ein Rathaus von unvergleichlicher Schönheit. Der Landeshauptmann Herr Michael Häupel nahm sich fast zwei Stunden Zeit für unseren Besuch. Zum Schluss überreichte er uns als Anerkennung für unsere Dienste eine hohe österreichische Auszeichnung, den Goldenen Rathausmann. Für meine Frau und mich war es sehr schmerzlich, Österreich dann wieder zu verlassen. Wir erinnern uns gern an die Zusammenkunft in Salzburg und all die anderen schönen Städte, in denen wir zu Gast waren und wo wir zu den jungen Menschen sprechen durften. Wir hielten uns in Österreich meist einen, manchmal auch zwei Monate auf. Dort haben meine Frau und ich viele Freunde gewonnen. Leider sind wir jetzt in einem Alter, in dem wir keine Besuche mehr machen können. Irgendwann muss man Abschied nehmen, obwohl ich manchmal das Gefühl habe: Wenn ich morgens aus dem Schwimmbad komme und meine zwanzigminütige Wassermassage hinter mir habe, fühle ich mich wie ein Dreißigjähriger. Ich eile nach oben ins Wohnzimmer, schnappe mir meine Geburtsurkunde und muss feststellen: Ich bin, wenn ich Glück habe, kurz vor der Schwelle meines neunzigsten Geburtstages. Ob ich will oder nicht, ich werde dann schnell wieder auf den Boden der Tatsachen geholt.

Aber eines kann ich versichern: Zu den tausendfünfhundert Veranstaltungen, die ich gemeinsam mit meiner Frau in fast dreißig Jahren Reisen gemacht habe: Ich werde, wenn diese schreckliche Seuche, unter der alle Menschen in der ganzen Welt gelitten haben und auch noch leiden, überwunden ist, weiter zu jungen Menschen sprechen, um deutlich zu machen: Wir setzen uns gegen alles ein, was von rechts kommt und euch die Zukunft nimmt. Für alles, was ihr genießen könnt und was ihr auch weitergeben sollt an eure Kinder und Kindeskinder. Das ist der Grund für mein ruheloses Leben. Das ist der Grund, warum ich auch jetzt noch genauso vehement kämpfe.

Der hässliche Vorfall, der sich im Jahr 2005/2006 ereignet hat, und die Entwicklung, die die schreckliche Situation von damals dann genommen hat, belasten mich noch heute. Es hat mich nicht besonders getröstet, dass ich Dutzende von Anrufen bekam, vor allen Dingen von den Vorsitzenden der Sportvereine, die mir sagten: „Wir machen auch jedes Jahr eine kleine Tombola, eine kleine Ausspielung, und wenn von den Gewinnen etwas überbleibt, die will doch kein Sponsor zurückbekommen. Die haben wir dann verkauft. Wichtig ist, dass das Finanzamt seine Tombola-Steuer bekommt." Und auch die wurde von uns korrekt an das Finanzamt abgeführt. Da gab es nicht die geringste Forderung an die Verantwortlichen des Förderkreises. Vor allem, was die Boulevardzeitung mit keinem einzigen Wort erwähnte, war, dass Michael S. unaufgefordert alle Gewinne zurückgegeben hatte. Darüber hinaus hat er darauf bestanden, dass die zwölftausend Euro, die er für die sechstausend Lose bezahlt hatte, keine Rückforderung an uns mit sich brachte. Er wollte, dass auch diese

Summe dafür verwendet wurde, den Lift fertigzustellen. Ich bekam Schreiben, in denen mir viele Hamburger, die die Entwicklung über Jahre verfolgt hatten, wie sich das Mahnmal St. Nikolai mit Leben füllte, und die oft mit Freunden ein Glockenspielkonzert oder eine Fahrt mit dem Lift sprichwörtlich genossen hatten, mitteilten, es sei schrecklich, wie man einen Menschen, der sich zwanzig Jahre mit einer solchen Aufgabe erfolgreich beschäftigt hat, und sein Lebenswerk – und so wurde es auch von einigen Zeitungen kommentiert – zerstört. Ich musste mir eingestehen, dass ich an dieser Behandlung schwer zu tragen hatte. Auch, wie sich der Leitende Staatsanwalt mir gegenüber benommen hatte, war für meine Begriffe unter aller Würde. Ich konnte den Verdacht, den ich hegte, nicht entkräften, dass es vielleicht einen Zusammenhang mit der damaligen antisemitischen Beschimpfung eines Mitarbeiters von mir gab. Mein Protest, dass nichts gegen den Mann unternommen wurde und ich mich deshalb an die Senatorin des Inneren wenden musste, war vielleicht der Anlass – frei nach dem Motto: eine Krähe hackt der anderen kein Auge aus. Vielleicht hatte man nur auf so eine Gelegenheit gewartet, um mir dann mit einer Retourkutsche das Leben schwer zu machen.

Jahrelang haben meine Frau und ich Einladungen zu Empfängen oder Geburtstagen von Persönlichkeiten nicht wahrgenommen. Aber dann bekamen wir wieder eine Einladung vom britischen Generalkonsul, der jedes Jahr aus Anlass des Geburtstages seiner Majestät Elisabeth II. im Sommer im britischen Generalkonsulat am Harvestehuder Weg einen Empfang gab. Meine Frau hatte auf mich eingewirkt, wir sollten unbedingt mal wieder einer Einladung folgen. Wir wurden von vielen Anwesenden herzlich begrüßt, und niemand sprach mich auf den Vorfall an, der 2005 durch die Presse gegangen war. Ein Mitglied des Hamburger Senates begrüßte mich, konnte es sich nicht verkneifen und brachte folgenden Kommentar heraus: „Lieber Herr Buterfas, viele Freunde von mir waren sehr froh, dass man uns mal für eine gewisse Zeit aus der Schusslinie genommen hat. Denn in der Regel sind wir ja das Ziel der Boulevardblätter."

Besonders tröstende Worte hatte der Hamburger Weihbischof Jochen Jaschke für meine Frau und mich. Er hatte häufig an Veranstaltungen, die ich an St. Nikolai durchgeführt habe, teilgenommen und war jedes Mal davon angetan, was meine Freunde und ich auf die Beine gestellt hatten. Oft erreichten mich auch Anrufer, die mir sagten: „Seit Sie nicht mehr da sind, ist es still geworden um St. Nikolai. Es gibt nicht eine einzige Ausstellung mehr und auch keine Veranstaltungen." Was ich natürlich bedauerte. Denn das war ja das erklärte Ziel von uns gewesen, dass der Förderkreis durch internationale Ausstellungen Dinge in die Erinnerung der Menschen zurückruft, die wir von 1939 bis 1945 - in diesen furchtbaren Kriegsjahren - unseren europäischen Nachbarn angetan hatten. Durch die internationalen Ausstellungen, die uns von den Generalkonsulaten der jeweiligen Nationen zur Verfügung gestellt wurden, konnten wir die Erinnerung an diese schreckliche Zeit wachhalten und gleichzeitig deutlich machen: Unter die Vergangenheit darf kein Schlussstrich gezogen werden. Der Anlauf, nicht mehr darüber zu sprechen, wurde oft genug unternommen, auch im Bundestag. Es war also still geworden um den Förderkreis. Es gab nur noch neunzig Mitglieder. Aber das Thema St. Nikolai war für mich abgeschlossen. Dass es mich aber beschäftigte, ist unstrittig.

Rolf - der Architekt - und ich, hatten große Pläne. Wir wollten das Gewölbe des Anschlussgebäudes an unsere Krypta, das zwischenzeitlich geräumt wurde - denn das Unternehmen Wein-Fischer war liquidiert worden - mit den Einnahmen des Lifts und den Einnahmen der Sponsoren sanieren. Wir beschlossen, ein großes Büro einzurichten, das teilweise im Gewölbe von Wein-Fischer schon vorhanden war, um dann auch innerhalb des Gewölbes größere Veranstaltungen durchzuführen. Dazu ist es leider nicht mehr gekommen. Rolf wurde mit der Leitung und mit der gesamten Abwicklung des Liftes beauftragt, doch nach einem weiteren Jahr nahm man ihm ohne weitere Begründung dieses Amt weg. Gründe, erklärte mir Rolf, wurden ihm keine genannt.

Bis heute entzieht sich meiner Kenntnis, was dem Förderkreis an Kosten von der Firma Lutz für den Lift in Rechnung gestellt wurde. Mir war nur bekannt, dass mit der Firma Lutz Zahlungsvereinbarungen getroffen wurden. Wann der Lift aber bezahlt war, weiß ich bis heute noch nicht.
Ich bemühte mich nur noch mit meiner Frau um Veranstaltungen, die im In- und Ausland stattfanden, und sechs Monate im Jahr, von November bis Mai, hielt ich mich in unserem Haus in Irland auf. Von Irland aus nahm ich alle Einladungen zu den Begegnungen mit jungen Menschen an. Ich nutzte die Zeit bis Mai, um meinen Terminplan aufzustellen. Von Mai bis Anfang Dezember besuchte ich dann hauptsächlich Schulen, Universitäten und Sportvereine bis zu Anfang Dezember eines jeden Jahres.

In Luxemburg erfuhr ich Dinge, die mich sehr interessierten. Der Gauleiter von Trier war auch für Luxemburg zuständig gewesen. Die gesamte Regierung war nach London geflohen. Der Gauleiter wollte die Luxemburger zu Deutschen machen. Es gab eine Wahl, und der Gauleiter schrieb schon sehr früh einen Brief an seinen geliebten Führer Adolf Hitler: „Die gesamte Bevölkerung Luxemburgs wird bis auf höchstens etwa drei bis vier Prozent Bürger des Großdeutschen Reiches." Er sollte sein blaues Wunder erleben. Nach durchgeführter Wahl gab es einen Prozentsatz gerade mal von vier Prozent, die die deutsche Staatsbürgerschaft annehmen wollten. Etwa vier luxemburgische Studenten bemalten die Wände von Fassaden mit folgendem Vers: Ohne Hieb und ohne Streich schlugen wir das Deutsche Reich. Sie wurden erwischt und kamen ins Konzentrationslager, wo sie anschließend ermordet wurden. Diese Geschichte erzählte mir die Kulturministerin Luxemburgs, Frau Ann-Marie Werner. Sie war für das gesamte Schulwesen in Luxemburg zuständig. Während unseres Aufenthaltes dort war sie sehr um meine Frau und mich bemüht. Sie zeigte uns auch den katholischen Friedhof, und - nur durch eine Hecke getrennt – befand sich, angrenzend an den katholischen, der jüdische Friedhof. Etwas Einmaliges, was ich bisher noch nie gesehen hatte, denn meistens lagen die Friedhöfe ja außerhalb der Stadt.

Wie zum Beispiel in einer Stadt in Süddeutschland, wo auf einem ehemaligen Waldweg die Grabsteine von den Gräbern jüdischer Verstorbener zur Befestigung des Weges benutzt wurden. Später haben Schülerinnen und Schüler eine großartige Arbeit geleistet, indem sie alle Grabsteine auf den ehemals von Nazis geschändeten jüdischen Friedhof zurückgebracht haben. In Luxemburg-Stadt wurde dann die Veranstaltung in einem sehr großen Theater organisiert. Die Schülerinnen und Schüler waren alle gleich gekleidet, wie man es in England und Irland kennt. Was mich besonders wunderte: Alle waren mit einer großen Schreibmappe ausgestattet. Sie sollten das Gehörte aufzeichnen und es anschließend im Unterricht behandeln.

Jedes Mal, wenn ich von einer Reise mit meiner Frau zurückkam, hatte ich in der Regel zwischen fünfzehn bis zwanzig Briefe vorliegen, die so ziemlich alle den gleichen Inhalt hatten. Es ging darum, dass Menschen in ihrer Gegend ein Projekt hätten und mich um Unterstützung baten, um es zu realisieren. Ich habe mich für diese netten Worte und Briefe und Wünsche, die sie an mich herantrugen, immer bedankt, sie aber abgelehnt. Für mich war klar: Ich wollte kein weiteres Projekt, gleich welcher Art, noch einmal unterstützen. Auch wäre ich körperlich gar nicht mehr in der Lage, auch nur annähernd die Strapazen, die damit verbunden wären, durchzustehen. Aber ein Briefschreiber und späterer Anrufer war besonders hartnäckig: Er hatte nach Aussage meines Hamburger Büros schon ein halbes Dutzend Mal versucht, mich zu erreichen. Er sei Kulturdezernent in der Stadt Rotenburg an der Wümme und wünschte sich, dass ich dort vor Schülerinnen und Schülern der dortigen Gymnasien sprechen würde. Bei der nächsten Gelegenheit rief ich ihn an.

Kapitel 12: Sandbostel

Herr Dr. K. hätte ausgesprochen gern einen zeitnahen Veranstaltungstermin mit mir besprochen. Er wollte überhaupt wissen, ob es möglich sei und ich die Zeit hätte, eine Veranstaltung in Rotenburg wahrzunehmen. Er hätte auch schon bei einem Gymnasium angefragt, und ein Gymnasiallehrer sei daran interessiert, dass ein Zeitzeuge seinen Schülerinnen und Schülern von seinen Erlebnissen im Dritten Reich berichtete.

Ich musste nachfragen und wollte wissen, wie viele Schüler denn bei dieser Veranstaltung anwesend wären. Er sprach davon, es seien achtundzwanzig bis dreißig Schülerinnen und Schüler einer Jahrgangsstufe. Daraufhin machte ich ihm deutlich, dass das keine Zahl sei, wegen der ich mich einem Gymnasium zur Verfügung stellen würde. Im Schnitt nehmen an einer Veranstaltung zwischen hundertfünfzig bis zweihundertfünfzig Zuhörer teil. Die Schülerzahl setzte sich aus den unterschiedlichsten Jahrgangsstufen zusammen. Dr. K. meinte dann, diese Menge an Teilnehmerinnen und Teilnehmern sei unmöglich ruhig zu halten. Ich machte ihm aber deutlich, dass es bald keine Gelegenheit mehr gäbe, junge Menschen – und auf die kommt es mir an – mit einem Zeitzeugen zusammenkommen zu lassen. Ich sagte ihm, ich würde mich innerhalb der nächsten vierzehn Tage zu einem weiteren Gespräch bei ihm melden. Der Veranstaltungstermin kam dann einige Monate später zustande.

Es fand in einem historischen Gebäude Rotenburgs statt, das interessant gestaltet war. Es handelte sich um das bekannte

Kappler-Haus, in dem die Veranstaltung durchgeführt wurde. Die Schülerinnen und Schüler waren angetan. Es gab viele Fragen, die beantwortet werden mussten. Der Bürgermeister Rotenburgs und einige Ratsmitglieder baten danach meine Frau und mich in ein nahegelegenes Lokal, um mit ihnen gemeinsam zu Mittag zu essen. Gern haben wir die Einladung angenommen. Interessante Gespräche wurden geführt. Auch wurde der Wunsch geäußert, da Rotenburg ja über mehrere Gymnasien und Realschulen verfügte, ob ich nicht bereit wäre, noch einmal zu einem späteren Zeitpunkt zu einer weiteren Zusammenkunft mit Schülerinnen und Schülern zur Verfügung zu stehen. Natürlich habe ich zugestimmt. Nur zu einer direkten Terminvereinbarung ist es an dem Tag nicht gekommen.

Meine Frau saß mir bei dem gemeinsamen Mittagessen gegenüber. Neben ihr saß Herr Dr. K. und fing ziemlich unvermittelt folgendes Gespräch mit mir an: „Sagen Sie mal, Herr Buterfas, kennen Sie sich denn in dieser Gegend hier etwas aus? Kennen Sie zum Beispiel Bremervörde?“ Ich meinte, durchgefahren bin ich sicher schon mal. Aber sonst habe ich keine Erinnerung an diese Stadt. In Verden bin ich schon ein paarmal gewesen, weil ich im dortigen Stadttheater mit vielen jungen Menschen zusammengetroffen bin, und an die Stadt Verden und ihre Einwohner habe ich ganz besonders gute Erinnerungen. Die Veranstaltungen, die ich dort durchgeführt habe, waren von der in Verden zuständigen Bürgermeisterin hervorragend vorbereitet worden, meine Frau und ich waren sehr angetan gewesen. Die Veranstaltungen waren so gut besucht, dass teilweise fünfzig Schüler links und rechts neben mir auf der Bühne saßen.

Verden hatte zu dieser Zeit aber auch einen schrecklichen Nazi zu ertragen. Es handelte sich um den ehemaligen Anwalt Jürgen R. Dieser Anwalt hatte in dem Ort Dörverden einen Gebäudekomplex angemietet, der früher von der britischen Militärbehörde genutzt worden war. In diesen Räumen wurden Wehrsportgruppen betreut und ausgebildet, zum Leidwesen der Verdener Bevölkerung. Als dieser schreckliche Ort immer mehr Zulauf von Neonazis bekam, wurden ihnen die Gebäude aufgekündigt und die ehemaligen Gebäude unter Denkmalschutz gestellt. Zur gleichen Zeit, als sich dies alles zuspitzte, ging auch das Stadttheater Verden in die Insolvenz. Nun machte sich Jürgen R. große Hoffnungen, dieses Gebäude erwerben zu können, um dort seine dunklen Machenschaften weiter durchzuführen. Ich erhielt Anrufe von Schülern, die an meiner Veranstaltung teilgenommen hatten und mich um Hilfe baten. Ich erfuhr, dass es ihnen durch Beschaffung von finanziellen Mitteln möglich war, die drohende Insolvenz abzuwenden. Auf die Machenschaften von Herrn Jürgen R. und durch die Entwicklung, die das Stadttheater Verden positiv überstand, wurde die Presse in der Bundesrepublik auf diese Vorgänge aufmerksam. Zu der Zeit, als Jürgen R. mit seinen Kampfsportlern und seinen geplanten Versuchen, einen neuen arischen Menschen zu züchten, die Gebäude räumen musste, ging er in die Stadt Delmenhorst bei Bremen und verhandelte dort mit einen Hotelier, um dessen Haus zu erwerben, um dann dort weiter zu wirken. Nun wurde nicht nur die Presse in der Bundesrepublik auf diese schreckliche Entwicklung aufmerksam, sondern auch die europäische Presse. Aufgrund der riesigen Protestwelle, die Jürgen R. mit seinen Ideen und mit den schrecklichen Dingen, die er bereits entwickelt hatte, entgegenschlug, kam es nicht mehr zu weiteren Gesprächen über den Ankauf dieses Hotels in Delmenhorst. Wenig später verstarb Jürgen R. Die Wehrsportleute leben aber weiter. Man denke in diesem Zusammenhang an die drei Mitglieder des NSU: Frau Zschäpe und die beiden Mörder, die in Deutschland zehn Menschen erschossen und sich dann das Leben nahmen. Muss ich eigentlich noch deutlicher unterstreichen, wie wichtig die Arbeiten eines Zeitzeugen sind? Wovon es leider immer weniger gibt.

Um auf Dr. K zurückzukommen: Ich hatte ihn mit dieser Geschichte über Verden doch sehr nachdenklich gemacht. Er erklärte mir: „Herr Buterfas, umso wichtiger ist das, was ich Ihnen jetzt erzähle. In diesem Ort bei Bremervörde mit Namen Sandbostel gibt es etwas, was ich nach siebzig Jahren Frieden nie vermuten würde. Es gibt dort ein ehemaliges Stalag XB und Konzentrations-Auffanglager. Aus diesem Lager hat man mit Zustimmung der verantwortlichen Vertreter von Kreis und Gemeinden einen Gewerbepark gemacht. Stellen Sie sich vor, dort sind seit 1939 bis zur Befreiung am 27. April 1945 über sechzigtausend Menschen – so vermutet man, ganz genaue Zahlen gibt es nicht - umgebracht worden. In dem Lager wurden im Laufe der Jahre Menschen aus über achtzig Nationen auf das Brutalste gefoltert und ermordet. Sie sind verhungert, an Seuchen und Krankheiten gestorben, und zu guter Letzt hat man dann noch bei der Räumung des Konzentrationslagers Neuengamme bei Hamburg ca. zehntausend KZ-Häftlinge, darunter viele Juden, nach Sandbostel gebracht. Dort brach nach wenigen Tagen eine Hungerrevolte aus, und viele Juden kamen bei Massenerschießungen ums Leben." Jetzt bekam ich einen Tritt von der mir gegenübersitzenden Ehefrau. Im selben Moment konnte ich mir noch einen kleinen Aufschrei verkneifen, weil es sich um ein Signal von ihr handelte, mich auf jeden Fall zurückzuhalten. Sie ahnte, dass hier möglicherweise wieder eine schreckliche Arbeit warten würde. Das wollte sie verständlicherweise auf jeden Fall verhindern.

Aber ich muss gestehen, ich bin neugierig geworden. Weil ich wusste, dass aus Neuengamme viele überlebende Juden in dieses Lager verbracht worden waren. Irgendwo hatte ich mal etwas über diese Taten der Nazis gelesen, cs aber nicht weiterverfolgt. Dr. K. erzählte mir, dass es wahrscheinlich der einzige Ort in Europa sei, in dem es noch völlig intakte Baracken gab, so wie man sie 1939 errichtet hatte, um auf die vielen Kriegsgefangenen gut vorbereitet zu sein, die man nach dem Überfall auf Polen dort unterbringen wollte. Dr. K. hatte erreicht, dass ich mehr als interessiert war. Das Konzentrationslager Neuengamme hatte mich schon immer interessiert. Es lag im Alten Land in der Nähe von Hamburg-Bergedorf. Und ein guter Bekannter von mir, Dr. G., war der Leiter dieser Gedenkstätte. Ich wusste auch, dass viele Häftlinge aus dem Konzentrationslager Neuengamme in die Neustädter Bucht gebracht worden waren. Dort kamen sie auf die Schiffe Cap Arkona und Thielbek, und irrtümlicherweise wurden diese Schiffe, voll besetzt mit Häftlingen, von der britischen Luftwaffe versenkt. Unzählige tote Häftlinge wurden an das Ufer der Neustädter Bucht gespült.
Wir bedankten uns für die außerordentliche Gastfreundschaft, und ohne dass ich Herrn K. die Zusage für eine Besichtigung gab, fuhr ich mit meiner Frau in Richtung Bendestorf nach Hause. Meine Frau wollte unbedingt die Zusicherung von mir, dass ich auf keinen Fall auch nur die kleinsten Schritte in Richtung Sandbostel unternehmen würde. Diese Zusicherung

konnte ich ihr nicht geben. Zu sehr hatten mich diese Erzählungen in Aufruhr versetzt.

Ich bat sie, mich zu einem Besuch in dieses angeblich so schreckliche ehemalige Lager zu begleiten, um zu überprüfen, ob alles das, was er mir da innerhalb weniger Minuten erzählt hätte, stimmte. Meine Frau war wenig begeistert, schlug mir die Bitte aber nicht ab, und ich informierte Dr. K. telefonisch, dass ich mir einmal von ihm die genauen Verhältnisse vor Ort erklären lassen wollte. Vor allem interessierte mich eins: Was war dran an den noch intakten Baracken? Wenn das stimmen sollte, wäre der Missbrauch, Gewerbetreibenden hier zu ermöglichen, Geschäfte zu betreiben, eine unglaubliche Verletzung der Gefühle der Überlebenden, die an diesem Ort ihre Eltern, ihre Geschwister, ihre Kinder, ihre Enkel verloren hatten. Oder könnte man die vorhandenen Baracken einem ganz anderen, sinnvolleren Projekt zuführen?
Es war schwierig, diesen Ort auf Anhieb zu finden. Man musste, wenn man von der Autobahn Sittensen abfuhr, in Richtung Bremervörde auf der Landstraße fahren, kam dann durch den Ort Selsingen, und danach gab es das erste Hinweisschild: Sandbostel. Als wir uns diesem Ort näherten, konnte man von Weitem tatsächlich einige Baracken sehen. Es war aber ein ziemlich verwildertes Gelände. Als Treffpunkt wurde die ehemalige Lagerkirche gewählt, die relativ leicht zu finden war. Es gab, nachdem ich mich kurz orientiert hatte, überall eingezäunte Grundstücke, in denen sich dann mehrere Baracken befanden. Einige Baracken, es mögen an die sieben Stück gewesen sein, waren in sich zusammengefallen und nur noch ein Haufen Schrott. Einige halb verfallene Baracken waren mit alten Fässern gefüllt, und mit Kisten, in denen früher ein-

mal Munition gelagert worden war, und etwa acht Baracken machten einen einwandfreien, heilen Eindruck. Man konnte das Lager nur besichtigen, indem man sich auf der ehemaligen Lagerstraße bewegte. Das Gelände selbst war nicht zu betreten. Um die Vergangenheit zu unterschlagen, war es rechtmäßig an diese Gewerbetreibenden verkauft worden. Jedes Betreten hätte zur Folge gehabt, dass man eine Anzeige wegen Land- oder Hausfriedensbruch bekam. Daran zu denken, dass allein auf diesem Gelände zwanzigtausend russische Soldaten umgebracht worden waren, ist fast unerträglich.

Ich traf eine Gruppe von Personen, die mich erwartet hatten. Herr K. stellte mir den Zweiten Vorsitzenden vor, Herrn Dr. V., dann Herrn C., einen Architekten, und Herrn K.B., der Mitglied des Gedenkstättenvereins war. Bei dem, was ich jetzt sah, war ich unfähig, auch nur ein einziges Wort herauszubringen. Stumm ging ich mit den mir vorgestellten Freunden des Gedenkstättenvereins auf der Lagerstraße, bis ich an eine Kreuzung kam, von wo der Weg dann bis zur kleinen Kirche oder Kapelle führte. Immer entlang des eingezäunten Geländes. In dem eingezäunten Areal sah ich eine Herde von Schafen, und das Unglaubliche geschah. Die Schafe gingen durch eine geöffnete Tür, und das Gebäude wurde als Schafstall zur Unterbringung von Tieren genutzt, wo man vorher die Menschen wie Tiere behandelt hatte. Das Ganze sollte natürlich auch dem schnelleren Verfall der vorhandenen Baracken dienen. Denn dafür würden schon die Exkremente, die von den Tieren hinterlassen wurden, in der nahen Zukunft sorgen. Dr. K. erklärte mir, den größten Grundstücksteil habe hier der angesiedelte Holzhändler. „Das, was Sie auf dem Gelände an Hallen sehen, also das, was eigentlich mal denkmalgeschützt war, wurde erst nachträglich errichtet. Den massiven Klinkerbau, den Sie hier sehen, der war schon immer vorhanden. Er diente früher als Entlausungsanstalt. Und seit 1939 haben auf diesem Appellplatz, auf dem sich die Entlausungsanstalt befindet, eine Million Häftlinge gestanden. Denn die sollen von 1939 bis 1945 hier inhaftiert gewesen sein." Überhaupt nicht zu verstehen war, dass der Holzhändler angeblich die Entlausungsanstalt umgebaut haben soll für wohnliche Zwecke, um sie mit seiner Familie nutzen zu können. „Der nächste Inhaber mehrerer Baracken war der Militaria-Händler. Der Inhaber selbst lebte in Saarbrücken. Sein Verwalter wohnte auf dem Lagergrundstück und war - wenn er aus seiner Tür trat - nur widerwillig anzusprechen. Dann gab es hier ein Bordell und auch einen Reiterhof." Ich habe nicht für möglich gehalten, dass an einem Teil des Geländes teilweise die Erde noch leicht rot war. „Das Schrecklichste von allem aber war, dass, wenn Besucher aus dem In- und Ausland kamen - und dem Gelände zu nahe kamen -, sie beschimpft wurden und damit rechnen mussten, möglicherweise verbal angegriffen zu werden. Ganz am Anfang, wenn man in die Lagerstraße hineinfuhr, waren links einige feste Gebäude, die erst vor einigen Jahren errichtet worden waren. Sie dienten dem Kreis für die Straßenmeisterei."

Ich glaube, die ersten zwanzig Minuten habe ich zu dem, was ich da gesehen habe, kein Wort sagen können. Ich verabschiedete mich auch anschließend und versprach: „Ob ich etwas für Sie tun kann, weiß ich nicht. Ich bin überwältigt, weil ich mir das, was ich hier sehe, vorher einfach nicht hätte vorstellen können. Dass man so etwas nach fast siebzig Jahren Frieden noch so in Deutschland antreffen würde. Aber ich werde mich noch einmal bei Ihnen melden, nur wann, das kann ich nicht sagen. Ich werde jetzt erst mal einige Recherchen anstellen.“ Eines war mir von der ersten Sekunde an klar: Dieses Verbrechen, was hier im Nachhinein begangen wird, derartig mit der Vergangenheit umzugehen, so mit den Gefühlen der Menschen umzugehen, dass etwas Derartiges von Verantwortlichen Mitgliedern von Parteien, Gemeinden und Städten genehmigt wurde, das spottet jeder Beschreibung. Durch diese Handlungsweise soll die Vergangenheit ausgelöscht werden. Aber wenn die verantwortliche Landesregierung in Hannover so etwas duldet, muss man im Interesse der Überlebenden und im Gedenken an die Toten unbedingt etwas unternehmen. Ich ahnte aber schon, dass dies mit sanfter Gewalt geschehen musste. Ich wusste auch, wenn ich mich an einem solchen Projekt beteilige, kann das für mich unter Umständen schwerwiegende Folgen haben. Denn ich ahnte, dass hier braune Tendenzen in nicht abzuschätzender Zahl ihre Hände im Spiel hatten. Ich stand vor der Entscheidung: Sollte ich diesen Freunden aus Bremervörde - einer Schar anständiger, korrekter Menschen, die auf völlig verlorenem Posten standen - dabei helfen, diese Gedenkstätte für die Hinterbliebenen der Opfer – zum Zwecke des einfachen Begehens, um trauern zu können – zugänglich zu machen? Diese Gruppe des Gedenkstättenvereins, der nun seit zwölf Jahren auf verlorenem Posten versuchte, in dieser Gegend Anstand und Moral einzuführen, setzte sich aus mehreren Gymnasial-Studienräten, Steuerberatern, aus Angestellten und Architekten zusammen.

Insgesamt bestand der Verein aus dreißig Mitgliedern. Als er sich gegründet hatte, wurden ihm in einem Haus in Bremervörde zwei Räume mit einer Größe von dreißig Quadratmetern bewilligt. Um ihre Arbeit großzügig zu unterstützen, bekamen sie, wenn ich das aus den Erzählungen richtig erinnere, erst hundert DM im Jahr und anschließend hundert Euro. Das allein stimmt doch bei näherer Betrachtung sehr nachdenklich. Etwas Erfreuliches erzählten mir die Mitglieder dann aber doch noch. In diesem Lager war unter anderem auch ein italienischer Gefangener gewesen. Er soll, ob es stimmt oder nicht, ich kann es nicht beweisen, während seines Aufenthaltes das weltberühmte Werk von Don Camillo und Peppone geschaffen haben.

Meine Frau war auf der Rückfahrt nach Hamburg genauso schweigsam wie ich. Was wir da erfahren hatten, war so unglaublich. Eigentlich konnte man gar nicht begreifen, wieso die Vergangenheit auf so abscheuliche Weise mit Füßen getreten wurde.

Als Erstes rief ich meinen Freund Ralph Giordano an. Ralph war ein Mann, der sich mit der deutschen Geschichte und der Hinterlassenschaft der Nazis ganz besonders auskannte. Seine Bücher lassen sich als Weltliteratur bezeichnen, unter anderem: Was wäre, wenn Hitler den Krieg gewonnen hätte? Ich erzählte ihm, was sich dort in Sandbostel abspielte und was ich dort gesehen hatte. Wir überlegten, was in diesem Fall getan werden müsste.

Zuerst einmal hatte ich gar nicht gewusst, dass es dieses Lager überhaupt gibt. Und zweitens konnte ich mir nicht vorstellen, dass so etwas tatsächlich machbar wäre. Wie konnte man solchen Leuten in einem ehemaligen Lager mit vorhandenen Baracken auf einem Gelände, das denkmalgeschützt ist, die Genehmigung für die Ausübung irgendeines Gewerbes erteilen? Das allein war doch schon ein unvorstellbarer Akt. Und wie konnte man anschließend ein unter Denkmalschutz stehendes Gelände wieder aus dem Denkmalschutz herauslösen, um es einem solchen Zweck zuzuführen. Ich erkundigte mich bei den zuständigen Stellen im Hamburger Rathaus, in der Redaktion der Welt, in der Redaktion des Abendblattes: Niemand konnte mir auch nur ein einziges Wort über das ehemalige Lager Sandbostel sagen. Ich hatte nur noch eine Hoffnung: etwas über das Stalag XB und ehemalige KZ-Auffanglager Sandbostel zu erfahren: durch Dr. G., den Leiter der KZ-Gedenkstätte Neuengamme. Denn von dort sind ja tausende von Häftlingen auf den Todesmarsch nach Sandbostel geschickt worden. Nach einem Gespräch mit Dr. G. eröffnete er mir Folgendes: „Wie ich Dich kenne, beabsichtigst Du doch hoffentlich nicht, Dich dort zu engagieren? Du stehst auf völlig verlorenen Posten. Du machst Dir da in einer Woche mehr Feinde als woanders in einem ganzen Jahr. Dass sich das so entwickeln konnte, spricht doch Bände. Es gibt sogar Gerüchte, nach denen behauptet wird: Als man damals bemerkte, dass über dieses Lager der endgültige Mantel des Schweigens gedeckt wurde und man auf die glorreiche Idee kam, die Grundstücke einzeln zu verkaufen, dass es tatsächlich eine Feier gab, die stattgefunden haben soll, nachdem alle Grundstücke verkauft waren. „Wir stoßen an auf den gelungenen Deal, und wenn jetzt noch einer in der Zukunft drüber snackt, der mut een utgeben.“ Ich weiß nicht, wie rüde man sein kann. Ich schlug die Warnungen von Dr. G. in den Wind und machte meiner Frau klar: Wenn ich nicht versuche, den anständigen Menschen, die dort in zwölf Jahren nichts erreicht haben – was mir in der Seele weh tut, dann … Ich kann ihnen meine Hilfe und Unterstützung nicht versagen. Ich werde mir den Weg überlegen, wie wir in der Sache erfolgreich sein können. Es wird ein irres Stück Arbeit sein. Aber wenn wir erreichen, dass Menschen aus aller Welt dort ungehindert trauern können - und den Gedanken einmal weiterspinnen: Wenn es wieder freien Zugang zu dem gesamten Gelände geben würde, einige Baracken gerettet und saniert werden könnten, Dächer erneuert würden, dann könnte man aus diesem Lager einen Lernort machen. Dieses Ensemble von noch vorhandenen Baracken war nach meinem Wissensstand der einzige Ort, der das überhaupt vorzuweisen hätte: Sandbostel bei Bremervörde.

Nach etwa vier Wochen rief ich K. an und verabredete mich mit einem kleinen Kreis der Mitglieder des Gedenkstättenvereins in Bremervörde. Ich erklärte ihnen, dass ich unter Umständen bereit wäre, mich vor die Sache zu stellen. Allerdings nur so lange, bis wir erfolgreich eine Wende im Hinblick auf die vorhandene Situation erreicht hätten. „Ich werde alle meine vorhandenen Verbindungen nutzen und mache jetzt, bevor ich eine feste Zusage mache, an Sie als Verantwortliche des Gedenkstättenvereins folgenden Vorschlag: Sie wissen, dass Sie bis heute nichts erreicht haben. Trotz Ihres guten Willens und der vielen freien Zeit. Sie wollten das Gute, aber Sie ernten Beschimpfungen, Sie seien Nestbeschmutzer und Kommunisten, und sollten sich lieber um etwas anderes kümmern, als immer wieder die Vergangenheit hochzupuschen. Das ist schmerzlich, aber Sie können noch zwölf weitere Jahre so vorgehen wie bisher und werden keinen Stein bewegen. So traurig wie es ist, was ich Ihnen hier dazu zu sagen habe. Wenn Sie wollen, dass ich Ihnen helfe, und wenn Sie möchten, dass Sie hier erfolgreich sind und etwas ändern, dann sagen Sie Ja oder Nein zu dem, was ich Ihnen jetzt vorschlage! Es gibt nur einen Weg: Das ist die Öffentlichkeit. Wie man an die Öffentlichkeit kommt, wissen Sie ganz genau. Sonst hätte Ihr Herr Vorsitzender, Dr. K. nicht alles unternommen, um mich an diesen Ort zu locken. Denn die Veranstaltung mit Jugendlichen in Rotenburg war nur ein Vorwand. Ihm waren die Erfolge mit St. Nikolai in Hamburg längst durch die deutsche Presse bekannt." Und alle bestätigten mir, dass sie schon mehrmals in Hamburg waren und auch das Mahnmal St. Nikolai besucht hätten. „Die Öffentlichkeit bekommen wir nur mit Unterstützung der Presse. Haben wir die Presse auf unserer Seite - und das kann ich Ihnen als ersten Schritt garantieren, dass wir sie bekommen - dann ist der erste Schritt getan. Sie müssten damit rechnen, dass wir dann die gesamte Kontra-Bande aufscheuchen und gegen uns haben. Ich lebe sechzig Kilometer von diesem Ort entfernt. Aber Sie haben diese Leute möglicherweise als ihre Nachbarn im Rücken. Ich gehe in dieser Sache, das kann ich Ihnen zusichern, an die vorderste Front. Wenn Sie sich darüber im Klaren sind, dass alles, was ich vorhabe, nur einer guten Sache dient, dann bin ich Ihr Mann. Seinen Sie sich aber im Klaren: Sie sind die Verantwortlichen in Ihrem Gedenkstättenverein. Sie müssen hier mit den Leuten leben, ich nicht. Wenn Sie mir also freie Hand lassen, werde ich ab kommender Woche mit den führenden Tageszeitungen zusammenkommen. Ab dann müssen Sie damit rechnen, dass es hier zu beachtlichen Turbulenzen kommen wird." Ich konnte ihnen nicht genug ausmalen, dass alles, was ich ins Leben rufen würde, auch für sie Konsequenzen haben würde. „Wenn Sie sich also im Klaren sind, dass Sie jetzt mit mir gemeinsam die Büchse der Pandora öffnen, dann wollen wir uns an die Arbeit machen." Mit einem kurzen Konzept, aber einer hundertprozentigen Information über die Situation in Sandbostel bei Bremervörde lud ich die Boulevardzeitungen, die großen Hamburger Zeitungen, einige Zeitschriften und Fernsehredakteure zu einer kurzen Pressekonferenz. Ich schilderte ihnen die Situation, die Hilflosigkeit und die fehlende Unterstützung des kleinen Fördervereins mit diesen so hochanständigen Mitgliedern, und vereinbarte einen Termin so bald als möglich, und zwar am Ort der Schande.

Langsam hatte sich herumgesprochen, dass da einer aus Hamburg gekommen war, der für viel Unruhe sorgen würde, und es hieß: „Das können wir uns nicht gefallen lassen." So erlaubte sich der Senior der Holzhändler, mich allen Ernstes mit seinem Auto umzufahren. Sein Sohn bemerkte dazu: Mein Vater ist ja schon etwas älter, das war ein Versehen. Von einer Strafanzeige habe ich natürlich abgesehen. Sie wäre auch ins Leere gelaufen. Außerdem waren einige dreiste Journalisten dabei, vor allem ein junger Redakteur eines kleineren Fernsehsenders: Hamburg 1. Er betrat unerlaubt das Grundstück des Holzhändlers und wollte auch in seinem Büro Aufnahmen machen. Mit Recht verweigerte der Holzhändler ihm diese Aufzeichnungen und forderte ihn auf, sofort sein Büro und sein Grundstück zu verlassen. Damit war der Mann natürlich im Recht. Wir durften uns nur auf der Lagerstraße und den Nebenstraßen des Geländes bewegen. Alles andere war Eigentum der Gewerbetreibenden und musste respektiert werden, ob es einem gefiel oder nicht. Ich stand mit einem Journalisten der Hamburger Morgenpost auf der Lagerstraße, unmittelbar an der Umzäunung des Grundstückes, das dem Militaria-Händler gehörte. Gerade erklärte ich ihm etwas über die vorhandene Substanz der Baracken, da sah ich, wie der Lagerverwalter von dem Militaria-Händler hinterm Busch stand und seine Faust hob, um sie dem Journalisten von der Morgenpost ins Gesicht zu drücken. Ich konnte ihn gerade noch zur Seite reißen, um die Attacke zu verhindern. Ich war so aufgebracht, dass ich mich – was ich sehr bedauere – zu einer Äußerung hinreißen ließ, die ich dem Verwalter zurief: „Jetzt haben Sie mit Ihrer Unverschämtheit die rote Linie überschritten! Ich verspreche Ihnen, dass ich Ihr Kaff bekannter mache als Las Vegas."

Diese Äußerung hat mir unnötigerweise eine Menge Feindschaft eingebracht. Denn wir waren im Jahr 2009, und man darf nicht vergessen, dass in unmittelbarer Nähe dieses ehemaligen Vernichtungslagers - die Engländer bezeichneten es am 09. November 1945 bei der Befreiung als Klein-Bergen-Belsen - viele Menschen Ein- oder Zweifamilienhäuser gebaut hatten, die nun mit in den Fokus gerieten, ohne dass sie die geringste Schuld an diesem Lager von Sandbostel gehabt hätten. Die Hamburger Morgenpost und viele andere Zeitungen brachten meinen Ausspruch teilweise auf der Titelseite mit dem Bild des Lagerverwalters und der Überschrift: Der Blockwart von Sandbostel. Ich habe mich später durch einen großen Bericht in der Bremervörder Zeitung für diese Entgleisung offiziell entschuldigt. Niemals habe ich vorgehabt, unbeteiligte Menschen für die schreckliche Situation in Sandbostel haftbar zu machen.

Ja, jetzt bewegte sich etwas, aber um die Geschichte entsprechend voranzutreiben, musste noch mehr passieren. Und da kam die zweite Phase ins Spiel. Ich war mit dem österreichischem Generalkonsul und dem Doyen des konsularischen Korps befreundet. In einem Gespräch bat ich um seine Hilfe. Im Lager Sandbostel waren Polen, Russen, Franzosen, Engländer, Italiener, Juden, über achtzig Nationen im Laufe der zwölf

Jahre eingekerkert gewesen. Ich bat ihn mit seinen Kollegen der einzelnen Länder, deren Bürger hier zu Tode gekommen waren, zu einer Konferenz in die Krypta von St. Nikolai. Fünfunddreißig Generalkonsule fanden sich schließlich zu dieser Konferenz ein. Auch unser Erster Bürgermeister Dr. Voscherau, Ralph Giordano und Sigmar Gabriel waren dabei. Wieso Sigmar Gabriel dabei war, würde ich gerne noch erwähnen. Die Wellen der Empörung, die die Zeitungsberichte ausgelöst hatten – und laufend folgten nun weitere Berichte – hatten auch ihre Wirkung in Hannover im Landtag hinterlassen. Ich war vorher auch schon gefragt worden, ob ich Kontakt zu dem Ministerpräsidenten Wulff gehabt hätte. Ich meinte: „Sollte er Interesse haben, an dem Status Quo, der dort herrschte, etwas zu ändern, wäre ich gern bereit, ihm die Gründe, aus denen ich da so aktiv eintrete, darzulegen. Aber vorstellen kann ich es mir eigentlich nicht." Eine derartige Aussage blieb natürlich Herrn Wulff nicht verborgen. Ich erhielt eine Einladung zu einem Gespräch mit verantwortlichen Personen im Landtag von Hannover und fuhr mit dem ersten und zweiten Vorsitzenden des Gedenkstättenvereins zu diesem Gespräch. Als ich die Treppen zum Eingang des Landtages hochging, kam Herr Wulff sie gerade herunter. Wir begrüßten uns kurz und er sagte: „Sie kritisieren mich?" Ich meinte nur: „Wenn Sie als Kritik auffassen, dass sich bei etlichen Menschen in Sandbostel Gefühle breit machen, dann soll es so sein."

Auf dem Flur im Landtagsgebäude warteten schon einige Journalisten auf mich, dann hörte ich plötzlich eine laute Stimme, die meinen Namen rief. „Kommen Sie schnell hierher und sprechen Sie bitte jetzt nicht mit den Journalisten." Es war Sigmar Gabriel, den ich in diesem Moment zum ersten Mal

persönlich kennenlernte. Er war ja einmal Landesvater in Niedersachsen gewesen, bevor ihn Christian Wulff von der CDU abgelöst hatte. Bei all den Scheußlichkeiten, die ich in Sandbostel gesehen hatte und vor allem wegen der Gleichgültigkeit, mit der verantwortliche Personen mit diesem schrecklichen Lager umgegangen waren, war meine Stimmung schlecht.
Ich habe meine Botschaft vorgetragen. Ich habe auch nicht gezählt, wie viele Personen da an dem großen runden Tisch saßen. Ich habe nur mehrfach, was wahrscheinlich völlig unüblich war, mit der Faust auf den Tisch gehauen. Dann hörte ich plötzlich, wie jemand sagte: „Für all das, was Sie vorhaben, braucht man Geld.“ Worauf Sigmar Gabriel sagte: „Machen wir doch den Anfang. Zu meiner Zeit gab es einen Fonds in Höhe von hunderttausend Euro, der für irgendeine Einrichtung im Rahmen von Strafgefangenenreformen gedacht war. Die haben nie ihre Verwendung gefunden. Die können wir doch jetzt einsetzen.“

Eigentlich habe ich gar nicht mehr wahrgenommen, was da geredet wurde. Was hätten doch diese verantwortlichen Leute, wenn sie ein Herz gehabt hätten, längst an dieser Situation ändern können. Hätten sich ein Beispiel genommen an Bergen-Belsen oder an Neuengamme. Aber das Verdrängen ist ja viel einfacher. Die Presse kündigte dann die Konferenz in der Krypta von St. Nikolai an, im Beisein der einzelnen konsularischen Vertretungen. Die Eröffnung übernahm der österreichische Generalkonsul. Dann sprach Ralph Giordano, dann kam Sigmar Gabriel, der sogar noch in seiner Rede sagte: „Wenn ich die Situation in Sandbostel heute sehe, schäme ich mich, Niedersachse zu sein.“ Später habe ich ihn auf diesen Satz angesprochen und sagte ihm unverhohlen ins Gesicht: „Du warst doch lange genug Ministerpräsident in Niedersachsen. Du hättest zu Deiner Zeit eine ganze Menge ändern können, wenn Du gewollt hättest.“ Ich darf aber nicht verhehlen, dass Sigmar Gabriel über einen langen Zeitraum den Gedenkstättenverein bei jeder sich bietenden Gelegenheit durch seine Anwesenheit unterstützt hat.

Und Herr Wulff hat reagiert. Die Veranstaltung hatte einen ungeheuren Zulauf. Die Krypta musste gesperrt werden, es waren etwa zweihundertfünfzig Personen anwesend. Die Sorge in Niedersachsen wuchs. Man konnte sich ausmalen: Wenn die Generalkonsule der einzelnen betroffenen Länder sich aus ihrer Schockstarre gelöst hatten, und sich ansehen würden, wie man mit einem solchen Gelände, auf dem circa sechzigtausend Menschen umgebracht worden waren, umging, hätten sie gewiss den Wunsch, sich an Ort und Stelle von den Verhältnissen vor Ort zu überzeugen. Das war auch meine Strategie. Denn hätten sie dort gesehen, was sich in diesem Lager abgespielt hat, hätten sie sofort ihre Botschaften informiert, und das Land Niedersachsen wäre mit Sicherheit in Erklärungsnot gekommen.

Plötzlich sprachen mich zwei gut gekleidete seriöse Herren an, stellten sich beide vor, sie seien ehemals höhere Beamte im Schulwesen und in der Landeskirche von Hannover gewesen und baten mich um ein kurzes Gespräch. Natürlich war das zu diesem Zeitpunkt - die Veranstaltung war ja noch nicht beendet - völlig unpassend. Es war aber doch interessant, was der eine der Herren sagte. Der Ministerpräsident von Niedersachsen, Herr Wulff, habe sie dringend gebeten, mit mir zu sprechen. Und er habe sie beide gebeten, als Moderatoren zwischen dem Gedenkstättenverein und mit einem gewissen Personenkreis im Bereich von Sandbostel Verhandlungen aufzunehmen, um zu erreichen, dass alle Widerstände, die es bis dato gegeben hatte, aufzugeben. Ich bat sie zu einem Gespräch in mein Haus. Kurzfristig an einem der nächsten Tage. Die Herren erschienen, einer brachte meiner Frau und mir noch einen großen Korb Erdbeeren mit, und dann sagten sie: Wir wollen in der Region so schnell wie möglich Frieden haben. Deswegen werden wir mit einigen, die ein bisschen auf Widerstand eingestellt sind, Gespräche führen. „Die Idee gefällt mir, meine Herren, wann fangen Sie denn damit an?" „Wir wollen in den nächsten Tagen beginnen, aber wir brauchen noch etwas Zeit." Ich fragte: „Wie lange?" Der eine der Herren meinte: „Drei Monate." Ich fragte ihn: „Wie viele Leute wollen sie denn in einer Woche besuchen?" „Ja, wir denken, wenn das gut vorbereitet ist, an etwa zwei Gespräche am Tag." Da fuhr es ungewollt aus mir heraus: „Gibt es in der Gegend tatsächlich noch so viele Nazis?" Ich habe mich anschließend sofort für diese unqualifizierten Worte entschuldigt. Wir einigten uns dann auf einen Zeitraum von sechs Wochen, und noch im Nachhinein muss ich beiden Herren meine ganze Anerkennung aussprechen. Ich hätte nicht in ihrer Haut stecken mögen, sich mit solchen Leuten zu unterhalten, die keinerlei Würde besaßen. Wieso muss man sich mit solchen Leuten über eine derart grausige Geschichte überhaupt noch unterhalten? Es ist doch selbstverständlich, dass ich den Hinterbliebenen der ermordeten Menschen die Möglichkeit einzuräumen habe, ungehindert trauern zu dürfen. Schließlich haben sie es dann tatsächlich fertiggebracht, die erforderliche Ruhe, die wir für eine konstruktive Weiterarbeit benötigten, durch zahlreiche Gespräche zu erreichen.

Postwendend bekam ich einen Brief von Herrn Wulff, in dem er mich bat: „Sie haben durch Ihre Arbeit mit St. Nikolai in Hamburg doch große Erfahrungen. Besteht nicht die Möglichkeit, dass Sie bei der Beschaffung von erforderlichen Geldern behilflich sein könnten? Und vor allem würde ich Sie doch darum bitten: Stellen Sie sich doch der Bevölkerung vor und machen Sie einmal eine Ihrer Veranstaltungen in Bremervörde. Für den dortigen Oberbürgermeister, Herrn G., wird es sicher eine große Ehre sein, wenn Sie in seinem Rathaus Ihren Vortrag hielten. Das würde mit Sicherheit ein ganz anderes Bild Ihrer Person und Ihrer Motive ergeben." Ich rief das Sekretariat von Herrn Wulff an und ließ durchblicken, dass ich gern bereit sei, in Bremervörde zu sprechen. Bei der Beschaffung finanzieller Mittel müssten sie sich allerdings selber bemühen. Ich erhielt die Information, dass der Herr Oberbürgermeister, Herr G., auf meinen Anruf warten würde. Wir führten ein kurzes Gespräch darüber, wie die Abwicklung erfolgen sollte.

Als Termin wählten wir ein bedeutendes Datum. Bundespräsident Dr. Roman Herzog hatte ja den 27. Januar zum Nationalen Gedenktag erhoben. Dieses Datum hatten wir dann für die Veranstaltung festgemacht. Zwei Tage später rief mich Dr. V. an und erklärte mir: „Ich schicke Dir sofort die Bremervörder Zeitung. Was dort steht, wird Dir die Sprache verschlagen. Du bist im Bremervörder Rathaus mit fünf zu vier Stimmen zur Persona non grata erklärt worden, das heißt, Du bist eine unerwünschte Person. Eigentlich war das unfassbar. Das hatte sich seit der Befreiung nach 1945 von dem verbrecherischem System der Nazis niemand mehr erlaubt. Wieder vergriff sich jemand an mir – und zwar, weil ich zum Teil jüdischer Abstammung war. Deutlicher konnte man es nicht machen. Empört rief ich den Bürgermeister in Bremervörde an. Ich fragte ihn: „Ist das Ihr Ernst, was ich da lesen muss?“ Er erklärte mir: „Mit fünf zu vier Stimmen hat die CDU verlangt, dass Sie hier nicht erscheinen dürfen. Aber Sie können sich sicher vorstellen, von wem die vier positiven Stimmen stammen.“ Ich sagte ihm: „Das ist mir völlig egal. Sie sind der verantwortliche Bürgermeister, und nur Sie bestimmen, wer in Ihrem Hause ein- und ausgeht, nicht aber irgendeine politische Farbe. Es tut mir leid. Für mich haben Sie kein Rückgrat. Wenn Sie glauben, dass Sie mich damit mundtot machen, irren Sie sich. Diese Veranstaltung wird stattfinden, das war der Wunsch Ihres obersten Dienstherren, des Ministerpräsidenten Christian Wulff.

Was sich da in Bremervörde abgespielt hat, war schier unglaublich. Eine vom Ministerpräsidenten des Landes Niedersachsen gewünschte Veranstaltung im Rathaus von Bremervörde, bei der ich als Zeitzeuge aufgetreten wäre, der sich seit zwanzig Jahren mit dieser Aufgabe an Schulen und Universitäten befasst hatte – eine unerwünschte Person. Das hat mir die Sprache verschlagen. Ich kann mich an keinen Fall erinnern, in dem einem Überlebendem des Holocaust jemals in irgendeiner Stadt in Deutschland verweigert wurde, zu den Menschen über diese schreckliche Zeit von 1933 bis 1945 und auch noch danach zu berichten. Für mich stand fest, dass diese Veranstaltung jetzt erst recht in unmittelbarer Nähe von Bremervörde stattfinden musste. Ich beriet mich sofort mit Dr. V. und zwei weiteren dieser so aufrichtigen anständigen Menschen aus diesem Kreis und erklärte ihnen: „Unsere bisherige Arbeit trägt Früchte. Und es ist gut so, dass ich euch von Anfang an aus der Schusslinie genommen habe. Alles, was hier passiert, geht ausschließlich gegen mich. Und das ist mit Sicherheit erst der Anfang. Aber ich verspreche euch, ich werde die Sache bis zum Erfolg durchführen, mag da kommen, was will – und da kommt noch einiges."

Aus dem Kreis meiner Freunde wurden Stimmen laut, die meinten: „Wollen Sie sich unbedingt diesen Risiken aussetzen?" Ich musste bemerken: „Wenn wir jetzt aufgeben und nicht weitermachen, war alle Arbeit, die ich bisher in dieser Sache auf mich geladen habe, sinnlos. Und ich darf Euch versichern, es gehört zu meiner Lebensphilosophie, nicht aufzugeben." Und die ersten Bewegungen, die sich gegen mich richten, sind ein deutlicher Beweis dafür, dass man jetzt alles unternehmen sollte, um nach siebzig Jahren aus diesem vor der Öffentlichkeit versteckten ehemaligen Massenvernichtungslager einen Lernort für die nachrückenden Generationen zu machen. „Ich kann mir vorstellen, wenn hier eine Gedenkstätte nach dem Vorbild von Neuengamme oder Bergen-Belsen entsteht, haben wir alle gemeinsam etwas Außerordentliches geschaffen. Und darauf kann jeder, der daran mitgewirkt hat, stolz sein. Ab einer Zahl von zehntausend verstorbenen Häftlingen in einem Zwangs- oder Konzentrationslager ist eine Einrichtung als Massenvernichtungsstätte einzuordnen."

Meine Mitstreiter, die in ihren kühnsten Träumen nicht erwartet hatten, dass ich eine derartige Gangart einschlagen würde, mahnten mich noch einmal, alles zu überlegen und sagten: „Wir möchten nicht, dass Sie persönlich Schaden nehmen. Wir sind Ihnen nicht böse, wenn Sie an dieser Stelle mit Ihren Aktivitäten aufhören." Doch für mich war es unmöglich, die

Aktion jetzt abzubrechen. Der Zug, der ins Rollen gekommen war, hatte volle Fahrt aufgenommen. Weder in Deutschland noch in ganz Europa gab es eine Stätte mit noch erhaltenen Lagerbaracken. Wenn mein Plan aufginge und die Menschen, die sich heute noch mit allen Mitteln gegen eine Veränderung der Situation in Sandbostel sträubten, einlenkten, könnte hier einer der bedeutendsten Lernorte für unsere nachrückenden Generationen entstehen. Und das hätte für den Erhalt des Friedens - wenn unsere jungen Menschen aufgeklärt sind und einmal die Verantwortung für dieses Land übernehmen - große Bedeutung. Ich hatte auch eine Vorstellung davon, wie so etwas aussehen könnte. Aber ich war mir sicher, dass, wenn ich mich hier zurückziehen würde und alles in geordneten Bahnen liefe, die verantwortlichen Leute im Gedenkstättenverein schon in der Lage sein würden, die Gedenkstätte richtig zu gestalten.

Ich verabschiedete mich von meinen Freunden, denn ich hatte einen wichtigen Besuch zu machen. Vorerst nahm ich noch in einem kleinen Restaurant ein Kännchen Kaffee zu mir. Ich musste erstmal wieder auf die Erde zurückkommen. Meine Wut war grenzenlos auf das, was mir in Bremervörde zugemutet worden war. Aber jetzt wusste ich auch deutlich, wer die Gegner waren, die mit aller Macht verhindern wollten, was nicht mehr zu verhindern war. Es gab - davon war ich fest überzeugt - für einen gewissen Kreis keine Möglichkeit, eine Veränderung zu verhindern. Ich wurde von dem Pastor in Selsingen erwartet, der auch Mitglied im Gedenkstättenverein war. Und der mit den Beiträgen, die er leistete, alles erdenklich Gute tat. Was ich besonders anerkennenswert fand: In der kleinen Lagerkirche gab es Versammlungen, Andachten und

Zusammenkünfte mit ehemaligen Lagerhäftlingen. Wenn ich allein daran denke, dass das der einzige Raum war, den diese kleine Kirche zu bieten hatte, überkam mich grenzenlose Wut. Von Seiten der Verantwortlichen kam offenbar überhaupt nichts an Unterstützung. Hier lag noch eine Menge Arbeit vor mir.

Bei meinem ersten Besuch im Lager Sandbostel fiel mir auf, dass zwei massive Gebäude auf dem Grundstück standen, die in einem ausgesprochen guten Zustand waren. Diese Gebäude wurden im Verhältnis wenig genutzt, in der Woche vielleicht ein paar Stunden. Ich überlegte: Was, wenn man dieses Grundstück etwas aufteilte und einen Gebäudeteil für die ankommenden Besucher im Lager Sandbostel als Anlaufpunkt in Form eines kleinen Cafés mit sanitären Anlagen einrichtete, und dort gleichzeitig Informationsmaterial über das Lager Sandbostel zur Verfügung stellte? Zuständig hierfür wäre der Landrat in Bremervörde. Längst war er über meine Aktivitäten informiert und fand meine Bemühungen für diesen guten Zweck richtig. Ich erzählte ihm von den gemeinsamen Absichten, die der Gedenkstättenverein und ich in Bezug auf das, was wir für das Lager Sandbostel erreichen wollten, hatten. Hierzu bat ich ihn um seine Hilfe. Es sei überhaupt nicht daran zu denken, dass uns von Seiten der Behörde auch nur die geringste finanzielle Zuwendung zukäme. Geld sei für solche Zwecke nicht vorhanden. Was er denn für mich tun könnte, fragte er. Ich trug ihm meine Bitte vor, man möge doch einen geringen Teil dieser großartigen Immobilie aufteilen für die Zwecke, die ich vorab erwähnt hatte. Es folgte ein langes Schweigen. Aber dann erhielt ich die Antwort: „Das könnte wohl klappen.“ Freudestrahlend berichtete ich meinen Freunden von der Zusage, die ich gerade erhalten hatte. Und wir konnten uns vorstellen, dass uns Besucher, die nach Sandbostel kamen - nicht nur aus Deutschland sondern aus den gesamten EU-Ländern - doch sicher dankbar wären, wenn sie sich nach ihren langen Anfahrten erst einmal erholen könnten, um dann im Anschluss daran die Gedenkstätte zu besuchen .

Aber der nächste Hammer ließ nicht lange auf sich warten. Alles, was ich mit dem Landrat besprochen hatte, war nach seiner späteren Aussage vor der Presse nicht wahr und entspräche nicht den Tatsachen. Das war der zweite Schlag gegen meine gut gemeinte Hilfe, um etwas in dem Lager zu ändern. Ich fand, vor allem müsste sich etwas in den Köpfen mancher Menschen, die dort verantwortlich tätig waren, ändern.

Der Pastor wusste schon vor meinem Besuch, was ich für Wünsche hatte. Ich deutete ihm an, dass diese Veranstaltung auf jeden Fall stattfinden würde. Und da er Mitglied im Gedenkstättenverein sei, biete es sich doch geradezu an, dass ich in seinem Gemeindesaal die Veranstaltung, die für den 27. Januar im Rathaus geplant war, in der Kirche von Selsingen durchführte. Der Pastor wirkte nachdenklich: „Sie wissen, dass wir hier schon Unruhe haben. So intensiv wie Sie hat sich noch niemand mit dem Problem Sandbostel befasst. Wollen Sie das Risiko tatsächlich auf sich nehmen?“ „Wenn Sie mir Ihren Gemeindesaal für den 27. Januar zur Verfügung stellen, findet dieser Zeitzeugenbericht dort statt, und ich denke, dass niemand, auch wenn er noch so weit rechts stünde, etwas gegen meine Person unternehmen würde.“ Der Pastor war einverstanden. In dem Saal konnten circa zweihundert Personen Platz nehmen, die Veranstaltung war fest geplant. Ich bedankte mich, freute mich über seine Zusage, und zum Abschied meinte der Pastor wohlmeinend: „Sollte sich an Ihrem Entschluss noch etwas ändern, nimmt Ihnen das kein Mensch übel. Der Schutz für Leib und Leben ist vorrangig. Und die Stimmung bei gewissen Personen ist nicht die beste. Das hat mit Kneifen oder Ängstlichkeit nichts zu tun.“ Ich sagte ihm: „Herr Pastor, ich habe keine Schrecksekunde mehr. Ich habe seit meiner Geburt im Jahr 1933 bis zum Ende des Krieges mit meinen gesamten Geschwistern um unser Leben fürchten müssen. Wir haben den Schrecken der Nazizeit überlebt und uns nach 1945 auch noch bis 1965 mit ehemaligen Nazis auseinandersetzen müssen. Mit Nazis, die sich nach der Kapitulation feige sofort einen Persilschein beschafft haben und anschließend wieder in die gleichen Positionen gerutscht sind, die sie bis zur Befreiung 1945 innehatten. Ich war schon oft am Boden, aber Sie dürfen mir glauben: pünktlich bei neun stand ich wieder auf den Füßen.“

Ich setzte mich in Bendestorf in meinen Fernsehsessel und bat meine Frau um ein Gläschen Wein. Sie fragte, ob es einen besonderen Anlass gäbe, denn das kenne sie ja nun gar nicht von mir. Sie hatte vorher die Auseinandersetzung, die ich telefonisch mit Herrn Bürgermeister G. in Bremervörde hatte, miterlebt und wusste bisher noch nicht, dass das Aufgeben in dieser Sache keine Option für mich war. Ich erzählte ihr, dass die Veranstaltung am 27. Januar in Selsingen stattfinden würde. Sie blieb stumm. Ich wusste, ihr wäre es lieber gewesen, wenn ich von dem Gedanken, dort öffentlich aufzutreten, Abstand genommen hätte. Aber für mich war es beschlossene Sache.

Die Presse kündigte diese Veranstaltung natürlich an, und es musste mit einer regen Teilnahme gerechnet werden. Da erhielt ich einen Anruf. Der Mann meldete sich nicht mit Namen. Er legte gleich los: „Pass mal genau auf, Du kleine widerwärtige Judensau. Ich habe hier mit ein paar Freunden gerade ein Experiment durchgeführt. Wir hatten hier eine große Kiste und haben da eine Sau von fünfundachtzig Kilo hineinverfrachtet. Wir haben sie dann mit Gas versorgt, das ist euch ja bekannt, und in sechs Minuten war sie in den Wolken." Ich hörte ihm stumm zu, dann kam sein Schlusswort. „Solltest Du Dich hier noch mal sehen lassen, dann weißt Du, was Dir blüht, und ich kann Dir nur raten, Du kleiner Judenlümmel, nimm diese Warnung sehr ernst!" Im Laufe der nächsten drei Tage folgten noch weitere Anrufe dieser Art. Dass mich so etwas nicht kalt lässt, ist selbstverständlich, und ich kann auch nicht sagen, dass ich mich daran gewöhnt hätte. Das Ganze machte mich sehr nachdenklich. Letztlich hatte ich auch die Verantwortung für meine Familie. Ich musste daran denken, dass meine Kinder, die inzwischen ja auch schon erwachsen waren - oder meine Enkelkinder - entführt werden oder sonst irgendwie Schaden nehmen könnten. Ich überlegte sehr lange, ob ich meine Aktivitäten an dieser Stelle abbrechen sollte oder nicht.

Dann setzte ich mich mit Dr. V. in Verbindung. Bei einem meiner zahlreichen Besuche im Lager Sandbostel - und immer war der ehemalige Studienrat Dr. V. an meiner Seite - habe ich ihm von diesen Telefonanrufen berichtet. Er war fassungslos. Nie hätte er sich derartige Reaktionen aus der Bevölkerung vorstellen können. Er ließ mich wissen: Jeder würde mich verstehen, wenn ich jetzt, aufgrund der neuen Situation, um mich und meine Kinder gegen Gewalt und weitere Beleidigungen zu schützen, meine Hilfe beendete. Meine Antwort folgte prompt. Ich würde diese Veranstaltung durchführen und glaubte auch, dass Hunde, die bellen, nicht beißen. Aber natürlich war eine gewisse Besorgnis wegen der Drohanrufe trotzdem vorhanden.

Die nächsten Tage blieben frei von diesen Anrufen. Und dann, eines Morgens, klingelte es an unserer Eingangspforte draußen vor dem Grundstück. Meine Frau ging an die Sprechanlage und fragte nach den Wünschen der Personen, die vor unserem Tor standen. Sie waren höflich, sprachen aber leise. Sie hätten etwas Wichtiges mit uns zu besprechen. Ich öffnete die Haustür, ließ das Tor aber noch verschlossen. Davor standen zwei Männer mit Gardemaß von mindestens einem Meter neunzig und der dazu passenden körperlichen Breite. Meine Frau sagte: „Die lässt Du auf gar keinen Fall rein!" Ich rief nach oben: „Was möchten Sie von uns?" „Wir müssten Sie in einer wichtigen Sache dringend sprechen, können es aber schlecht vom Tor aus. Sie können unbesorgt sein, wir haben keine bösen Absichten." Meine Frau fragte: „Sollen wir sie reinlassen oder nicht?" Aber da hatte ich schon das automatische Tor in Bewegung gesetzt, und die beiden Herren betraten nun das Grundstück. Ich bat sie, einzutreten und war mir absolut sicher, dass von diesen beiden Männern keine Gefahr für mich und meine Frau ausging. Sie kamen ohne Umschweife auf den Punkt. „Wir haben in Erfahrung gebracht, dass Sie von Rechtsradikalen Drohanrufe erhalten haben. Beschimpfungen in abscheulichem Ausmaß." Ich fragte ihn: „Woher haben Sie Ihre Informationen?" „Uns hat Ihr guter Freund Dr. V. in Rotenburg informiert, wir sind vom Staatsschutz und haben die Angelegenheit nun übernommen. Die von Ihnen geplante Veranstaltung in Selsingen müssen Sie sofort absagen. Wir können nicht für Ihr Leben garantieren." Dabei machten die beiden Herren ernste Gesichter. „Seien Sie versichert, dass, was den Umgang mit diesem Personenkreis betrifft, wir leider entsprechende Erfahrungen haben." Meine Antwort: „Diese Veranstaltung am 27. Januar im Gemeindesaal von Selsingen findet statt. Niemals werde ich solchen Drohungen wegen, die natürlich anonym kommen, wie das bei Neonazis eben der Fall ist, absagen." „Ist das Ihr letztes Wort?" Ich erklärte ihm, zu diesem Thema werde von meiner Seite kein weiteres Wort folgen. „Nun gut, dann hören Sie sich Folgendes an, das wir planen, weil wir uns schon darüber im Klaren waren, dass Sie ihre Absicht nicht aufgeben würden. Zu vieles haben Sie mit Ihren Aktionen in Hamburg schon angeschoben." Ich meinte, das sei erst der Anfang. „Denn wenn uns Verantwortliche, Gemeinde, Kreis und Land nicht bald aktiv bei der Einrichtung einer würdigen Gedenkstätte helfen, wird sich das Augenmerk des europäischen Auslands auf diesen Ort richten. Ich kann mir denken, dass das niemand will." „Gut, dann stehen Sie mit sofortiger Wirkung unter Polizeischutz, Sie und Ihre Familie. Wir beobachten jetzt Tag und Nacht, was in Ihrem nahen Umfeld geschieht. Und die Veranstaltung in Selsingen läuft unter unserer Aufsicht ab." Es gab noch ein gemeinsames Kaffeetrinken, und ich machte beiläufig die Bemerkung: „Sind die in Ihrer Abteilung, die nun auf meine Frau und mich aufpassen, alle so kleinwüchsig? Dann kann mir ja sicher nichts passieren."

Die Polizei ging im Wald unmittelbar hinter unserem Grundstück Streife. Fahrzeuge kontrollierten auf der Straße vor unserem Grundstück. Und am Tag der Veranstaltung, ich fuhr gegen sechzehn Uhr mit meiner Frau von Bendestorf in Richtung Sittensen, folgte uns plötzlich nach etwa fünfhundert Metern ein nicht bekanntes Auto. Es war an unserer Stoßstange, etwa bis zur Autobahnauffahrt Hittfeld. Dann war dieses Fahrzeug nicht mehr sichtbar. Aber ein Weiteres tauchte plötzlich hinter uns auf und ließ uns in entsprechendem Abstand nicht aus den Augen. Wir fuhren bei der Autobahnausfahrt Sittensen ab. Das Fahrzeug, das bis zur Ausfahrt hinter uns gewesen war, war nicht mehr sichtbar. Aber in dem Moment, als wir auf die Landstraße einbogen, war ein weiteres ziviles Fahrzeug hinter uns, das uns bis zum Zielpunkt Selsingen begleitete.

Als meine Frau und ich die Tür zu dem Gebäude öffneten und es betraten, standen dort zwei hochgewachsene Herren, die uns mit Namen begrüßten. Ich grüßte höflich zurück und fragte: „Kennen wir uns?" Sie antworteten: „Nein, aber wir kennen Sie und passen heute auf Sie auf." Ich fragte höflich: „Haben wir noch mehrere Herren zu erwarten?" Er meinte: „Mindestens acht. Davon sitzen drei allein im Publikum, und Sie bitten wir jetzt höflich, dass Sie uns mit Ihrer Frau folgen und sich dort in den ersten Stock begeben. Da ist ein Zimmer für Sie reserviert. Sie kommen bitte erst herunter, wenn die Veranstaltung beginnt." So viel Aufwand um meine Person hatte ich noch nie erlebt und hoffe, das uns so etwas in Zukunft auch erspart bleibt.

Der Saal war bis auf den letzten Platz gefüllt. Die Veranstaltung wurde von den anwesenden Damen und Herren - es war eine Abendveranstaltung ohne Schülerinnen und Schüler - interessiert verfolgt. Teilweise erschüttert nahmen sie auf, was ich ihnen als Zeitzeuge über mein Leben in Nazi-Deutschland erzählte. Im Vorraum des Gemeindesaals saßen zwei Mitglieder des Gedenkstättenvereins. Zwei Damen, die hundertfünfzig Bücher mit dem Titel Sunny Goj bewachten. Viele haben sich über den Titel gewundert. Die Bezeichnung Sunny brauche ich nicht lange zu erklären: Wenn jemand so viel Glück hatte, in einer großen Familie aufgewachsen zu sein und diese unglaubliche Flucht und den Untergrund als Verfolgte des Naziregimes zu überleben - und eine so wundervolle Mutter gehabt zu haben. Trotz aller Schwierigkeiten, die man mir in Nachkriegsdeutschland gemacht hatte, bin ich nie verzweifelt. Ich hatte das Glück, eine so großartige Frau wie meine kennenzulernen und heiraten zu dürfen, im späteren Beruf doch recht erfolgreich zu sein und dann mit den schwierigen Ehrenämtern, die ich meiner Frau und mir zugemutet hatte, eine wichtige Aufgabe zu erfüllen. Hierfür, wie man meiner Frau und mir attestierte, wurde uns viel Anerkennung entgegengebracht, was die Bezeichnung ‚Sunny' durchaus rechtfertigt. Und ‚Goj' ist die Bezeichnung eines Juden für einen Nicht-Juden. Das ist nicht diskriminierend oder abwertend gemeint. Die jüdische Mutter sagt zu ihrer Tochter: „Warum gehst Du mit einem Goj?" Da ich nun eine christliche Mutter und einen jüdischen Vater hatte, war ich halb ein Jude und halb ein Goj. Damit hoffe ich, habe ich den Titel meines Buches hinreichend erklärt. Die hundertfünfzig Bücher, auf die ich auch in meiner Veranstaltung hinwies, sollten einem guten Zweck dienen. Der Verkaufserlös ging vollständig in die Kasse des Gedenkstättenvereins. Die Bücher waren am selben Abend ausverkauft. Einige, die mich noch erreichten, bevor ich den Gemeindesaal verließ, baten um eine Eintragung in das erworbene Buch.

Ich erfüllte die Wünsche und war plötzlich von einer beachtlichen Menge von Menschen eingerahmt. Da berührte mich eine Hand und zog mich aus dem Knäuel der Menschen heraus. Der Mann, dem diese Hand gehörte, war jemand vom LKA. Er sagte mir: „Das ist genau das, was wir vermeiden wollten. Kommen Sie bitte sofort mit!“ Sie geleiteten meine Frau und mich zum Fahrzeug, und so, wie wir nach Selsingen gefahren waren, kehrten wir nun nach Bendestorf zurück. Dort angekommen, haben meine Frau und ich den restlichen Abend genossen. Wir machten einen kleinen Spaziergang zu dem wunderschönen Restaurant Meinsbur und haben zu Abend gegessen.

Durch den Buchverkauf ist dem Gedenkstättenverein an diesem Abend ein beeindruckender Betrag als Spende zugegangen. Leider verstarb der erste Vorsitzende K. plötzlich und unerwartet. Er war für mich in der Zwischenzeit zu einem echten Freund geworden. Vor allem werde ich ihm nie vergessen, dass er mit mir in der Krypta von St. Nikolai saß, als es um Neuwahlen des Vorstandes für den Förderkreis ging und zu mir sagte: „Egal, was sie Dir vorwerfen – das ich nicht glaube – und egal, was man an Hässlichkeiten verbreitet, man erwähnt nicht mit einem Wort, was Du in den letzten zwanzig Jahren für die Stadt und alle Menschen getan hast mit der Erhaltung dieses Mahnmals, das ist erschütternd. Unser Ehrenmitglied wirst Du bleiben.“ Und inzwischen bin ich es einstimmig geworden.

Dass nun eine weitere widerwärtige Intrige auf mich zurollte, war eine herbe Enttäuschung, mit der ich eben leben musste. Nach dem Tod von Dr. K. wurde ein neuer Vorstand gewählt.

Die Wahl fiel auf eines der jüngsten Mitglieder im Gedenkstättenverein, auf B.
Inzwischen, und das kam etwas unerwartet, entwickelte sich die deutsche Wirtschaft ausgesprochen positiv. Die Steuergelder flossen in wahren Strömen in die Kassen der Finanzämter. Ein ungeheuer großes Steueraufkommen. Zwischenzeitlich wurde aus dem Gedenkstättenverein auch eine Stiftung. Die Stiftungsversammlung fand in einem Lokal in unmittelbarer Nähe des Lagers Sandbostel statt. Erfreulicherweise und völlig unerwartet entwickelte sich jetzt mit einer erstaunlichen Geschwindigkeit, was zuvor in siebzig Jahren nicht möglich gewesen war. Und zwar sehr positiv. Hochrangige Politiker nahmen an dieser Stiftungsversammlung teil. Der Gedenkstättenverein hatte es erreicht, in die höchsten Etagen der Politik vorzustoßen. Man konnte davon ausgehen, dass jetzt alle Widerstände beseitigt wären und alle verantwortlichen Institutionen, Gemeinden, der Kreis und das Land nur ein Ziel hätten: den Menschen in Europa, die ihre Liebsten hier verloren hatten, eine würdige und präsentable Gedenkstätte zu schaffen. Der Gedenkstättenverein sollte aufgelöst werden, das Ganze wurde von einer Stiftung übernommen. Ich machte dazu als stiller Zuhörer nur eine Bemerkung: „Ich hoffe nicht, dass wenn der Gedenkstättenverein jetzt aufgelöst wird, dass das möglicherweise eine ganz neue Art ist, diese Menschen, die sich über ein Jahrzehnt bemüht haben, hier Anstand und Moral einziehen zu lassen, mit der Gründung der Stiftung mundtot zu machen. Niemand freut sich mehr über die Entwicklung, die wir jetzt mit Ihrer Hilfe durchsetzen können: eine würdige Gedenkstätte schaffen zu können. Ich darf Ihnen aber versichern: sollten andere Absichten dahinterstecken, werde ich sofort wieder der Stachel in Ihrem Fleisch sein." Damit war

meine Arbeit getan, ich verließ die Gedenkstätte Sandbostel und ließ mich nur noch telefonisch von meinem Freund Dr. V. unterrichten.

Dann erhielt ich einen Anruf von dem neuen Ersten Vorsitzenden, Herrn B. Ich möchte doch nun endlich einmal mit dem Erlös aus dem Bücherverkauf aus Selsingen rüberkommen – so drückte er sich aus. Ich glaubte, mich verhört zu haben. Ich erklärte ihm, dass ich - als der Buchverkauf noch in vollem Gange gewesen war - unter polizeilicher Begleitung wieder in unser Auto verfrachtet worden war. „Das hier ist ja eine unglaubliche Unverschämtheit, was Du mir hier vorwirfst." Seine Antwort: „Ich will ja nicht hoffen, dass wir das Gleiche erleben wie die Leute damals bei St. Nikolai." Diese Einlassung machte mich fassungslos. Ich sagte zu ihm, dass an dem Abend der Schatzmeister des Gedenkstättenvereins, der von Beruf Steuerberater war, vielleicht das Geld von den Damen, die mit dem Verkauf beauftragt gewesen waren, zunächst an sich genommen hatte. Ich sagte ihm: „Der wohnt doch im gleichen Dorf wie Du. Und pass genau auf, was ich Dir jetzt sage: Setz Dich postwendend mit ihm in Verbindung, frag ihn nach dem Verbleib des Geldes und ruf mich in den nächsten zwölf Stunden wieder an! Tust Du das nicht, werde ich sofort Anzeige wegen Verleumdung erstatten, und zwar direkt in Rotenburg bei der dortigen Staatsanwaltschaft. Und noch etwas: Du erscheinst mir doch in vielen Dingen recht grün und unerfahren. Nenn mir bitte gleich Ross und Reiter, die Dich zu dieser Ferkelei animiert haben." Im gleichen Moment setzte ich mich mit meinem Freund Dr. V. in Verbindung und bedankte mich für diese Form von Anerkennung für meine bis dahin geleistete Arbeit, um aus diesem Lager eine würdige Gedenkstätte zu machen. „Aufgrund dieser Ferkelei gebe ich hiermit sofort meine Ehrenmitgliedschaft zurück. Wenn jemand von den Mitgliedern dieses Vereins und dann sogar der Erste Vorsitzende sich von irgendjemanden so instrumentalisieren lässt, sehe ich mich außerstande, dort Mitglied, geschweige denn Ehrenmitglied zu sein. Ihr braucht also nichts gegen mich zu unternehmen, um mich nach getaner Arbeit loszuwerden. Ich habe es bereits mehrfach durchblicken lassen. Die Einrichtung und die Gestaltung dieser zukünftigen Gedenkstätte, dieses kommenden Lernortes, fällt nicht mehr in den damals von mir freiwillig übernommenen Part, hier für etwas Ordnung zu sorgen." Alles hätte ich erwartet, aber so viel Undank ist ganz unerträglich. B. meldete sich schon nach wenigen Stunden bei mir. Er erklärte, dass es ihm furchtbar leid täte, was er mir bei seinem ersten Anruf gesagt hätte. Er habe mit unserem Schatzmeister gesprochen, der noch am selben Abend in Selsingen die gesamten Einnahmen der beiden Damen, die für den Verkauf der Bücher verantwortlich waren, übernommen hatte. Er sagte mir, dass ihm dieser Vorfall sehr leid täte. Für mich war klar: Ich nahm keine Entschuldigung an, denn an diesem Vorfall konnte ich deutlich erkennen, wie man meine Arbeit in Wahrheit geschätzt hatte. Ohne mich – und es fällt mir leicht, das zu sagen – hätte sich in dieser Gedenkstätte hinsichtlich einer positiven Veränderung nichts bewegt. Ich verlangte von Herrn B. eine schriftliche Entschuldigung über den gesamten Vorfall. Und er solle mir den Betreffenden, der ihn zu diesem widerwärtigen Akt animiert habe, auch gleich schriftlich nennen. Die schriftliche Entschuldigung kam prompt, wie ich sie mir gewünscht hatte. Einen Namen aber gab er nicht preis. Vielleicht war es jemand aus seinem unmittelbaren Freundes- oder Bekanntenkreis oder - schlimmer noch - aus den Reihen der Gedenkstättenmitglieder. Mir war es gleich, ich war aufs Tiefste verletzt.

Ich kämpfe noch heute, obwohl Sandbostel zu einem Lernort geworden ist, um die Beseitigung einiger Missstände, die nach wie vor vorhanden sind. Man muss sich vorstellen, dass diese schreckliche Stätte, in der den Menschen so viel Leid angetan wurde, noch heute den Namen Immenheim trägt. Eine Imme ist eines der friedlichsten Insekten. Wie kann man diesen Ort des Schreckens mit einer so friedlichen Bezeichnung belegen. Dann gibt es noch immer keine ausreichenden Informationstafeln auf dem gesamten Lagergelände. Obwohl man bereits in ganz Deutschland nach einigen Monaten, nach denen ich mich intensiv für eine Veränderung in Sandbostel eingesetzt und die Presse ausführlich über dieses schreckliche Lager berichtet hatte, über alles Bescheid wusste, hat man dem Holzhändler auf dem Gelände die Genehmigung für den Bau eines Einfamilienhauses eingeräumt. Man weiß, dass mehrere tausend Juden aus dem Lager Neuengamme nach Sandbostel kamen, und man weiß auch, dass davon etwa die Hälfte ermordet wurde oder aus irgendeinem anderen Grund verstarb.

Man stelle sich nur vor, dass dieses Einfamilienhaus möglicherweise auf verscharrten Knochen gebaut worden ist. Die Totenruhe der Juden ist heilig. In diesem Zusammenhang möchte ich nur an einen Vorgang erinnern, der sich vor vielen Jahren in Hamburg zugetragen hat. In der unmittelbaren Nähe eines ehemaligen jüdischen Friedhofes wollte ein Unternehmen ein größeres Gebäude errichten. Als die jüdische Gemeinde davon erfuhr, setzte sich die höchste jüdische Institution nach

Hamburg in Bewegung, und sofort wurden die entsprechend erteilten Baugenehmigungen zurückgezogen.

Der Gipfel der bis heute noch nicht abgemilderten Situation ist aber das im Nachhinein genehmigte Betreiben eines Hundeasyls auf dem Gelände der Gedenkstätte Sandbostel. Meine Frau und ich sind große Hundeliebhaber. Seit über fünfzig Jahren gehören Hunde zu unserem Leben. Ich hätte mich dennoch sehr gefreut, wenn man etwas pietätvoller gewesen wäre und dieses Hundeasyl an einem anderen, geeigneteren Ort genehmigt hätte als im ehemaligen Straflager, Gefangenenlager und KZ-Auffanglager Sandbostel. Denn wenn Schulklassen oder Besucher auf der Lagerstraße entlanggehen und an diesem Hundeasyl, das auf denkmalgeschütztem Gelände eingerichtet ist, vorbeigehen, werden sie von wütendem Hundegebell empfangen. Das Letzte, was die Menschen gesehen hatten, wenn sie nach tagelanger Fahrt in einem Viehwaggon – eingepfercht, ohne Wasser, ohne sanitäre Einrichtungen – in Richtung eines Vernichtungslagers unterwegs gewesen waren oder wenn sie in Auschwitz-Birkenau landeten – mehr tot als lebendig aus den Viehwaggons kamen – waren SS-Leute mit an der Leine geführten, bissigen Hunden. So etwas ist für die Menschen, die heute danach suchen, wo ihre Verwandten in diesem Lager früher zu Tode gekommen waren, eine schreckliche Zumutung. Dutzende Male habe ich die bis heute noch vorhandenen Missstände beklagt und die Verantwortlichen aufgefordert, hier endlich für eine Veränderung zu sorgen. Dies ist nicht geschehen. Ich habe auch noch für das Jahr 2022 über ein Dutzend Voranmeldungen von Schulen aus Hamburg und Niedersachsen, die mich bitten und einladen, mit ihnen eine Besichtigung des Lagers Sandbostel vorzunehmen.

Natürlich werde ich diese Wünsche, die an mich herangetragen wurden, wenn es meine Gesundheit erlaubt, erfüllen. Die Gedenkstätte, wie sie sich heute darstellt, ist es wert, besucht zu werden. Aber auch die Eltern der Kinder sollten sich einmal im Jahr die Mühe machen, diesen Lernort aufzusuchen.

Ich komme nun zu einem Punkt, wo ich jemandem meinen ganz besonderen Dank und Anerkennung aussprechen muss: Nach der Gründung der Stiftung und nachdem sich auch in Berlin die Verantwortlichen aus dem Kultusministerium sehr intensiv um eine weitere positive Entwicklung in Sandbostel bemühten, wurde ein Mann mit der Ausstellung betraut, der auch dafür verantwortlich war, dass die Lagerbaracken innen so hergerichtet wurden, wie sie damals von den Häftlingen benutzt wurden. Dieser Mann war schon im ehemaligen Konzentrationslager Neugengamme sehr engagiert. Herrn E. gebührt mein ganzer Dank. Er hat eine hervorragende Arbeit geleistet, und das Lager Sandbostel kann heute mit jeder anderen Gedenkstätte in Deutschland mithalten. Ich kenne fast alle Gedenkstätten bis nach Mauthausen bei Linz in Österreich. Manche habe ich drei- oder viermal im Laufe meines Lebens aufgesucht. Aber was die Ausstattung betrifft, die vorhandenen Baracken, die große Versammlungshalle: Es gibt nichts Gleichwertiges. Für Sandbostel war es ein großes Glück, dass dieser Mann die Leitung und den Ausbau der Gedenkstätte übernommen hat. Ich möchte mich auf diesem Wege ganz persönlich bei Herrn E. bedanken. Möge er noch viele Jahre dafür verantwortlich sein.

Im Lager Sandbostel gab es einen französischen Kriegsgefangenen mit Namen – und ich hoffe, ich kann ihn richtig aussprechen: Le Godais. Dieser Mann hat sich in der ganzen Zeit seiner Gefangenschaft aufopferungsvoll um Kameraden gekümmert. Er erschien bis ins hohe Alter jedes Jahr am 27. Januar zur Gedenkfeier in Sandbostel. Oft hatte ich einen Anlauf genommen, um mit ihm einmal persönlich in Kontakt zu kommen, doch er war mir gegenüber sehr abweisend. Bis ihm bei seinem letzten Besuch, den er in Sandbostel machen konnte, Herr R., der ständige Begleiter bei seinen Besuchen, erklärte, dass es ohne mich diese Veränderung in diesem Lager nie gegeben hätte. Das hat bei ihm Verwunderung ausgelöst, und er sagte mir: „Wenn ich geahnt hätte, was Sie für dieses Lager getan haben in Gedenken auch an meine toten Kameraden, so hätte ich viel eher schon mit Ihnen gesprochen. Ich will nicht sagen, wer es war, aber jemand hat mir gesagt, mit dem Buterfas darfst Du auf keinen Fall sprechen. Das ist ein ganz böser Mann." Gott sei dank wird nicht jedes Ehrenamt, das von willigen Menschen ausgeübt wird, so belohnt wie meins. Ich darf aber eins versichern: In meinem Alter kommt eine neue ehrenamtliche Aufgabe nicht mehr in Frage. Ich möchte das junge Glück, das mir beschert ist und an dem ich seit siebenundsechzig Ehejahren immer noch meine Freude habe, wenn möglich noch lange erhalten. Ich glaube, das ist für Sandbostel ein schönes Schlusswort.

Meine Besuche dort finden nur statt, wenn ich von Direktoren aus den einzelnen Gymnasien in Hamburg, Niedersachsen und Schleswig-Holstein gebeten werde, mit ihnen dort einen Besuch zu machen. Kontakt habe ich eigentlich nur noch zu Dr. V. Eine Geschichte, die ihn betrifft, hat sich vor einigen Jahren zugetragen. Die jahrelange, aufopfernde Art, in der sich Dr. V, der längst in Pension war, um Gäste aus dem In- und

Ausland bemühte, wenn sie Sandbostel einen Besuch machten, die Vorstandsarbeit, generell alles, was an wichtigen Dingen in Sandbostel zu erledigen war, war für ihn eine Selbstverständlichkeit. Er ist bis heute noch ein guter Freund von mir, auch der einzige aus dieser vergangenen Zeit. Natürlich hat die Arbeit im Zusammenhang mit diesem Lager Spuren hinterlassen. Neben dem Erfolg gab es schreckliche Erfahrungen, die ich sammeln musste, und hässliche Dinge kamen sogar aus den eigenen Reihen der Gedenkstättenmitglieder. Es ist müßig, nach Gründen zu suchen, warum sie sich so verhalten haben, wie sie sich verhalten haben. Ich las neulich in der Bremervörder Zeitung, in der auch ich erwähnt wurde, dass der Gedenkstättenverein nun dreißig Jahre alt geworden ist. Ein damaliger Vorsitzender, der in dieser Zeitung zu Wort kam, gab folgenden Kommentar in dieser Zeitung über mich ab: „Es gab viel Wirbel am Lager Sandbostel, als Herr Buterfas sich einmischte." In dieser Äußerung sehe ich eine Diskriminierung und eine Verletzung meiner Gefühle. Dieser Mann, der zu der Veränderung in Sandbostel aus meiner Sicht wenig beigetragen hat, machte eine aus meiner Sicht abfällige Äußerung.

Bei dieser Gelegenheit muss ich noch einmal Folgendes zum Ausdruck bringen: Der damalige Erste Vorsitzende K. hat es unter Anwendung einiger Tricks fertiggebracht, mich nach Rotenburg zu lotsen, um mir dort gefühlvoll beizubringen, dass sie dringend, wenn sie in Sandbostel etwas erreichen wollten, Hilfe brauchten. Und er hat klug gehandelt, denn hätte er mich seinerzeit gleich nach Sandbostel eingeladen, hätte ich diese Einladung mit Sicherheit nicht angenommen. Dies nur zur Klarstellung für das unqualifizierte Zitat zum dreißigjährigen Bestehen des Gedenkstättenvereins. Nur durch sein kluges, taktisches Handeln war es gelungen, mich über diesen Weg nach Sandbostel zu locken. Ich hatte aufgrund seiner bedeutenden Verdienste für das Lager Sandbostel Herrn Dr. V. für das Bundesverdienstkreuz vorgeschlagen. Diese Anerkennung für das, was er ehrenamtlich dort geleistet hatte, war für mich eine Selbstverständlichkeit. Mit einer für mich völlig unqualifizierten Aussage wurde dieses Anliegen, Herrn V. diese Würdigung zukommen zu lassen, abgewendet. Da entschloss ich mich, dem damaligen Bundespräsidenten Herrn Joachim Gauck im Schloss Bellevue einen Brief zu schreiben. Ausführlich berichtete ich über dieses ehemalige schreckliche Lager und über die Verdienste, die sich Dr. V. dort erworben hatte. Es war für mich eine Selbstverständlichkeit, mich dafür einzusetzen. Erst bekam ich aus der Ordensverleihungsabteilung in Niedersachsen vom zuständigen Sachbearbeiter einen Brief, in dem er seinen Unmut äußerte, dass ich dem Herrn Bundespräsidenten über die Ablehnung des Landes Niedersachsen, Herrn Dr. V. das Bundesverdienstkreuz zuzuerkennen, berichtet hatte. Anschließend bekam ich jedoch einen Brief, in dem mir mitgeteilt wurde, dass Herrn Klaus V. in Bremervörde durch den dortigen Landrat Herrn L. das Bundesverdienstkreuz überreicht werden sollte. Ich war der Antragsteller und konnte aus meiner langen Arbeit, was ein Ehrenamt betrifft, wohl beurteilen, ob jemand dafür würdig war oder nicht. Mich hat die Empörung dieses leitenden Beamten in Hannover, dass ich mich über seinen Kopf hinweg an Berlin gewendet habe, um eine berechtigte Sache durchzusetzen, überhaupt nicht gestört. So etwas tut man für Freunde. Das Mahnmal St. Nikolai in Hamburg, meine mittlerweile tausendfünfhundertzehn Veranstaltungen als Zeitzeuge in Deutschland und im deutschsprachigen Europa und nicht zuletzt die unfreiwillig nervenaufreibende Arbeit, um aus einem Gewerbepark, der vorher ein Vernichtungslager der Nazis gewesen war, einen Lernort zu machen, der in dieser aufregenden Zeit mit aufkommendem Faschismus, Ausländerfeindlichkeit, Rassenhass und Antisemitismus, so wichtig ist, bezeichne ich im Alter von neunundachtzig Jahren als drei Lebenswerke, an denen meine Frau einen hohen Anteil hatte und die ich mit Gottes Hilfe habe leisten können.

Ich bin überglücklich, dass mich mindestens in jeder zweiten Woche ein Anruf oder ein Schreiben erreicht, in dem ein gemeinsamer Besuch mit einer Schulklasse in Bremervörde gewünscht wird. Ich komme nicht darum herum, noch auf eine der unerfreulichsten Begegnungen zu sprechen zu kommen. Mittlerweile war das Haus, in dem der Verwalter der Grundstücke des Militaria-Händlers E. aus Saarbrücken wohnte, leer. Der Verwalter war mit unbekanntem Ziel verzogen. Zwischenzeitlich gab es intensiv geführte Verhandlungen mit Herrn E. in Saarbrücken, seinen Grundstücksanteil mit den noch vorhandenen Baracken, von denen die meisten inzwischen baufällig waren und dem Gebäude, in dem der Verwalter wohnte, zu erwerben. Eine sechsstellige Summe war für den Ankauf im Gespräch. Dabei trieb es mir die Schamesröte ins Gesicht. Wahrscheinlich – und hier spekuliere ich nur – wird er das Grundstück mit den Baracken, um dort in dem für meine Begriffe zweifelhaften Geschäft eines Militaria-Händlers tätig werden zu können, umsonst bekommen haben.

Ich war an einem bestimmten Tag für eine Aussprache mit den Grundstückseigentümern in Sandbostel und zu einer Besichtigung des ehemals leeren Hauses, in dem inzwischen eine Ausstellung Platz gefunden hatte, mit Sigmar Gabriel verabredet. Nach wie vor war Sigmar Gabriel erfreulicherweise sehr interessiert an der weiteren Entwicklung dieser Stätte. Eine Vielzahl von Personen war anwesend. Unter anderem der Junior des Holzhändlers und vor allem die Dame, unter deren Leitung das Hundeasyl in der Ausweitung immer größere Formen annahm. Mittlerweile – ob diese Zahl stimmt, entzieht sich meiner Kenntnis – sollen dort bis zu dreihundert Hunde untergebracht gewesen sein. Die Stimmung der Anwesenden war äußerst gereizt. Man solle sie doch endlich zufriedenlassen, schließlich hätten sie ja nichts mit den Morden zu tun, die hier an der Tagesordnung gewesen waren. Sie hätten hier im guten Glauben Grundstück und Baracken erworben, was ginge sie die Vergangenheit an? Und das mit den sechzigtausend Ermordeten stimme sowieso nicht, da sei man längst von weg, wie in den Gesprächen immer wieder erklärt wurde. Ein ehemaliges Gemeindemitglied hat sogar einmal vor laufender Kamera erklärt: „So schlimm ist das hier ja gar nicht gewesen. Als kleiner Junge bin ich auch mit meinem Großvater - mit Pferd und einem vollen Wagen mit Lebensmitteln - in das Lager gefahren. Und viele von den Inhaftierten haben ja auch in der näheren Umgebung bei den Bauern gearbeitet." Nach Aussage von Häftlingen sollen sich einige Aufseher aber auch einen besonderen Spaß erlaubt haben, indem sie einem der Häftlinge die Mütze vom Kopf genommen haben, sie dann weit weg geworfen und ihm in den Rücken geschossen haben. Das Ganze nannte man: auf der Flucht verschieden. Aber ich habe das nur gehört.

Was jetzt allerdings folgt, ist Wort für Wort wahr. Denn alle waren Zeugen, die an diesem Vormittag, und es war eine Vielzahl an Anwesenden, dabei gewesen sind. Der Holzhändler meinte: „Zahlen Sie uns doch einfach aus, und wir stellen unser Gelände zur Verfügung." Mittlerweile war der Senior dieses Unternehmens verstorben. Eine massive Baracke, die auf der linken Seite gegenüber des ehemaligen Wohnhauses stand, das dem Verwalter des Grundstückes gehörte, war bereits zu einem großen Teil geräumt. Der Inhaber dieser Baracke war mit seiner Firma in Liquidation. Und wie ich später erfuhr, hatte der damalige Vorsitzende B. diese Baracke aus dem Zwang versteigert. Natürlich war keiner mehr als ich über diese Entwicklung erfreut. Der Zuspruch innerhalb kürzester Zeit - durch die Gründung einer Stiftung - hatte zur Folge, dass die erforderlichen Mittel zur Umwandlung des gesamten Geländes flossen. Der Weg, den ich eingeschlagen hatte, um etwas zu verändern, war erfolgreich gewesen. Darüber hätte eigentlich jeder froh sein sollen. Die Menschen aus Europa konnten ungehindert um ihre Gestorbenen trauern. Wer hätte das im Jahr 2005 gedacht? Am wenigsten die Mitglieder des Gedenkstättenvereins, denn sie hatten hinter meinem Rücken oft genug gesagt: „Was wir nicht zu Stande gebracht haben in zwölf Jahren, schafft der erst recht nicht." Diese Aussage beweist, dass es schon damals in dem engen Zirkel der Mitglieder Leute gegeben hat, die mich lieber gehen als kommen gesehen hätten. All das war mir von den Erfahrungen, die ich bei meiner Arbeit für St. Nikolai gemacht hatte, bekannt.

Nachdem der Holzhändler das, was er sagen wollte, nun endlich losgeworden war, meldete sich keifend die Hundeasylleiterin zu Wort. Gegen mich als Störenfried, der hier eigentlich nichts zu suchen hätte, wurden wüste Beschimpfungen laut. Sigmar Gabriel versuchte in seiner ruhigen und sachlichen Art zu beschwichtigen. Die Mitglieder des Gedenkstättenvereins äußerten sich überhaupt nicht, sondern taten so, als wenn sie nicht anwesend wären. Sigmar Gabriel erklärte der Dame noch einmal in aller Ruhe die Situation. Machte darauf aufmerksam, dass es zeitlich längst überfällig sei, dass in diesem Lager eine Veränderung vorgenommen werde. Man sollte alles tun, um friedlich zu einer Zusammenarbeit zwischen den noch vorhandenen Gewerbetreibenden und den Mitgliedern der jetzigen Stiftung zu kommen. Er erwähnte auch, dass Verhandlungen aufgenommen seien. „Sie sehen, dass dieses Haus, in dem der ehemalige Verwalter von Herrn E. wohnte, geräumt ist. Sein Grundstück hat Herr E. der Stiftung bereits angeboten, und auch diese große Baracke steht vielleicht bald der Stiftung zur weiteren Einrichtung einer Gedenkstätte zur Verfügung. Sie sollten genau so wie alle anderen daran interessiert sein, dass es hier zu einer dauerhaften friedlichen Zusammenarbeit kommt. Nur die gegenseitige Rücksichtnahme ermöglicht, dass der Streit nicht weiter eskaliert und auf dem Rücken der Besucher der Gedenkstätte, die hier in Ruhe um ihre Verstorbenen trauern wollen, ausgetragen wird. Ich gebe Ihnen jetzt aus meiner Sicht einen guten Rat. Über den sollten Sie nachdenken und ihn auch unbedingt befolgen. Ich hoffe, dass dann etwas Positives für beide Teile dabei herauskommt. Sie sollten sich einmal mit Herrn Buterfas in einen geeigneten Raum zurückziehen, ihre Meinungen austauschen und dann in Rücksicht auf ihre gegenseitigen Gefühle ein Ergebnis erzielen.“ Darauf sagte sie: „Wenn ich mich mit Herrn Buterfas in ein Zimmer zurückziehe, aus dem kommt einer lebend nicht heraus. Und das bin ganz bestimmt nicht ich.“ Offener, im Beisein von mehr als hundert Anwesenden, die das alles mit verfolgten und hörten, kann man eine Morddrohung nicht ausstoßen. Alle Anwesenden - bis auf einen älteren Herrn, den man mit an Sicherheit grenzender Wahrscheinlichkeit als Rechtsradikalen bezeichnen konnte, der Beifall bekundete - waren alle Anwesenden, darunter auch der Journalist mit seinem Fotografen, vor Schreck erstarrt. Nachdem Sigmar Gabriel sich von dem Schock erholt hatte, verlor er zum ersten Mal die Fassung und wies die Entgegnung der Dame in aller Form zurück. Die Bremervörder Zeitung veröffentlichte diese Aussage, die die Dame gemacht hatte, prompt in ihrer nächsten Ausgabe. Nach der scharfen Zurückweisung durch Herrn Gabriel verließ die Frau die Versammlung. Ich wurde von einigen aufgefordert, sofort Strafantrag zu stellen. Ich wollte aber etwas anderes erreichen und war gespannt, ob ich mit meinen Überlegungen richtig lag.

Aufgrund des großen Presseberichtes über diesen Vorfall - die Presse war mit ihrer Berichterstattung nicht kleinlich, schließlich ist der Gabriel ja doch für jeden Journalisten interessant - hatte ich erwartet, dass eine solche Morddrohung, die als reinster Antisemitismus zu bezeichnen war, das öffentliche Interesse der Staatsanwaltschaft auf den Plan riefe. Schließlich war das Gesagte absolut verfassungsfeindlich. Doch bis heute ist in dieser Hinsicht nichts passiert. Man kann auf der Straße, wenn man Pech hat, einen Menschen, der Halb- oder - wie man sagt - Volljude ist, ruhig erschlagen. Das jüngste Beispiel ist der Überfall mit einem Spaten auf einen jungen Juden vor der Hamburger Synagoge, die er gerade betreten wollte.
Hier löste sich die Versammlung nach dem Vorfall und der Zurechtweisung durch Herrn Gabriel sehr schnell auf. Eine Besichtigung in dem ehemals leeren Haus, in dem der Verwalter gewohnt hatte, wurde durchgeführt. In diesen notdürf-

tig eingerichteten Räumen war alles korrekt und übersichtlich eingerichtet, und die Stiftung schien bei dem, was noch alles geschehen sollte, auf dem richtigen Weg.

Wer heute diesen Lernort aufsucht und die große freigewordene Baracke besucht, in der die Ausstellung inzwischen großräumig eingerichtet wurde, wird das Ergebnis gutheißen. Wer hätte 2005 gedacht, dass das einmal möglich sein würde?
Wie kann man von einem, der an einem solchen Werk beteiligt war, dabei die schlimmsten Beschimpfungen hören musste und dem in Gegenwart von Dutzenden von Zeugen der Tod angedroht wurde, wie kann jemand anders über die Person, die das betrifft, von Großmannssucht oder Überheblichkeit oder Selbstdarstellung sprechen? Im Nachhinein, wenn ich dies an diesem schrecklichen Ort Sandbostel betrachte, dann möchte ich all das, was ich ertragen musste, um dort Moral und Ordnung einzuführen, morgen noch einmal tun. Antisemitismus ist so schrecklich und für Menschen, die ihn ertragen müssen, auch so erniedrigend, dass man schon über ein robustes Nervenkostüm verfügen muss, um damit fertig zu werden.

Nicht Dr. V., sondern ein ihm Nahestehender rief mich an und sagte: „Er steckt in Schwierigkeiten, weil er sich wieder einer Sache angenommen hat, die ihm in der Gegend, in der er wohnt, und auch bei seinen nächsten Nachbarn, viel Ärger eingetragen hat." Ich ließ mir den Vorfall, um den es ging, genau schildern. Dort, wo mein Freund V. wohnte, hatte er ein Grundstück erworben, das - wie viele andere Grundstücke auch - ehemals einer ins Ausland verjagten jüdischen Familie aus Bremervörde gehört hatte. Es muss ein sehr großes Grundstück gewesen sein, denn dort hatten viele Menschen ihr Anwesen. Es gab auch einige Straßen, die über das Grundstück führten. Die Inhaber, denen all dies gehörte und noch weitere Anwesen, war eine Familie Salomon. Da eine neue Straße in dieser Gegend einen Namen brauchte, gab es natürlich verschiedene Vorschläge, mit denen sich die Ortsvorsteher auseinanderzusetzen hatten - immer mit der Beteiligung der dort ansässigen Eigentümer, die bei dieser Namensgebung ein gewichtiges Wort mitzureden hatten. Als Dr. V. den Vorschlag einbrachte, zur Erinnerung an den ehemaligen Eigentümer die Straße nach ihm zu benennen, also mit dem Namen Salomon, meldete sich einer empört zu Wort und sagte: „Wenn die Straße den Namen Salomon bekommt, fällt mein Grundstück im Wert." Ich traute meinen Ohren nicht, rief V. sofort an, wollte von ihm genaueste Informationen und vor allem Ross und Reiter genannt bekommen. Er zögerte, denn er wollte nicht, dass ich mich wieder um eine Sache kümmere, bei der der Antisemitismus so deutlich zu Tage trat, dass man sich in den schlimmsten Farben ausmalte, wozu Antisemitismus Verwendung fand. Ich sagte ihm: „Das kann man nicht ungestraft hinnehmen." Und dann sagte er mir etwas in diesem Zusammenhang, wobei es mir sprichwörtlich kalt über den Rücken lief: „Es handelt sich sogar noch um einen ehemaligen Kollegen von mir, der hier in Bremervörde an der Schule ist." Das verschlug mir die Sprache. Wenn ich mir vorstelle, ein Mann mit dieser Einstellung, ein Mann mit diesen Äußerungen, dem unsere Kinder in der Woche vierzig Stunden lang schutzlos ausgeliefert sind. Wie befasst sich der wohl mit der NS-Zeit?

Da fiel mir ein: Die Männer, die nach 1945 überall in den deutschen Städten bei der Polizei, an Gerichten, in den Schu-

len, in den Behörden, in den Krankenhäusern unterkamen, all diese Männer, die dafür in Frage gekommen wären, nur als Beispiel, die waren doch bei Stalingrad im Kessel und sind überall an den von den Nazis verantwortlichen Kriegsschauplätzen gefallen. Konsequenz: Die meisten feigen Goldfasane sind wieder in ihre alten Positionen nach Schnellverfahren zur Entnazifizierung gelandet. Und so konnte bei manchen Enkeln die Saat wieder aufgehen. Schnell verabredete ich ein persönliches Gespräch mit V. und machte deutlich, dass ich hier tätig werden wollte. Wie recht hatte ich, dass man in mancher Ecke dieser Gegend noch viel Arbeit hätte, um den braunen Sumpf einigermaßen trocken zu legen. Man muss aber dazu sagen, dass die verantwortlichen Ortsvorsteher solche hässlichen Äußerungen auf das Schärfste verurteilten.
Die Straße bekam den Namen Salomon - und ohne die Verjagung der Familie ins Ausland, das sollte man in Ruhe überdenken, hätten sie ihr schönes Haus nicht auf dem Grundstück bauen können. Der Familie war ja ihr Eigentum gestohlen worden, und wären sie nicht ins Ausland gegangen, hätte man sie vielleicht in Theresienstadt, in Auschwitz oder Treblinka ermordet. Der Gipfel in dieser Angelegenheit war aber noch nicht erreicht. Ich fuhr nach Stade und stellte dort persönlich Strafantrag beim zuständigen Oberstaatsanwalt. Der erhob Anklage, und das Gericht in Bremervörde schlug die Angelegenheit nieder. Erneut war ich beim Oberstaatsanwalt in Stade, der legte Widerspruch ein, schickte das Urteil zurück nach Bremervörde ans Gericht, und nun musste der Prozess gegen diesen Mann stattfinden. Ich weiß nicht, wie viele Anrufe mich erreichten, die Angelegenheit doch ruhen zu lassen und den Strafantrag zurückzunehmen. Denen zeigte ich die kalte Schulter. Hätte der Mann sich für diese schreck-

liche Entgleisung entschuldigt - noch dazu als Lehrer - hätte ich den Strafantrag wahrscheinlich zurückgenommen. Denn rachsüchtig war ich noch nie. Wäre das nämlich der Fall gewesen, hätte ich als Holocaust-Überlebender mit dem, was mir angetan wurde, meine Arbeit sicher niemals machen können.

Für V. tat mir die Sache sehr leid. Von einigen Nachbarn wurde er aufgrund des Vorfalls geschnitten. Persönlich hat ihn diese Sache auch sehr angegriffen. Seine Gesundheit wurde beeinträchtigt, das tat mir unendlich leid, aber ich konnte eine derartige Entgleisung, von der ich Kenntnis nahm, nicht einfach so hinnehmen. Mit solchen Äußerungen ermordet man alle sechs Millionen Frauen, Männer und Kinder noch einmal. Mag sich das auch dramatisch anhören, aber aus meiner Sicht konnte ich zu keinem anderen Ergebnis kommen, zu viel Leid und Schmerz ist mit der Vergangenheit verbunden. Was die Nazis mir und anderen angetan haben, habe ich aufgearbeitet und bin immer noch dabei. Ich habe mich bemüht, zu vergessen. Verzeihen konnte ich, aber vergessen werde ich nie.

Und schaue ich mir das unglaubliche Leid der Menschen an, die gerade in diesem Moment um das Leben ihrer unschuldigen Kinder zittern, weil ein weiterer Diktator die Welt vielleicht – was Gott verhindern möge – in einen Dritten Weltkrieg führen wird. Dann flehe ich zu Gott - egal was aus diesem Zitat wird, was ich jetzt als Schluss in dieses Kapitel einfüge - möge der Herrgott im Himmel uns einen zweiten Klaus Schenk von Stauffenberg schicken, um uns von diesem Diktator der Welt zuliebe zu befreien. Da spricht keine Rache aus mir, das ist nur der Wunsch, diese Menschen mögen nicht länger leiden müssen. Ich bete für euch, dass alles bald vorbei ist und eure Kinder in Frieden aufwachsen mögen.

Ich habe mich sehr gefreut, dass mich am 28. Februar 2022 eine ausführliche Einladung zur Festveranstaltung anlässlich des dreißigjährigen Bestehens des Gedenkstättenvereins erreicht hat.

Eine Hamburger Zeitung schrieb: „Ohne das Eingreifen von Ivar Buterfas in Sandbostel hätte sich da bis heute nicht ein einziger Stein bewegt. Er ist zwar teilweise brachial vorgegangen, aber der Zweck heiligt die Mittel. Und der Erfolg einer heute, man darf sagen europaweit anerkannten Gedenkstätte und ein unbeschreiblicher Lernort für unsere nachrückenden Generationen machen ganz deutlich, dass die bisherige Arbeit, die er geleistet hatte, sehr erfolgreich war. Aber das, was sich durch seine Anwesenheit entwickelt hatte, konnte anschließend nach und nach zu dem gemacht werden, was es heute ist. Eine internationale Begegnungsstätte."

Am 10.03.2022 habe ich dann noch einmal die an mich gerichtete Einladung zum 23.April 2022 zur Hand genommen und mich damit befasst. Ich rief den jetzigen Vorsitzenden des Gedenkstättenvereins an und ließ noch einmal alles Revue passieren, was sich dort abgespielt hatte. In diesem Gespräch gewann ich die Erkenntnis, dass dieses schwierige Amt, das zu übernehmen der jetzige Vorsitzende sich entschlossen hatte, wahrscheinlich eine kleine Lücke aufwies. Über viele Dinge, auf die ich ihn im Verlauf des Gespräches hingewiesen hatte, war er gar nicht informiert. Aber das geht wohl jedem mehr oder weniger so. Was der Erste Vorsitzende, Herr Dr. K., dann

Herr B., später dann Herr C. - die Männer der ersten Stunde - alles ertragen mussten bei dem Versuch, die schwere Aufgabe zu bewältigen, werden die nachrückenden Vorsitzenden, die einen gut laufenden Betrieb übernehmen, schon nicht mehr wissen. Für mich zählt nur: Das Unmögliche haben wir geschafft.

Der Lernort wird alle Menschen, die willens sind, Frieden zu bewahren und für Frieden zu kämpfen, zur Mahnung rufen: Nie wieder! An der Veranstaltung am 23. April 2022 habe ich nicht teilgenommen. Zu den engsten Freunden der ersten Stunde habe ich nach wie vor einen guten Kontakt.

Kapitel 13: Abschied von Irland. David gegen Goliath

Wenn Sonne, Mond am Himmel stehen, dann brauchst Du nicht zum Angeln gehen. Das ist ein Spruch, der jedem Angler, der in Deutschland lebt und in den Gewässern manchmal erfolglos im Trüben fischt, bekannt sein dürfte. Das gilt aber nicht für Irland. Dort, wo meine Frau und ich schon seit einiger Zeit leben und immer wieder für ein halbes Jahr eine wunderschöne Zeit verbringen dürfen. Schauen sie auf den Bild-Anhang - und das ist kein Protzbild, sondern das ist Tatsache. Sie sehen einen Hecht, von mir gefangen in diesem wunderschönen, ja ich darf sagen einzigartigen Loch Sheelin. Der Fisch hat eine Länge von einem Meter und achtundzwanzig Zentimetern und wiegt fast vierzig Pfund. Wer also gern einen Hecht angeln möchte, für den ist Irland das wahre Paradies. Der Grund, warum der Hecht dort so massenhaft anzutreffen ist, liegt erstens an den ganz besonderen Laichmöglichkeiten. Und zweitens: Neunzig Prozent der Iren angeln gar nicht erst auf Hecht. Sie sind reinste Fliegenfischer, die speziell im Wonnemonat Mai ihre Hochkonjunktur haben. Dann fangen sie mit der sogenannten Maifliege Brown Trouts, die ein Gewicht von fünf Kilogramm haben können. Ein Traum, den man wahr macht, wenn man ein guter Sportfischer ist und auch mit der Fliegenrute umgehen kann.

Mein Freund Gerd, ein Angelkollege, der mich jedes Jahr für drei Wochen in Irland besucht, ist ein Experte, den ich auch um sein Können - und dafür schäme ich mich nicht - beneide. Und entsprechend hat er auch immer Erfolg. Gerd ist außerdem Experte im Räuchern. Und da haben wir eine bunte Speisekarte. Er räuchert nicht nur die Forellen, sondern auch Barsche mit einem Gewicht bis zu tausendfünfhundert Gramm, so hab ich sie selber – und ich gehöre nicht gerade zu den besten Petri-Jüngern - schon häufig gefangen. Und dort, wo man dann einen fängt, folgt meistens ein halbes Dutzend. Auf Karpfen und Schleie bin ich dort noch nie gestoßen. Wahrscheinlich ist denen der Weg nach Irland zu weit, und vielleicht ist dieser Weg für diese Friedfische auch zu ungemütlich.

Jetzt hatten wir mal wieder einen der in Irland nicht seltenen trüben Tage. Genau das Richtige, um mit meinem Boot, das wohl aus Bequemlichkeitsgründen eines der wenigen ist, dass nicht auf Muskelkraft angewiesen ist, rauszufahren. Ich starte meinen Bootsmotor, setze mich bequem in mein Boot - vorher kontrolliere ich natürlich noch einmal, ob ich alles bei mir habe. Und wichtig sind auch die Paddel, denn der Motor könnte ja auch einmal verrücktspielen. Langsam und genussvoll fahre ich auf den spiegelblanken See hinaus in Richtung Bally Horn, das auf der anderen Seite des Sees liegt. Das andere Ufer kann man nur erahnen, zu sehen ist es nicht. Dafür ist der Loch Sheelin viel zu groß. Meine Stimmung war nicht die beste. Als ich in den letzten Wochen mit meiner Frau zum Einkaufen gefahren bin, meist in die nächstgrößere Stadt, habe ich Entdeckungen gemacht. Auch mindestens einmal im Monat nach Dublin. Und wenn man auf der Landstraße vom County Cavan nach Dublin fährt, kommt man durch viele kleine Ortschaften. Einige Jahre zuvor habe ich in diesen Ortschaften unglaublich viele neue Einfamilienhäuser gesehen, von der irischen Bevölkerung gebaut. Irland war ein wirtschaftlich aufstrebendes Land, und nun nähern wir uns langsam einer Rezession.

In vielen Familien, wo Mann und Frau einen gut bezahlten Job hatten, wurde plötzlich einer von ihnen erwerbslos. Die Einnahme fehlte. Als ich das letzte Mal nach Dublin gefahren bin, habe ich fast in jedem Ort auf den Grundstücken Schilder mit der Aufschrift For Sale gesehen. Das hat mich nachdenklich gestimmt. Was könnte der Grund dafür sein, dass diese Häuser so kurze Zeit nach dem Bezug zum Verkauf stehen. Ich ging der Sache auf den Grund. Ich kannte einen guten Rechtsanwalt in der Kleinstadt Cavan, mit dem unterhielt ich mich über das, was ich in den ländlichen Gegenden beobachtet hatte. Er erklärte mir: „Dir ist sicher aufgefallen, dass der Aufschwung in Irland steckengeblieben ist. In vielen Familien ist ein Verdiener ausgefallen. Das allein ist aber nicht der Grund für Verkäufe und Zwangsversteigerungen. Bei Abschluss der Kreditverträge, die die neuen Grundeigentümer mit den Banken abgeschlossen haben, hatten sie einen wichtigen Punkt übersehen. Der Gläubiger war berechtigt, ohne den Schuldner zu befragen, die Hypothek oder den Kreditvertrag an ein anderes Unternehmen zu verkaufen. Und das hat dann die Zinsen entsprechend erhöht.

Jetzt kamen zwei Dinge zusammen: ein vorher nicht vereinbarter höherer Zinssatz und die Gutgläubigkeit von Häuslebauern, die im Glauben und Vertrauen auf ihren Vertragspartner, ohne das Kleingedruckte genau zu lesen, den Vertrag unterschrieben hatten. Dann fällt noch ein ehemaliger Mitverdiener in der Familie aus, und so nimmt die finanzielle Katastrophe ihren Lauf. Dass sich daraus durch kriminelles Verhalten eine weltweite Immobilienblase aufbauen sollte, hat sich schnell herausgestellt.

Meine Frau und ich haben über diese Entwicklung nachgedacht und befürchteten, dass all das, was mit viel Einsatz und mit hohem finanziellen Aufwand erworben worden war, möglicherweise in Anbetracht der sich entwickelnden, negativen Situation entwertet werden würde. Wir luden einen Makler aus Dublin ein, er möge sich unser Anwesen anschauen. Wir waren fest entschlossen, unser schönes Domizil aufzugeben und auf den für meine Frau und mich sicheren Kontinent zurückzukehren. Uns wurde ein entsprechendes Angebot gemacht, vor allem was beide Häuser zusammen betraf. Und das attraktive Seegrundstück mit dem reetgedeckten Bootshaus, das zu einem Teil im Loch Sheelin stand, war – das ist ohne Übertreibung zu sagen – dort wirklich der Hingucker. Das Bootshaus war sogar schon auf einer der größten irischen Tageszeitungen, der Independent, abgebildet. Da der Makler unsere genauen Vorstellungen kannte, waren in kürzester Frist trotz Rezession über dreißig Bewerber dort. Darunter ein Schlachtermeister, der mit seinen sechs Kindern zur Besichtigung erschien. Zigarre im Mund, die Joppe nur mit einem Knopf geschlossen, marschierte die ganze Familie mit Gummistiefeln in unser Wohnzimmer, er nahm auf meinem Fernsehsessel Platz. Diesen rücksichtsvollen Charme, der die irische Bevölkerung in der ganzen Welt so sympathisch macht, hätte ich normalerweise – wäre es eine andere Situation gewesen – nur im Suff ertragen. Meiner Frau blieb die Spucke weg. Wir gingen nach draußen, setzten uns unter unsere japanische Zierkirsche, die voll erblüht war, und beide sagten wir eigentlich gleichzeitig dasselbe: „Hoffen wir, dass wir das bald hinter uns haben." Noch nicht mal eine halbe Stunde war vergangen, da trat der Makler zu uns - meine Frau und ich blieben beide vor der Küchentür an der Rückfront des Hauses draußen stehen, während die Frau und die sechs Kinder immer noch im Hause herumwuselten - und erklärte uns: „Wenn Sie alles so wie es hier ist, einschließlich Möbeln, zu dem genannten Preis verkaufen, können wir morgen in Cavan zum Notar gehen." Meine Frau und ich wussten, Irland würde in kürzester Frist für uns Geschichte sein.

Zu dem genannten Termin gingen wir in Cavan zu einem Notar und waren erstaunt darüber, dass unser Makler, der an dem Gespräch teilnahm, ebenfalls einen Notar an seiner Seite hatte. Alle Vereinbarungen, die jetzt getroffen wurden, wurden von uns und den beiden Notaren geschlossen. Man vermeidet so, falls es später zu einer Uneinigkeit kommt, den Gang zum Gericht. Gleichzeitig ging der Kauferlös nicht auf unser Konto, sondern im vollen Umfang auf das Konto des irischen Finanzamtes. Die zogen erst mal ihre Beträge vom Kaufpreis ab und überwiesen dann den kläglichen Rest. So will man vermeiden, aufs Kreuz gelegt zu werden.

Wir verließen Irland. Die schlechte Behandlung nach dem Zwischenfall im Zusammenhang mit St. Nikolai muss ganz deutliche Spuren bei mir hinterlassen haben. Ich habe mich immer unwohler zu fühlen. Dann wurde ein Darmkrebs im fortgeschrittenen Stadium bei mir festgestellt. Die daraus sich entwickelnden Folgen hatte ich ja schon beschrieben. Was sich während dieser Krankheit aber entwickelt hat, darauf möchte ich jetzt eingehen.

Als ich austherapiert war und mich schon auf das Schlimmste eingestellt hatte, meldete sich der Inhaber unserer Versicherungsagentur, die seit Jahren mit der Betreuung unseres gesamten Eigentums beauftragt war. Da wir unser Haus in Irland aus der Versicherung genommen hatten - es war ja verkauft - hatte er uns damals ein einigermaßen attraktives Angebot seiner Versicherungsgesellschaft gemacht. Über ein Aktienportfolio, das von der Versicherung kam. Dies galt als absolut sicher und war von der Gesellschaft persönlich abgesichert. Es unterschied sich aber, was die Zinsen betraf, ganz erheblich von dem, was sich sonst auf dem Aktienmarkt tummelte. Die Leute spielten völlig verrückt, der eine hatte bessere Tipps als der andere, wo man mehr Zinsen für sein Geld bekäme. Meine Frau und ich haben zu keinem Zeitpunkt auch nur mit dem Gedanken gespielt, uns da auch mal umzuhören. Für mich kam all das nicht in Frage. Lieber ein bisschen weniger und dafür sicher.

Meine Versicherungsagentur wusste zwar, dass wir die Häuser verkauft hatten. Ich hatte dort eine hohe sechsstellige Summe sicher angelegt. Und so meldete er sich noch einmal bei meiner Frau und mir, und da wir uns schon seit so vielen Jahren kannten und alles bisher auch – das muss ich unterstreichen – zu unserer vollsten Zufriedenheit dort untergebracht war, wollte ich ihm den Wunsch nach einem Gespräch erfüllen. In dem Zustand aber, in dem ich mich befand, hätte ich es lieber gehabt, man würde mich allein lassen. Zu strapaziert war mein Körper durch die Krankheit. Über viel Kraft verfügte ich zu der Zeit, als er mich besuchen wollte, nicht mehr. Zum vereinbarten Zeitpunkt tauchte er dann bei uns auf, aber nicht allein. Er brachte jemanden mit, ich war völlig ahnungslos und bin nicht näher darauf eingegangen, welche Rolle dieser junge Mann an der Seite unseres Versicherungsexperten wohl spielte. Er erklärte mir nur bei der Begrüßung, dies sei ein Kollege, der ihn jetzt immer bei Besuchen begleiten würde. Nachdem wir zehn Minuten über dies und jenes gesprochen hatten, kam man auch langsam mit der Sprache heraus. „Sind Sie denn mit Ihrer Anlage bei uns zufrieden?“ Ich fragte: „Besuchen Sie mich, um mir zu sagen, dass ich auf diese Anlage jetzt mehr Zinsen bekomme?“ „Nein“, sagte er, „das nicht. Aber mein Kollege kann Ihnen mal erzählen, was wir Ihnen für einen Vorschlag machen wollen. Der wird Sie begeistern. Wir haben da was im Angebot, das bringt einige Prozente mehr als das, was Sie haben. Und ist genauso sicher, Sie können unbesorgt sein.“ Ich war überhaupt nicht darauf vorbereitet, jetzt und in meiner Situation noch irgendwelche Geldgeschäfte abzuwickeln. Darum erklärte ich sofort: „Das kann noch so sicher sein, ich bleibe bei dem, was ich schon angelegt habe, damit das auch bei jedem Kapitaleinbruch absolut sicher ist.“

Es wurde unerträglich. Man versuchte mit aller Gewalt, mich von dem neuen Angebot, das man schon vorbereitet hatte, zu überzeugen. Ich war fest entschlossen, mich auf keine weitere Veränderung einzulassen. Aber zu guter Letzt, als ich merkte, dass ich körperlich nicht mehr lange durchhalten würde – so sehr hatte mich das Gespräch angestrengt – machte ich dem Kollegen des Agenturbesitzers folgenden Vorschlag - denn ich ahnte, irgendetwas müsse hier faul sein. Darum neigte ich nicht zur einfachen, sondern zur doppelten Vorsicht. Ich sagte ihm: „Fahrt in euer Büro. Lassen Sie mir ein unterschriebenes Schriftstück zukommen, aus dem deutlich mit nur ganz wenigen Sätzen steht, dass dieses Angebot, das wir Ihnen hiermit unterbreiten, genauso krisensicher ist und durch uns gesondert abgesichert wird wie das, was Sie bis jetzt besitzen.“ Das war die einzige Möglichkeit, die beiden Herren loszuwerden, und ich wusste in diesem Augenblick ganz genau: Mit einem solchen Schreiben besiegelt von der Spitze seiner Gesellschaft, wird er mir nie unter die Augen treten. Irgendwie hatte ich für diese beiden Männer nur Verachtung übrig. Wie konnten sie jemanden, der sich in einer solchen Situation befindet, und der gesundheitlich die unterste Sprosse erreicht hatte, so bedrängen.

Es dauerte keine drei Wochen, da bekam ich einen Anruf. Der Kollege aus der Agentur meldete sich telefonisch: „Herr Buterfas, wenn Sie eine halbe Stunde Zeit für mich haben, würde ich gern bei Ihnen vorbeikommen und Ihnen das Schreiben mit der Garantie auf die Aktie, unterschrieben von der Spitze unserer Gesellschaft, übergeben." Da ich damals eine Zusage gemacht hatte - bekomme ich das Schreiben, bekommen Sie das Geld für eine Anlage - ließ ich den jungen Mann kommen und setzte meine Unterschrift unter die neue Anlage. Damit nahm ich meine vorherige Anlage aus dem bestehenden Vertrag. Über mehrere Monate lief die Angelegenheit ganz gut. Ich war immer noch nicht ganz wieder hergestellt, deswegen konzentrierte ich mich nur auf die Zahl, die unterm Strich stand, und das waren entsprechend angewachsene Zinsvergütungen.

Dann nahm ich so langsam auch wieder am normalen Leben Teil und betrachtete vor allen Dingen interessiert die Situationen, die sich in Europa und in Amerika entwickelten, wie die Immobilienblase überall katastrophale negative Formen annahm. Und dann sah ich im Fernsehen einen Mann aus einer Bank kommen - Lehmann Brothers -, es muss sich um einen Angestellten gehandelt haben, der in einem Karton seine Habseligkeiten aus dem Büro heraustrug. Zwischenzeitlich sah ich Demonstrantinnen und Demonstranten vor Banken stehen, die verzweifelt versuchten, Geld, das sie losgeworden waren, wiederzubekommen. Sie beschimpften die Banken als Betrüger, und bei näherer Betrachtung musste ich ihnen, ohne dass ich schon wusste, dass ich möglicherweise selbst zu den Betrogenen gehörte, zustimmen. Es gab unter den Menschen, die ihr ganzes Geld verloren hatten, wirklich unglaubliche Schicksale. Aus Verzweiflung sogar Selbstmorde. Da hatten Menschen ein ganzes Leben lang gespart, um im Alter ein gesichertes Auskommen zu haben und werden von solchen Verbrechern bis aufs letzte Hemd ausgezogen.

Natürlich rief ich sofort meine Agentur an, diese Bilder machten mich unruhig. Passieren konnte mir ja nichts. Denn ich hatte ein Dokument in den Händen, das mir garantierte – auch wenn die Welt einstürzte – meine Anlage sei sicher. Der Inhaber der Agentur sagte mir: „Ich hab mir schon gedacht, dass Sie mich anrufen werden, aber das hat kein Mensch erwartet. Das hat ja einen weltweiten Knall ausgelöst. Die Leute haben fast alle ihr Geld verloren." Ich antwortete ihm: „Bis auf einen, und der bin ich, denn das Schreiben, das ich in der Hand habe, könnte ich mir einrahmen lassen." „Ja, aber auch ein Teil Ihres Geldes ist weg." Ich sagte: „Dann stoppen Sie mal sofort alles, was da ist, und den Rest, der angeblich weg sein soll, nennen sie mir morgen." Am selben Nachmittag erhielt ich folgende Information: „Das meiste Geld ist sichergestellt, nur 80.000 €" - und so drückte er sich aus - „sind doch noch auf der Strecke geblieben. Aber mein Kollege weiß besser darüber Bescheid." Ich antwortete: „Teilen Sie ihm mit, er möchte auf dem schnellsten Wege zu mir kommen!"

Das tat er dann auch und erklärte mir: „Wie Ihnen Herr M. schon gesagt hat, sind leider auch Sie betroffen. Und glauben Sie mir, da konnte vorher wirklich keiner wissen, dass es sich so entwickelt." Ich erklärte ihm: „Das mag sein, aber da ich das geahnt hatte, habe ich hinsichtlich der Sicherheit meines Geldes ja ein Dokument von Ihnen bekommen. Und nun sehen Sie zu, dass innerhalb von spätestens vierundzwanzig Stunden mein gesamtes Geld mit den noch fehlenden Zinsen auf mein Konto kommt." „Ich glaube, daraus wird nichts", meinte er. Meine Frau sagte: „Als Erstes verlassen Sie so schnell wie möglich mein Grundstück, und als Zweites werden Sie und Ihre Firma ein mittelschweres Erdbeben erleben, wenn nicht binnen vierundzwanzig Stunden das Geld wieder vollständig da ist."

Und nun fing ich an zu recherchieren. Weil ich ahnte, ich müsste mich wohl doch auf etwas einstellen. Ich erfuhr, dass die Versicherungsgesellschaft, bei der ich seit vierzig Jahren restlos alles versichert hatte, die Dresdner Bank kurz vor ihrer Insolvenz gekauft hatte, wahrscheinlich einschließlich der Mitarbeiter. Und der, der mit meinem Berater bei mir zu Besuch war, war ein ehemaliger Mitarbeiter dieser Bank. Ich bin also schon bei diesem Besuch bewusst irregeführt worden. Das war also schon ein Vertrauensbruch meines Agenturberaters. Die Strategie der Versicherungsgesellschaft war ja auch aufgegangen, wie es mein Fall beweist. Der Agenturinhaber genießt das Vertrauen des Versicherungsnehmers, und die Tür zu dem Versicherungsnehmer steht sofort offen. Wenn er jetzt mit dem Kollegen zu dem Versicherungsnehmer geht, ist dieser ahnungslos und fällt auf das böse Spiel herein. Das ist vielleicht schon zigtausend Male passiert. Nur bei mir lag der Fall ein bisschen anders. Ich hatte das Schriftstück. Trotz allem rief ich die Handelskammer an und fragte, ob sie mir mehrere Fachanwälte nennen könnten, die sich in diesem Bereich auskannten. Nach vielem Hin und Her entschloss ich mich auch für einen Anwalt. Das Geld hätte ich sparen können. Denn ich selbst musste ihm sagen, was wir machen müssten. Ich sah einen Weg, der wahrscheinlich zum Erfolg führte, der auch schon in verschiedenen anderen Dingen erfolgreich gewesen war: den an die Öffentlichkeit.

Mit dem Schreiben, das ich in der Hand hatte, war ich in der Lage, beide des offenen Betruges zu überführen. Denn ahnungslose Menschen hereinzulegen, das ist schon – wie man früher sagte – einen Asbach wert. Ich fing mit kleinen Zeitungen an, die aus reiner Mordlust, was sich da draußen und überall in Europa abspielte mit betrogenen Bankkunden, erst einmal loslegten, und dann war es so weit: Abendblatt, Welt und selbst die Frankfurter Allgemeine meldete sich bei mir in Bendestorf. Viele Menschen standen bei mir vor der Haustür und fragten nach dem Erfolgsrezept. Aber noch war ja mein verlorenes Geld nicht auf meinem Konto. Und ich wollte es auch gar nicht so schnell wiederhaben. Es war mir ja sicher. Entweder die Dresdner Bank oder meine Versicherung, zu der meine Agentur gehörte, mussten dafür einstehen. Inwieweit diese auch noch daran interessiert waren, einen Sturm der Entrüstung auf sich zu nehmen, würde sich herausstellen. Mein Anwalt hatte versagt. Ich bekam das erste Schreiben von der Dresdner Bank. Meine Wut gegen dieses Verbrecher-Unternehmen, anders kann ich es nicht bezeichnen, war grenzenlos. Das lag auch daran, dass die Dresdner Bank während der Nazi-Zeit fast das gesamte jüdische Immobilien-Vermögen geschätzt hat und anschließend nur die Inhaber arisiert wurden, wie es hieß. Unter diese Arisierung fielen ja auch meine Großeltern väterlicherseits, wie ich früher schon einmal erwähnt hatte. Im ersten Brief ließ die Dresdner Bank Folgendes durchblicken: „Wir haben Ihren Vorgang noch einmal geprüft. Da es sich bei Ihnen um ältere Leute handelt, sind wir übereingekommen, Ihnen ohne Präjudiz einen Betrag von zwanzigtausend Euro zukommen zu lassen. Mit diesem Angebot sind wir der Meinung, sollte die Angelegenheit für beide Teile erledigt sein." Mein Anwalt meinte: „Das ist ein großzügiges Angebot. Das sollten Sie wirklich annehmen." Ich sagte ihm nur: „Schreiben Sie oder ich? Meine Antwort ist ein klares Nein, und ich werde gegen die Dresdner Bank jetzt Geschütze auffahren, davon können die nur träumen. Was die mit all den anderen hunderttausend Menschen, die von denen und ihren Mitarbeitern betrogen wurden, machen, soll mir gleich sein. Ich lasse mir das nicht bieten."

Dergestalt ging nun mein Schreiben an die Gesellschaft. Meinen Anwalt ließ ich in dieser Angelegenheit nichts mehr machen. Alles lief über die Presse. Dass es diesen Leuten nicht angenehm war, war klar. Bei den geschädigten Kunden der Banken waren tatsächlich drei Anwälte, die ebenfalls darauf hereingefallen waren. Es kam ein weiterer Brief, und in diesem Brief wurde nun tatsächlich Folgendes formuliert: „Wir sind nicht daran interessiert, mit Ihnen weiter zu korrespondieren. Aus dem Grunde haben wir uns entschlossen, Ihnen Ihr gesamtes angelegtes Geld zurückzuüberweisen." Alles war in Absätzen unterteilt: Punkt eins, Punkt zwei und Punkt drei. Der dritte und letzte Absatz hat mich auf die Palme gebracht. Dort hieß es: „Sie versichern uns, dass Sie über diese Einigung Dritten gegenüber Schweigen bewahren.“ Das kam für mich überhaupt nicht in Frage. Im Gegenteil, mein Anwalt bat mich noch: „Herr Buterfas, wir haben doch alles erreicht.“ Ich musste ihm aber sagen: „Nicht Sie, sondern ich hab alles erreicht. Und nun möchte ich Sie bitten, dass Sie die Anwaltskosten, die Ihnen ja zustehen, bei der Versicherung einfordern.“ Daraufhin bemerkte er: „Sie sollten jetzt aber wirklich zufrieden sein und auf die Anwaltsgebühren, die ich auch schon von Ihnen bekommen habe, verzichten.“ Wenn er sich umgedreht hätte, hätte ich ihn am liebsten dahin getreten, wo sich jeder normale Mensch draufsetzt.

Etwa vier Wochen vergingen, da bekam ich in meinem Haus in Bendestorf einen Anruf, ein Vorstandsmitglied der Dresdner Bank meldete sich aus Hannover. Ich konnte es nicht glauben. Menschen, die ihr Geld verloren hatten und bei der Bank anriefen, um mit jemandem sprechen zu können, um ihre Not zu klagen, hingen stundenlang in der Warteschleife und gaben dann verzweifelt auf. Und hier ruft jemand vom Vorstand an. Ich begrüßte ihn mit den Worten: „Hat man Sie als kleinsten Schweinehund jetzt vorgeschickt?“ „Herr Buterfas, nun kommen Sie mal runter. Wenn Ihr Anwalt anstatt zu schreiben - er trägt ja die ganze Schuld - mal mit uns telefoniert hätte, hätten wir die Angelegenheit doch längst erledigt.“ „Es verschlägt mir eigentlich die Sprache. Sie sind ein Enkel von den Verbrechern, die dazu beigetragen haben, meinen Großeltern väterlicherseits ihr gesamtes Hab und Gut abzuknöpfen? Als es nichts mehr bei den Lebenden zu holen gab, haben Sie das Zahngold von den Leichen, die aus den Gaskammern kamen, eingeschmolzen und in die Schweiz verfrachtet. Doch es gibt etwas, weswegen ich noch Achtung vor den Enkeln der Dresdner Bank habe: Jahrelang wurde im Fernsehen mit dem grünen Band der Sympathie für die Bank geworben. Ihr habt euch aufgemacht und ein Buch geschrieben: Ein braunes Band der Sympathie. Dieses Buch war der absolute Beweis dafür, dass Sie nicht nur akribisch die Vergangenheit aufarbeiten, sondern sich ganz besonders von den Verbrechen ihrer Vorgänger distanzieren wollten. Zu guter Letzt kam in der Neuzeit 2008 die weltweite Bankenkrise dazu. Auch hier hat sich die Dresdner Bank nicht mit Ruhm bekleckert. Zigtausende verloren durch die Manipulation der Dresdner Bank, die an dieser Krise ihren Anteil hatte, ihr schwer erarbeitetes Geld. Manch ein Sparer nahm sich aus Verzweiflung das Leben. Dass Allerschlimmste, wofür sich die Verbrecher schuldig gemacht haben: Die Vorstände, die das alles zu verantworten hatten - beispielsweise ein großes Heer von Arbeitslosen - haben sich für ihre Sau-Arbeit auch noch hohe Boni ausgezahlt, obwohl das Unternehmen längst insolvent war. Jetzt kommen Sie auf den Punkt, was wollen Sie von mir?" „Herr Buterfas, ich bin von unseren Vorstandskollegen gebeten worden, mit Ihnen zu sprechen. Der deutschen Tagespresse habe ich entnommen, dass Sie über das, was Sie mit Ihrem Geld erlebt haben, ein Buch schreiben wollen." „ Ja, das Buch ist fast fertig. Und ich kann Ihnen auch den interessanten Titel nennen: Ich lass mich nicht zum Schweigen zwingen." „Wir möchten von Ihnen wissen, wie wir dieses Buch verhindern können." Worauf ich bemerkte: „Das bringt doch auch nicht mehr viel, denn Ihr steht doch wieder einmal vor der Pleite. Aber wenn Sie wissen wollen, wie Sie das Buch verhindern können, mache ich Ihnen jetzt einen Vorschlag: Einer Ihrer Obergangster, der Vorstandsvorsitzende hat jetzt noch Anspruch auf Boni in Höhe von zweihundertfünfzigtausend

Euro. Obwohl Ihr Haus vor der Insolvenz steht. Erwarten Sie von mir keine Erklärung, wie ich darüber denke. Überweist mir diesen Betrag, und ich lasse das Buch nicht erscheinen und werde einen Großteil der Beträge an diejenigen überweisen, die ihr durch eure Leute geschädigt habt." Klick. Das Gespräch war zu Ende.

Dieses Buch - „ Ich lass mich nicht zum Schweigen zwingen" - hat mich viel Schweiß gekostet. Ich habe mich wochenlang mit den Systemen von Banken beschäftigt. Und zwischenzeitlich habe ich auch in Erfahrung gebracht, wie die Kreditverträge, die einmal von einer Gläubiger-Bank an andere verkauft wurden, in Amerika noch einmal an eine große Bank in Deutschland weiterverkauft wurden. Daher standen, wie mir bekannt ist, in Baltimore ganze Vororte leer. Die Menschen sind obdachlos geworden, haben in Zelten und Autos übernachtet. Offenbar stehen diese Häuser heute noch leer. Die letzte Bank, die die Darlehensverträge von den Häusern übernommen hat, wird wahrscheinlich irgendwann mit sehr hohen Kosten belastet werden. Denn diese Häuser, die verfallen, müssen abgerissen und entsorgt werden. Wieder eine schöne finanzielle Aufgabe für unsere deutsche arbeitende Bevölkerung. Denn möglicherweise muss diese Bank finanziell gestützt werden. Und dafür müssen unsere Steuergroschen herhalten. Einmal sind wir unsere Häuschen los und zum Zweiten übernehmen wir indirekt die Kosten für den Abbruch und die Entsorgung für den Müll.

Wenn ich daran denke, dass ich mit meiner Rückkehr nach Deutschland so viel ertragen musste und meine eigene Agentur mir das eingebrockt hatte! Und daneben saß dieser Gangster von der Dresdner Bank, den ich anschließend in Hamburg auch vor Gericht gezerrt habe. Und der mir eigentlich als Zeuge in dieser Angelegenheit - falls ich ihn benötigt hätte - klipp und klar sagte: „Dafür stehe ich nicht zur Verfügung, das hat mir meine Gesellschaft untersagt." Da war er auf dem besten Weg, die letzten paar Prozente Vertrauen, die ich in ihn gesetzt hatte, zu verlieren. Unmissverständlich machte ich ihm klar, dass ich dann auch ihn und seine Gesellschaft, die es ihm gestattet hatte, an solchem Betrugsmanöver teilzunehmen, zur Rechenschaft ziehen werde. Danach knickte er ein und bemerkte: „Ich habe ja nicht gewusst, dass böse Absichten dahinterstecken." Das möchte ich nicht weiter kommentieren, mit dem Kapitel habe ich dann auch wirklich abgeschlossen. Aber in diesen Momenten habe ich mir die Frage stellen müssen, was denn noch alles auf mich zukäme. Wann würde ich eigentlich mal zur Ruhe kommen, um mit meiner Frau noch ein bisschen vom Leben zu haben, denn mittlerweile bewegen wir uns beide in Richtung eines Alters, in dem man für sich etwas Schlimmeres befürchten müsste. Dann denke ich - und meiner Frau geht es genauso, denn sie hat bisher alles miterlebt, was sich bei uns alles abgespielt hat - an unser schönes Irland.

Langweilig war es in meinem Leben noch nie, und langweilig war es auch nie für meine Frau. Sicherlich gab es eine ganze Menge Dinge, die sie sich anders gewünscht hätte, ruhiger, und vielleicht hätte sie auch gern viel mehr mit mir unternommen. Es wäre auch mal wieder schön gewesen, wir hätten eine Reise nach Irland unternommen. Wir hatten sehr viele deutsche Freunde, die nach Irland ausgewandert waren - die hätten sich bestimmt gefreut. Aber kaum hatten wir ein paar Wochen Ruhe, da kam das nächste Ereignis auf mich zu. Und das sollte mir für lange Zeit den Schlaf rauben.

Jemand spielte mir einen Artikel des Spiegel zu, in dem ausführlich beschrieben wurde, dass sich in einer Kunststätte in Jesteburg - in einem sogenannten Edda-Saal, der zu der Einrichtung der Kunststätte gehörte - ein der Öffentlichkeit zugängliches Hakenkreuz befand. Der Spiegel-Redakteur beschrieb ausführlich, in welchem Zusammenhang dieses Hakenkreuz gesehen werden sollte: Um 1920 herum befand sich das Ehepaar Bossard in Jesteburg und hat dort in einem wunderschönen Waldgebiet einen sogenannten Kunsttempel eröffnet. Mitglieder der nationalsozialistischen Arbeiterpartei Deutschlands waren sie nicht. Doch er hat mit den Nazis sympathisiert. In Hamburg gibt es ein Denkmal für die gefallenen Soldaten des Ersten Weltkrieges. Dies sollte einem neuen Kunstwerk weichen, und zwar sollte etwas entstehen, das an die Männer erinnert, die 1923 gemeinsam mit Adolf Hitler, mit Rudolf Hess, mit Helmut Göring, um nur einige der prominenten Nazis zu erwähnen, die Regierung in München hatten stürzen wollen. Das schlug fehl. Göring wurde verletzt, Hitler wurde gefasst, verurteilt und kam auf die Festung Landsberg. Dort schrieb er sein Buch „Mein Kampf“, das zu einem großen Teil beschrieb, wie Lebensraum im Osten beschafft werden konnte - und außerdem, wie jüdisches Untermenschentum von der Landkarte in Deutschland getilgt werden konnte - wie er sich ausdrückte. Auch Bossard entwickelte einen Entwurf, den er voller Stolz dem Reichsminister für Rasse und Ähnliches - Alfred Rosenberg - in Jesteburg gezeigt hat. Der soll aber, wie man behauptet, über diesen Entwurf lachend aus der Kunststätte Bossard verschwunden sein.

Die antisemitische Äußerung von Herrn Bossard soll dahin gegangen sein, das verdanke er mit Sicherheit einem Juden. Als ich darauf aufmerksam gemacht wurde, dass dort ein verfassungsfeindliches Symbol im Fußboden eines Saales vorhanden war, konnte ich es nicht glauben. Auch deshalb nicht, weil es eine Stiftung gab, Kunststätte Bossard, in der der Vorsitzende unser allseits so beliebter Landrat Herr R. war. Gerade Herr R. war meiner Frau und mir ganz besonders sympathisch, an ihn haben wir eine Erinnerung, für die wir ihm ewig dankbar sein werden.

Meine Frau und ich hatten sich für unsere zu erwartende Diamantene Hochzeit zu einem Aufenthalt in Spanien entschlossen. Wir hatten ein Hotel gewählt, das zu einem der besten in Spanien gehörte. Meine Frau hat einfach bestimmt: „Da fahren wir hin, wir machen keine Feier in Deutschland wie zu unserer Goldenen Hochzeit. Jetzt gönnen wir uns nach all den Jahren mal richtig was. Wer weiß, wie lange wir das noch können?" Und was sich meine Frau in den Kopf setzt, das wird auch getan. Es gibt ein einfaches Rezept dafür, wie man - auch das sage ich ohne Übertreibung - eine Bilderbuchehe führen kann. Du musst als Mann das letzte Wort haben, und das heißt: jawohl, Liebling. Beherzigt man das, kann nicht viel schief gehen.

Zu unserer Diamantenen Hochzeit hatte ich mit der Hotelleitung eine kurze Absprache. Das Hotel hatte eine Terrasse, die war dreißig Meter lang und zehn Meter breit. Die Balustrade dieser Terrasse glich einem riesigen Blumenmeer. Von da aus hatte man einen wunderbaren Blick auf die Gartenanlage - und deren Schönheit zu beschreiben, ist nicht einfach. Ich

hatte für den Tag unserer Diamantenen Hochzeit einen Tisch direkt an der Balustrade reserviert, der sehr schön geschmückt wurde.
Von diesem Tisch aus hatte man einen Blick auf die Tür, aus der die Kellner kamen und alles das auf die Tische brachten, was das Herz begehrt. Unentdeckt setzte sich ein Fotograf zwischen die Gäste. Gegen zehn Uhr etwa sind fast alle hundert Plätze besetzt, mit Gästen, die sich um diese Zeit zum Frühstück einfanden. Ich hatte etwas organisiert, das meine Frau mit Sicherheit nicht erwartet hätte. Genau um zehn Uhr trat aus der Versorgungstür ein Pastor in vollem Schmuck, mit der Bibel vor der Brust. Er kam ganz langsam und würdevoll auf unseren Tisch zu. Und was ich erwartet hatte, trat ein. Je näher der Pastor kam, desto mehr entglitten meiner Frau die Gesichtszüge. Plötzlich stand er vor unserem Tisch, machte mit beiden Händen eine Bewegung: Wir sollten aufstehen. Und dann nahm er die Einsegnung vor. Auf unserem Tisch stand ein großes Herz, mit Blumen geschmückt, auf der eine sechzig zu lesen war. Einige Gäste, die aus dem Staunen nicht herauskamen - darüber, was sich da abspielte, fotografierten in aller Eile dieses Ereignis. Nach der Zeremonie nahm der Pastor an unserem Tisch Platz. Ein Erlebnis, das meine Frau und ich mit Sicherheit nie vergessen werden. Schauen Sie sich eines dieser wunderschönen Fotos an, die ich in der Bildserie in den letzten Seiten meines Buches eingefügt habe.

Meine Frau wurde dann sehr schweigsam und fragte: „Wir sind so lange verheiratet und kennen uns fast vierundsiebzig Jahre. Was hältst Du davon, wenn ich auch meinen Mädchennamen annehmen darf? Du weißt, mein Vater ist ermordet worden.“
Es ist in der Tat eine außerordentlich tragische Geschichte,

was ihren Vater betraf. Sie hatte ihn das letzte Mal im Alter von drei Jahren gesehen, erinnert sich aber noch heute daran, dass sie mit ihm im Dresdner Zoo war, denn meine Frau ist in Dresden geboren und hat auch noch am 13. und 14. Februar 1945 die schrecklichen Luftangriffe auf Dresden miterlebt. Ihr Vater war Arzt, Jude, und war 1938 für mehrere Wochen zu einem Kongress nach Amerika gereist. Was er nicht wusste: dass seine Frau, ihre Mutter, während er in Amerika war, die Scheidung eingereicht hatte. Trennt sich ein christlicher Partner durch Scheidung von seinem jüdischen Partner, so ist dieser dann laut Nürnberger Rassegesetze so gut wie tot. Schon seit 1935 war es mit dem Aufenthalt im Konzentrationslager bestraft worden, wenn es zwischen Juden und Christen zu einer sogenannten Mischehe kam, wie die Nazis sie bezeichneten. Er kam zurück nach Deutschland, ahnte nichts, wurde sofort verhaftet, kam in das Konzentrationslager Buchenwald und wurde dort nach wenigen Monaten ermordet, weil er sich nicht an Versuchen an Menschen beteiligen wollte.

Zu der Zeit, als er sich in Buchenwald befand, gab es dort eine Kommandeuse. Sie übernahm das Amt ihres Mannes, den die SS unehrenhaft entlassen hatte - wegen Korruption und Diebstahl. Es handelte sich um eine der schlimmsten Frauen, die die Weltgeschichte kannte: der weibliche Teufel von Buchenwald. In Nürnberg wurden nach 1946 ihre Lieblingsstücke bei dem ersten Kriegsverbrecherprozess der Weltgeschichte ausgestellt. Hier zeigte man Schrumpfköpfe von Häftlingen, die sie als Briefbeschwerer auf ihrem Schreibtisch hatte. Was man heute Tattoos nennt, hieß damals Tätowierungen. Diese Tätowierungen von Häftlingen waren ebenfalls Gegenstand bei den Nürnberger Prozessen gegen Ilse Koch. Daraus ließ sie sich Lampenschirme machen. Jedes Mal, wenn ich bemalte junge Menschen sehe - denn es ist ja heute überall Mode, so schöne Bilder am Körper zu tragen - dann sehe ich die Lampenschirme in Nürnberg.

Der Vorschlag meiner Frau hatte mich überwältigt. Wie war es möglich, dass ein solcher Vorschlag nicht von mir kam? Jedes Mal, wenn wir unseren langen Namen schrieben, Buterfas-Frankenthal, würden wir sofort an ihren Vater erinnert werden: ein geistiger Stolperstein. Ich sagte zu ihr: „Du bekommst endlich Deinen Mädchennamen zurück, und ich will ihn auch. Sowie wir in Deutschland sind, führt uns unser erster Weg nach Jesteburg zu unserer Gemeinde, dort wird alles sofort beantragt."

Ob wir wollten oder nicht, das Urlaubsende in diesem traumhaften Hotel in Spanien war erreicht. Die letzten zwei Tage haben wir fast ausschließlich in der wunderschön angelegten Gartenanlage genossen. Was da an Pflanzen und Früchten wuchs, setzte bei einem Pflanzenliebhaber das Herz in Flammen. Meine Frau sinnierte und sagte: „Eigentlich hab ich ja immer noch ein schlechtes Gewissen, dass wir uns in einem so wunderschönen Hotel eingemietet haben, das von den Kosten her doch wirklich den Rahmen sprengt." Ich muss sie sehr verdattert angesehen haben, denn sie fing an zu lachen … über diese Worte. Natürlich hatten wir uns vorher in unserem Leben nie etwas Ähnliches gegönnt. Und ich meine, es war allerhöchste Zeit, einmal an uns beide zu denken. Denn unsere Kinder, das können wir mit Stolz sagen, sind bei uns nie zu kurz gekommen. Ich meinte auch: „Diesen Schluck, den wir hier – wie man so schön sagt – aus der Pulle genommen haben, damit müssen unsere Erben eben leben, wenn wir von dem, was da kommt, für uns einen Abstrich genommen haben."

Eigentlich konnten wir es nicht erwarten, wieder deutschen Boden unter den Füßen zu haben. Nachdem wir den kommenden Morgen erreicht hatten, sind meine Frau und ich sofort zu unserer zuständigen Gemeinde nach Jesteburg gefahren. Ich erklärte der Sachbearbeiterin, nachdem sie uns sehr herzlich begrüßt hatte: „Heute kommen wir mit einem ganz besonderen Anliegen und vielleicht auch mit einem etwas ungewöhnlichen. Meine Frau hat einen Wunsch, und ich gehe davon aus, dass Sie ihr den erfüllen können. Sie hat mich darum gebeten, was Sie gar nicht nötig gehabt hätte, sie wolle ihren Mädchennamen wieder annehmen." Die Dame vom Amt sagte: „Das macht überhaupt keine Schwierigkeiten. Seien Sie so nett, und geben Sie mir doch schon mal Ihren Personalausweis, dann füllen wir hier noch diesen Fragebogen aus und ich schicke sofort alle erforderlichen Unterlagen nach Berlin. Sie können davon ausgehen, dass Sie spätestens in drei Wochen Ihren zusätzlichen Mädchennamen hinter den Ihres Mannes setzen können. Aufgrund dieser Aussage haben meine Frau und ich uns nur angesehen und dachten sicherlich das Gleiche: dass meine Einbürgerung fast sechzehn Jahre gedauert hatte. Meine Frau wurde von der Gemeindedame beglückwünscht: „Sie werden bestimmt Ihre Gründe haben, warum Sie jetzt noch, in etwas vorgerücktem Alter, Ihren Namen vor den gemeinsamen Namen Buterfas setzen möchten." Sie wollte uns schon verabschieden, als ich ihr sagte: „Wir sind noch nicht ganz fertig." „Und was kann ich noch für Sie tun?" Ich erklärte ihr: „Nun bin ich an der Reihe. Denn ich habe den gleichen Wunsch wie meine Frau. Ich möchte auch den

Mädchennamen meiner Frau annehmen." „Das ist völlig unmöglich", wurde mir geantwortet. „Das kann ich Ihnen so sagen, das sieht das deutsche Pass-Gesetz nicht vor. Da können Sie auch nichts dagegen tun." Mir blieb der Atem weg. Denn meine Erinnerung an all das, was mit Pässen in Verbindung stand, werde ich mein Leben lang nicht vergessen. Ich erklärte ihr, dass ich alles unternehmen würde, um den Namen meiner Frau zu bekommen. Sie sagte: „Da kann ich Ihnen absolut keine Hoffnung machen." Ich machte ihr deutlich, dass ich mich an die Stelle wenden würde, die dafür verantwortlich sei. Sie gab mir noch den Hinweis, ich solle mich an den Landkreis Harburg wenden. Da gäbe es eine direkte Passabteilung, aber: „Ich kann Ihnen jetzt schon sagen, Sie bekommen von denen die gleiche Antwort wie von mir. Und die lautet: unmöglich." Ich ließ mir von unserer Gemeindedame den Namen des zuständigen Herrn im Kreisamt in Winsen an der Luhe nennen. Als wir wieder im Hause waren, rief ich dort an. Ohne ihm auf dem Vorwege zu erklären, was ich von ihm wollte, vereinbarten wir einen Besprechungstermin.

Ich wurde sehr höflich empfangen. Ganz bewusst hatte ich zu diesem ersten Gespräch meine Frau nicht mitgenommen. Denn es war zu erwarten, obwohl der Beamte ja nichts dafür konnte, dass ich bei allem, was Pässe betrifft, in dem Gespräch die Fassung verlieren würde. Ich trug dem Sachbearbeiter auf dem Passamt meinen Wunsch vor. Ich erklärte ihm, dass das zusätzliche Tragen dieses Namens eine besondere Bedeutung für mich hätte. „Darf ich fragen, worum es geht?" Ich erzählte ich ihm, was dem Vater meiner Frau aufgrund seiner rassischen Zugehörigkeit im Nazi-Deutschland angetan wurde. Zusehends konnte ich feststellen, was bei Beamten ja nicht ganz einfach ist, dass der Zugang zu einem eventuellen persönlichen Interesse meiner Sache dienlich war. Er hörte mir geduldig zu, und ich begann ausführlich von meinen Erlebnissen mit der Hamburger Ausländerbehörde und dem Passamt zu berichten.

Ich tat diesmal etwas, wovon ich vorher noch nie und bei keiner Gelegenheit Gebrauch gemacht hatte. Ich sagte ihm: „Alles das, was ich Ihnen jetzt erzähle, können Sie überprüfen, wenn Sie sich ein wenig mit meinem Namen im Internet befassen. Ich selber habe keine Kenntnisse, wie man mit dem Internet umgeht. Aber meine Familie oder gute Freunde haben mir schon öfter erzählt, dass ich dort auf vielen Seiten zu finden sei." Ohne zu zögern kam ich auf die Verdienste zu sprechen, zu denen ich trotz der schrecklichen Dinge, die ich von Kindheit an hatte erleben und ertragen müssen, in der Lage gewesen war. Und ich deutete ihm an, dass sich meine Anerkennung nicht nur auf die Bundesrepublik bezieht, sondern auch auf das nahegelegene Europa und darüber hinaus. „Ich will für mich keinen Sonderstatus. Aber in diesem Punkt bin ich ein ganz unangenehmer Gast. Wenn Sie nicht in der Lage sind, etwas für mich in dieser Angelegenheit zu tun, dann seien Sie versichert, dass ich keine Ruhe geben werde. Ich setze bei höchster Stelle alle Hebel in Bewegung, dass mir dieser Wunsch erfüllt wird. Ich habe noch nie für das, was ich gern für mein Land getan habe, um etwas gebeten. Aber hier bestehe ich auf ein bisschen Wiedergutmachung. Da wir gerade bei Wiedergutmachung sind: Ich habe von diesem Staat, von meinem Geburtsland, das mir mit Gewalt als Sechsjährigem die Schule verboten hat, niemals etwas verlangt. Man hat mir unter den Nazis die Jugend gestohlen. Ich habe mit meiner Familie Unerträgliches erleiden müssen. Nie habe ich in irgendeiner Form Wiedergutmachung verlangt. Allein der Gedanke wäre mir gar nicht gekommen. Aber in diesem Punkt, den wir hier besprechen, lasse ich nicht locker."

Alles hatte er sich geduldig angehört. Auch zwei Mitarbeiterinnen in seinem Zimmer hatten bei dem, was ich erzählt hatte, ihre Computer ausgestellt. Sie nahmen großen Anteil an dem, was sie hörten. Ohne dass ich es bemerkte, war ich doch schon fast eine Stunde in seinem Amtszimmer. Er bemerkte: „Ich habe mir aufgrund meiner Tätigkeit schon einige Schicksale hier in meinem Amtszimmer angehört. Aber was Sie mir erzählen, tut mir außerordentlich leid. Trotz allem, das deutsche Pass-Gesetz sieht einfach für den Wunsch, den Sie haben, keine Möglichkeit der Erfüllung vor. Ich möchte Ihnen das aus meiner Sicht darlegen: „Wenn Sie heiraten, können Sie sofort ohne Schwierigkeiten den Namen ihrer Frau annehmen, oder die Frau behält zusätzlich ihren Mädchennamen. Sie kommen ja gerade aus der Gemeinde Jesteburg, die für Sie zuständig ist, und Ihre Frau erhält ohne große Probleme innerhalb weniger Wochen zu Ihrem gemeinsamen Namen ihren Mädchennamen Frankenthal. Bei Ihnen ist das nicht möglich." Ich konnte mich nicht beherrschen und sagte: „Welcher Blödmann denkt sich eigentlich einen solchen Schwachsinn aus?" Zum Schluss, nachdem er mir auch noch gesagt hatte, dass er mir gern geholfen hätte, fügte er hinzu, er könne die Paragraphen wälzen, wie er wolle - er komme leider zu keinem positiven Ergebnis. Ich erklärte ihm: „Sprechen Sie das mal alles mit Ihrem nächsthöheren Kollegen durch und lassen Sie gleich durchblicken, dass ich Himmel und Hölle in Bewegung setzen werde, um den Namen meiner Frau zum Gedenken an ihren ermordeten Vater – und zwar sehr bald – in Ehre zu tragen." Damit verließ ich ohne Ergebnis und ein wenig deprimiert das Gebäude in Winsen an der Luhe. Meine Frau erwartete mich zu Hause voller Spannung. „Was ist denn nun geworden?" Ich berichtete von dem fast einstündigen Gespräch, das ich mit dem höflichen und zuvorkommenden Beamten geführt hatte. Wenn ich mit dem, was ich ihm erzählt habe, den Nerv getroffen haben sollte und er diesen Punkt noch einmal mit seinem nächsthöheren Kollegen bespräche, gebe es vielleicht noch einen Hoffnungsschimmer, und zwar dergestalt, dass er mir zumindest eine Person oder eine Anlaufstelle nennen könnte, mit der ich noch einmal mein Gespräch hinsichtlich der Namensergänzung führen könnte. Aber alles kam ganz anders.

Ich erhielt aus Winsen einen Anruf von dem Beamten, mit dem ich mich so ausführlich unterhalten hatte. Er verabredete mit mir eine Zeit und bat mich, ihn in seinem Amtszimmer erneut aufzusuchen. Das Kreisamt in Winsen ist ein großes Gebäude, das für den gesamten Landkreis Harburg zuständig ist. Wenn ich mich richtig erinnere, liegen die Büroräume des Passamts im 11. Stock. Ein Lift befördert Sie in jede gewünschte Höhe, und wenn Sie im 11. Stock den Flur betreten, um in das zuständige Büro zu kommen, befindet sich zwischen Flur und Büroräumen eine große Glastür. Die kann nur von innen geöffnet werden. Sie haben aber vom Flur einen direkten Blick auf die Bürotüren.

Auf die Minute waren meine Frau und ich pünktlich zu dem vereinbarten Termin erschienen. Viel zu wichtig war uns diese zweite Begegnung und auf keinen Fall wollten wir uns dabei nicht an die vorgegebene Zeit halten. Und plötzlich sahen wir etwas, das wir nicht erwartet hätten. Hinter der Glastür ging unser Sachbearbeiter auf seine Bürotür zu, mit beiden Händen trug er etwas, was uns nachdenklich machte. In seiner linken Hand hatte er eine Kanne, in der rechten ein Tablett. Auf dem Tablett befanden sich zwei Tassen und ein Milchkännchen, und ich kombinierte: Wenn der Kaffee für meine Frau und mich gedacht war, dann – wo … Herrgott, hilf mir mal, habe ich schon mal bei einer Behörde zum Empfang eine Tasse Kaffee bekommen? Ich glaube, eher würde doch der Mond die Sonne schwängern. Das konnte eigentlich nur ein gutes Zeichen sein. Dort, wo wir uns hinsetzen sollten, vor seinem Bürotisch, standen tatsächlich zwei Tassen, und er fragte uns, ob er uns zu einer Tasse Kaffee einladen dürfte. Ich muss wohl nicht betonen, dass ich fassungslos war.

Nachdem wir uns beide etwas von dem Schock erholt hatten, sagte er: „Wir haben Ihren Fall noch einmal von oben bis unten besprochen. Die Gründe, die Sie mir alle so ausführlich bei Ihrem ersten Besuch geschildert haben, habe ich weitergegeben. Und ich habe im Internet eine Menge über Sie erfahren und kann nur sagen: Respekt. Das ist mir bis jetzt noch nicht untergekommen. Sie werden den Namen ihrer Frau tragen dürfen, das zu Ihrer Information. Aber es ist ein Punkt dabei, den ich mit Ihnen besprechen muss. Ganz persönlich dafür eingesetzt hat sich unser zuständiger Herr Landrat R. Und jetzt gibt es eine kleine Bedingung, bevor Sie den Namen offiziell tragen dürfen.“ Irgendwie ahnte ich, dass nun wieder ein Problem auftauchen würde. Aber bevor ich lange darüber nachdenken konnte, was wohl jetzt käme, sagte er einfach: „Unser Herr Landrat möchte Ihnen in seinem Büro bei einem kleinen Empfang die Ernennungsurkunde persönlich überreichen."

Zu dem Termin bei unserem Landrat durfte ich zwei Freunde mitbringen. Der eine war unser Bürgermeister aus Bendestorf und der andere unser persönlicher Freund, der im ehemaligen Konzentrationslager Buchenwald lange recherchiert hatte, um so viel wie möglich über den umgekommenen Vater meiner Frau in Erfahrung zu bringen, der Leiter der Gedenkstätte in Neuengamme. Seit der Zeit haben meine Frau und ich großen Respekt vor unserem Landrat Herrn R. in Winsen, und mir waren bis dahin aufgrund der Tätigkeiten, die ich ehrenamtlich betreibe, auf verschiedenen Ebenen schon einige begegnet. Aber einen so sympathischen und volksnahen, kompetenten und beliebten Landrat habe ich nirgendwo angetroffen.

Trotz allem konnte ich zu dem schrecklichen Symbol, einem Hakenkreuz, nicht schweigen, das auch noch, wie ich recherchiert habe, unter Denkmalschutz stand. Das war eine schreckliche Zumutung. Dass das auf dem schnellsten Wege verschwinden musste und weg musste, war selbstverständlich. Ich telefonierte viel mit Verantwortlichen der Gedenkstätte Bossard, und man war, was diese Angelegenheit anbetraf, sehr blauäugig. Vielleicht dachte man sich auch, wenn das schon seit 1932 dort im Fußboden installiert worden war, wird es sicherlich auch die nächsten siebzig Jahre unbeschadet weiter dort bleiben können. Für mich war das eine äußerst wichtige Angelegenheit, hier auf die Verantwortlichen einzuwirken, dass dieses öffentlich sichtbare verfassungsfeindliche Symbol entfernt werden müsse. Nach dem ausführlichen Spiegel-Bericht waren jetzt auch breite Teile der Öffentlichkeit zu einer offenen Diskussion über die Medien aufgerufen worden. Unter den vielen Kommentaren, die erschienen, gab es einige, die meinten, so schlimm sei das ja gar nicht. Und nun muss endlich mal Schluss sein und man solle aufhören, immer über diese Zeit zu sprechen und zu berichten. Und Unheil könnte ein solches Zeichen doch sowieso nicht mehr anrichten. Das würde heute doch ohnehin keinen Menschen mehr interessieren.

Diese Leute aber ignorierten einfach den zwischenzeitlich wieder verstärkt aufkommenden Antisemitismus. Unter dem Hakenkreuz sind die schlimmsten Verbrechen an den Völkern Europas begangen worden, von 1939 bis 1945. Das Hakenkreuz ist ein Symbol des Satans.
Es tat sich relativ wenig. Ich muss zu meinem Bedauern gestehen, dass ich jetzt massiver auftrat. Ich selber habe eine Vielzahl von Angehörigen in den Vernichtungslagern verloren. Ich konnte mit diesem schrecklichen Symbol - sieben Kilometer von meinem Zuhause entfernt - einfach nicht umgehen. Ich fand auch in mancher Nacht keinen Schlaf. Mittlerweile hatten sich nicht nur über die Grenzen Niedersachsens hinaus die Medien interessiert, bei mir gingen die Journalisten ein und aus. Und die Zeitungsberichte gipfelten teilweise darin, von einem Nazinest zu sprechen, da die Verantwortlichen dieses Hakenkreuz trotz eines großen öffentlichen Interesses nicht entfernten. Auch mein Vorschlag, das Hakenkreuz zumindest erst einmal aus dem Denkmalschutz zu lösen, wurde ignoriert. Ein Außenstehender wie ich hatte keine Möglichkeit, den Antrag zu stellen, das Hakenkreuz aus dem Denkmalschutz zu lösen. Das hätte nur, wie mir der zuständi-

ge Sachbearbeiter – zuständig für die untere Denkmalschutzbehörde im Landkreis Harburg – erklärte, der Vorsitzende gekonnt.

Die Öffentlichkeit nahm immer mehr Anteil an dieser Entwicklung. Ganz besonders ungeschickt benahm sich anschließend auch noch die ehemalige Leiterin der Gedenkstätte Bossard, denn sie kehrte, wie man landläufig sagt, das Hakenkreuz einfach unter den Teppich. Unter den vielen Anrufern, die ich hatte, war auch eine Dame, die einmal zu Ostern mit ihrem Enkelkind bei Bossard Ostereier gesucht hatte. Dabei hatte sie auch den Edda-Saal besucht und war über eine Schmutzfangmatte gestolpert. Darunter war das Hakenkreuz deutlich sichtbar. Das Land Niedersachsen hat es nicht verdient, durch so ein schreckliches nationalsozialistisches Zeichen, unter dem Angst und Schrecken verbreitet wurde, sein Gesicht zu verlieren. Da man nichts Befriedigendes unternahm, kam zum Schluss, was man eigentlich nicht gewollt hatte.

Jetzt ging es über Deutschlands Grenzen hinaus, es war Gesprächsthema in der ganzen Welt, denn zwei Journalisten von der New York Times besuchten mich mit Fotografen hier in meinem Haus in Bendestorf. Die brachten Jesteburg und das Hakenkreuz auf der Titelseite und auch im Blatt. Das alles hätte man vermeiden können. Eines hat natürlich der Bericht der New York Times erreicht: Jeder kannte den Ort Jesteburg in Niedersachsen.

Jetzt kam man im Vorstand allmählich auf die Angelegenheit zurück und bat mich zu einem Gespräch in einem bekannten Jesteburger Unternehmen. Dort war der gesamte Vorstand von Bossard und auch der Vorsitzende Landrat R. zu einer Sitzung zusammengekommen, zu der sie mich eingeladen hatten. Ich habe mit meiner Frau an einem recht lebhaften Gespräch teilgenommen, meine Gründe dargelegt und vor allem darauf hingewiesen, dass man in diesem Land unter dem Hakenkreuz an den verschiedensten Stätten über sechs Millionen Menschen nur wegen ihrer Rasse - Frauen, Männer und Kinder - fabrikmäßig ermordet hat. Und über allem wehte das Hakenkreuz. Am 20. Januar 1942, im Rahmen der Wannseekonferenz, die von Reinhard Heidrich im Auftrag von Reichsführer Heinrich Himmler durchgeführt wurde, sollten in Europa insgesamt zwölf Millionen Juden vernichtet werden. Unter dem Hakenkreuz.

Und ich werde dieses Hakenkreuz weiter bekämpfen. „Sie können damit rechnen, dass hier möglicherweise noch ein zusätzlicher Kultort entsteht, wie zum Beispiel das Grab von Rudolf Hess, das von Neonazis jedes Jahr zu seinem Geburtstag besucht wird. Nach einem solchen Gespräch sind meine Frau und ich immer sehr aufgewühlt. Verständlicherweise. Denn was wir in diesen zwölf Jahren von 1933 bis 1945 unter dem Hakenkreuz hatten erleiden müssen, habe ich ja reichlich geschildert. Doch immer noch hatte man Zweifel und versuchte, die Öffentlichkeit zu beschwichtigen: „Hier handelt es sich ja nicht um ein Hakenkreuz, sondern um eine Swastika.“ Und man werde die ganze Angelegenheit mit Bossard und dem Hakenkreuz aufarbeiten. Ich meinte: „Inzwischen sind schon wieder acht Monate vergangen und ich werde mich mit Sicherheit in Kürze wieder informieren lassen, was inzwischen passiert ist und wie man bis jetzt mit der Aufarbeitung dieses Problems weitergekommen ist.“

Dann kam die Idee, man müsste eine Diskussionsrunde veranstalten, unter dem Titel: Reden wir über Bossard.
Als Erstes sollte ich bei dieser Gesprächsrunde, an der wegen der Corona-Seuche nur wenige Zuhörer teilnehmen konnten, einen Vortrag halten. Ich habe mich lange gesträubt, diese Einladung anzunehmen. Viel zu sehr belastet mich ein solches Gespräch, und vor allem der Gedanke, dass ich möglicherweise Menschen gegenübersitze, die nicht sofort reagieren, um dieses Hakenkreuz zu entfernen, sondern immer wieder durch irgendwelche Ausflüchte den Verbleib dieses verfassungsfeindlichen Symbols verteidigen. Allein der Gedanke, mich dort hinzusetzen, wo sich ein Hakenkreuz befindet, machte mir schlaflose Nächte. Als Interviewer sollte ein Herr B. aus Jesteburg fungieren.

Nach langem Hin und Her und viel Korrespondenz mit den Verantwortlichen von Bossard habe ich dann doch meine Zustimmung zu einem Gespräch in der Kunststätte gegeben. Die meisten Verantwortlichen aus dem Vorstand der Kunststätte Bossard waren anwesend sowie auch der Redakteur vom Spiegel, der seinerzeit mit dem ausführlichen Bericht das Hakenkreuz in der Kunststätte bekanntgemacht hatte.
Noch einmal habe ich ausführlich meine Bedenken über den Verbleib des Hakenkreuzes geäußert. Ich habe aber auch gefragt, ob man es vor dem Gewissen verantworten könne, das Hakenkreuz einerseits verbieten zu lassen, davor aber eine große Informationstafel aufzustellen - einen sogenannten stummen Diener - , um die genaue Entstehung dessen, wofür das Ehepaar Bossard verantwortlich war, darzustellen und welche schreckliche Funktion dieses Symbol im Dritten Reich hatte.

Da auch die Kunststätte Bossard von Schulen besucht wird, schlug ich weiter vor, sollte man in diesem Edda-Saal vielleicht gleichzeitig eine kleine, aber informative Ausstellung über das Dritte Reich und seine Folgen erarbeiten. Dann würde das Ganze vielleicht noch einen gewissen Sinn bekommen. Aber Übermalen und alter Teppich sind gewiss keine Lösung des Problems.

Ich bin gespannt über die nächsten Informationen, die von der Kunststätte Bossard und über das Hakenkreuz kommen werden.

Kapitel 14: Warum

Ich habe mir lange die Frage gestellt: Warum musste ich ein solches Leben führen, fast bis zu meinem neunzigsten Lebensjahr? Die Reise geht nun langsam zu Ende. Und jetzt lasse ich mein Leben durch dieses Buch noch einmal Revue passieren. Alles das, was ich mit großer Unterstützung meiner Frau und Gottes Hilfe erreichen konnte, war mir nicht an der Wiege gesungen.

Aber warum hat es sich so entwickelt? Ich habe immer wieder nach Antworten gesucht. Es hat lange gedauert, bis ich ein klares Bild hatte. Zwischenzeitlich hatte ich auch Versuche gemacht, bei zwei Psychiatern. Doch nach einigen wenigen Sitzungen und nachdem ich den Herren Teile meiner Lebensgeschichte erzählt hatte, stellte ich fest, ich müsse wohl das, was ich getan hatte, bis zu meinem Lebensende weitermachen, sonst würden mich, käme ich zur Ruhe, die Albträume erdrücken. Das wäre geschehen, hätte ich mich nicht mit fast unlösbaren Problemen konfrontiert, die im Zusammenhang mit Projekten entstanden, die ich mit Hilfe vieler Freunde erfolgreich realisieren konnte.

Ich vermute, alles fing mit meiner Einschulung im Alter von sechs Jahren in Hamburg-Horn an. Lehrer, zu denen ich die nächsten neun Jahre hätte Vertrauen haben müssen, haben mich als sechsjährigen Knirps zu Tode erschüttert, indem sie mich unter dem Feixen und Johlen gleichaltriger und älterer Schüler gezwungen haben, den Schulhof zu verlassen. Das Vertrauen, das ich einem Lehrer gern entgegengebracht hätte, war für den Rest meines Lebens erschüttert. Um dieses Erlebnis zu verarbeiten, habe ich fast ein halbes Leben gebraucht.

Die Flucht mit meinen Geschwistern und meiner Mutter nach Polen, nur um unser nacktes Leben zu retten, die Flucht nach der Entdeckung in Polen und der Weg wieder zurück nach Deutschland in meine Geburtsstadt Hamburg, die in Trümmern lag und weiter von der britischen und amerikanischen Luftwaffe bombardiert wurde, bis zu den schrecklichen Bombennächten vom Juli 1943, wo wir völlig schutzlos in einem ausgebombten Haus im Keller darum beteten, diese Bombennächte zu überstehen. Das Ende des Krieges, das unbeschadete Zurückkehren unseres Vaters aus dem Konzentrationslager Sachsenhausen, damit verbunden die Hoffnung auf ein besseres Leben mit der gesamten wiedervereinten Familie. Der Schock, dass sich mein Vater nach nur wenigen Monaten der Befreiung von unserer Mutter scheiden ließ. Das Stigma, weiter staatenlos zu bleiben und damit in der neu gegründeten Bundesrepublik Deutschland auf anderthalb Jahrzehnte alles an Diskriminierungen ertragen zu müssen, was mit der Staatenlosigkeit in Verbindung steht. Schrecklich.

Dann die Not in der Familie. Wir hungerten und froren genauso wie der Rest der deutschen Bevölkerung. Mein nur knapp einjähriges Gastspiel in der Schule musste ich beenden, weil ich dem Hass, den der Nationalsozialismus den Kindern eingetrichtert hatte, weiter ausgesetzt war. Ich verließ die Schule, die ich bitter benötigt hätte, weil sie mir ja von 1938 bis 1945 gefehlt hatte. Doch ich wollte auch in den nächsten Jahren nichts mehr mit Kindern zu tun haben. Von unserem Vater kam nur eine geringe Unterstützung für die Familie.

Und dann folgte durch eine Arbeit, die ich angenommen hatte, um etwas zum Lebensunterhalt beizutragen, die Wende in meinem Leben. Ich bekam meine erste Arbeit im Hamburger Hafen, reinigte Süßwassertanks. Und bei dieser Arbeit kam ein Gedanke, an den ich mich für den Rest meines Lebens bis heute gehalten habe. Ich musste, wenn ich irgendetwas anpackte, besser sein als jeder andere. Ich musste! Ich wusste nur noch nicht, was. Um mir zu beweisen und vor allen den anderen zu beweisen, die nach wie vor den Untermenschen in mir sahen. Ich musste beweisen, dass ich Dinge bewältigen und etwas erfolgreich zum Abschluss bringen könnte, was kaum jemand anderem gelänge. Ich musste ein Unternehmen gründen, gleich welcher Art, um finanziell unabhängig zu werden und meine Mutter gut zu unterstützen.

Vor allem brauchte ich Bildung. Gleichaltrige konnten mir dabei nicht behilflich sein. Also: Mein Kontakt für die Zukunft konnten nur Ältere sein, erfahrene Menschen. Eines wollte ich ganz besonders, das war mein oberstes Ziel: etwas erreichen, wofür man mir auch - ich schäme mich nicht, das deutlich zu sagen - Anerkennung und Respekt entgegenbringen müsste. Ich wollte mit Persönlichkeiten zusammenkommen, mit kirchlichen Würdenträgern und mit Politikern, wenn möglich aus dem In- und Ausland. Ich wollte auch sportlich erfolgreich sein und mich hier um Dinge kümmern, die besonders schwierig waren. Eines lag mir vor allem am Herzen: aufgrund der Tatsache, dass ich mit sechs Jahren eine Erfahrung in einer Schule machen musste, die sich später im Jahr 2011 in einer Chronik dafür entschuldigte, und dann auch noch einmal persönlich zum 100-jährigen Bestehen, zu dem ich eingeladen war. Das Wichtigste aber war: Ich wollte den Respekt der verantwortlichen Lehrer. Daher die spätere Zeitzeugenarbeit, die mich beschäftigen wird, solange ich lebe.

Ich habe mich erst jetzt im hohen Alter zu diesem Lebensbericht entschieden. Dass sich all das genauso entwickelt hat, konnte ich im Alter von knapp fünfzehn Jahren nicht wissen. Durch einen schrecklichen Ehrgeiz und eine Art Besessenheit bin ich diesen Weg konsequent gegangen. Ich habe mich in den unterschiedlichsten Berufen durch nie endende Energie nach oben gearbeitet. Selbst noch, nachdem ich mich von meinem damaligen Partner getrennt hatte und wieder bei Null anfangen musste, völlig mittellos da stand, nahmen meine Frau und ich den Neuaufbau eines Unternehmens in Angriff, das bis heute seinen Platz in Hamburg hat. In diesen Jahren war es auch möglich, dass wir finanziell unabhängig wurden und dafür gesorgt haben, dass unsere Kinder, wenn wir einmal nicht mehr existieren, sorglos leben können. Ein Immobilienvermögen und ein gut laufendes Unternehmen, das von mir und meiner Frau gegründet wurde, sind vorhanden.

Der Titel meines Buches ist ‚Von ganz, ganz unten'. Ich hoffe, dass junge Menschen, die vielleicht – was ich ihnen nicht wünsche – so in eine Welt hineingesetzt werden, dass sie vor einer Fülle ähnlicher Problemen stehen, hier Beispiele dafür finden, dass es möglich ist, nicht nach hinten zu schauen, sondern ernste Probleme anzugehen und immer wieder aufzustehen, auch wenn man dabei stolpert.

Meine Beichte ist noch nicht ganz zu Ende. Alles, was ich hier aufgezeigt habe, ist lückenlos nachzuweisen. In den Archiven der deutschen Tageszeitungen oder in den Speichermedien von Rundfunk und Fernsehen.

Im Sport gehörten einige der bedeutendsten Persönlichkeiten zu den engsten Freunden meiner Frau und mir. Wie zum Beispiel der bis heute noch so beliebte Weltmeister im Schwergewicht Max Schmeling. Auch mit Vladimir Klitschko bin ich persönlich bekannt. Ich bin täglich in Gedanken bei den Menschen in der Ukraine. Ich schäme mich nicht meiner Tränen, wenn ich an das Schicksal der Frauen, der Kinder denke, die schon seit Wochen und Monaten in U-Bahn-Schächten oder anderen hoffentlich sicheren Verstecken Schutz suchen. Es ist schrecklich, was der Krieg zerstört. Beten wir für diese Menschen.

Ich habe mich darüber gefreut, dass ich im Hamburger Rathaus mit Herrn Gorbatschow zusammenkam. Zu unserem engsten Freundeskreis gehörte die Gattin unseres ehemaligen Bundeskanzlers Helmut Schmidt, seine Frau Loki. Ich wurde von Herrn Kohl ins Palais Schaumburg eingeladen. Ich lernte Fritz Walter und Teile der ungarischen Mannschaft kennen. Ich war bei Herrn von Weizsäcker, bei Professor Roman Herzog und Johannes Rau, unseren ehemaligen Bundespräsidenten, mit meiner Frau im Schloss Bellevue eingeladen. Eine deutsche Zeitung schrieb: „Und jetzt fehlt nur noch der Papst." Dreimal bin ich im Vatikan gewesen. Einmal zur Segnung einer unserer Glocken für St. Nikolai, einmal zur Beendigung eines Drehs, den wir im Vatikan machen durften. Ich war in Jerusalem und an der Gedenkstätte für die Ermordung von sechs Millionen Männern, Frauen und Kindern. Ich bin auch im Herzen der Intifada in Ramallah gewesen. Es ist müßig, alles aufzuzählen, was meiner Frau und mir an Ehren zuteilwurde. Viele meinten, es sei kein Ehrgeiz, der bei mir eine Rolle gespielt hätte, sondern Selbstdarstellung, Großmannssucht und so weiter. Etwas, das mich immer begleitet hat und ruhelos werden ließ. Vielleicht war bei dieser Arbeit, die mir in den weitesten Teilen glückte, auch ein wenig Eitelkeit im Spiel. Aber hat nicht jeder Mensch ein Recht darauf?

Für mich war auch etwas ganz besonders wichtig, und das hat mir bis heute viel Freude bereitet: die Anerkennung von Lehrerinnen, von Lehrern, von Studienrätinnen und Studienräten. Der Hamburger Schulsenator Herr Ties Rabe hat mir erst am 22. September 2021 das Bundesverdienstkreuz 1. Klasse überreicht mit der Bemerkung: „Ich bin stolz darauf, Ihnen zu Ihrer Lebensleistung zu gratulieren."
Nun, liebe Leser, sollten Sie selbst entscheiden, bei all dem, was an schier Unmöglichem gelungen ist, lässt sich das als Eintagsfliege bezeichnen, als Großmannssucht?

St. Nikolai, Sandbostel und meine Arbeit als Zeitzeuge, die ich, wenn mir die Zeit zur Verfügung steht, bis ins ganz hohe Alter fortsetzen möchte. Mehrere Dutzend Schulen haben mich schon um einen Besuch gebeten. Über Deutschlands Grenzen hinaus bekannte Künstler haben mich erst kürzlich aufgefordert, mit ihnen auf die Bühne zu kommen. Auch das Landesschulmuseum in Hamburg bat mich, bei der Neugestaltung einer Dauerausstellung, die über die Nazizeit die Schulen bzw. die Jugendlichen aufklären soll, Ratschläge zu geben und dabei zu sein. Aber das Wichtigste von allem ist mir, dass ich dort als Zeitzeuge weitermachen werde, wo so bedeutende Persönlichkeiten gewirkt haben, die den Holocaust überlebt haben, wie

Frau Esther Bejarano, die als junges Mädchen nach Auschwitz kam, dort als Mitglied des Begrüßungsorchesters für die eintreffenden Menschen spielte, oder Rudi Neumann und seine Frau, und Ralph Giordano. Sie alle leben nicht mehr.

Vor langer Zeit erreichte mich ein Brief des Bundespräsidenten Steinmeier, der mit Recht beklagte: „Leider gibt es kein filmisches Material über Zusammenkünfte mit Jugendlichen und so wichtigen Zeitzeugen, die über die schreckliche Nazizeit berichten und diese Geschichte durch ihre Vorträge wachhalten wollen.“ Aufgrund dieser Bemerkung habe ich seit 2019 fünf Filme fertiggestellt. Jede Schule, die einen dieser Sticks wünscht, soll sich melden, sie bekommt ihn kostenlos. Zwei Filme, in denen ich mit teilweise sechshundert Schülerinnen und Schülern zusammengekommen bin, sind mir besonders wichtig.

Der erste Film entstand in einer der Hamburger Hauptkirchen, in St. Katharinen. Teilgenommen haben Pastor Engelbrecht, Hauptpastor in St. Katharinen, unsere Bischöfin Frau Fehrs und auch der Hamburger Schulsenator Ties Rabe. Das Interesse der anwesenden Schülerinnen und Schüler war überwältigend. Der letzte Film wurde auf Wunsch bei mir in meinem Haus aufgenommen. Es war eine Abordnung von Yad Vashem hier, teils aus New York, teils aus Berlin.
Ich verabschiede mich in der Hoffnung, dass wir alle im Jahre 2045, am 8. Mai, Sie mit Ihren Kindern und Ihren Verwandten, dann hundert Jahre deutschen Frieden feiern können.

Ich selber habe für mich zwei Wünsche: Ich möchte mit meiner Frau weiter glücklich leben können und - nach der Diamantenen und Eisernen Hochzeit - die nächsten siebzig Ehejahre, wenn der Herr sie uns gestattet, erreichen. Mein zweiter Wunsch: Gönnen Sie mir noch viele Zusammenkünfte mit jungen Menschen, die mir zuhören und meine Warnung beherzigen, alles zu tun, um diese wunderschöne Republik zu erhalten. Das geht aber nur, wie schon erwähnt, wenn wir alles tun, um rechter Gesinnung keine Chance zu geben.

Kapitel 15: Zeitzeugenberichte

Häufig habe ich mich mit meiner Frau darüber unterhalten, Zeit hatten wir ja genug, wenn wir uns nach dem Ende einer Veranstaltung auf den Weg in eine andere Stadt machten, in der dann die nächste Veranstaltung stattfinden sollte, wie wichtig diese Zeitzeugenberichte sind. Immer wieder das gleiche Thema.

Bei allen von uns bisher durchgeführten Veranstaltungen hat es fast nie irgendeine Störung gegeben. Man muss bedenken, dass fast neunzig Prozent meiner Veranstaltungen jeweils immer einige Tage vorher durch die Presse bekannt gegeben wurden. Und man kann davon ausgehen, dass diese Bekanntgaben auch von Rechtsradikalen gelesen werden.
Bisher gab es nur einen einzigen Zwischenfall, im Stadttheater von Verden an der Aller. Das Theater war bis auf den letzten Platz gefüllt. Selbst auf der Bühne, wo meine Frau und ich vor einem Tisch mit zwei Stühlen Platz genommen hatten, saßen noch links und rechts von mir wohl sechzig bis siebzig Schülerinnen und Schüler. Plötzlich rief eine laute Stimme: „Hier sind Nazis im Theater." Sofort wurde das Licht angemacht, und die Schülerinnen und Schüler riefen lauthals: „Nazis raus, Nazis raus!" Zwei junge Männer standen auf. Ich bat um Ruhe und erklärte den Anwesenden Jungen und Mädchen: Wenn diese Herren nichts Böses im Schilde führen und sich gesittet benehmen, können sie an der Veranstaltung teilnehmen. Und werden Dinge zu hören bekommen, über die sie sich in ihren Kreisen gewiss nicht unterhalten. Damit gaben sich die Jugendlichen zufrieden, und die Veranstaltung wurde ohne weitere Zwischenfälle zu Ende geführt. Zu diesem Zeitpunkt hat-

ten wir in Deutschland und Österreich, in Bern, Basel, Zürich und Luxemburg schon mehr als tausend Veranstaltungen an Schulen, in Universitäten und Theatern und Kirchen durchgeführt.

Für meine Frau und mich gab es besonders herausragende Veranstaltungsorte. Einen der interessantesten, den wir zweimal aufsuchen durften, war die Kaiserpfalz in Goslar. Es war für meine Frau und mich eine besondere Ehre, dort vor den Jugendlichen sprechen zu dürfen. Beide Male wurden diese Veranstaltungen von Sigmar Gabriel, der aus Goslar stammt und dort seinen Wahlkreis hat, organisiert. Auch in Bamberg hatten wir ähnliche herausragende Gebäude, in denen ich sprechen durfte. Im Spiegel gab es einen mehrseitigen Bericht über meine Tätigkeit. Ausführlich wurde über all die Dinge berichtet, die ich bisher gemeinsam mit Freunden und vor allem mit Hilfe meiner Frau gestalten konnte. Der Spiegel berichtete über das Leben eines Verfolgten, Unterdrückten und Staatenlosen während der Nazi-Zeit. Da der Bericht auch online ging, gab es Anfragen an mich, teils sogar aus Südafrika. Zu der Zeit hatten wir den ersten Zeitzeugenfilm in der Hamburger Hauptkirche St. Katharinen fertiggestellt, und auch darüber wurde ausführlich berichtet. Wir haben dann etwa dreihundert Sticks in die Bundesrepublik und in viele andere Länder auf den Weg gebracht.
Ich hatte eine Veranstaltung in Husum. Auf Einladung des dortigen Oberbürgermeisters kamen mehrere hundert Schülerinnen und Schüler aus verschiedenen Gymnasien. Die Jugend, die mir zuhörte, war sehr interessiert. Nach Schluss der Veranstaltung gab es eine lebendige Diskussion. Der

Oberbürgermeister war schon mit meiner Frau und einigen weiteren Gästen in ein naheliegendes Hotel zum Essen gegangen. Drei junge Männer im Alter von neunzehn Jahren hatten ein interessantes Gespräch mit mir. Einer fasste sich ein Herz und sagte: „Bis heute waren wir vom Grunde unseres Herzens Neonazis. Wollen Sie an dieser Stelle die Unterhaltung mit uns abbrechen oder würden Sie uns auch gern weiter anhören?“ Ich war gespannt, was da wohl käme. Sie erzählten mir, dass sie sich trotz heftigster Widerstände ihrer Eltern bei neonazistischen Aufmärschen beteiligt haben. Straftaten hätten sie noch keine begangen, das käme für sie auch nicht in Frage. Doch was sie heute gehört hätten, war ihnen völlig fremd. Auf Fragen zuhause, wie: „Opa, erzähl doch mal, wie war das früher, Du warst doch auch in Russland und hattest einen höheren Rang bei der SS“, hatte es immer geheißen: „Wir haben nur Befehle befolgt, und vieles ist Propaganda der Siegermächte, da solltest Du nicht drauf hören!“

„Von Ihnen aber“, sagten die Jugendlichen, „haben wir heute in eineinhalb Stunden so viel gehört, wie von unseren Großvätern in zwanzig Jahren nicht. Wir drei sind uns einig: Neonazistisches Informationsmaterial lassen wir uns aus dem Büro der DFU aus München von Herrn Frey nicht mehr schicken. Und auch Ihre Arbeit für das Mahnmal in Hamburg: überwältigend. Da haben wir - vor allen Dingen im Fach Geschichte - in den nächsten Tagen interessanten Lehrstoff. Und wir drei wollen Ihnen etwas versprechen: Wir sind glühende Anhänger des Hamburger Sportvereins. Wir fahren zu jedem Heimspiel gemeinsam in die Hansestadt. Beim nächsten Mal besuchen wir Ihr Mahnmal St. Nikolai.“ Dann haben wir uns herzlich verabschiedet.

Mich erreichte aber auch ein Brief, der mir beim nochmaligen Hingucken fast das Blut in den Adern gefrieren ließ. Ich musste ihn wirklich mehrere Male lesen, bevor ich ihn meiner Frau zeigte. Folgende Bitte wurde an mich gerichtet:

Lieber Herr Buterfas-Frankenthal,
ich habe Ihnen handschriftlich geschrieben, das ist persönlicher. In dem Artikel, der soeben auf Spiegel online erschienen ist, wurde auch Ihre Adresse publiziert. Das hat mir Mut gemacht, Ihnen zu schreiben.

Ihre Geschichte, die dort ausführlich beschrieben wurde, hat mir noch einmal vor Augen geführt, wie schrecklich das Leben für Sie und Ihre Familie in Nazi-Deutschland war. Sie haben auch viel Ähnlichkeit mit meinem eigenen Sohn. Ich bin der Enkel von Reinhard Heydrich. Bisher bin ich in meinem Leben noch nie mit einem Überlebenden des Holocaust zusammengetroffen. Es wäre aber für mich und auch für meine Kinder von großer Bedeutung, wenn ich einmal aus Ihrer persönlichen Sicht etwas über diese grausige Zeit hören würde. Auch meine Kinder, 13 und 11 und 4 Jahre alt, für sie wäre es gut, je früher je besser, wenn sie lernen könnten, was in der Nazi-Zeit alles so Schreckliches passiert ist. Sie würden uns einen großen Wunsch erfüllen, wenn wir Sie bei Gelegenheit einmal in Ihrem Haus in Bendestorf besuchen könnten.

In meinem Leben hätte ich viel erwartet, doch was mir in diesem Brief zugemutet wurde, dazu brauchte ich einige Tage, um mich damit zu befassen. Man stelle sich einmal vor - auch wenn der Enkel damit absolut nichts zu tun hatte -, dass der

Großvater einer der schrecklichsten Kriegsverbrecher war, den die Weltgeschichte jemals kennengelernt hat, ein Teufel in Menschengestalt. Der Großvater war seinerzeit beauftragt worden, vom Reichsführer der SS und der Polizei, am 20. Januar 1942 die sogenannte Wannseekonferenz zu leiten. An ihr nahmen eine Reihe verantwortungsloser Verbrecher der Nazi-Geschichte teil. So unter anderem der mit den Transporten der Todeskandidaten beauftragte Adolf Eichmann, der nach Kriegsende nach Argentinien geflüchtet war, vom israelischen Geheimdienst Mossad gefangen wurde und nach Israel gebracht wurde. Dort wurde ihm der Prozess gemacht, worauf er zum Tode verurteilt wurde.

Auf der Wannseekonferenz wurde die Endlösung der Judenfrage in Europa beschlossen. Eichmann legte seine Pläne vor, wie er die Massendeportationen aus den einzelnen Ländern zu den Vernichtungsstätten in Europa organisieren würde. Man sprach auch darüber, dass den Soldaten und den Sonderkommandos, die an den Massenerschießungen teilgenommen hatten, diese Art der Tötung der Juden auf Dauer nicht mehr zuzumuten war. Und der Reichsführer der SS und Polizei, Heinrich Himmler, hat sich seinerzeit bei der Massenerschießung in Baby Jar, in der innerhalb von vier Wochen dreißigtausend Männer, Frauen, Kinder und Alte erschossen wurden, dahingehend geäußert, dass er stolz sei auf diese Exekutions-Organe, die trotz dieser harten Arbeit sauber geblieben wären. Es müsste aber nach neuen Möglichkeiten gesucht werden, wie man diese Massen von Menschen in der Zukunft beseitigen sollte. So kam man auf das Vernichtungsmittel Zyklon B. In Auschwitz wurde dieses Ungeziefer-Vertilgungsmittel dann für die

Massenvernichtung von Menschen in den Gaskammern eingesetzt.

Mit all diesen Dingen habe ich mich, nachdem ich den Brief des Enkels von Reinhard Heydrich erhielt, noch einmal befasst, haben wir doch selbst innerhalb unserer Familien viele Mitglieder so verloren. Ich habe meine engsten Freunde eingeweiht und mich mit ihnen ausführlich darüber unterhalten. Ob ich meiner Frau und mir in unserem hohen Alter noch einen solchen Besuch, von dem ich wohl erst hinterher genau wüsste, was da auf mich zukam, zumuten dürfe. Es sind sicherlich sechs Wochen vergangen, bis meine Frau und ich uns entschlossen hatten, Kontakt zur Familie Heydrich aufzunehmen. Ich habe mehrfach den Hörer genommen und … doch nicht gewählt. Ich war immer noch am Zögern. Tu ich mir einen solchen Besuch an? Egal, was sich dabei ergeben sollte. Schlaflose Nächte waren nach diesem Besuch sicher vorprogrammiert. Überwogen aber hat dann doch die Zustimmung, da in dem Schreiben auf die beiden größeren Mädchen hingewiesen worden war. Und ich konnte natürlich nicht wissen, inwieweit der Vater seine beiden Mädchen im Alter von elf und dreizehn Jahren über die Verbrechen des Großvaters bzw. des Urgroßvaters aufgeklärt hat. Meine Überlegung ging auch dahin: Hat er das nicht getan, würde in der Familie Heydrich erneut ein Verbrechen, diesmal an den eigenen heranwachsenden Kindern, vorgenommen werden. Man stelle sich vor, der Vater klärt seine Kinder nicht auf, und das übernehmen dann andere. Wie groß wäre der Schaden, den diese Kinder nehmen? Sie können nun wirklich nicht in Verantwortung genommen werden - und wie grausam Kinder zu Kindern sein können, davon habe ich zu Beginn meines Buches eine Andeutung gemacht.

Ich rief Herrn Heydrich an, und nachdem er sich gemeldet und auch ich mich gemeldet hatte, gab es erst einmal eine Schweigeminute zwischen uns beiden. Bis ich dann das Wort ergriff: „Wenn es der Wunsch Ihrer Kinder ist, dass sie sich mit einem Holocaust-Überlebenden zusammensetzen möchten, dann will ich Ihnen hiermit den Wunsch erfüllen und lade Sie zu einem Besuch in mein Haus in Bendestorf ein." Die Antwort von Herrn Heydrich: „Ich bewundere Ihren Mut und hatte eigentlich schon nicht mehr mit einer Antwort gerechnet." Meine Erwiderung: „Sie dürfen versichert sein, dass mir dieser Anruf sehr schwer gefallen ist, denn ich bin mit einer Frau verheiratet, deren Vater im Namen Ihres Großvaters auf bestialische Weise ermordet wurde. Ich kann nicht in Sie hineinsehen, und ich weiß auch nicht, wie Sie reagiert hätten, wenn es der umgekehrte Fall gewesen wäre und ich Ihnen gegenüber den Wunsch geäußert hätte, Sie zu besuchen. Sich mit einem Mann an den Tisch zu setzten, zu dessen Familie jemand gehört hat, der für millionenfaches Morden verantwortlich war. Aber Gott sei Dank befinden wir uns in einer Demokratie, und von Sippenhaft sind wir heute Lichtjahre entfernt."

Wir verständigten uns auf einen Termin für Mitte Juni 2020. Als der Besuchstermin heranrückte, traf Deutschland die Corona-Pandemie. Aus diesem Grund haben wir uns dann verständigt, erst einmal die Entwicklung und die entsprechenden Gegenmaßnahmen - Impfungen - abzuwarten. Im Grunde meines Herzens hatte ich immer gehofft, dass sich damit ein

Besuch der Familie Heydrich in meinem Hause erledigt hätte. Aber es kamen von seiner Seite weitere Anrufe, in denen immer wieder die Frage aufkam: „Bleibt es bei der Zusage eines persönlichen Kennenlernens?“ Er sagte auch, wenn er mit seiner Familie nach Norddeutschland käme, würde er gleichzeitig weitere Besuche durchführen. Nachdem wir alle geimpft waren und die Situation sich etwas positiver entwickelte, traf die Familie Heydrich in unserem Haus in Bendestorf ein. Seine beiden Töchter, sein Sohn im Alter von vier Jahren und seine Ehefrau hatten ihn, wie er es mir zuvor angekündigt hatte, nach Bendestorf begleitet. Ich fragte die ältere der beiden Töchter, ob sie schon mal auf ihren Namen angesprochen worden sei, denn sie besucht in Bonn das Gymnasium und ist schon in der achten Klasse. Die Kinder waren gut erzogen, verhielten sich zurückhaltend und reagierten nur auf Fragen, wenn man sie an sie direkt gerichtet hatte. Die Ältere erwiderte: „Wir haben einmal in der Aula des Gymnasiums einen Film über den Berghof, die Residenz des Führers, gesehen. In diesem Film waren gerade einige Nazi-Größen zu Besuch bei Adolf Hitler. Jeder der anwesenden Besucher wurde in diesem Film natürlich erwähnt. Da waren Martin Bormann, Dr. Joseph Goebbels mit seiner Frau, Reichsmarschall Hermann Göring und ein fast zwei Meter großer blonder Mann in SS-Uniform, Reinhard Heydrich.“ Sie sagte: „Einige drehten sich nach mir um, und ein Junge sagte: Ist das nicht dein Urgroßvater? - Ich habe dann weinend die Aula verlassen.“

Das bewies mir, dass sie über gewisse Dinge aufgeklärt sein musste. Für eine Weile waren wir sehr betroffen, denn wieder einmal das Gleiche: Egal auf welcher Seite, die Kinder sind es, auf deren Rücken alles ausgetragen wird. Ich konnte mir die

Frage nicht verkneifen: "Warum haben Sie nicht Ihren Namen geändert, das wäre doch eigentlich aufgrund der Biografie ihres Großvaters das Sinnvollste gewesen. Sie hätten Schaden von Ihren Kindern abwenden können. Die haben doch das allerwenigste mit all dem zu tun, was sich damals abgespielt hat." Gerade weil die Kinder bei diesem Besuch anwesend waren, hatte ich mich bisher in der Gewalt gehabt. Und habe Zurückhaltung bewahrt. Eine Antwort erhielt ich nicht von ihm. Erst in einem späteren Telefonat einige Wochen später habe ich ihn noch einmal ganz konkret auf diese nicht beantwortete Frage angesprochen. Auch da erhielt ich keine Antwort. Bei mir kamen große Zweifel auf, ob er sich wirklich von all dem, was mit dem Namen Heydrich verbunden war und in der Weltgeschichte nie vergessen wird, distanziert hatte. Einiges blieb unklar.

Wäre ich in seiner Situation: Zum Schutze meiner Kinder hätte ich nicht nur den Nachnamen geändert, sondern auch noch meinen Vornamen, denn zu Tristan gehört Isolde, und für beide war Richard Wagner verantwortlich. Und schlimmere Antisemiten als aus der Familie Wagner gab es kaum. Die glühendste Verehrerin von Adolf Hitler war Winifred Wagner, die noch im Fernsehen Loblieder auf diesen Mann gesungen hat. Ein letzter Test, um festzustellen, inwieweit den Enkel das Schicksal der jüdischen Bevölkerung berührte, war das große Bild vom Vater meiner Ehefrau. Er schaute nur einmal flüchtig darauf, es war nicht die geringste Spur von Empathie festzustellen.

Es gab noch einen weiteren Anruf. Denn da ich einigen Freunden von dem Besuch der Familie Heydrich erzählt hatte, wa-

ren darüber doch Informationen an die Presse weitergegeben worden. Von vielen großen deutschen Tageszeitungen kamen Anfragen für ein gemeinsames Interview, denn ein Holocaust-Überlebender und Zeitzeuge, der jahrzehntelang an die Vergangenheit erinnert und auffordert, stark zu sein und nie wieder derartige Verbrechen zuzulassen und jetzt mit dem Enkel eines der größten Verbrecher zusammenkommt, das war schon außergewöhnlich. Aber für ein gemeinsames Interview war Herr Tristan Heydrich in Bonn auf gar keinen Fall zu haben.
Mein Resümee: Ein zweites Mal würde ich mich, auch wenn mir die Kinder noch so leid tun, auf eine solche Geschichte nicht einlassen.

Im Lauf der Zeit haben sich immer mehr Enkel von Kriegsverbrechern an mich gewandt. So erhielt ich eine Information von einem Herrn aus Berlin, der mir schrieb: „Heute habe ich in der Zeit den Artikel: „Das ist verflucht noch mal nicht einfach" gelesen. Dies war die Überschrift anlässlich des Besuches von Tristan Heydrich bei mir in Bendestorf. Er schrieb: „Und was dort so felsenschwer liegt ist Scham. Auch mein Großvater war ein Nazi-Verbrecher und hat als Leiter des Konzentrationslagers Neuengamme und der dazugehörigen Außenlager Wedel und Eidelstedt unermessliche Schuld auf sich geladen, die mein Nachname noch heute trägt. Für diese Schuld möchte ich mich als Verwandter und Namensträger ausdrücklich entschuldigen. Das ist durch nichts auf der Welt wieder gut zu machen. Seien Sie sich sicher, dass ich auf meine Kinder (die alle den Namen der Mutter tragen) die Scham, die wir als Familie der Täter tragen, insoweit übertragen habe, dass Gewalt, Intoleranz und Hass entschieden entgegengetreten wird. Oder um es mit Frank-Walter Steinmeier zu sagen: „Es reicht nicht, kein Rassist zu sein, wir müssen Antirassisten sein. Unterschrift Patrick K."

Ich habe aufgrund dieses Schreibens sofort Kontakt zu dem Herrn K. aufgenommen. Ich bat ihn zu einem persönlichen Gespräch nach Hamburg. Auch hier musste abgewartet werden, wie sich die Pandemie-Situation entwickelte. Er schilderte mir natürlich am Telefon, für welche Grausamkeiten sein Großvater verantwortlich gewesen war. Man kann daran deutlich erkennen, dass sich viele Betroffene, die solche Großväter oder Urgroßväter in ihrer Familie hatten, mit deren Verbrechen unterschiedlich auseinandersetzten.

Am 27.8.2020 erhielt ich ein weiteres Schreiben. „Liebe Familie Buterfas Frankenthal, ich habe Ihr Interview in der Zeit gelesen und bin tief berührt." Die Reaktionen dieser Betroffenen klangen ganz anders als die des Herrn Heydrich. Der hatte seinen Kindern wahrscheinlich einen der letzten lebenden Juden präsentieren wollen. In diesem Schreiben und auch in dem vorherigen liest man dagegen tiefe Anteilnahme. Das Schreiben geht weiter: „Ich bin auch ein Enkel eines Nazitäters und würde Ihnen gerne meine Geschichte erzählen, wenn Sie wollen, um vielleicht das zu vollenden, was der andere Enkel nicht tat und sich nicht traute. Ich brauche keine Absolution. Mein Großvater hat mein Leben tief geprägt, aber es war auch lehrreich. Und aus Hass und Entsetzen wurde etwas anderes. Und das verdanke ich einer kleinen tapferen Frau Jahrgang 1934, die ich suchte und fand und die letztes Jahr nahe Auschwitz starb. Ihr Name ist Eva und ihr Sohn rief mich an, als sie plötzlich verstorben war. Sie lebte woanders, in Terre Haute,

USA, aber sie flog ein bis zwei Mal pro Jahr nach Auschwitz. Weil sie genau wie Sie jungen Leuten zeigen wollte, wo sie als Kind war und weil sie es der Welt zeigen wollte, damit niemand sagen konnte, Auschwitz habe es nicht gegeben. Es gäbe soviel zu erzählen, und wenn Sie denken, dass das für Sie auch Sinn macht, würde ich mich über eine Antwort freuen. Mein Name ist Michael W., und mein Großvater war Professor Dr. Otmar von Verschuer. Das war der Doktorvater von Josef Mengele. Eva war eine der sogenannten Zwillinge. Meine Telefonnummer ist …. ich würde mich freuen, von Ihnen zu hören."

Auch hier habe ich sofort Kontakt aufgenommen. Schon innerhalb des Gespräches konnte ich hören, dass hier echte Empathie und Teilnahme an unserem persönlichen Schicksal bestand. Beide Herren wurden in die Gedenkstätte Neuengamme auch auf Anregung von Herrn Professor Dr. Detlef Garbe, dem Leiter der Gedenkstätte von Neuengamme, dem wir weitestgehend zu verdanken haben, dass dort heute ein Lernort vorhanden ist, zu Gesprächen eingeladen. Diese drei Geschichten sitzen tief in mir. Haben doch Enkel und Urenkel von Männern, die schlimmste Verbrechen an Menschen begangen haben, den Mut aufgebracht, sich persönlich an Überlebende der Shoa zu wenden. Heute wird mir immer deutlicher, von wie großer Bedeutung es ist, die Erinnerung wachzuhalten an eine Zeit, die sich nie wiederholen darf.
Aufklärung, Aufklärung, Aufklärung!

Wenn wir alle drei Briefe inhaltlich miteinander vergleichen und die klaren Bekenntnisse aus Berlin und von Herrn Mi-

chael W. aus Hamburg miteinander vergleichen, stellt sich die Frage: Was hat Herr Heydrich mit seinem Besuch bei mir eigentlich bezweckt? Was wollte er seinen Kindern damit sagen? Das weiß ich bis heute nicht. In der Video-Konferenz, an der sich Herr K. aus Berlin beteiligte, haben beide Herren deutlich klar gemacht, wie sehr sie unter dem Schicksal, das sie ihren Verwandten zu verdanken haben, leiden. Das konnte man von Herrn Heydrich nicht sagen.
Mit Herrn Michael W. aus Hamburg und Herrn Patrick K. aus Berlin bestehen noch heute lebendige Kontakte. Und sowie sich die Pandemie so entwickelt, dass man gefahrlos reisen kann, wird es ein gemeinsames Treffen auf meine Einladung hin geben. Dabei geht es nicht um Versöhnung, hier gibt es nichts zu versöhnen, denn die beiden Herren mit ihren Familien sind nicht für die Verbrechen ihres Großvaters oder Urgroßvaters verantwortlich.

Kapitel 16: Wie wichtig sind Zeitzeugen?

Letztes Jahr haben wir eine ganz bedeutende Frau verloren – Esther Bejarano. Nach dem Überleben im Konzentrationslager Auschwitz hat sie die ganze restliche Zeit Ihres Lebens der Aufklärung gewidmet. Sie ist von Schule zu Schule gereist und hat den Schülerinnen und Schülern sowie den anwesenden Lehrerinnen und Lehrern von ihrem Schicksal und dem Schicksal aller Menschen, die im Dritten Reich unter dem Nationalsozialismus Unendliches ertragen mussten, erzählt. Sie gehörte seinerzeit zum Auschwitzer Mädchenorchester, das die ankommenden Todeskandidaten - Frauen, Männer und Kinder – begrüßt hatte. Einige Monate vor ihrem Tod habe ich sie noch persönlich in ihrer Wohnung in Hamburg aufgesucht. Ich hatte sie gebeten, einen großen Teil in einem noch zu drehenden Zeitzeugenfilm zu übernehmen. Wie immer, wenn es um Dinge ging, die die Schrecken des Dritten Reiches beschrieben, war sie dazu sofort bereit.

Ich erinnere mich daran, dass mich Bundespräsident Frank Walter Steinmeier in einem Brief darauf hinwies: "Ihr noch lebenden Zeitzeugen müsst irgendetwas hinterlassen in Form von filmischen Beiträgen, die unserer nachrückenden Generation im Rahmen von Zusammenkünften mit Lehrerinnen und Lehrern gezeigt werden können. Und anschließend sollten die Inhalte eines solchen Films dann besprochen werden."

Leider gibt es bis heute keine dieser so wichtigen filmischen Hinterlassenschaften. Zeitzeugenberichte sind ein wichtiges Dokument. Nur so sind wir in der Lage, aufkommendem

Antisemitismus, Ausländerfeindlichkeit und Rassenhass zu begegnen.

Ganz besonders vermisse ich meinen Freund Ralph Giordano. Seine Hinterlassenschaft hat in Hamburg ganz besondere Spuren hinterlassen. Er hat nach Ende des Krieges zunächst als junger Journalist an den Nürnberger Kriegsverbrecher-Prozessen Ende 1946 teilgenommen. Viele Jahre später - nachdem er sich dazu überwunden hatte - schrieb er „Die Bertinis". Diese Familiensaga wurde verfilmt und mehrfach im NDR ausgestrahlt. Ich selber bin sehr glücklich, in Hamburg in den neunziger Jahren mit Freunden bei der Schulbehörde den Bertini-Preis mitgegründet zu haben. Er wird an Schülerinnen und Schüler, an Gruppen, die sich bilden, um in der Nazi-Vergangenheit zu forschen, jedes Jahr einmal im Ernst-Deutsch-Theater in Hamburg am 27. Januar - in Erinnerung zur Befreiung von Auschwitz - vergeben. Durch Sponsoren ist es nun schon fast zwanzig Jahre eine feste Institution, dass jeweils drei Preise an Schulen bzw. an Schülerinnen und Schüler vergeben werden. Besser können die Verbrechen der Nationalsozialisten nicht kennengelernt werden, als durch die Arbeit an einem entsprechenden Projekt.

Vor wenigen Tagen erst ist eine weitere bedeutende Frau, die Auschwitz-Überlebende Flora Neumann, die durch ihre Arbeit weit über die Grenzen Deutschlands bekannt wurde, verstorben. Sie wurde vierundneunzig Jahre alt und hat bis zuletzt als Zeitzeugin gearbeitet.
Wir werden weniger. Unsere Arbeit aber wird immer wichtiger. Vor wenigen Tagen las ich in einer Zeitung, dass der Verfassungsschutz eine mir völlig unsympathische Partei offiziell

überwachen darf. Jeder friedliebende Mensch, und das sind die meisten Bürgerinnen und Bürger, möchte niemals einer rechts orientierten Partei die Möglichkeit in der deutschen politischen Landschaft einräumen, eine Rolle zu spielen. Aber in einer Demokratie - und die sind wir, was ich unterstreichen möchte - werden wir auch solche ewig Gestrigen, die nie begreifen werden, was eine Diktatur tatsächlich bedeutet, ertragen müssen.

Und plötzlich kommt der Krieg in unsere Nähe. Sollte der russische Diktator Wladimir Putin sich in die Enge gedrängt fühlen, könnte es schreckliche Folgen für die Welt haben. Ein Dritter Weltkrieg würde nicht lange dauern. Deswegen gibt es nach meinem Dafürhalten und nach dem der überwiegenden Menge der Menschheit nur eine Möglichkeit, das zu verhindern: Den betroffenen Menschen in der Ukraine jede erdenkliche Hilfe und Unterstützung zukommen zu lassen. So schnell wie möglich soll dieses furchtbare Sterben und die furchtbare Not, unter der die Menschen zu leiden haben, beendet werden. Ich wünsche mir, es möge helfende und kluge Politiker geben, die alles nur Erdenkliche unternehmen, mit Russland zu verhandeln. Mir persönlich kommt er wie Iwan der Schreckliche vor, der sich als unbedeutende Person auf schrecklichste Art emporgearbeitet hat und zum ersten Zar Russlands wurde. Wir müssen ihn so ernst wie möglich nehmen.

Ein Grund mag sein, dass er Angst hat, sein Russland, das er diktatorisch in Schacht hält, könnte immer kleiner werden. Es gibt keinen Warschauer Pakt und auch viele seiner Satelliten nicht mehr. Es sind freie Länder geworden. Vom früheren Russland ausgehend, das sollte man nicht vergessen, wurde der Aufstand in Ungarn mit Panzern niedergewalzt. Später kam die Tschechoslowakei dran, und auch die ehemaligen Bürger der DDR mussten bei ihrem Aufstand bitter bezahlen. Wir Europäer müssten uns einig sein, auch wenn aus Gründen der Sicherheit für die ganze Welt die Ukraine kein EU-Mitglied werden sollte. Aber frei soll sie bleiben, damit wir all das, was zerstört wurde, wieder mit aufbauen können. Überwältigend ist für mich - bei allen Schrecklichkeiten, die wir sehen müssen, und von denen wir geglaubt hatten, sie endgültig hinter uns zu haben - die nicht endende Hilfsbereitschaft. Ich sehe, dass vor allen Dingen Polen, Tschechien, die Slowakei, aber auch wir alles für die Schutz suchenden Menschen, die zu uns gekommen sind, unternehmen, um ihre schreckliche Situation etwas erträglicher zu machen.

Ich glaube, es ist eine andere Situation als die, die wir 2015 hatten. Der einzige Trost für diese Menschen ist, dass sie in europäische Länder kommen, die nicht zerstört sind. Wenn ich mich an meine Zeit erinnere, so nach 1945, das sah alles ganz anders aus. Im Osten gab es Flüchtlingswellen, die in die Millionen gingen. Sie flüchteten zu Land und zu Wasser in Richtung Westen. Alles wollte sich vor der anrückenden russischen Soldateska in Sicherheit bringen. Auf dem Seeweg wurde die heillos mit tausenden Menschen überladene Wilhelm Gustloff durch den damaligen Kriegsgegner versenkt. Frauen, Männer und Kinder kamen in der eiskalten See ums Leben. Zur gleichen Zeit flüchteten die Menschen aus Pommern, West- und Ostpreußen und Schlesien. Alles suchte Schutz im Westen und flüchtete vor der Roten Armee. Die Angst war berechtigt. Denn was hatten wir an Verbrechen an der russischen Zivilbevölkerung begangen.

Die Situation von 1945 war für die Schutz suchenden Flüchtlinge eine ganz andere als die Situation heute. Im Westen gab es keine Stadt, die nicht durch die alliierte Luftwaffe zum Teil - oder so wie Hamburg zu achtzig Prozent und die Stadt Dresden fast gänzlich - zerstört waren. Wohin mit fast acht Millionen Flüchtlingen? Kaum heile Wohnungen, Krankenhäuser, Schulen. Keine Unterkunftsmöglichkeiten, kaum vorhandene Lebensmittel. Und trotzdem haben wir das „Problem", wenn auch unter unsagbaren Opfern, lösen können. Natürlich gab es auch später Probleme. Als man nach 1948 wieder etwas aufatmen konnte, hat es trotzdem eine große Arbeitslosigkeit gegeben. Teilweise war es eine äußerst angespannte Situation. Plötzlich gab es Stimmen aus der Bevölkerung: „Die Flüchtlinge - Deutsche - nehmen uns die Arbeit weg."

An diese Zeit habe ich besondere Erinnerungen. Innerhalb unserer Firma wurden in einer Abteilung Maurer gesucht. Das Einstellungsgespräch führte der dafür zuständige Architekt. Ein Maurer, der aus Schlesien stammte, stellte sich vor. Nachdem alle Dinge so ausführlich wie möglich besprochen worden waren, fragte er: „Wie sieht es in Ihrer Firma mit Beförderungen aus?" Worauf der Architekt antwortete: „Sehr gut. Nach einem halben Jahr können Sie bei uns schon Oberschlesier werden." Über diesen lustigen Einwand habe ich mich noch viele Jahre später amüsiert. Ich erinnere mich auch noch an die Zeit, als es Lebensmittelkarten gab. In Hamburg-Billstedt hatten wir einen kleinen Kolonialwarenladen. Wenn man die Tür öffnete, klingelte es, sodass der Inhaber oder die Inhaberin die Kunden im Hinterzimmer hören konnte. Es waren schon mehrere Kunden im Laden, und die Inhaberin rief nach ihrem Vater, der schon etwas älter war. Er sollte eine wartende Kundin bedienen. Als er aus dem Hinterzimmer in Richtung Ladentresen ging, rief die Kundin: „Entschuldigen Sie, haben Sie Porzellaneier?“ Bemerkte der ältere Herr: „Nein, mein Arzt meinte, das sei Rheumatismus.“ Ich erwähne das nur, um deutlich zu machen, dass es auch in diesen schrecklichen Situationen, in denen man sich befand, Momente gab, wo man sich das Lachen nicht verkneifen konnte.

Dass wir diesen traumatisierten Menschen, von denen wir noch nicht wissen, wie vielen wir unsere Hilfe und unsere Unterstützung zukommen lassen müssen, nicht nur Hilfe, sondern auch Trost spenden müssen, erleben wir zurzeit in überwältigendem Umfang. Wir wissen heute noch nicht, wie viele Menschen aufgrund dieser schrecklichen Entwicklung wieder in ihre Heimat zurückkehren können. Was sich dort zurzeit abspielt, wie sie ihre Heimat und ihre Angehörigen verteidigen, dafür gibt es keine Worte. Man stellt sich die Frage: Was denken sich Menschen, die anderen Menschen so etwas Schreckliches antun? Sie bringen nicht die geringste Spur von Rücksicht auf, auch Kindern gegenüber nicht.

Was sich nur knapp zweitausend Kilometer von uns entfernt in der Ukraine abspielt, macht deutlich, warum wir schon seit siebzig Jahren fest entschlossen sind, nie wieder an einer kriegerischen Auseinandersetzung teilzunehmen.

Schlusskapitel - Meine Familie und meine Kinder

Meine Frau und ich haben tatsächlich - und manchmal löst das bei einem Gesprächspartner Erstaunen aus - die Silberne Hochzeit, die Rubin-Hochzeit, die Goldene Hochzeit, die Diamantene Hochzeit hinter uns und sind schon fast zwei Jahre über die Eiserne Hochzeit hinaus. Es würden tatsächlich nur noch drei Jahre fehlen, und es käme eine Hochzeit dazu, die die wenigsten Menschen erleben.

Hochzeit und Ehe, das ist in Deutschland ein ernstes Kapitel. Ich weiß nicht, ob es stimmt, aber laut Statistik soll jede dritte Ehe oder sogar jede zweite in Deutschland geschieden werden. Und auch in meiner Familie gibt es außer meiner Frau und mir nur eine Einzige, die Ähnliches schaffen könnte. Und ich bin ziemlich sicher, dass meine Frau und ich unserer Tochter Jasmin ein gewisses Vorbild sind.

Ich bin vom Tierkreiszeichen ein Steinbock. Meine Frau ist Löwe, und damit befinde ich mich natürlich als schwächeres Tier gegenüber dem König, dem Löwen, im Hintertreffen. Bei meiner Tochter ist es anders. Sie ist Waage, aber ihr Ehemann Jens ist wie sein Schwiegervater Steinbock. Und vielleicht sind das die Ehemänner, die das größte Stehvermögen haben. Ob das aber wirklich mit dem Tierkreiszeichen zu tun hat, stelle ich mal dahin.

Immerhin gehören zu unserem Familienclan heute schon sechzig Personen. Und ein Ende ist noch nicht abzusehen. Ob meine Frau und ich aber das späte Glück haben, auch noch einen Ururenkel oder eine Ururenkelin in den Schoss unserer Familie aufnehmen zu können, wer weiß.

Unser Sohn Andreas, was uns unendlich traurig macht, hat unter einer schweren Krankheit zu leiden, die ihm zu schaffen macht. Aber alle bemühen sich, ihm das Leben so leicht wie möglich zu machen. Er hat einen Sohn, der ihm bereits drei Enkel beschert hat. Sein großes Hobby, trotzdem er zwei erlernte Berufe hatte, ist für ihn die Musik, eine große Leidenschaft, die noch heute einen großen Platz in seinem Leben einnimmt.

Unsere Tochter Jasmin hat eine Tochter, die inzwischen auch zwei Kinder hat. Eine niedlicher und hübscher als die andere. Die Ehe meiner Enkeltochter wurde im siebten Himmel geschlossen, auf der Erde aber leider geschieden. So ist das mit dem siebten Himmel. Unsere Tochter ist mit Leib und Seele Schauspielerin, ganz besonders liegen ihr die schwierigen Fächer. Ihre Prüfung hatte sie im Hamburger Schauspielhaus abgelegt. Und ihr Mann, mit dem sie eine glückliche Ehe führt, leitet die Firma, die meine Frau und ich einmal aufgebaut haben, weiterhin mit großem Erfolg.

Wenn ich jetzt über all meine anderen Anverwandten schreiben sollte, würde das vielleicht den Rahmen sprengen. Meine Frau und ich wünschen uns für alle unsere Kinder, für alle Verwandten, dass sie gesund bleiben und dem Leben nur die schönsten Seiten abgewinnen.

Dagmar & Ivar Buterfas-Frankenthal *mit der geweihten Glocke von St. Nikolai*

Ehepaar Buterfas-Frankenthal beim Bundespräsidenten Herrn ***Prof. Dr. Herzog*** *im Schloss Bellevue, Berlin*

Von links: ***Max Schmeling, Ivar Buterfas-Frankental*** *und* ***Mike Tyson*** *in Las Vegas*

Jasmin und Ivar Buterfas-Frankenthal beim 1. Bürgermeister Hamburgs Herrn ***Dr. Henning Voscherau*** *in der Senatskanzlei*

Mit ***Ralph Giordano*** *& Volksschauspieler* ***Will Quadflieg***

Mit Hamburgs 1. Bürgermeister ***Hans-Ulrich Klose***

Mit ***Prof. Dr. Hanan Ashrawi,*** *der rechten Hand von Jassir Arafat, in ihrem Haus in Ramallah (im Epizentrum der Intifada) und Eintrag in das goldene Buch von St. Nikolai*

Einsegnung von ***Ivar Buterfas-Frankenthal*** *durch Pastor Wolfgang Weißbach von St. Nikolai in der Halle des heiligen St. Nikolaus in Demre, Türkei. Zu alten christlichen Zeiten hieß der Ort Myra*

Die Zerstörung von St. Nikolai von Hans-Albert Dithmer – ein Geschenk des ***Ohnsorg-Theaters Hamburg***

*Treffen in der Senatskanzlei des Rathauses zu Hamburg mit Herrn **Michail Gorbatschow** und dem 1. Bürgermeister **Dr. Henning Voscherau** und **Ivar Buterfas-Frankenthal** mit Eintrag von Herrn Gorbatschow (unten) in das goldene Buch von St. Nikolai*

*Zu Besuch bei Bundespräsident **Richard von Weizsäcker** im Schloss Bellevue in Berlin mit Eintrag in das goldene Buch*

*Treffen mit Altkanzler **Willi Brandt** in seinem Bonner Büro*

Bei Herrn Bundeskanzler ***Dr. Helmut Kohl*** *im Palais Schaumburg*

Mit ***Loki und Helmut Schmidt*** *in der Redaktion der „Zeit" in Hamburg*

Ehepaar Buterfas-Frankenthal mit ***Heidi Kabel und Max Schmeling***
im Partykeller der Familie Buterfas in Bendestorf

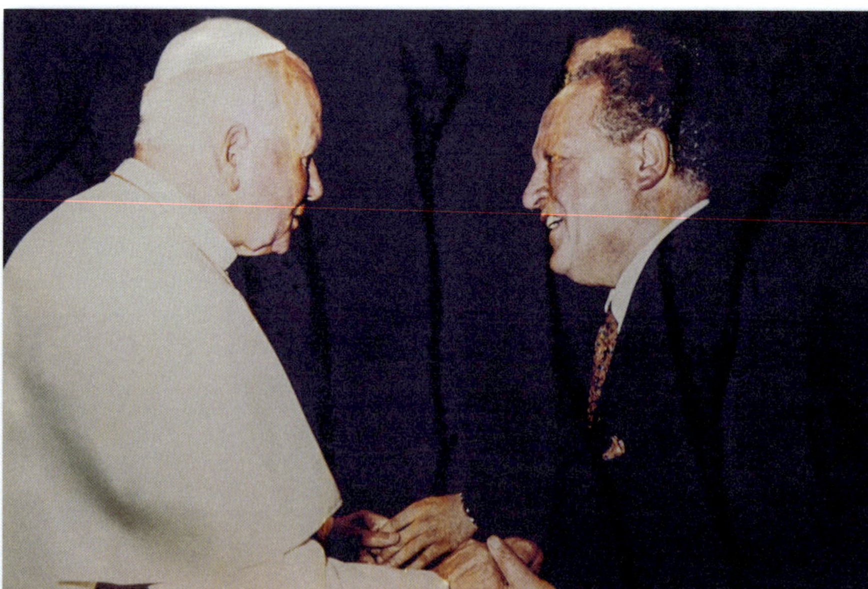

Privataudienz beim ***Papst Johannes Paul II*** *im Vatikan in Rom*

Die vor dem Krieg noch unbeschädigte ***Kathedrale St. Nikolai*** *und die jetzige Gestaltung, unter anderem mit dem Glockenspiel*

***Jasmin und Andi**, die gemeinsamen Kinder von*
Dagmar & Ivar Buterfas-Frankenthal

Die Familie Buterfas von links nach rechts:
Oben: ***Ursel, Rolf, Alice & Ivar***
Unten: ***Kurt, Felicitas, Ronald & die Mutter, Orla***

Der Bundespräsident Berlin, den 28. Juli 2020

Sehr geehrte Frau Buterfas-Frankenthal,
sehr geehrter Herr Buterfas-Frankenthal,

es ist schön zu wissen, dass Menschen so lange durch viele Jahrzehnte glücklich zusammenleben, alles teilen und Verantwortung füreinander und für andere übernehmen.

Das besondere Glück, die Eiserne Hochzeit feiern zu können, wird nur wenigen zuteil. Zu diesem Festtag, den Sie am 30. Juli 2020 begehen, möchte ich Ihnen von Herzen gratulieren.

Meine besten Wünsche begleiten Sie auf Ihrem weiteren Lebensweg.

Mit freundlichen Grüßen
Ihr

Frank-Walter Steinmeier

Der persönliche Glückwunsch des Bundespräsidenten ***Frank-Walter Steinmeier*** *zur Eisernen Hochzeit des Ehepaares Buterfas-Frankenthal*

*Ein Teil des **Eisernen Vorhanges** zwischen Ungarn und Österreich, der vom ungarischen Staatspräsidenten geöffnet wurde. Hier das persönliche Erinnerungsgeschenk von **Gyula Horn** für Ivar Buterfas-Frankenthal*

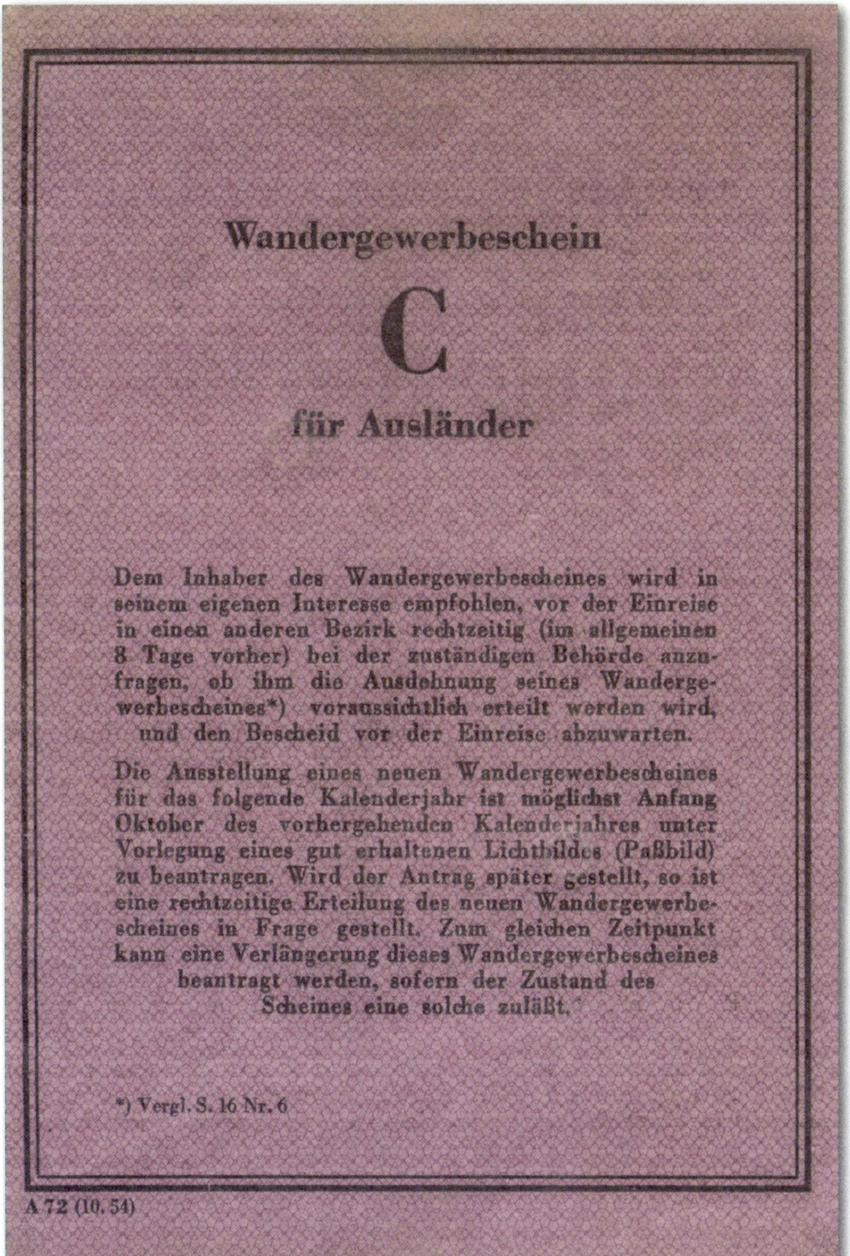

Wandergewerbeschein

C

für Ausländer

Dem Inhaber des Wandergewerbescheines wird in seinem eigenen Interesse empfohlen, vor der Einreise in einen anderen Bezirk rechtzeitig (im allgemeinen 8 Tage vorher) bei der zuständigen Behörde anzufragen, ob ihm die Ausdehnung seines Wandergewerbescheines*) voraussichtlich erteilt werden wird, und den Bescheid vor der Einreise abzuwarten.

Die Ausstellung eines neuen Wandergewerbescheines für das folgende Kalenderjahr ist möglichst Anfang Oktober des vorhergehenden Kalenderjahres unter Vorlegung eines gut erhaltenen Lichtbildes (Paßbild) zu beantragen. Wird der Antrag später gestellt, so ist eine rechtzeitige Erteilung des neuen Wandergewerbescheines in Frage gestellt. Zum gleichen Zeitpunkt kann eine Verlängerung dieses Wandergewerbescheines beantragt werden, sofern der Zustand des Scheines eine solche zuläßt.

*) Vergl. S. 16 Nr. 6

A 72 (10. 54)

Allein dieser ***Wandergewerbeschein*** *für „Ausländer" (Ivar Buterfas-Frankenthal wurde als gebürtiger Hamburger staatenlos!!!) …*

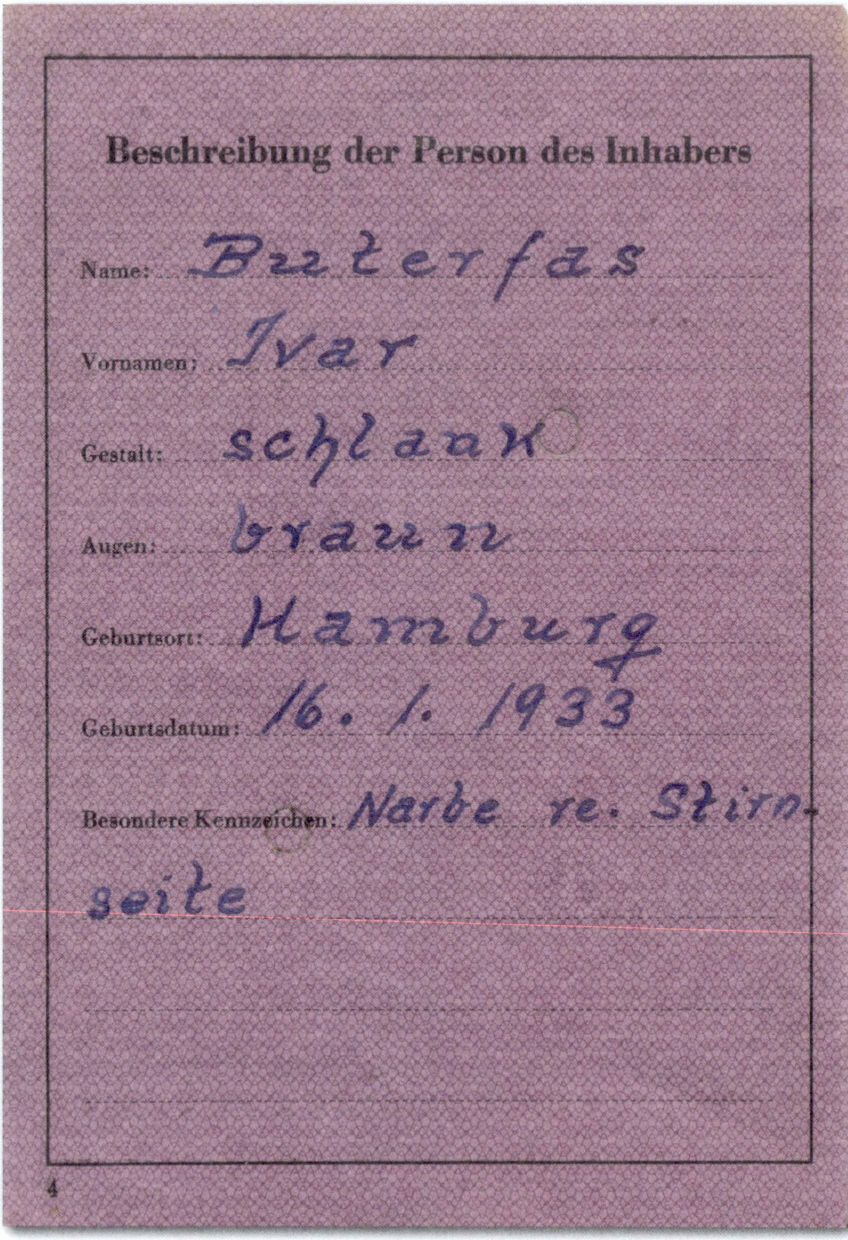

Beschreibung der Person des Inhabers

Name: Butterfas

Vornamen: Ivar

Gestalt: schlank

Augen: braun

Geburtsort: Hamburg

Geburtsdatum: 16. 1. 1933

Besondere Kennzeichen: Narbe re. Stirnseite

4

… bot ihm die Möglichkeit …

... selbstständig für seinen Lebensunterhalt ...

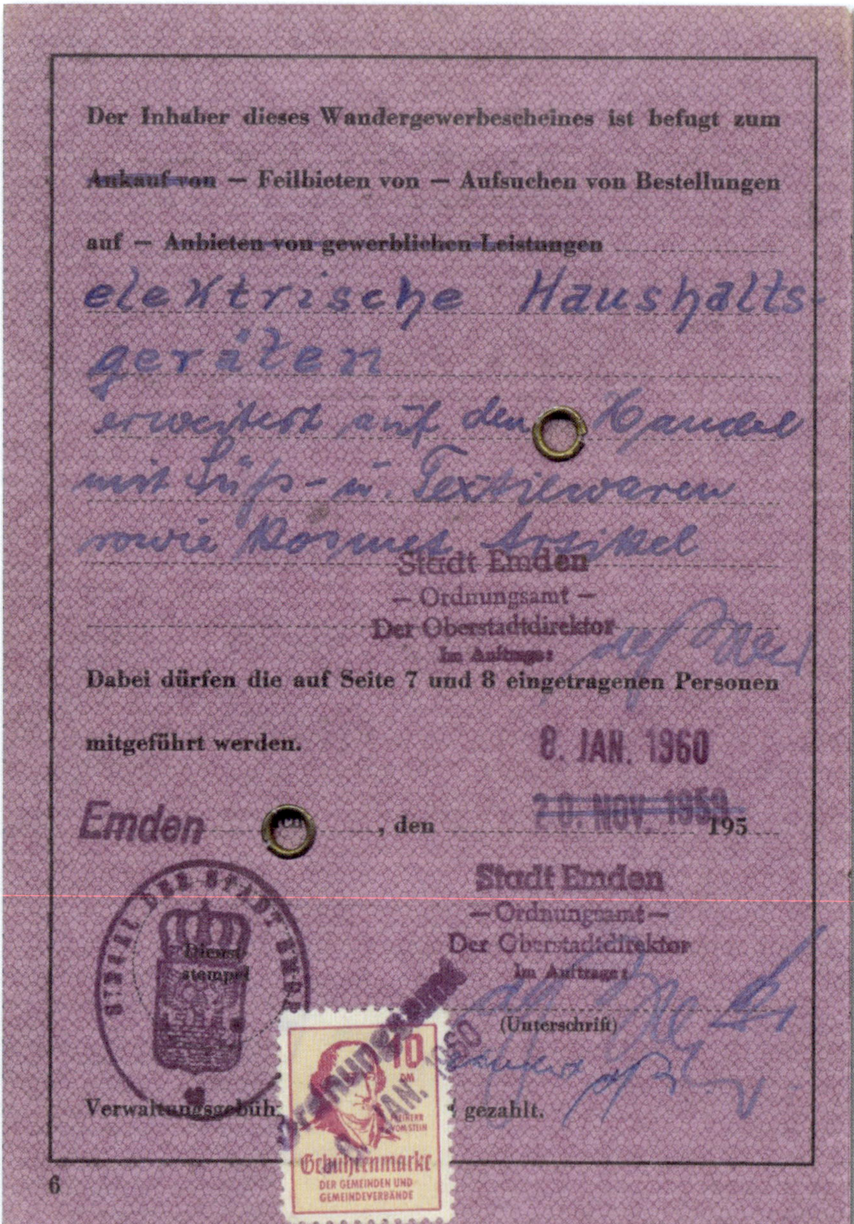
Der Inhaber dieses Wandergewerbescheines ist befugt zum

~~Ankauf von~~ — Feilbieten von — Aufsuchen von Bestellungen

auf — ~~Anbieten von gewerblichen Leistungen~~

elektrische Haushaltsgeräten

erweitert auf den Handel mit Süß- u. Textilwaren sowie Kosmet. Artikel

Stadt Emden
– Ordnungsamt –
Der Oberstadtdirektor
Im Auftrage:

Dabei dürfen die auf Seite 7 und 8 eingetragenen Personen mitgeführt werden.

8. JAN. 1960

Emden, den ~~20. NOV. 1959~~ 195

Dienststempel

Stadt Emden
– Ordnungsamt –
Der Oberstadtdirektor
Im Auftrage:

(Unterschrift)

10 DM
Freiherr vom Stein
Gebührenmarke
der Gemeinden und Gemeindeverbände

Verwaltungsgebühr … gezahlt.

6

… durch den Verkauf von elektrischen Haushaltsgeräten …

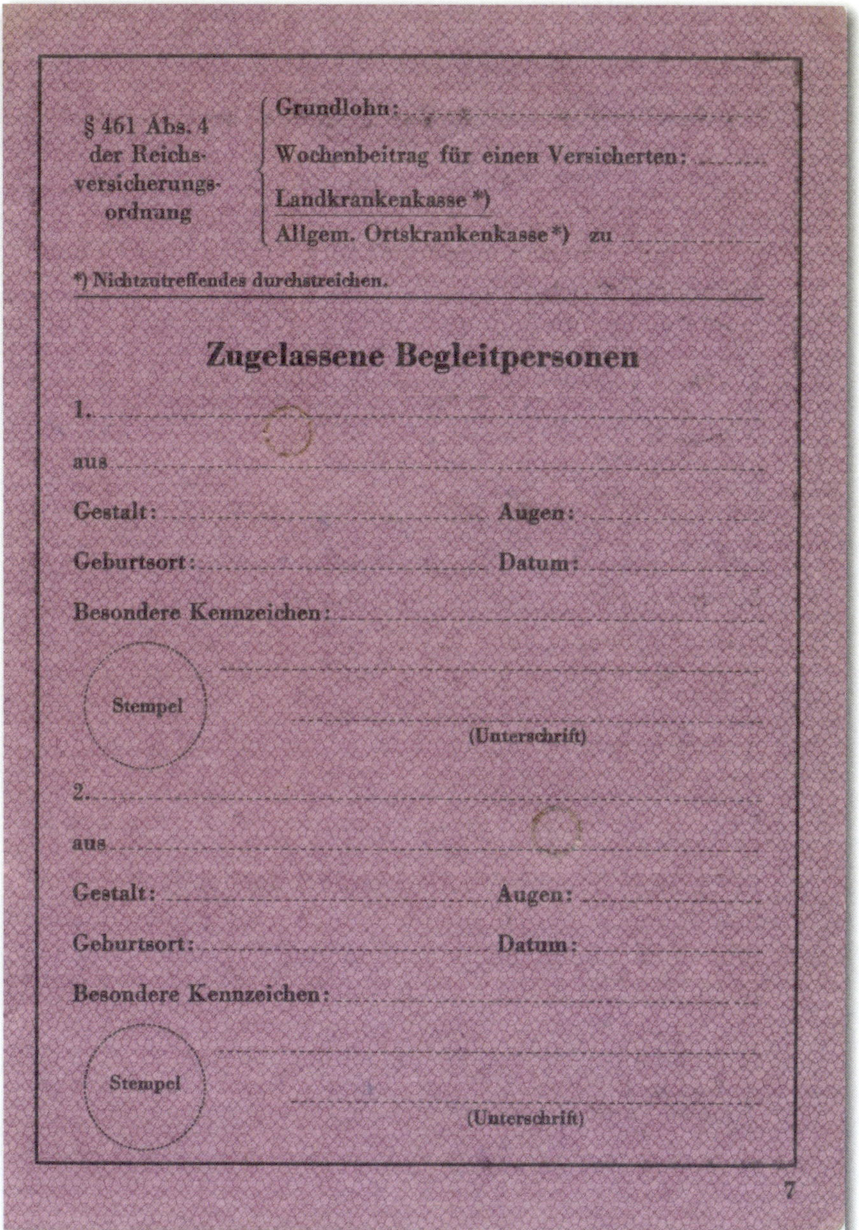

§ 461 Abs. 4 der Reichsversicherungsordnung

Grundlohn: ....

Wochenbeitrag für einen Versicherten: ....

Landkrankenkasse *)

Allgem. Ortskrankenkasse *) zu ....

*) Nichtzutreffendes durchstreichen.

Zugelassene Begleitpersonen

1. ....

aus ....

Gestalt: .... Augen: ....

Geburtsort: .... Datum: ....

Besondere Kennzeichen: ....

Stempel

....

(Unterschrift)

2. ....

aus ....

Gestalt: .... Augen: ....

Geburtsort: .... Datum: ....

Besondere Kennzeichen: ....

Stempel

....

(Unterschrift)

7

… zu sorgen

BREMERVÖRDER ZEITUNG
GNARRENBURGER UND SELSINGER ZEITUNG
Dienstag, 13. Juli 2004

Rathaus-Nutzung: Buterfas empört – „Alles reine Heuchelei“

Ivar Buterfas äußert sich in einem Brief an Bremervördes Bürgermeister zum Beschluss des Verwaltungsausschusses

Bremervörde/Sandbostel (cb). Die mit CDU/WFB-Mehrheit im Verwaltungsausschuss getroffene Entscheidung, Ivar Buterfas nicht im Bremervörder Ratssaal aus seiner Biographie vorlesen zu lassen, schlägt weiter Wellen. In einem Brief teilt Buterfas Bürgermeister Eduard Gummich „seine Gedanken zu dem Entschluss“ mit, der, so der Weltfriedenspreisträger, bundesweit auf Unverständnis und teilweise Entsetzen gestoßen sei.

Wie berichtet, hatte der Verwaltungsausschuss in nichtöffentlicher Sitzung mit einer 5:4-Stimmenmehrheit einen Antrag von Buterfas abgelehnt. Der Hamburger Unternehmer, der sich seit Monaten für die Einrichtung einer Gedenkstätte auf dem ehemaligen Lagergelände in Sandbostel engagiert, wollte am 9. November im Bremervörder Ratssaal aus seiner Autobiographie vorlesen. Der Erlös sollte der Gedenkstätte zu gute kommen.

In dem Brief an Bremervördes Bürgermeister heißt es: „Wie kann eine Stadt, die immer wieder ihre Beteiligung an der Einrichtung einer internationalen friedlichen Begegnungsstätte beteuert, ja sogar noch dem Gedenkstättenverein ihre Anteilnahme durch eine jährliche Spende von 100 (!) Euro beweist, mir als Holocaust-Überlebendem und rassisch Verfolgten, der keine politische Aussage machen wollte, sondern über seine Biographie, über seine Lebensleistung und seine so wichtige Aufklärungsarbeit für gute Demokraten vermitteln wollte, den Zutritt verweigern und damit diese Möglichkeit nehmen“.

Alle seine Freunde, alle Journalisten – europaweit – hätten nur verständnislos den Kopf geschüttelt. Dies vor allen Dingen vor dem Hintergrund, dass Niedersachsens Ministerpräsident Christian Wulff (CDU) Buterfas persönlich darum gebeten hatte, Spenden für die Einrichtung einer Gedenkstätte in Sandbostel zu sammeln.

In einem Brief des Minsterpräsidenten, aus dem Buterfas gestern während der internationalen Sandbostel-Konferenz in Hamburg zitierte, schreibt Wulff: „Ich würde mich freuen, wenn Sie ihre Erfahrungen, die Sie im Zusammenhang mit dem Wiederaufbau der Nicolaikirche in Hamburg gemacht haben, in das Projekt einbringen und ich Sie für das Einwerben von Sponsorengeldern zur Unterstützung in Sandbostel gewinnen darf.“

In dem Buterfas-Brief an Bremervördes Bürgermeister heißt es weiter: „Wie, glauben Sie, können Sie nun (...) noch offen und ehrlich den Eindruck vermitteln, dass Ihrerseits ein Interesse besteht, hier eine Begegnungs- und Trauerstätte zu schaffen. Gelinde gesagt betrachte ich alles, was ich bisher erleben musste, als reine Heuchelei“.

Sandbostel bald bekannter als Las Vegas?

Internationale Konferenz über Gedenkstätte

Von Thomas Schmidt

Hamburg/Sandbostel. „Wer seine Stimme für den falschen Standort erhebt, vergeht sich an den Opfern.“ Mit diesen Worten machte sich der Publizist Ralph Giordano für eine Gedenkstätte für das Kriegsgefangenen- und KZ-Auffanglager an historischer Stätte stark. Der Autor des Buches „Die zweite Schuld“ und „Die Bertinis“ gehörte zu den Rednern der internationalen Konferenz über die Gedenkstätte Sandbostel, an der gestern in Hamburg Diplomaten aus ganz Europa, rund 150 Persönlichkeiten des öffentlichen Lebens und zahlreiche Journalisten teilnahmen.

Den Ort der Konferenz hatte der Veranstalter, der Verein Dokumentations- und Gedenkstätte Sandbostel, mit Bedacht gewählt: Die Nikolai-Gedenkstätte. Sie erinnert an den Hamburger Feuersturm und wurde maßgeblich vom Weltfriedenspreisträger Ivar Buterfas auf den Weg gebracht.

Für den Auftakt der Konferenz sorgten zahlreiche Fernsehbeiträge, in denen die aktuelle Diskussion um das Lager kritisch beleuchtet wurde. Für großes Unverständnis und zum Teil Gelächter sorgten die Äußerungen von Kommunalpolitikern, die in den Interviews Argumente gegen eine Gedenkstätte vorgebracht hatten.

„Wo, wenn nicht dort?“, sagte Heinrich Schmidt, erster Vorsitzender des Förderkreises „Rettet die Nikolaikirche“, und meinte damit die Notwendigkeit, an der Stätte des Grauens selbst und nicht auf dem entlegenen Kriegsgräberfriedhof eine würdige und „authentische“ Gedenkstätte zu schaffen.

Der Holocaust-Überlebende Ivar Buterfas,. Gründer und Ehrenpräsident des Förderkreises „Rettet die Nicolai“-Kirche, hatte in den vergangenen Wochen dem Thema Sandbostel eine große Öffentlichkeit beschert. Auch in Hamburg machte er sich in einer flammenden Rede für das Ziel stark. Ausdrücklich brachte Buterfas sein Unverständnis darüber zum Ausdruck, dass er im Bremervörder Ratsaal seine Autobiographie nicht vorstellen darf (siehe Artikel oben). Dass er von einigen Kreisen in Bremervörde, Sandbostel und im Landkreis Rotenburg zur „Persona non grata“ erklärt worden sei, werde ihn jedoch nicht entmutigen, weiter für die Gedenkstätte zu kämpfen. Als „Versprechung“ und nicht als Drohung wollte er seine Ankündigung verstanden wissen, dass er Sandbostel bekannter als Las Vegas machen werde, sollte das Projekt nicht vorankommen.

„Diese Konferenz in der weltoffenen Stadt Hamburg ist notwendig geworden, um die nationale und internationale Öffentlichkeit auf die vor den Toren Hamburgs stattfindende Auseinandersetzung aufmerksam zu machen und Wege aus einer verfahrenen Situation aufzuzeigen“, beschrieb Dr. Klaus Volland, stellvertretender Vorsitzender des Vereins, den Hintergrund für Veranstaltung. Dass der Gedenkstättenverein mit der Konferenz seinem Ziel näher gekommen ist, wurde im Verlauf der Veranstaltung deutlich: Unterstützung für das Projekt signalisierten nicht nur der Vorsitzende der SPD-Fraktion im Niedersächsischen Landtag, Sigmar Gabriel, sondern auch Persönlichkeiten wie der Österreichische Generalkonsul und Doyen des Konsularkorps Hamburgs, Adolf Klement.

Weitere Berichte zur Konferenz in der morgigen Ausgabe.

Der Initiator der Konferenz, Ivar Buterfas (rechts), mit Schriftsteller Ralph Giordano.

Gedenkstätte Sandbostel: Zwei Moderatoren sollen es jetzt richten

Am Rande der internationalen Sandbostel-Konferenz in Hamburg suchten gestern zwei Männer das Gespräch mit Ivar Buterfas; sie wollen die festgefahrene Diskussion zwischen Gegnern und Befürwortern einer Gedenkstätte in Sandbostel voranbringen. Der ehemalige Superintendent Hans-Wilhelm Hastedt (links) und der ehemalige Regierungsschuldirektor Horst Rademacher (Mitte) möchten als „Moderatoren“ einer Initiativgruppe Brücken zwischen den Kontrahenten bauen. Hastedt wurde von Landwirtschaftsminister Hans-Heinrich Ehlen (CDU) gebeten, diese Funktion wahrzunehmen, und konnte Rademacher überzeugen, ihm bei der schwierigen Aufgabe zu helfen. Daraus solle eine Arbeitsgruppe erwachsen, so Hastedt, die sich in einem zweiten Schritt konzeptionelle Gedanken über die Gedenkstätte machen müsse. Hastedt: „Es kommt jetzt erstmal darauf an, Brücken zu bauen. Zum ersten Mal treffen wir uns am 23. August.“ In der Gruppe werden je zwei Vertreter des Gedenkstättenvereins und der Gemeinde Sandbostel mitwirken. Außerdem mit dabei: Zwei Denkmalschutzexperten des Landes Niedersachsen und ein für Fragen der Kriegsgräberstätte zuständiger Vertreter des Landkreises. Mit einem ersten Ergebnis rechnet Hastedt Mitte November. Foto/Text: Schmidt

Der Kommentar der Bremervörder Zeitung nach dem Besuchsverbot für das Bremervörder Rathaus für eine im Vorwege von langer Hand geplante Zeitzeugenveranstaltung. ***Ivar Buterfas-Frankenthal wurde zur Persona non grata*** *erklärt*

SESTADT STADE LANDKREIS STADE

Mittwoch, 1. Juni 2022 | Seite 13

Holocaust-Zeitzeuge bewegt Schüler

Ivar und Dagmar Buterfas-Frankenthal haben die Nazi-Zeit unter schwierigen Umständen überlebt und berichten im Stadeum

Von Anping Richter

STADE. Wenn Ivar Buterfas-Frankenthal als Zeitzeuge des Holocausts berichtet, lauschen mehr als 1000 Stader Schülerinnen und Schüler atemlos. Kein Ton ist zu hören, als er im voll besetzten Stadeum seine unglaubliche Geschichte erzählt. Später stellen sie kluge Fragen.

Zeitzeugen des Holocausts nach einem bewegenden Vortrag **vor 1000 Menschen im Stadeum**: Dagmar und Ivar Buterfas-Frankenthal. Foto: Richter

Ivan Buterfas-Frankenthal ist sichtlich bewegt von der großen Anzahl und der Konzentration seiner jungen Zuhörer im Theatersaal. „Das ist Labsal für meine Seele. Nur für euch bin ich ja unterwegs. Denn ihr seid die Erwachsenen von morgen und habt die heilige Pflicht, das hier an die Nachkommen weiterzutragen", sagt er nach seinem Vortrag.

In Stade war das Interesse sehr groß, sagt Bürgermeister Sönke Hartlef, der mit Peter Mewes von der Deutsch-Israelischen Gesellschaft das Ehepaar Buterfas-Frankenthal begrüßte. Weil nicht mehr als 1000 ins Stadeum passten, durften weitere 200 per Live-Übertragung ins Klassenzimmer dabei sein.

Buterfas-Frankenthal spricht mit der kraftvollen Stimme eines geübten Erzählers. Zusammen mit seiner Frau Dagmar hat er schon mehr als 1500 Veranstaltungen bestritten, in denen er über das Überleben seiner Familie in der Nazizeit und über sein Leben in Deutschland gesprochen hat.

Der 1933 in Hamburg geborene Sohn eines Juden und einer Christin war das jüngste von acht Geschwistern. Sein Vater wurde 1934 von der Gestapo abgeholt und am Kriegsende als Überlebender aus dem KZ Sachsenhausen befreit. Die Mutter und die Kinder überlebten den Krieg in Hamburg – hungernd, ohne Lebensmittelkarten, in Kellern unter Ruinen kaum geschützt vor den Bomben und ihren Mitmenschen, den Nazis.

Was bedeutet Heimat für jemanden, der so Schlimmes erlebt hat und immer wieder fliehen musste, will ein Schüler wissen. „Bis zum Kriegsende zählte für uns nur das Überleben, das Hier und Jetzt", antwortet Buterfas-Frankenthal. Erst danach kam der Gedanke an Heimat und ein Zuhause nach und nach wieder auf. „Aber wir haben unsere Mutter im Herzen getragen", sagt Buterfas-Frankenthal. Was er danach sagt, ist angesichts seiner Erfahrungen kaum zu fassen: „Und wir haben an dieses Land geglaubt." Bis heute lebt er in Bendestorf im Landkreis Harburg. Sein Leben – er begann als Neuheiten-Vertreter auf Märkten und wurde erfolgreicher Bauunternehmer – steht heute im Dienst der Erinnerung an den Holocaust, den Nationalsozialismus und daran, dass die Menschlichkeit über allem stehen muss.

Er hat viele Jahre hart dafür gekämpft, St. Nikolai in Hamburg und das Lager Sandbostel als Orte der Erinnerung und Mahnung zu erhalten. Sein neuestes Buch „Von ganz, ganz unten" erscheint im September, umfasst 450 Seiten und beschäftigt sich in großen Teilen mit dem Umgang der Deutschen mit ihrer Geschichte. „Vergessen kann ich nie, was sich abgespielt hat in dieser schrecklichen Zeit. Aber verzeihen muss man können", sagt Ivar Buterfas-Frankenthal. Was bei all dem Schrecklichen sein schönstes Erlebnis gewesen sei, will ein anderer Schüler wissen. Es waren die Geburten seiner beiden Kinder – seine Tochter, die Schauspielerin Jasmin Buterfas, sitzt mit im Saal – und „die 67 Jahre mit meiner Frau". Die äußerte zur Diamantenen Hochzeit einen ungewöhnlichen Wunsch: Sie wollte ihren Mädchennamen Frankenthal wieder annehmen, zu Ehren ihres Vaters, der als Jude in Buchenwald ermordet wurde. Ivar Buterfas leuchtete das ein – so sehr, dass mit seiner Frau auch er beim Amt darum bat, den Doppelnamen Buterfas-Frankenthal führen zu dürfen. Das war nach deutschem Passgesetz nicht erlaubt. Aber es gelang ihm, Räder in Gang zu bringen. Eine Woche später überreichte Landrat Reiner Rempe ihm persönlich die Urkunde.

Ob und wie er in dieser Zeit seinen Glauben gelebt habe, will eine Schülerin wissen. Er könne nicht christlich denken, er könne nicht jüdisch denken, sagt Ivar Buterfas-Frankenthal: „Meine Religion ist der Glaube an die Menschen." Die Schülerinnen und Schüler ermahnt er, bei der nächsten Wahl ihr Kreuz an der richtigen Stelle zu machen. „Versprecht ihr das?", fragt er. Die Antwort ruft er zweimal ab, ganz laut aus 1000 Kehlen: „Ja."

*Über **1.100 hochinteressierte Schülerinnen und Schüler** lauschten den Ausführungen von Dagmar und Ivar Buterfas-Frankenthal im Stadeum in Stade*

Der Fremdenpass

Im Januar 1942 entzogen die Nazis der Familie Buterfas die deutsche Staatsbürgerschaft. Auf den folgenden Seiten finden Sie ein besonders schändliches Dokument, welches die bereits neugegründete Bundesrepublik Deutschland auch nach dem Krieg Jüdinnen und Juden aushändigte.

Erst fast 20 Jahre später sollte die Familie Buterfas wieder eingebürgert werden (siehe Dokument auf Seite 516). Besonders zynisch: derselbe Beamte, der Ivar Buterfas-Frankenthal vor dem Krieg im Nationalsozialismus die deutsche Staatsbürgerschaft gestohlen hatte, bürgerte ihn und seine Familie wieder ein!

BUNDESREPUBLIK
DEUTSCHLAND
Ungültig
FREMDENPASS

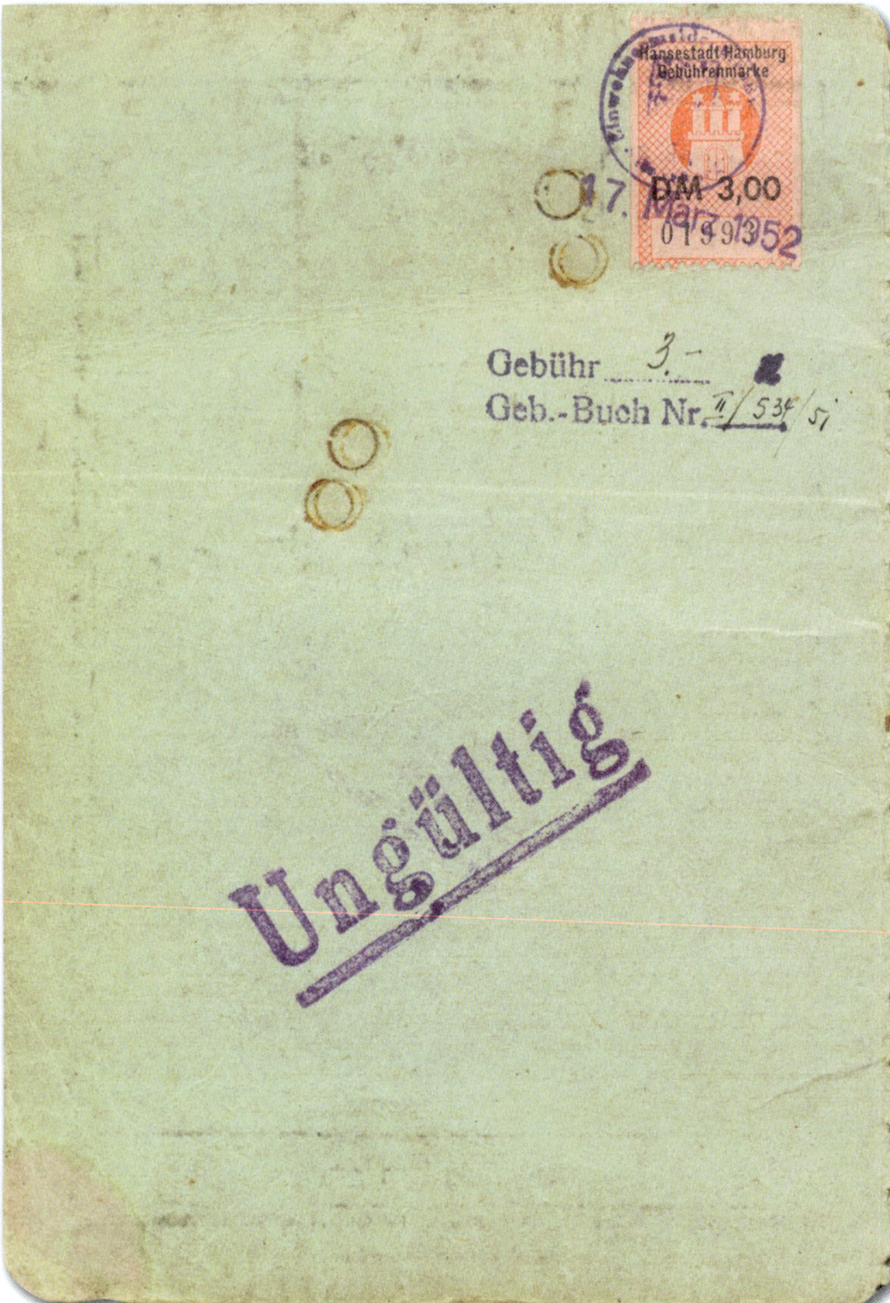
Hansestadt Hamburg
Gebührenmarke
DM 3,00
17. März 1952

Gebühr 3.-
Geb.-Buch Nr. II/534/51

Ungültig

BUNDESREPUBLIK DEUTSCHLAND
FREMDENPASS
NR.
NAME DES PASSINHABERS
Ivar Büterfas
Ungültig
DER PASSINHABER BESITZT NICHT DIE DEUTSCHE STAATSANGEHÖRIGKEIT
№. F 010603
Dieser Paß enthält 40 Seiten

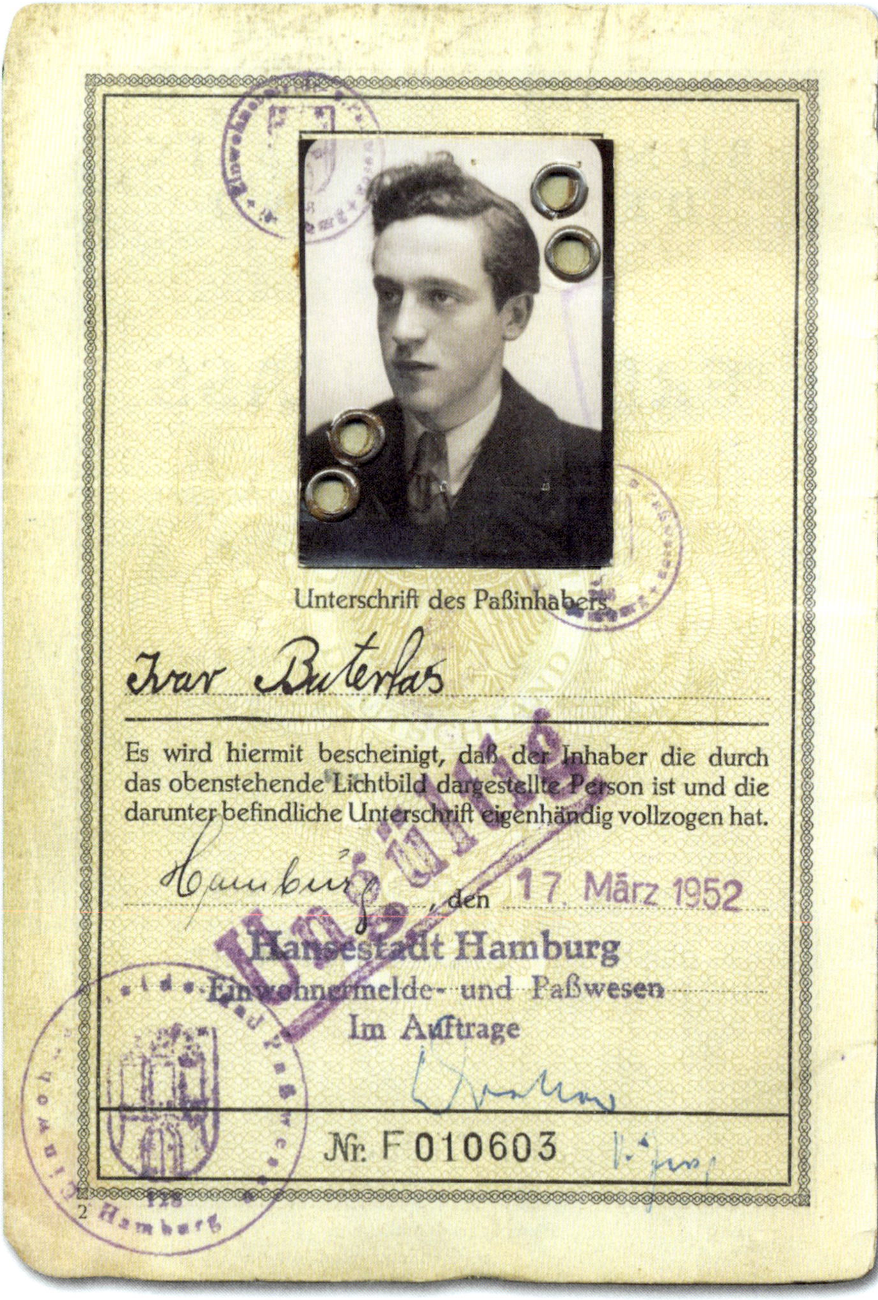

Unterschrift des Paßinhabers

Ivar Buterfas

Es wird hiermit bescheinigt, daß der Inhaber die durch das obenstehende Lichtbild dargestellte Person ist und die darunter befindliche Unterschrift eigenhändig vollzogen hat.

Hamburg, den 17. März 1952

Ungültig

Hansestadt Hamburg
Einwohnermelde- und Paßwesen
Im Auftrage

Nr. F 010603

2

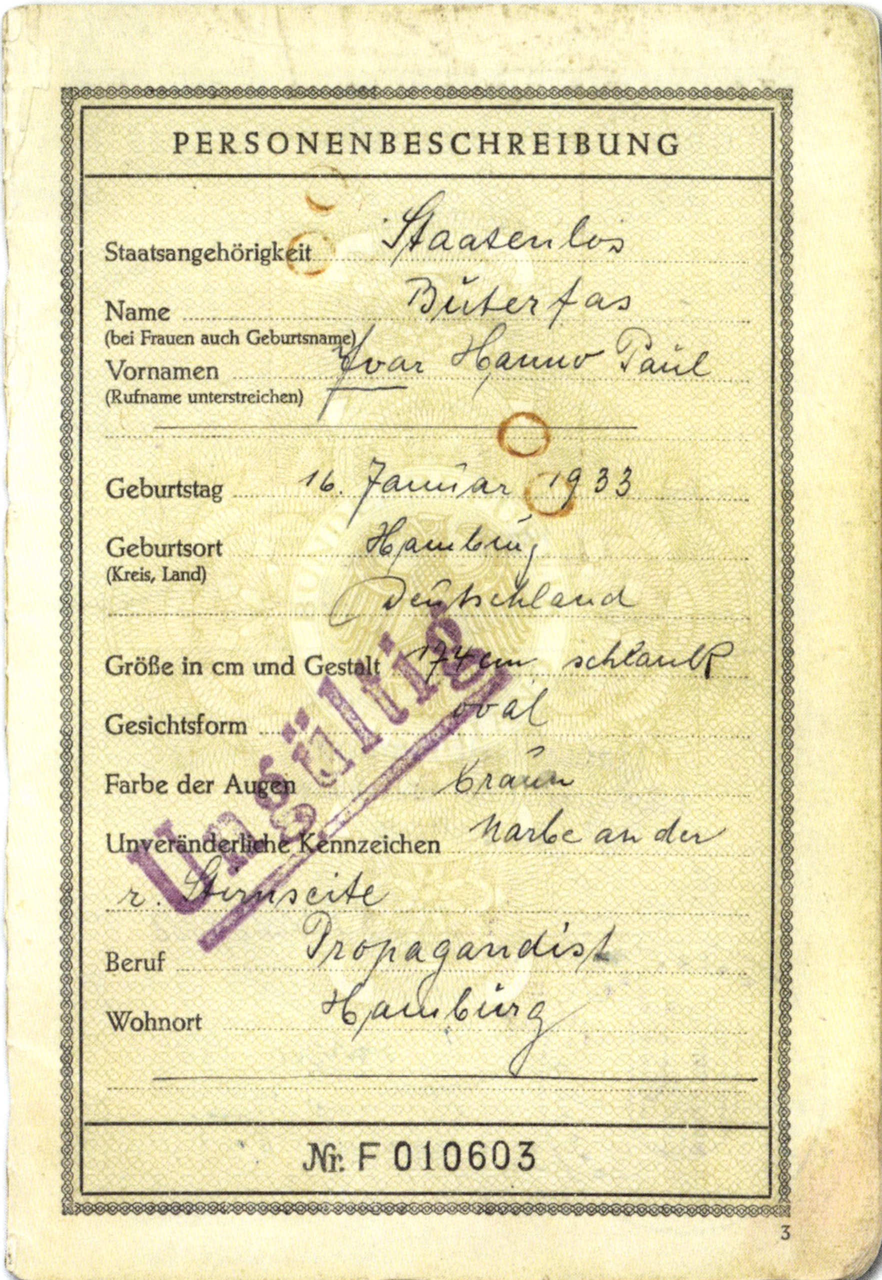

PERSONENBESCHREIBUNG

Staatsangehörigkeit Staatenlos

Name Buterfas
(bei Frauen auch Geburtsname)

Vornamen Ivar Hanno Paul
(Rufname unterstreichen)

Geburtstag 16. Januar 1933

Geburtsort Hamburg
(Kreis, Land) Deutschland

Größe in cm und Gestalt 174 cm schlank

Gesichtsform oval

Farbe der Augen braun

Unveränderliche Kennzeichen Narbe an der r. Stirnseite

Beruf Propagandist

Wohnort Hamburg

Nr. F 010603

Ungültig

3

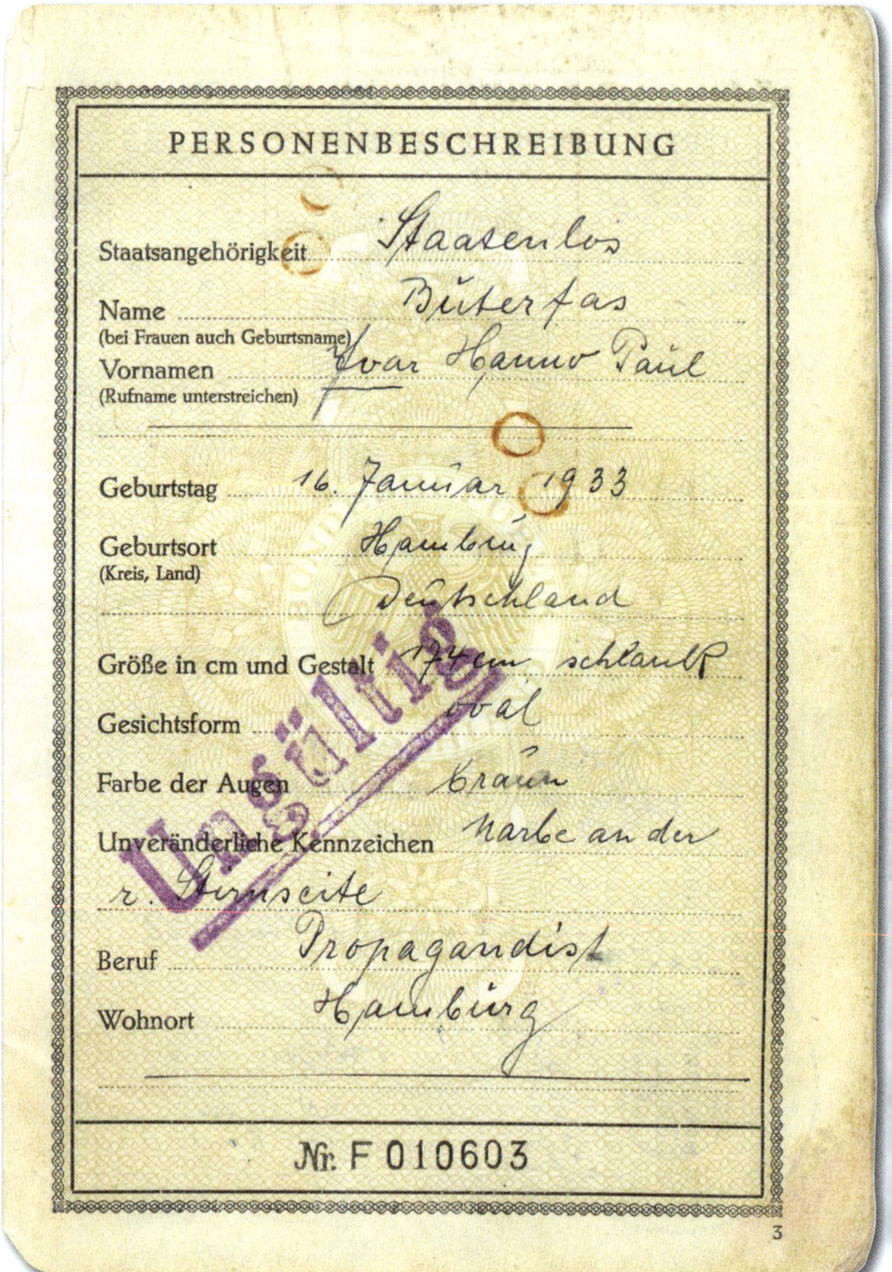

PERSONENBESCHREIBUNG

Staatsangehörigkeit	Staatenlos
Name (bei Frauen auch Geburtsname)	Büterfas
Vornamen (Rufname unterstreichen)	Ivar Hanno Paul
Geburtstag	16. Januar 1933
Geburtsort (Kreis, Land)	Hamburg Deutschland
Größe in cm und Gestalt	174 cm schlank
Gesichtsform	oval
Farbe der Augen	braun
Unveränderliche Kennzeichen	Narbe an der r. Stirnseite
Beruf	Propagandist
Wohnort	Hamburg

Ungültig

№. F 010603

3

VERLÄNGERUNGEN

1. Verlängert bis 17. März 1955

Hamburg den 16. Feb. 1954

Hansestadt Hamburg
Einwohnermelde- und Paßwesen
Dienststelle
Im Auftrage
Unterschrift

2. Verlängert bis 17. März 1956

Hamburg, den -4. Juni 1955

Hansestadt Hamburg
Einwohnermelde- und Paßwesen
Dienststelle
Im Auftrage
Unterschrift

3. Verlängert bis 17. März 1957

Hamburg, den -7. Juli 1956

Hansestadt Hamburg
Einwohnermelde- und Paßwesen
Dienststelle
Im Auftrage
Unterschrift

Nr. F 010603

5

Gebühr 1,50 DM.
Geb.-Buch Nr. II/ 636/56

Gebühr 1,50 DM.
Geb.-Buch Nr. II/ 319/55

1,50 DM
Geb.-Buch Nr. II/ 1463/53

Hansestadt Hamburg Gebührenmarke DM 1,00
Hansestadt Hamburg Gebührenmarke DM 0,50

RAUM FÜR SICHTVERMERKE
Gebühr:
Aufenthaltserlaubnis
für Deutschland
bis
17. März
Gesch.
Hamburg, den
17. März 1952
Polizei Hamburg
– Kriminalamt –
Ausländerabteilung
I. A.
Hansestadt Hamburg
Gebührenmarke
DM 3,00
№ F 010603
6

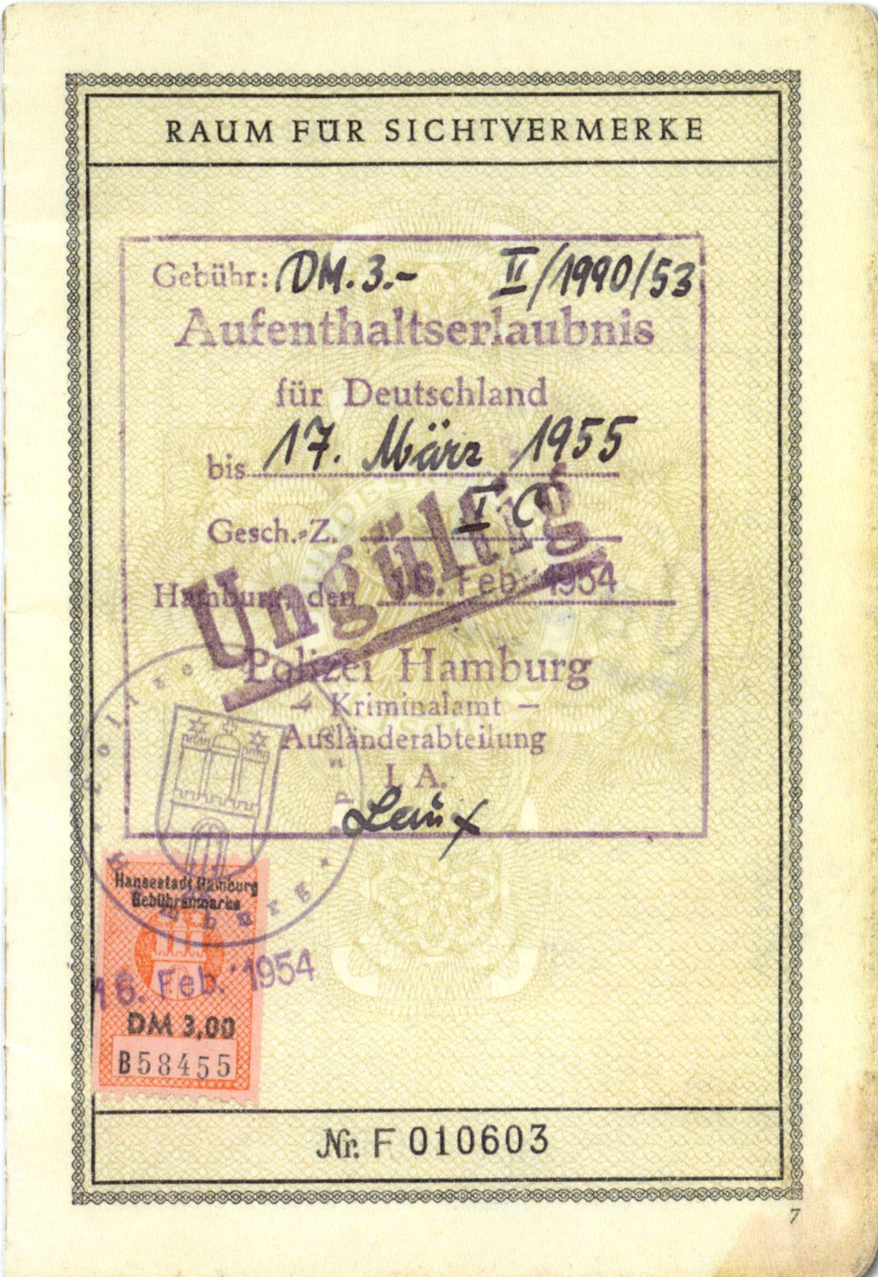
RAUM FÜR SICHTVERMERKE

Gebühr: DM. 3.- II/1990/53

Aufenthaltserlaubnis

für Deutschland

bis 17. März 1955

Gesch.-Z. I C

Hamburg, den 16. Feb. 1954

Ungültig

Polizei Hamburg

– Kriminalamt –

Ausländerabteilung

I. A.

Leu+

Hansestadt Hamburg Gebührenmarke

DM 3,00

B58455

16. Feb. 1954

№ F 010603

7

RAUM FÜR SICHTVERMERKE

Gebühr: DM. 3.- II/364/55

Aufenthaltserlaubnis

für Deutschland

bis 17. März 1956

Gesch.-Z. I G

Hamburg, den ... Juni 1955

Polizei Hamburg

– Kriminalamt –

Ausländerabteilung

I. A.

Leux

Ungültig

Hansestadt Hamburg

Gebührenmarke

DM 3,00

D 40105

№ F 010603

8

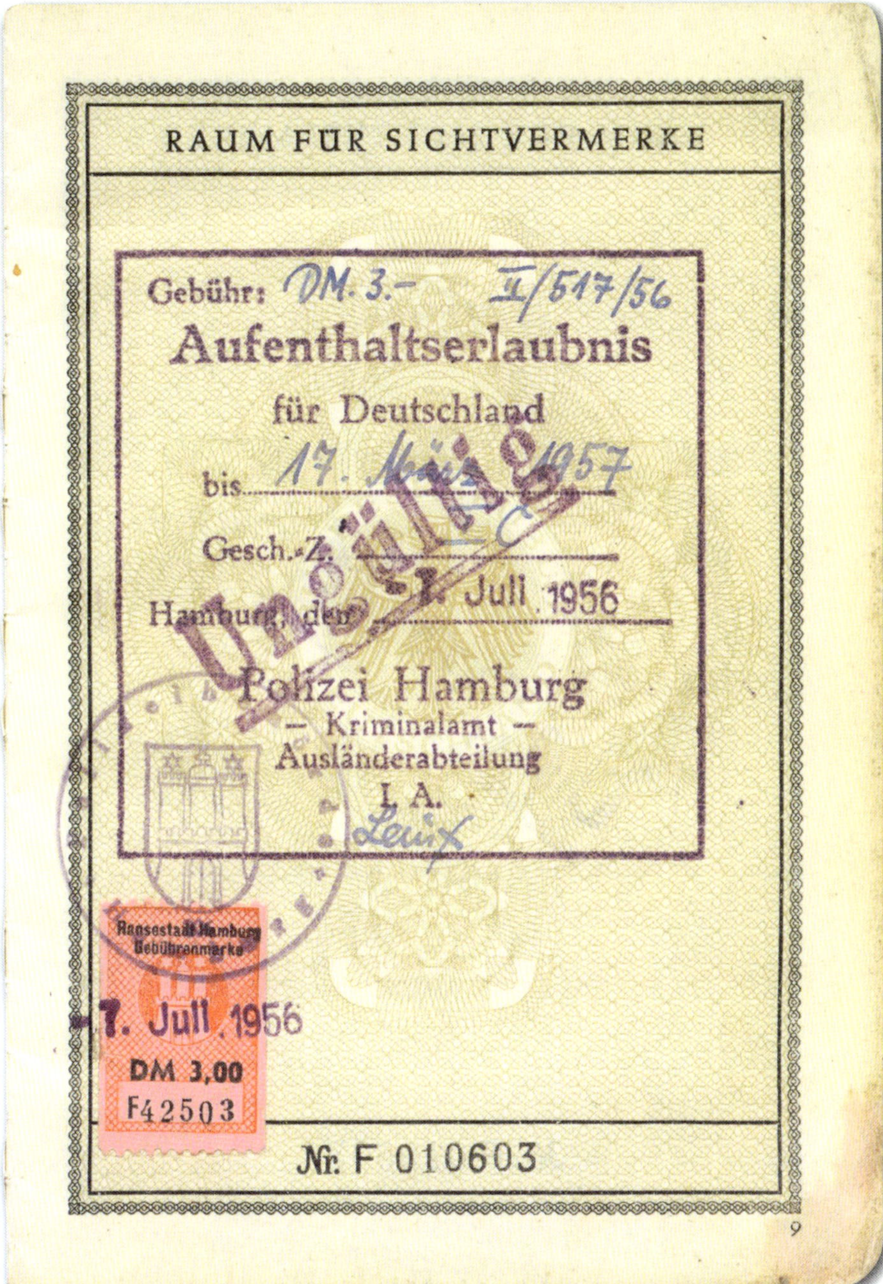
RAUM FÜR SICHTVERMERKE
Gebühr: DM. 3.- II/517/56
Aufenthaltserlaubnis
für Deutschland
bis
Gesch.-Z.
Hamburg, den
Juli 1956
Ungültig
Polizei Hamburg
– Kriminalamt –
Ausländerabteilung
I. A.
Hansestadt Hamburg
Gebührenmarke
Juli 1956
DM 3,00
F42503
Nr. F 010603
9

AKTENAUSFERTIGUNG

BUNDESREPUBLIK DEUTSCHLAND

Einbürgerungsurkunde

Ivar Hanno Paul Buterfas in Hamburg--------------------

(Namen, Stand und Wohnort)

geboren am 16. Januar 1933 in Hamburg----------------------------,

~~sowie seine Ehefrau~~ --------------------, ~~geborene~~ --------------------,

~~geboren am~~ --------------------~~in~~--------------------------------------,

und folgende(~~s~~) von ihm(~~ihr~~) kraft elterlicher Gewalt gesetzlich vertrete~~ne~~(s) Kind(er):

1. Andreas Alfred Felix, geboren am 8.4.1958 in Hamburg------,

(Namen)

2. Jasmin Cordula Regina, geboren am 20.6.1960 in Hamburg------,

3. --------------------, ~~geboren am~~ --------- ~~in~~ ------------,

----

haben mit dem Zeitpunkt der Aushändigung dieser Urkunde die deutsche Staatsangehörigkeit erworben. Die Einbürgerung erstreckt sich nur auf die vorstehend aufgeführten Personen.

Hamburg, den 2. Oktober 1961

Der Senat der Freien und Hansestadt Hamburg, Rechtsamt

Dienstsiegel

Im Auftrage

(Schlichting)

Oberregierungsrat

Ausgehändigt am 14. NOV. 1961

Eb. Nr.:

de Rodé

(Regierungsamtmann)

E 1 - 96/61

ERST 16 JAHRE NACH KRIEGSENDE

WIEDEREINBÜRGERUNG!

AUSGEZEICHNET!

2003 verleiht Landeshauptmann Stingl Ivar Buterfas-Frankenthal die Europäische Menschenrechtsmedaille in Graz.

BUNDES-VERDIENSTKREUZ AM BANDE

FÜR IVAR BUTERFAS!

1994 erhält Ivar Buterfas das Bundesverdienstkreuz am Bande!

Wiener Landeshauptmann Michael Häupl ehrt Ivar Buterfas mit dem

GOLDENEN RATHAUSMANN

VERLEIHUNGSURKUNDE

IN ANERKENNUNG DER UM VOLK UND STAAT ERWORBENEN

BESONDEREN VERDIENSTE

VERLEIHE ICH

HERRN IVAR BUTERFAS-FRANKENTHAL

BENDESTORF

DAS VERDIENSTKREUZ

1. KLASSE

DES VERDIENSTORDENS DER BUNDESREPUBLIK DEUTSCHLAND

BERLIN, DEN 27. AUGUST 2020

DER BUNDESPRÄSIDENT

ZWEITES VERDIENSTKREUZ FÜR IVAR BUTERFAS-FRANKENTHAL

Eine nahezu einzigartige Auszeichnung

Internationaler Preis für Frieden & Toleranz

1995 in der Türkei an Ivar Buterfas verliehen

DER PRÄSIDENT DES SENATS
DER FREIEN UND HANSESTADT HAMBURG

30. November 1995

Sehr geehrter Herr Präsident,

für den Senat der Freien und Hansestadt Hamburg ist es eine besondere Ehre, daß die CALL FOR THE PEACE OF THE WORLD ASSOCIATION beabsichtigt, einen Bürger dieser Stadt, Herrn Ivar Buterfas, den Ehrenpräsidenten des Förderkreises "Rettet die Nikolaikirche", mit dem FRIEDENS- UND TOLERANZPREIS auszuzeichnen.

Ich habe mit besonderer Freude zur Kenntnis genommen, daß damit der unermüdliche Einsatz von Herrn Buterfas für Versöhnung, Toleranz und Frieden auch international Anerkennung findet. Sein Engagement für die weltweite Beachtung des Hamburger Mahnmals St. Nikolai und die sich durch die Preisverleihung ergebende Verknüpfung mit den Ursprüngen des Heiligen St. Nikolaus, lassen diese hohe Auszeichnung in besonderem Licht erscheinen.

Mit freundlichen Grüßen

Dr. Henning Voscherau
Erster Bürgermeister

Herrn Präsident Muammer Karabulut
Noel Baba & Dünya Barisina Cagri Dernegi
Milli Egemenlik Cad 22/32
Antalya / Republik Türkei

Epilog

Ich muss mir oft anhören, wenn ich mit Freunden oder Schulleitern Gespräche führe - ob sie mir schmeicheln wollen, weiß ich nicht, das glaube ich aber eher weniger -: Du hörst Dich alles andere als nach einem fast Neunzigjährigen an. Darauf könnte ich natürlich eine lange Antwort geben, über die körperliche Verfassung eines fast Neunzigjährigen, aber ich möchte meinen Epilog zum Abschluss dieses Buches doch einem sehr viel wichtigeren Thema widmen.

Mir und auch meiner Familie sind nach Gründung der Bundesrepublik Deutschland sehr viel Leid zuteilgeworden. Aber nichts hat mich abgeschreckt, über fünfzig Jahre gegen rechtes Unrecht, das in Deutschland in hohem Maße zugenommen hat, zu kämpfen. Ohne meine Frau, ohne diese stärkende Stütze bei all den Dingen, an die ich mich in einem langen Leben herangetraut habe, wäre das alles illusorisch gewesen. Was für eine starke Frau, die in unserer siebenundsechzigjährigen Ehe nie von meiner Seite gewichen ist und mir manches Mal, wenn ich bei schlimmen Taten, mit denen ich fertig zu werden hatte, keine Lust mehr verspürte weiterzumachen, einfach geholfen hat. Die vielen antisemitischen Verunglimpfungen, die mir und meiner Familie entgegengebracht wurden, habe ich zum größten Teil ertragen und nicht zur Anzeige gebracht. Es gab nur wenige Ereignisse, die ich bei der Staatsanwaltschaft in Hamburg oder in Stade angezeigt habe. Zwei Begegnungen aber gab es, die zwei Projekte in Deutschland betrafen – und das sage ich ohne Übertreibung und Arroganz –, an die sich vorher niemand herangetraut hatte, weil alle einen Erfolg für völlig aussichtslos gehalten haben – sind mit besonders krassem Hass, Beleidigung und Demütigung meiner Person gegenüber begleitet worden – und zwar bis zum Schluss, nachdem ich diese Objekte natürlich auch mit einigen Freunden erfolgreich zu Ende gebracht habe.

Ich erwähne hier Hamburgs ehemalige Bürgerkirche, eine der schönsten Kathedralen in Norddeutschland, die den dritthöchsten Turm der Welt besitzt. Nach dem Ulmer Münster mit hundertzweiundsechzig, dem Kölner Dom mit hundertzweiundfünfzig Metern folgte die St. Nikolaiturmspitze in Höhe von hundertachtundvierzig Metern. Dort kratzte sie an den bekannten Hamburger Regenwolken.
Das zweite Objekt im Land Niedersachsen – in der Nähe der Stadt Bremervörde – war für meine Begriffe einzigartig, weil man mit diesem ehemaligen Lager nach 1945 bis in die heutige Gegenwart auf eine Weise umgegangen ist, die für meine Begriffe zu einer der größten Missachtungen der Menschenwürde zählt. Die ehemaligen Stalag-XB Kriegsgefangenen und KZ-Häftlinge wurden nach der Räumung des Konzentrationslagers Neuengamme bei Hamburg auf einen Todesmarsch dorthin verbracht. Über eine Million Häftlinge sind seit 1939 in diesem Lager inhaftiert worden. Es sollen Menschen aus achtzig verschiedenen Nationen gewesen sein. Man spricht von ca. sechzigtausend Toten, darunter vielen KZ-Häftlingen. Diese Zahlen sind natürlich nicht exakt zu belegen.

Dass noch eine Vielzahl von Original-Baracken in diesem Lager vorhanden waren und bis jetzt stehen, ist aus heutiger Sicht ein reiner Glücksfall. Sie sollten erhalten bleiben, um die Vergangenheit nicht auszulöschen und eine Erinnerung an das

Schreckliche, was Menschen dort ertragen mussten, wachzuhalten. Bei der Befreiung des Lagers im April 1945 verglichen es die britischen Soldaten mit Bergen-Belsen. Dort, ebenso wie auch in Sandbostel, lagen die Toten, Verhungerten und auch an Seuchen verstorbenen Kriegsgefangenen in den Baracken und auch auf der Lagerwiese.

Mir gelang mit einem enormen Aufwand, unter Einschaltung von Diplomaten und vor allem der Öffentlichkeit, auf die Verhältnisse, die dort vorherrschten, aufmerksam zu machen. Durch meine intensiv geführte Methode wurde ich in der Umgebung jedoch zu einer Hassperson. Denn ich habe in aller Deutlichkeit auf die unerträglichen Verhältnisse dort hingewiesen. Ich habe in jedem Interview, das ich gegeben habe, ausgesprochen, dass die Verantwortlichen, die irgendwann auf die Idee kamen, diese Massentötungsstätte – denn anders konnte man sie nicht bezeichnen – in Grundstücksgrößen aufzuteilen und Interessenten zum Kauf anzubieten, verantwortungslos handelten. Die Käufer dieser Grundstücke, die dann auch Baracken mit in Besitz nahmen, machten aus diesem ehemaligen Gefangenen– und Konzentrationsauffanglager einen Gewerbepark. Noch immer befand sich dort ein Holzhändler und - was überhaupt nicht zu fassen ist – ein Hundeasyl. Ich bin ein großer Tierfreund, und ein Hundeasyl ist unglaublich wichtig, um etwas für schutzbedürftige Tiere zu tun. Regelmäßig spenden meine Frau und ich für diesen guten Zweck auch im Rahmen unserer Möglichkeiten – dass aber ein derartiges Hundeasyl an dieser Stätte unangebracht ist, bedarf gar keiner Erwähnung.
Erfolgreich wurde nach und nach aus dem ehemaligem Straf- und Konzentrationsauffanglager eine Stätte der Begegnung

und endlich ein Ort, an dem die Angehörigen aus aller Welt gefahrlos trauern konnten.

Meine größte Verletzung seelischer Art, an die ich mich bei allem, was mir alles von 1938 bis heute angetan wurde, erinnern kann, ist die schlimmste Erfahrung, die ich mit sogenannten Freunden aus dem Förderkreis „Rettet Sandbostel“ erlebt habe: Als ich von der Tierhalterin in der Öffentlichkeit mit dem Tode bedroht wurde, war Sigmar Gabriel der Einzige, der diese Frau zur Ordnung rief. Als mir eine widerliche Unterschlagung vorgeworfen wurde – ich sollte mich an der Einnahme der Gelder, die durch meinen Buchverkauf erzielt wurden, auf einer Veranstaltung in Selsingen bereichert haben – hat sich nicht eine einzige Stimme meiner Freunde dagegen erhoben und den stellvertretenden Vorsitzenden des Vereins zur Ordnung gerufen. Die Gelder waren damals nach Beendigung der Veranstaltung aber noch vor Ort an den anwesenden Schatzmeister übergeben worden. Auch als ich auf Vorschlag der Landesregierung in Hannover eine Veranstaltung in Bremervörde durchführen sollte – im dortigen Rathaus –, war der Bürgermeister der Stadt Bremervörde hellauf begeistert über meinen Vorschlag. Nur zwei Tage später musste ich aber durch die dortige Presse zur Kenntnis nehmen, dass ich mit fünf zu vier Stimmen zur unerwünschten Person erklärt wurde, mit dem Hinweis, dass ich keinen Schritt mehr ins Rathaus tun durfte. Meine Reaktion lesen Sie in diesem Buch. Auch hier erhob sich nicht eine einzige Stimme gegen diese schreckliche Beleidigung. Auch noch vieler weiterer Ereignisse wegen, die sich im Nachhinein ergeben haben, wurde mir klar, dass ich bei sogenannten

Freunden zu einer unerwünschten Person geworden war. Ich muss nicht erwähnen, wie groß meine Enttäuschung war.

Der zweite Fall ist St. Nikolai. Hier habe ich zwanzig Jahre lang meine ganze Kraft eingesetzt, um dieses Mahnmal, die letzte Kriegsruine unserer Stadt, zu erhalten. Was mir auch mit Hilfe von Freunden gelungen war, sowie mit der Unterstützung der Hunderten von Touristen, die aus allen Teilen der Welt täglich anreisen, um eine der schönsten Städte des Kontinents zu besuchen. Und das ist Hamburg ja auch nach dem Wiederaufbau nach 1945 geworden. Ein Glockenspiel, das Glockenspielern aus aller Welt die Möglichkeit gibt, diese einundfünfzig Glocken durch einen Glockenspieltisch zum Klingen zu bringen. Hier werden zur großen Freude der Menschen internationale Glockenspielwettbewerbe ausgeführt. Kein Mensch hätte sich je träumen lassen, dass es so etwas einmal geben würde, an dieser Stätte, und das sage ich ohne Scham und Arroganz. Dies war eine Unternehmung, für deren Erfolg zuvor kein Mensch auch nur einen einzigen Pfifferling gegeben hätte. Ich war schon längst nicht mehr Vorstandsvorsitzender. Jemand anderes hatte die Verantwortung übernommen, als die Genehmigung erteilt wurde, einen Lift in den Turm einzubauen, der auf der Plattform in eine Höhe von fünfundsiebzig Metern fahren durfte. Dies war von Anfang an immer ein für damalige Verhältnisse leider unerreichtes Ziel. Innerhalb von sechs Monaten habe ich auch dieses Projekt in Angriff genommen. Beginn: 2. Januar 2005, Fertigstellung: 30 Juli 2005, der goldene Hochzeitstag von meiner Frau und mir.

Und hier habe ich einen Fehler gemacht, für den ich auch die Verantwortung trage. Nur die Art und Weise, wie man anschließend mit mir verfahren ist, ist an Schändlichkeit nicht zu überbieten. Im Rahmen einer Tombola, die ich organisiert habe und mit Hilfe der Hamburger Wirtschaft, die mit Spenden in Form von Waren diese Tombola kräftig unterstützte, konnte ich trotz aller Schwierigkeiten, die mit einer Tombola-Ausspielung im Zusammenhang stehen, eine hohe sechsstellige Summe für die Finanzierung des Liftes einwerben. Wobei noch viele weitere Aktionen dazu beigetragen haben. Vom damaligen Vorstand gab es in dem gesamten Zeitraum nicht eine einzige helfende Hand. Ganz allein mit meiner Frau und einer kleine Menge Helfer aus dem Förderkreis wurde dieses einmalige Projekt realisiert. Mit großer Begeisterung nehmen unsere deutschen Bürgerinnen und Bürger, die Hamburger Bevölkerung und vor allem Touristen aus der ganzen Welt die einmalige Gelegenheit wahr, von der Turmruine einen Blick über die schönste Stadt der Welt werfen zu können. Mein Fehler lag darin, dass nach Beendigung der Tombola weit über sechstausend Lose übrig geblieben waren. Da mir die Sachgeschenke alle von den Sponsoren ohne eine Rückgabeforderung für diese Tombola zur Verfügung gestellt worden waren, habe ich die letzten sechstausend Lose (Lospreis 2 € = 12.000 Euro) an einen Hamburger Unternehmer verkauft. Die meisten der Sachgeschenke waren Bücher und Zeitschriften, die dann teilweise an Schulen weitergegeben wurden. In meinem blinden Ehrgeiz, dieses Projekt fertigzustellen, habe ich gedacht, dass ich diese zwölftausend Euro für den Förderkreis auf diese Weise einnehmen könnte. Aber das war falsch. Der Unternehmer hat auch bis auf die Bücher und Zeitschriften alle Tombola-

Preise zurückgegeben. Was später damit geschah, entzieht sich meiner Kenntnis. Er verzichtete auch auf die Herausgabe der zwölftausend Euro.

Dieser Vorgang wurde von irgendjemanden bei der Staatsanwaltschaft aus dem Kreis der Mitglieder des Förderkreises gegen mich zur Anzeige gebracht. Was sich dabei über dem Haupt meiner Frau und mir zusammenzog, darüber war ich völlig ahnungslos, denn ich befand mich mit meiner Frau zu dieser Zeit auf einer nachträglichen Hochzeitsreise, die wir uns fünfzig Jahre vorher nicht hatten leisten können. Man hatte während meiner Abwesenheit alles das, was ich in zwanzig Jahren gern für meine Stadt Hamburg getan hatte, völlig ignoriert. Es kam nur darauf an, mich auszuschalten. Und nun endlich konnten ein paar Herren, die nie, wenn es um die Arbeit ging, die Finger krumm gemacht hatten, St. Nikolai bzw. die Verantwortung dafür übernehmen. Der Hauptgrund ihrer Aktion war aber, dass der Panorama-Lift einem Goldesel gleichzustellen war. Denn von der ersten Sekunde an war klar, dass dieser Lift finanziell den Förderkreis in der Zukunft ohne Sponsoren mit den erforderlichen Kapitalien versorgen würde. Wer jetzt den Vorsitz übernahm, hatte nicht mehr viel zu tun, denn nun konnte man ja, wie es später auch praktiziert wurde, bezahlbares Personal einsetzten – was zu meiner Zeit undenkbar gewesen wäre.
Als ich mit meiner Frau wieder in Hamburg ankam, erwarteten mich völlig überraschend Titelseiten von Hamburgs Tageszeitungen, die mir Untreue und mehr vorwarfen. Zu keinem Zeitpunkt habe ich mich je auch nur an einem einzigen Euro bereichert. Vielmehr habe ich auf eigene Kosten in meinen Hamburger Büro Mitarbeiterinnen beschäftigt, die

ausschließlich Korrespondenzen und andere Dinge für St. Nikolai erledigten.

Nach meiner Ankunft wurde eine eiligst einberufene Sitzung durchgeführt, an der ich auch teilnahm. Man wollte mit mir überhaupt nicht über die Hintergründe diskutieren, sondern mich angeblich aus der Schusslinie nehmen – und daher wäre es dringend erforderlich, dass ich meinen Vorsitz abgab. Die Herren hatten sich noch nicht einmal die Mühe gemacht, auch nur die Unterlagen des Förderkreises durchzusehen, dann hätten sie nämlich festgestellt, dass ich zu diesem Zeitpunkt schon gar keine Funktion mehr im Förderkreis gehabt hatte. Der Förderkreis hatte längst einen anderen Vorsitzenden. Ob er tüchtig oder untüchtig war, möchte ich hier gar nicht kommentieren. Nach dieser Hexenjagd gegen mich aber habe ich mich bis zum heutigen Tage zurückgezogen. Es war das Schmerzlichste, was mir nach meinen Rauswurf als sechsjährigem Erstklässler nach 1938 passiert ist.

Ich habe unter dem hässlichen Vorwurf und an dem Kaltgestellt-Werden – und zwar mit einer nicht zu beschreibenden Portion von Hass – gelitten. Unbemerkt entwickelte sich eine schwere Krebskrankheit, die ich dann zur großen Freude meiner Familie nach über einem Jahr erfolgreich hatte bekämpfen können.
So war es keine Schadenfreude, als ich erfuhr, dass durch intensive Bauten am Turm von St. Nikolai und später auch durch Corona die Riesen-Einnahmen, die durch den Lift eingefahren wurden, urplötzlich ausblieben. Die freundlichen Sponsoren aus meiner Zeit waren aus Verärgerung über viele Dinge, die sich nach meiner Zeit ereignet hatten, längst aus-

gefallen. Nun kam das, was es zu meiner Zeit - und das sage ich voller Stolz - nie gegeben hatte: das Erbetteln von Beträgen aus der Hamburger Kasse, die zum Erhalt des Förderkreises erforderlich wurden.

Wenn man mich heute fragen würde: Wie haben Sie das bloß alles weggesteckt?, dann gibt es zwei Antworten: mit Hilfe meiner unglaublich starken Frau und wegen meiner Arbeit als Zeitzeuge, die ich nunmehr im neunzigsten Lebensjahr immer noch an Schulen und Universitäten durch gehaltene Vorträge durchführe. Noch während ich diesen Epilog schreibe, habe ich im Jahr 2022 im ersten Halbjahr schon wieder zehn Veranstaltungen durchgeführt und bis Anfang Oktober 2022 werden es noch einmal etwa fünfundzwanzig Städte in Deutschland sein – in denen junge Menschen auf mich warten und in denen wir gemeinsam gegen alles das vorgehen, was dieser schönen Republik Schaden zufügen könnte. Und das ist Antisemitismus, Ausländerfeindlichkeit und Rassismus.
Die zuletzt erneut deutlich gestiegenen Zahlen antisemitischer sowie politisch motivierter Straftaten sind eine Schande für unser Land. Es freut mich daher umso mehr, dass die Polizei Niedersachsen nun im Rahmen ihres Projekts „Polizeischutz für die Demokratie“ eine Zusammenarbeit mit mir anstrebt. Zunächst ist eine polizeiinterne Veranstaltung geplant, im Anschluss daran sind Veranstaltungen mit Schülern, Studenten und Polizeieinheiten angedacht. Dies ist ein später Ritterschlag für meine Arbeit, die durch diese Kooperation nun in ganz neue Sphären vorzudringen vermag.

Die erste Veranstaltung findet in der Burg Seevetal in Hittfeld mit ca. 500 Beamtinnen und Beamten statt. Ich wünschte, zehn Jahre jünger zu sein, um dieses Projekt bis an mein Lebensende zu begleiten. Die Arbeit, die sich Herr Dr. Götting mit seinen Mitarbeiterinnen und Mitarbeitern in der Polizeiakademie in Nienburg an der Weser gemacht hat und weiter voranbringt, ist revolutionär. Niemand hat wohl auch nur im Ansatz erwartet, dass die Polizei in Deutschland so etwas – zusätzlich zu den ohnehin schon schwierigen Aufgaben – mit ihren Demokratie-Patinnen und -Paten zustande bringt. Wenn durch diese Aktionen Rassismus, Ausländerhass und vor allem der Antisemitismus eingedämmt werden, wäre allein dieses ein Riesenerfolg.

Danke, Herr Dr. Götting!

Für euch, meine Freunde, bin ich unterwegs. Denn ihr Jugendlichen und jungen Leute seid die Erwachsenen von morgen. Euch fällt die verantwortungsvolle Aufgabe zu, die Demokratie in unserem Lande zu schützen und zu verteidigen.

Danksagung

Nach sechs Jahrzehnten Ehrenamt möchte ich mich bei all den Freunden, die mich vor allem bei der Arbeit für Hamburgs ehemalige Bürgerkirche und das jetzige Mahnmal St. Nikolai unterstützt haben, bedanken.

So bekommt mein Mitstreiter der ersten Stunde, Pastor Wolfgang Weißbach, meinen besonderen Dank. Für St. Nikolai war er unentbehrlich. Und er hat mich auf vielen Reisen begleitet.
Ich bedanke mich auch bei unserem Architekten Herrn Volker Hutzelmann, der mir von der ersten bis zur letzten Minute wertvolle Dienste - und vor allen Dingen auch der Ruine St. Nikolai - geleistet hat.
Unschätzbar war der Beitrag von Frau Professor Manuela Rousow, sie hat ihr ganzes Wissen als Pressesprecherin in Form von Öffentlichkeitsarbeit weitergegeben.

Wenn Sie mich fragen, war das praktisch schon der ganze Kreis, aber ich möchte außerdem erwähnen: Auch an Wolf Sense und seine Frau Karin geht mein besonderer Dank. Er war ab 2005 vor allem mit der Organisation für den Panoramalift verantwortlich. Auch an die Firma Lutz, Lift und Fahrstuhlbau, geht ein besonderer Dank. Ohne diese Firma und deren Unterstützung, vor allem finanziell, wäre das Projekt nicht geglückt. Auch dem Vorstand nach meiner Zeit möchte ich hier Dank sagen, sie haben die Einnahmen aus dem Lift gut eingesetzt, um innerhalb der Krypta, die von dem Vorgänger-Vorstand über Jahre komplett hergerichtet worden war, ein Museum zu gestalten.

St. Nikolai ist und bleibt aber ein Mahnmal, das gegen Rassismus, Antisemitismus, Ausländerfeindlichkeit eine Rolle spielt, vor allem in der heutigen Zeit – auch in Anbetracht der Ukraine-Krise, in der ein schrecklicher Krieg stattfindet und in erschreckender Weise das hervorbringt, was Hamburg und Deutschland hinter sich haben. St. Nikolai macht dies jedem Beschauer deutlich, wenn er sich Hamburgs letzte Kriegsruine ansieht.

Ich danke allen meinen Freunden aus dem Gedenkstättenverein in Sandbostel, der in diesem Jahr dreißigjähriges Bestehen begeht. Ganz besonders bedanke ich mich bei meinem Freund Dr. Klaus Volland, einem Mann der ersten Stunde, der sich aufopferungsvoll immer wieder um Menschen gekümmert hat, die auf dem Lagergelände vergeblich nach einem ihrer verlorenen Angehörigen suchten. Ihm und seinem Vorstandskollegen Dr. K. ist es zu verdanken, dass ich mich in Sandbostel eingesetzt habe. Ich werde an diese Menschen, mit denen ich einen gemeinsamen Weg gehen durfte, immer denken. Was jetzt in Sandbostel geschaffen wurde, darf als einzigartig in der Nachkriegsgeschichte Deutschlands bezeichnet werden. Und daran sind eine Menge Leute, die sich dafür eingesetzt haben, verantwortlich.

Liebe Daggi!
Dir nur zu danken wird Deiner Rolle, unserer Ehe und der Partnerschaft mit Dir nicht gerecht. Wir haben all das zusammen geschafft und gemeinschaftlich durchstanden. Wer kann schon sagen, mit ein und derselben Person die schönsten Momente des Lebens verbracht und erlebt zu haben? Ich kann es mit Stolz behaupten! Dafür bin ich Dir unendlich dankbar.